投资项目财务评价
理论与实务

罗学富　周　勤　蒲明书　著

清华大学出版社
北京

内 容 简 介

本书依照循序渐进的原则,按基础篇、进阶篇、案例与专题篇的编排方式全面介绍投资项目财务评价的相关知识与实务操作。

基础篇详细论述常规项目投资决策财务评价的基础知识和分析方法,包括"营改增"对投资项目财务评价的影响。进阶篇讲述 PPP 项目投资、项目全周期内发生的经济事项对投资决策的影响、项目全周期内的主要财税问题、资产评估与投资决策的关系、特许经营协议中的调整模型以及项目的实务操作等。进阶篇中讲述的很多问题,均是作者们长期理论研究与处理项目实务经验的结晶,涉及面广、系统性强,在现有出版物中鲜有论述。案例与专题篇详细介绍了"鸟巢"项目的投标财务分析及江苏利港电厂(一期)的合资项目案例。对大型项目投资案例的详细分析有助于进一步提高读者从事投资项目财务分析的能力。目前很少有人研究蒙特卡洛模拟以及通货膨胀对项目投资效益的影响。但由于这些内容对投资项目财务分析来说并非可有可无,因此本书也对其进行了介绍。

本书既可作为投资项目财务评价初学者的入门教程,还可作为专业者的进阶参考书。

本书封面贴有清华大学出版社防伪标签,无标签者不得销售。
版权所有,侵权必究。举报: 010-62782989, beiqinquan@tup.tsinghua.edu.cn。

图书在版编目(CIP)数据

投资项目财务评价理论与实务/罗学富,周勤,蒲明书著. —北京: 清华大学出版社,2021.6
(2024.7 重印)
ISBN 978-7-302-57930-4

Ⅰ. ①投… Ⅱ. ①罗… ②周… ③蒲… Ⅲ. ①投资项目-财务管理 Ⅳ. ①F275

中国版本图书馆 CIP 数据核字(2021)第 061981 号

责任编辑: 陆浥晨
封面设计: 傅瑞学
责任校对: 宋玉莲
责任印制: 杨　艳

出版发行: 清华大学出版社
　　　　网　　址: https://www.tup.com.cn, https://www.wqxuetang.com
　　　　地　　址: 北京清华大学学研大厦 A 座　　　邮　编: 100084
　　　　社 总 机: 010-83470000　　　　　　　　　　邮　购: 010-62786544
　　　　投稿与读者服务: 010-62776969, c-service@tup.tsinghua.edu.cn
　　　　质 量 反 馈: 010-62772015, zhiliang@tup.tsinghua.edu.cn
印 装 者: 三河市东方印刷有限公司
经　　销: 全国新华书店
开　　本: 170mm×240mm　　　印　张: 29.75　　插页: 2　　字　数: 466 千字
版　　次: 2021 年 6 月第 1 版　　　　　　　　　　　印　次: 2024 年 7 月第 4 次印刷
定　　价: 128.00 元

产品编号: 092279-01

作者简介

罗学富

工学博士,享受国务院特殊津贴专家,1970年毕业于清华大学工程力学数学系,曾任清华大学教授、中信会计师事务所常务副主任、中国国际经济咨询有限公司总经济师等职;拥有注册会计师、注册咨询工程师、注册造价师、注册资产评估师、注册税务师执业资格;长期从事投融资咨询、投资项目的可行性研究及项目评估工作。

周勤

法学博士,管理学博士后,1979年出生于江苏省淮安市,2008年毕业于清华大学法学院,现为中国国际经济咨询有限公司政府咨询业务首席专家,粤港澳大湾区研究院院长,参与了若干海内外大型项目的投资研究工作。

蒲明书

1965年毕业于清华大学工程力学数学系,曾任中国国际经济咨询有限公司副总经理,中信证券公司总经理、副董事长等职;长期从事投资项目的可行性研究及项目评估工作,参与了若干海内外大型项目的投资前期研究和谈判;曾因参加《建设项目经济评价方法与参数》的编写获得国家科技进步二等奖。

序

《投资项目财务评价理论与实务》的出版，对于广大读者，对于作者曾经或现正任职的中国国际经济咨询有限公司，都是十足的喜事。

四十年来，中国经济社会发展取得了伟大辉煌的成就，原因何在？国内外研究者从政治制度、经济体制、资源禀赋、方针政策、文化基因、历史周期等入手，各发其论，百家之言，不一而足。若从实践层面看，党和政府经济发展、改革稳定"两手抓、两手硬"的行动，国有企业、民营企业、亿万民众洪流汇聚的经济行为，即是这一史诗性进程的现实演绎。回顾历史可以看到，投融资活动及其体制、机制，对经济社会发展发挥了重要的、不可替代的作用。这种独具中国特色的投融资体制、机制、活动，既不同于我国改革开放前及苏联的计划经济，也不同于西方国家的市场经济。它是真正的中国特色！它的独特历史作用、理论基础、运作机制、操作方法，都值得人们长期深入的研究。

《投资项目财务评价理论与实务》正是承担上述任务的一本书。本书既有理论，又重实务；既专业，又浅出易懂。相信这本书对于政府和企业的管理者，对于从事项目投融资和管理的实践者，对于学术工作者，都有很强的参考意义。

本书的作者都曾是清华园的学子，又先后就职于中国国际经济咨询有限公司。其中，蒲明书、罗学富两位先生，古稀之年仍笔耕不辍，活跃在业务工作一线，指导年轻后辈，践行了清华大学"为祖国健康工作五十年"的倡议；周勤博士的专业和敬业精神常为同事们称道。他们都深受清华"自强不息、厚德载物"精神滋养，会聚在中信咨询公司的舞台。本书是他们乾乾不息，为国家和社会服务奉献的新成果。

当前，我国正处于全面建成小康社会，乘势而上开启全面建设社会主义现代化国家新征程的关键时期，中信集团提出了"发挥综合优势，积极践行国家战略，推动金融服务更好地聚焦实体经济，推动实业进一步做强做优做大，打造卓越企业集团和百年民族品牌"的远大目标，体现了贯彻新发展理念、推动高质量发展、构建新发展格局的历史担当。

中国国际经济咨询有限公司作为改革开放后国内最早成立的咨询公司，也是中信集团的第一家子公司，在改革开放大潮中开创了多个行业第一。今年是公司成立40周年，国家经济社会发展新阶段的目标任务，中信集团新时期发展战略和承担的重任，既对我们提出了新要求，也给我们带来新的发展机遇。承上启下，继往开来，正是当前中信咨询公司面对的时势和任务，希望本书的出版能够鼓舞鞭策同仁们奋发有为、行稳致远，为践行国家战略，为中信集团的发展贡献我们的力量。

薄伟康

中国国际经济咨询有限公司董事长

2021年1月

前言

本书的主要部分曾以《PPP 项目财务评价实战指南》的书名出版。

《PPP 项目财务评价实战指南》第一、第二版分别于 2016 年 11 月、2018 年 8 月出版。该书因内容丰富、深入浅出、理论联系实际、可操作性强等特点，受到业内好评。

注册估值分析师协会（CVA Institute）曾将第一版书列为注册估值分析师（CVA）认证考试的核心教材之一，并将第二版书作为推荐阅读图书和 CVA 认证考试主要参考书之一。国内很多咨询机构、政府部门、银行、大型企业的投融资部门也将该书作为指定培训教材，以及工作中的主要参考备查书籍。在当当网上的读者评价中，该书获得的好评率为 100%。

受此鼓舞，作者在深入理论研究及项目不断实践的基础上，对原书再次进行了较大幅度的修改，使得理论基础更完备，实务指导更具体。我们期望，本书能进一步提高从事投融资工作人员的理论水平和处理实际问题的能力，并助力相关部门提高投资决策效率。

为使知识体系更完整清晰，依照循序渐进的原则，本书在结构上进行了重大调整，按基础篇、进阶篇、案例与专题篇对内容进行了重新编排。

基础篇注重与常规项目投资决策财务评价相关的基础知识和分析方法的详细论述。

进阶篇讲述 PPP 项目投资、项目全周期内发生的经济事项对投资决策的影响、项目全周期内遇到的主要财税问题、资产评估与投资决策的关系、特许经营协议中的调整模型以及项目的实务操作等。进阶篇中讲述的很多问题，均是我们长期从事理论研究与项目实务经验的结晶，涉及面广，系统性、综合性强，在现有出版物中鲜有论述。

案例与专题篇详细介绍了"鸟巢"项目的投标财务分析及"江苏利港电厂（一期）"合资项目案例。详细了解大型项目投资案例，有助于读者进一步提高从事投资项目财务分析的能力。

专题部分介绍的蒙特卡洛模拟以及通货膨胀对项目投资效益的影响，目前很少有人研究，熟悉者凤毛麟角。但是这些内容对进行投资项目财务分析来说并非可有可无，因此本书也对其进行介绍，有兴趣的读者可以选读。

我们认为，本书既可作为初学者的入门教程，又可作为专业者的进阶参考。不同水平、不同要求的读者，都能从本书受益。

从内容上看，与《PPP项目财务评价实战指南》相比，本书删减、增补、调整了如下内容。

（1）由于PPP项目投资模式已实行多年，各界人士对其基本熟悉，因此本书将原书第一篇"PPP项目投资"全部删除，并删除了与财政部已废止文件的相关论述。

（2）在基础理论部分，增加了对内部收益率经济学涵义的讨论，以及对非常规现金流项目中出现多个IRR值时的认识与处理方法，对投资学界流传至今的有关说法，提出了自己的观点。

（3）在投资项目财务评价模型中，学界和业界对建设期利息的处理方法一直有各种争议。本书对实务中建设期利息的几种处理方法进行了全面介绍，并详细说明了在构建财务评价模型时采用各种处理方法的注意事项。

（4）在现行的项目投资理论与实践中，债务资金不得用作项目资本金。在公益类基础设施项目投资实践中，如何筹集资本金往往是地方政府头疼的大问题。本书首次介绍了"权益工具"这一资本金筹措方式。对"权益工具"的概念，现在熟悉的人不多，更谈不上将其运用于项目投资实务。希望本书介绍的相关理论要点及实务操作中的注意事项，对顺利推进此类项目有帮助。

（5）近年来对投资项目财务评价影响最大的事项无疑是"营改增"。在全面实行"营改增"之后应如何建立财务分析模型，相关权威部门还没有发布指引性文件，一些考试培训教材中讲述的处理方法也存在若干值得商榷之处。本书比较详细地介绍了"营改增"对投资项目财务评价的影响，以及投资项目财务分析模型的构建方法，并以一个教学案例具体列示了相关的财务计算表。

（6）资产评估是项目投资中经常发生的经济事项。从技术的角度看，资产评估似乎是与投资项目经济评价不相干的另一件事。但如果从交易性经济活动的角度看，这两者具有十分密切的关系。本书专设一章讲述资产评估与投资项目财务评价之间的区别与联系，希望有助于读者对这两类经济业务有更深刻的理解。

（7）在投资项目决策阶段，投资人最关注的指标是内部收益率。截至目前的传统投资分析中，只要弄清楚投资、筹资、收入、成本等几类基础数据，并能正确运用财务分析模型，就能算出内部收益率，财务评价工作也就万事大吉了。但是，这种处理方法所忽视的一点是，投资项目的收益率取决于项目全周期的现金流，它势必受项目全周期内发生的各类经济事项的影响，例如交易结构、建设模式、资产权属以及会计处理方法等。尤其是在PPP项目中，相关资产是按金融资产还是无形资产核算，一直是困扰各方的重要问题。由于涉及面广、学科交叉、内容综合、实务性强，这类问题至今未见有较深入的研究成果发表。本书首次全面讨论了项目全周期内的经济事项对项目投资效益的影响，并以实例表明在经营期内按无形资产进行会计核算对项目公司提高投资效益有利。

（8）在投资项目全周期的各个阶段，会遇到各类税务问题。对PPP项目投资更是如此。本书曾专设一章介绍与PPP项目投资、建设、运营、移交相关的税务问题，以弥补在这方面相关论著缺乏的问题。本书对部分内容进行了调整。

（9）通货膨胀是经济领域里客观存在的现象。通货膨胀会提高项目产品的销售价格，增加经营成本支出，同时也会使项目的现金收入贬值，这些都是对投资项目显而易见的影响。但是通货膨胀究竟会给投资效益、投资决策带来什么影响，这是投资者在投资前对拟投资项目做财务评价时关心的问题。至今，国内外对这一问题的研究不多。原书曾专设一章讲述这一问题，本书对相关论述进行了较大修改，突出了理论研究成果对项目实践的指导作用。

其余增补、调整事项，恕不一一列举。

本书具有如下特点。

（1）兼顾学术性与实务性，理论与实务密切结合。理论部分务求系统完整正确，实务部分以大量案例详细讲述了进行财务评价的方法、模型、技巧及注意事项等。

（2）注重项目的全生命周期，包括项目全周期内经济事项对投资效益的影响，以及对项目全周期内财税问题的处理。

（3）学科知识综合。项目投资决策涉及政治、经济、技术、工程、生态环境等各宏观领域的权衡。仅就经济而论，又涉及经济法规、财务管理、工程造价、税务处理、资产评估、会计核算等各个学科。本书按照"目标导向"的原则，力争将项目实务中遇到的问题综合考虑，各学科知识"无缝衔接"。但由于涉及面广、综合性强，对其中一些问题作者只能点到为止，建议读者细细品味。若有错谬，欢迎指正。

本书汇聚了中信集团旗下中国国际经济咨询有限公司四十年来在投资项目财务评价方面的经验结晶，体现了中信人在投资项目财务评价探索之路上付出的心血和智慧。

我们感谢中信同仁，他们为本书成稿提供过帮助与支持；感谢中国国际经济咨询有限公司董事长薄伟康先生对本书出版的大力支持，并在百忙中为本书作序；感谢清华大学潘真薇教授、孙学伟教授对本书的关心与支持；感谢清华大学出版社陆浥晨编辑为本书出版所付出的辛劳。

蒲明书

2021年1月

目录

上篇 基础篇

第一章 投资项目财务评价基础知识 / 3

第一节 我国项目投资管理 / 3
一、我国项目投资管理模式变迁 / 3
二、企业投资项目核准和备案管理 / 4
三、政府投资条例 / 5

第二节 货币时间价值 / 7
一、基本概念 / 7
二、货币时间价值的主要形态 / 8
三、几点归纳 / 17

第三节 项目投资合理收益的构成 / 18

第四节 与投资项目财务评价有关的主要指标 / 21
一、动态指标 / 21
二、静态指标 / 33
三、几点说明 / 36

第五节 关于内部收益率的若干问题 / 37
一、一个真实的投资案例 / 37

二、实务中应用内部收益率的注意事项 / 39

三、内部收益率的经济学含义 / 41

四、非常规现金流项目的内部收益率 / 45

五、内部收益率指标与经营绩效考核指标间的关系 / 48

第二章 总投资与资金筹措 / 49

第一节 总投资的构成形式 / 49

一、项目总投资 / 49

二、按照在项目内存在的形态划分 / 50

三、按照资金来源划分 / 50

四、总投资使用计划与资金筹措表 / 51

五、工程建设投资（工程造价）的构成与确定 / 51

第二节 总投资分项的基本概念 / 53

一、固定资产 / 53

二、无形资产 / 54

三、开办费 / 54

四、建设期利息 / 55

五、流动资金 / 58

六、实务中建设期利息的处理方法 / 61

第三节 注册资本与实收资本 / 65

一、注册资本与实收资本 / 65

二、项目总投资中的资本金比例 / 67

三、出资资产的作价 / 69

四、权益工具简介与实务操作 / 69

第四节 银行贷款的还本付息 / 79

一、银行贷款的偿还方式 / 79

二、企业偿还贷款的资金来源 / 81

三、企业偿债能力指标 / 81

第三章 收入与成本 / 83

第一节 项目收入 / 83

一、销售数量的预测 / 83

二、销售单价的预测 / 84

三、市场预测的方法 / 84

四、项目收入计算表 / 86

第二节 项目成本 / 86

一、总成本的构成方式 / 86

二、政策性较强的某些成本分项 / 88

第四章 税金 / 93

第一节 增值税 / 93

一、概述 / 93

二、纳税人 / 95

三、征税范围及有关说明 / 97

四、增值税税率和征收率 / 98

五、应纳税额的计算公式 / 100

六、城市维护建设税与教育费附加 / 100

七、增值税优惠政策 / 101

八、增值税在项目评价中的地位 / 101

第二节 城镇土地使用税 / 102

一、纳税义务人 / 102

二、征税范围 / 103

三、计税依据 / 103

四、应纳税额 / 104

五、税收优惠 / 104

六、税款缴纳 / 105

第三节 房产税 / 106

一、纳税对象 / 106

二、计税方法 / 106

三、部分房产税优惠政策 / 106

第四节 企业所得税 / 108

一、纳税对象 / 108

二、计税方法 / 108

三、几点说明 / 110

四、所得税的优惠措施 / 111

第五章 利润与利润分配 / 114

第一节 利润 / 114

第二节 常规的利润分配程序 / 115

第六章 财务评价的基础数据系统及相互关系 / 117

第一节 数据收集、整理和使用的注意事项 / 117

第二节 基础数据间的关系 / 118

第七章 投资分析财务报表的编制 / 120

第一节 利润与利润分配表 / 121

一、利润与利润分配表的作用 / 121

二、利润与利润分配表的编制 / 121

三、几点说明 / 121

第二节 财务计划现金流量表 / 123

一、财务计划现金流量表的作用 / 124

二、财务计划现金流量表的编制 / 124

三、几点说明 / 126

第三节 资产负债表 / 128

一、资产负债表的作用 / 128

二、资产负债表的编制 / 128

三、几点说明 / 131

第四节 投资效益分析的现金流量表 / 132

一、投资效益分析现金流量表的分类 / 132

二、项目投资现金流量表 / 133

三、项目资本金现金流量表 / 137

四、投资各方现金流量表 / 141

第五节 财务报表编制的相互依托关系 / 143

第六节 "营改增"对投资项目财务评价的影响 / 145

一、概述 / 145

二、"营改增"后建筑安装工程造价的构成 / 149

三、"营改增"后建议采用的现金流计算模型 / 152

四、关于现金流计算模型的重要说明 / 157

第七节 "营改增"后投资项目财务评价案例解析 / 157

一、基本假设 / 157

二、财务估算表 / 158

三、几点说明 / 158

第八章 不确定性分析 / 173

第一节 产生不确定性的原因 / 173

第二节 盈亏平衡分析 / 174

一、保本点的计算 / 174

二、关门点的计算 / 178

第三节 敏感性分析 / 179

一、概述 / 179

二、敏感性分析的方法 / 180

三、敏感性分析的结果 / 180

第四节　概率分析 / 181

中篇　进　阶　篇

第九章　PPP 项目投资及相关问题概述 / 185

第一节　PPP 项目概述 / 185

一、PPP 项目概念的提出与发展 / 185

二、PPP 项目的特征 / 186

三、PPP 项目的常见操作模式 / 187

第二节　PPP 项目的投资管理 / 189

一、财金〔2019〕10 号文的相关规定 / 189

二、发改投资规〔2019〕1098 号文的相关规定 / 192

三、对 PPP 项目投资管理的几点认识 / 193

第三节　PPP 项目财务评价的工作内容 / 196

第四节　PPP 项目财务评价的理论基础 / 199

第十章　PPP 项目财务评价的特殊问题 / 201

第一节　PPP 项目的总投资与政府付费基数 / 201

一、PPP 项目的总投资 / 201

二、政府付费或补贴的计算基数 / 202

第二节　PPP 项目公司的股权结构 / 203

一、PPP 项目公司的股东构成 / 203

二、PPP 项目公司股权变更的限制 / 203

第三节　PPP 项目的收入 / 205

一、PPP 项目的分类与回报机制 / 205

二、经营性 PPP 项目的收入 / 206

三、准经营性 PPP 项目的收入 / 207

四、非经营性 PPP 项目的收入 / 210

第四节　PPP 项目的成本 / 215

一、生产型 PPP 项目的总成本结构 / 215

二、服务型 PPP 项目的总成本结构 / 216

第五节　PPP 项目公司的利润分配 / 218

一、项目公司的利润分配 / 218

二、政府方的超额收益分成 / 219

第六节　PPP 项目财务评价特点 / 219

一、PPP 项目财务分析的计算过程 / 219

二、PPP 项目财务评价特点 / 222

第七节　项目风险分析与风险承担成本估算 / 224

一、概述 / 224

二、风险识别 / 225

三、风险估计与评价 / 226

四、PPP 项目的常见风险分类 / 227

五、PPP 项目中的风险分配 / 228

六、项目风险成本与风险量化 / 231

第十一章　与快速决策相关的初步估算方法 / 235

第一节　问题的提出 / 235

第二节　案例 / 236

一、项目概况 / 236

二、测算基础与测算方法 / 237

第三节　几点说明 / 238

第十二章　资产评估与投资项目财务评价 / 244

第一节　资产评估概述 / 244

第二节　资产评估方法简述 / 245

一、评估方法分类 / 245

二、PPP 项目中资产评估方法的适用性 / 246

第三节 资产评估与投资项目财务评价之间的区别与联系 / 249

第四节 几类常见资产或权益的价值评估 / 251

一、特许经营权 / 251

二、企业整体价值 / 252

三、企业股权价值 / 254

四、注意事项 / 255

第五节 PPP 项目中存量资产的价值评估 / 255

一、存量 PPP 项目评估中可能存在的问题 / 255

二、关于 PPP 项目中选择评估方法的建议 / 256

第十三章 项目全周期内影响财务评价的若干问题 / 259

第一节 概述 / 259

第二节 交易结构对投资项目财务评价的影响 / 260

一、案例 / 260

二、交易结构对投资项目财务评价的影响 / 261

三、在复杂交易结构下进行财务评价的方法 / 262

四、讨论交易结构对投资效益影响的重要意义 / 264

第三节 联合体协议对投资项目财务评价的影响 / 264

一、联合体投标概述 / 264

二、联合体投标财务评价方法与案例 / 265

第四节 招投标"降造率"对项目财务评价的影响 / 269

第五节 有建设期补助的项目财务评价 / 270

一、概述 / 270

二、有特定对象的政府补助 / 271

三、无特定对象的政府补助 / 274

四、说明 / 275

第六节　经营期会计核算方式对项目投资效益的影响 / 275

　　一、基本假定 / 276

　　二、项目建设期的会计核算 / 277

　　三、工程完工后，资产价值的初始确认 / 277

　　四、金融资产模式下运营期内政府付费的会计处理 / 279

　　五、无形资产模式下运营期内政府付费的会计处理 / 282

　　六、运营期内两种会计核算方式的比较 / 283

　　七、两种会计核算方式的项目财务内部收益率 / 283

　　八、注意事项 / 285

第十四章　PPP 项目全周期中的主要财税问题 / 286

第一节　概述 / 286

　　一、PPP 项目实务现状与问题 / 286

　　二、PPP 项目的资产权属与计量 / 287

　　三、几点说明 / 291

第二节　PPP 项目全周期的主要经济事项与相关财税问题 / 291

　　一、项目公司组建 / 291

　　二、项目建设期 / 301

　　三、项目运营期 / 305

　　四、项目移交 / 309

第三节　与 PPP 项目交易结构设计相关的涉税问题 / 314

　　一、特许经营期内经营模式选择对纳税的影响 / 314

　　二、PPP 项目特许经营模式选择的涉税问题 / 315

第十五章　特许经营合同中的调整模型 / 318

第一节　概述 / 318

　　一、问题的提出 / 318

　　二、表征通货膨胀的宏观统计参数 / 318

三、特许经营合同中可能涉及的调整模型 / 320

四、调整模型的注意事项 / 320

第二节 项目总投资控制与调整模型 / 321

一、对项目总投资进行控制与调整的必要性 / 321

二、工程造价的调整模型 / 322

第三节 运营维护成本调整模型 / 325

一、问题的提出 / 325

二、调整模型中应考虑的运营维护成本要素 / 325

三、运营维护成本调整模型 / 326

四、几点说明 / 328

第四节 价格调整模型 / 329

一、问题的提出 / 329

二、成本加成法简介 / 330

三、成本调整公式 / 331

四、价格调整公式 / 332

五、调价系数的确定 / 335

六、几点说明 / 335

第五节 因通货膨胀导致的政府付费调整模型 / 336

第六节 因银行贷款利率变化导致的政府付费调整模型 / 339

下篇 案例与专题篇

第十六章 "鸟巢" PPP 项目的投标财务分析 / 345

第一节 概述 / 345

一、项目概况与案例说明 / 345

二、财务分析模型编制依据 / 346

三、项目计算期 / 347

第二节　财务分析模型说明 / 347

　　一、投资估算与资金使用计划 / 347

　　二、资金筹措与筹资计划 / 351

　　三、收入、成本费用、折旧与税金 / 353

　　四、借款还本付息 / 359

第三节　财务分析结果 / 363

　　一、投标财务分析结果 / 363

　　二、中标调整后的投标方股东收益率 / 368

第四节　"鸟巢"案例对PPP项目财务评价的启示 / 368

　　一、对财务分析结果的讨论 / 368

　　二、"鸟巢"案例对PPP项目财务评价的启示 / 369

第十七章　江苏利港电厂（一期）合资项目 / 372

第一节　项目背景与概况 / 372

　　一、项目背景 / 372

　　二、项目概况 / 373

　　三、项目发起与选址 / 374

第二节　项目主要实施要点 / 375

　　一、项目交易结构 / 375

　　二、合营公司的经营 / 379

　　三、收益分配与奖惩 / 382

　　四、港资方的退出 / 383

　　五、主要合同条款 / 384

　　六、项目经济效益与后续发展 / 385

第三节　利港电厂（一期）项目点评 / 387

第十八章　项目经济评价中的风险分析与蒙特卡洛模拟 / 389

第一节　项目经济评价中的风险分析方法 / 389

第二节 蒙特卡洛模拟概述 / 390

第三节 蒙特卡洛模拟在 Excel 电子表格上的实现 / 394

一、在 Excel 软件中构建进行蒙特卡洛模拟的运行环境 / 394

二、创建蒙特卡洛模拟计算平台 / 394

三、蒙特卡洛模拟计算平台与财务分析模型的连接 / 399

四、对模拟计算输出数据的统计处理 / 400

第四节 蒙特卡洛模拟算例及相关讨论 / 401

一、蒙特卡洛模拟算例 / 401

二、蒙特卡洛模拟计算中的概率函数 / 406

三、蒙特卡洛模拟计算中应注意的问题 / 410

第五节 蒙特卡洛模拟在 PPP 项目中的应用 / 411

一、PPP 项目中的风险定量分析 / 411

二、应用举例 / 412

第十九章 通货膨胀对投资项目财务评价的影响 / 417

第一节 引言 417

一、分析中采用的主要假设 / 417

二、主要分析结论 / 419

第二节 通货膨胀对生产经营期缴纳所得税的影响 / 419

一、所得税纳税总额 / 419

二、所得税年纳税额增长率 / 421

第三节 通货膨胀对生产经营期税后净现金流的影响 / 422

一、各年税后净现金流 / 422

二、各年税后净现金流增长率 / 423

第四节 通货膨胀对项目投资内部收益率的影响 / 423

一、不考虑通货膨胀的内部收益率 / 423

二、考虑通货膨胀的名义收益率与实际收益率 / 425

三、算例与讨论 / 427

第五节 对通货膨胀研究的进一步说明 / 430

一、通货膨胀会减少项目投资实际财务效益的根本原因 / 430

二、研究通货膨胀对项目评价影响的实际意义 / 430

附录 / 432

附录 1　基本财务报表 / 432

附表 1.1　现金流量表 / 432

附表 1.2　利润与利润分配表 / 437

附表 1.3　资产负债表 / 438

附表 1.4　借款还本付息计划表 / 439

附录 2　辅助财务报表 / 440

附表 2.1　建设投资估算表（概算法）/ 440

附表 2.2　建设投资估算表（形成资产法）/ 441

附表 2.3　建设期利息估算表 / 442

附表 2.4　流动资金估算表 / 443

附表 2.5　项目总投资使用计划与资金筹措表 / 444

附表 2.6　营业收入、营业税金及附加和增值税估算表 / 445

附表 2.7　总成本费用估算表（生产要素法）/ 446

附表 2.8　总成本费用估算表（生产成本加期间费用法）/ 449

附录 3　常用系数表 / 450

附表 3.1　复利终值系数表 / 450

附表 3.2　复利现值系数表 / 451

附表 3.3　投资回收系数表 / 452

参考文献 / 453

上篇

基础篇

第一章
投资项目财务评价基础知识

第一节 我国项目投资管理

一、我国项目投资管理模式变迁

所谓项目投资,是指投入资本,以生产和销售某些产品或提供某些服务为手段,经营某项事业,通过满足市场需求来为投资者赚取利润,并实现其他社会效益的长期系统活动。

新中国成立以来,我国工程项目建设管理实行过多次改革,但在计划经济时期,基本上是用行政手段决定工程建设的技术经济问题。所有建设项目,无论投资人是谁,一律需要经过政府主管部门审批。在这种管理模式下,建设项目的"准生证"是管理的重点,项目建成之后的经营效益则未受到足够的重视。

按项目的经济效益、社会效益和市场需求划分,投资项目可分为竞争性项目、基础性项目和公益性项目三类。

(1)竞争性项目主要是指投资效益比较好、竞争性比较强的建设项目,其投资主体一般为企业,由企业自主决策,自担投资风险。

(2)基础性项目主要是指建设周期较长、投资额大而收益较低的基础设施和需要政府重点扶持的一部分基础工业项目。

(3)公益性项目主要包括科技、文教、卫生、体育和环保等设施的建设项目。公益性项目的投资主要由政府利用财政资金来安排。

按项目的投资来源划分,建设项目可划分为政府投资项目和非政府投资项目。由于基础性项目和公益性项目所产生的经济效益相对较少而社会效益相对较多，所以二者一般均属于政府投资项目。

2004年国务院决定对投资体制进行重大改革。根据国务院《关于投资体制改革的决定》（国发〔2004〕20号），政府投资项目和非政府投资项目分别实行审批制、核准制和备案制如图1-1所示。

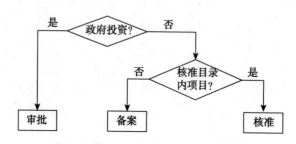

图1-1　2004年后的项目投资管理模式

2004年的投资体制改革，其主要目的是对企业的自主投资行为"松绑"，项目的好坏、项目建成后经营的盈亏完全由投资人自行判断，政府不再进行干预。此后，国务院又专门发文对政府投资行为和企业投资行为进行了规范。

二、企业投资项目核准和备案管理

2016年11月，国务院发布《企业投资项目核准和备案管理条例》（国务院令第673号）（以下简称"673号令"），对企业投资行为予以规范。

按照673号令，对关系国家安全、涉及全国重大生产力布局、战略性资源开发和重大公共利益等的项目，实行核准管理。具体项目范围以及核准机关、核准权限依照政府核准的投资项目目录执行。对核准目录以外的项目，实行备案管理。

项目核准、备案通过国家建立的项目在线监管平台（以下简称"在线平台"）办理。核准机关、备案机关以及其他有关部门统一使用在线平台生成的项目代码办理相关手续。

（1）企业办理项目核准手续，应当向核准机关提交项目申请书；由国务院核准的项目，向国务院投资主管部门提交项目申请书。项目申请书应当包括下列内容。

①企业基本情况。

②项目情况，包括项目名称、建设地点、建设规模、建设内容等。

③项目利用资源情况分析以及对生态环境的影响分析。

④项目对经济和社会的影响分析。

（2）实行备案管理的项目，企业应当在开工建设前通过在线平台将下列信息告知备案机关。

①企业基本情况。

②项目名称、建设地点、建设规模、建设内容。

③项目总投资额。

④项目符合产业政策的声明。

从国务院发布的这个文件中可以看出，不管是实行核准管理的项目，还是实行备案管理的项目，项目选址意见书、环评批文、土地预审意见和节能审查意见，都不再是项目立项核准或备案的前置条件。此外，项目备案更简单，不需要办理任何批文，备案机关收到企业报送的全部信息即为备案。

三、政府投资条例

2019年4月，国务院发布《政府投资条例》（国务院令第712号）（以下简称"712号令"），对政府投资行为予以规范。712号令解决的核心问题之一是科学合理地界定政府投资的范围。按照712号令规定，所谓政府投资，是指在中国境内使用预算安排的资金进行固定资产投资建设活动，包括新建、扩建、改建、技术改造等。政府投资资金应当投向市场不能有效配置资源的社会公益服务、公共基础设施、农业农村、生态环境保护、重大科技进步、社会管理、国家安全等公共领域的项目，以非经营性项目为主。

按照中国的财政管理体制，"预算安排的资金"有四类，它们的类型、来源与用途如表1-1所示。

表1-1 预算安排资金的类型、来源与用途

序号	类型	来源	用途
1	一般公共预算	以税收为主的财政收入	安排政府投资，用于公共事业发展
2	政府性基金预算	向特定对象征收或以其他方式筹集的资金	安排政府投资，专项用于特定公共事业发展
3	国有资本经营预算	国有资本经营收益	国有企业资本金
4	社会保险基金预算	社会保险缴款、一般公共预算安排和其他方式筹集的资金	专项用于社会保险

按照712号令规定，政府投资资金按项目安排，以直接投资方式为主；对确需支持的经营性项目，主要采取资本金注入方式，也可以适当采取投资补助、贷款贴息等方式。这四种投资安排方式的投资对象、决策程序的比较如表1-2所示。

表1-2 政府投资资金的安排方式及相应决策程序

序号	投资安排方式	对象	备注	决策程序
1	直接投资（财政拨款）	非经营性项目	政府投资项目；涉国家股	审批制
2	资本金注入	经营性项目		
3	投资补助	无偿给企业	使用政府投资资金的项目；本质是企业投资项目	核准/备案
4	贷款贴息			

政府采取直接投资方式与资本金注入方式投资的项目，项目单位应当编制项目建议书、可行性研究报告、初步设计，按照政府投资管理权限和规定的程序，报投资主管部门或者其他有关部门审批。投资主管部门或者其他有关部门应当根据国民经济和社会发展规划、相关领域专项规划、产业政策等，从下列方面对政府投资项目进行审查，作出是否批准的决定。

①项目建议书提出的项目建设的必要性。

②可行性研究报告分析项目的技术经济可行性、社会效益以及项目资金等主要建设条件的落实情况。

③初步设计及其提出的投资概算是否符合可行性研究报告批复以及国家有关标准和规范的要求。

经投资主管部门或者其他有关部门核定的投资概算是控制政府投资项目总投资的依据。初步设计提出的投资概算超过经批准的可行性研究报告提出的投资估算10%的，项目单位应当向投资主管部门或者其他有关部门报告，投资主管部门或者其他有关部门可以要求项目单位重新报送可行性研究报告。

采用投资补助、贷款贴息等方式安排政府投资资金的项目，本质是企业投资项目，政府不干预企业投资自主权，按核准制（行政许可）或备案制管理。项目单位在以投资补助、贷款贴息等方式申请安排政府投资资金的时候，应当按照国家有关规定办理手续。

第二节　货币时间价值

一、基本概念

货币时间价值又称为资金时间价值。根据人们的常识，即使在物价不变的情况下，金额相同的货币在不同的时间仍具有不同的价值。比如，某人现在手头有 2 000 元可购买一台电冰箱，在不涨价的情况下，3 年后的 2 000 元仍可购买同样一台电冰箱，但现在拥有的 2 000 元较之 3 年后所拥有的 2 000 元，可使持有者提前 3 年享受电冰箱为生活带来的方便。而且目前拥有的货币在存入银行后，除了到期退还本金外，还可以得到利息。由此可知，现在拥有的货币比今后拥有的等额货币的价值更大。这表明，货币的全部价值不仅在于货币的数量，还在于持有货币并加以使用的时间。

投资项目，一般要经历 10 年、20 年，甚至更长的时间。投资决策属于长期决策。影响项目投资效益的因素，除了投入项目的资金数量和从项目产出的资金数量外，还有资金投入和产出发生的时间。货币的时间性，在项目投资决策中占有十分重要的地位。

为了定量地描述货币的时间性，项目投资评价中引入了货币时间价值这一概念。所谓货币时间价值，是指货币所有者，因放弃现在使用货币的机会，可以得到的按放弃时间长短所计算的报酬。换句话说，指货币持有者，因占用该笔货币所有者现在使用货币的机会，而应该按其占用时间长短向货币所有者支付的报酬。从数量上看，货币的时间价值是指，随着使用货币的时间推移，该笔货币实现的增殖部分。

货币的时间价值，是人们通过在持有货币期间对货币的有效使用来实现的。下面以货币 P 在 t_1 时存入银行或投资项目为例，观察货币的增值过程如图 1-2 所示。

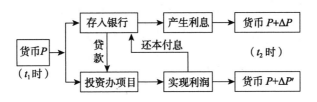

图 1-2　货币增值过程示意

图 1-2 表明，把货币存入银行或直接投资项目都能实现货币的增值，前者为间接增值，后者为直接增值。货币存入银行实现增值，从根本上说是通过投资项目，即银行把储户的存款转贷给项目投资者；投资者用赚取的部分收益作为占用银行资金的报酬，以利息的形式付给银行；银行再以其放款利息收入中的一部分支付给储户。于是，储户通过存款方式实现了货币的增值，使 t_1 时的 P 变成 t_2 时的 $P+\Delta P$。其中，利息形式的 ΔP，即以存款方式，货币 P 在 $t_1 \sim t_2$ 期间实现的货币时间价值；而利润形式的 $\Delta P'$，则是以投资项目的途径使货币 P 在 $t_1 \sim t_2$ 期间实现的货币时间价值。

由此可知，同样数量的货币能够实现的货币时间价值，不仅取决于使用这笔货币的时间长短，还取决于货币的使用方式和使用的有效性（即效益）。

二、货币时间价值的主要形态

货币，按其发生的时间性，其价值大致可划分为三种主要形态：将来值、现时值和年金。将来值又称为终值，现时值又称为现值。各种价值形态的计算方法分述如下。

（一）将来值（终值）

现时的货币在将来 T 时的价值，等于该笔货币在现时（记为 t_0）的价值（现值）加上现时 t_0 至将来 T 时这段时间所发生的货币时间价值，即

$$将来值 = 现时值 + 货币时间价值（t_0 \sim T 期间）$$

若将现时的货币存入银行，则该笔货币的将来值等于到期取出的本金与存款期间获得的利息之和；若用于投资项目，则该笔货币的将来值等于回收的资本加上资本投入之时至将来某时这一期间产生的收益之和。

计算货币将来值，金融机构采用单利计息法或复利计息法。

1. 单利计息法

这种方法基于本金在将来每一时期实现的增值，不加入原本金在下一时期再实现增值。也就是说，单利计息法只承认本金才能实现货币时间价值，而不承认利息可以实现货币时间价值。简言之，单利法只计本金发生的利息，而不计利息的利息。

设 P 为本金（现值），n 为计息期数（计息期可为年、季、月或日），i 为利率

（可为年利率、季度利率、月利率或日利率），F 为将来值（终值），按单利计息法

$$F=P(1+ni) \tag{1.1}$$

单利计息法求将来值，即式（1.1）推导如下。

计息期	计息本金	当期利息	期末本加息累积
0（第 1 年初）	P	0	P
1（第 1 年末）	P	Pi	$P+Pi$
2（第 2 年末）	P	Pi	$P+2Pi$
3（第 3 年末）	P	Pi	$P+3Pi$
$\vdots$	$\vdots$	$\vdots$	$\vdots$
n（第 n 年末）	P	Pi	$P+nPi$

第 n 年末的本加息累积就是将来值，即

$$F=P+nPi=P(1+ni)$$

如果每期的计息利率不是固定的，而是每期不同，即从 1 至 n 期的利率分别为 $i_1,i_2,i_3,\cdots,i_n$，那么，在此种情况下

$$F=P+Pi_1+Pi_2+Pi_3+\cdots+Pi_n=P(1+i_1+i_2+i_3+\cdots+i_n) \tag{1.2}$$

实际上，式（1.1）为式（1.2）的特例。实际操作中往往是采用式（1.2）。

2. 复利计息法

这种方法认为本金在将来每一时期实现的增殖，应加入原本金在下一时期再实现增殖。因此，复利计息法不仅承认本金能实现货币时间价值，而且承认利息也能实现货币时间价值。简言之，承认"利滚利"。

按复利计息法

$$F=P(1+i)^n \tag{1.3}$$

式（1.3）表示了在复利计息方式下，现值 P 与终值 F 之间的等值换算。在以银行存款为例进行讨论时，式中的参数 i 为存款利率。当从投资的角度进行讨论时，式中的参数 i 就应是投资收益率。

记

$$(F/P,i,n)=(1+i)^n \tag{1.4}$$

称为复利终值系数，是由现值 P 求终值 F 的增殖系数，其中 i 为收益率，n

为产生收益的期数(时间长度)。于是

$$F=P(F/P, i, n) \tag{1.5}$$

按 $(F/P, i, n) = f(i, n)$ 制成的复利终值系数表见附录 3 中的附表 3.1。以复利计息法求将来值,即(1.3)推导如下。

计息期	计息本金	当期利息	期末本加息累积
0(第 1 年初)	P	0	P
1(第 1 年末)	P	Pi	$P+Pi=P(1+i)$
2(第 2 年末)	$P(1+i)$	$P(1+i)i$	$P(1+i)+P(1+i)i=P(1+i)^2$
3(第 3 年末)	$P(1+i)^2$	$P(1+i)^2 i$	$P(1+i)^2+P(1+i)^2 i=P(1+i)^3$
⋮	⋮	⋮	⋮
n(第 n 年末)	$P(1+i)^{n-1}$	$P(1+i)^{n-1}i$	$P(1+i)^{n-1}+P(1+i)^{n-1}i=P(1+i)^n$

第 n 年年末本加息累积就是将来值,即

$$F = P(1+i)^n$$

若每期的计息利率不是固定的,而是变动的,即从 $1 \sim n$ 期的利率分别为 $i_1, i_2, i_3, \cdots, i_n$,那么,在此种情况下

$$F = P(1+i_1)(1+i_2)(1+i_3)\cdots(1+i_n) \tag{1.6}$$

实际上,式(1.3)是式(1.6)的特例。因为,当 1 至 n 期的利率皆为 i 时,

$$F = P\underbrace{(1+i)(1+i)(1+i)\cdots(1+i)}_{n} = P(1+i)^n$$

按复利计息法,初始投入的本金所实现的利息大于单利计息法。

由如上两种计息方式可知,初始金额相同的货币经过相同期间后实现的货币时间价值(利息累积额),不仅取决于利率,还与计息方式有关。因此,切不可只盯住利率一个因素去判断将来值(终值)的大小。

若计息利率每期皆为 i,按单利计息法,从 0 至 n 期末货币 P 实现的货币时间价值为

$$P(1+ni) - P = Pni$$

而按复利计息法实现的货币时间价值则为

$$P(1+i)^n - P = P\left[1 + ni + \frac{n(n-1)}{2!}i^2 + \cdots\right] - P \cong Pni + P\frac{n(n-1)}{2!}i^2$$

由此可知，按复利计息法计算的货币时间价值，比按单利计息法多出 $P\dfrac{n(n-1)}{2!}i^2$。

在投资项目财务评价中，将来值（终值）的计算公式主要用于评价银行贷款条件及计算项目的债务负担。

（二）现值

为了判断项目的投资效益，必然要对项目的资金投入和产出进行比较。然而，资金的投入在前，金额是确定的；资金的产出在后，且要付出代价，即承担投入资金的财务成本，以及投资者要对项目实施承担各种风险（资金的产出带有不确定性）。因此，在价值上，将来产出的资金（终值）与现在投入的资金（现值）不能简单相比较，即不能直接相加或相减。只有具备共同价值基础的货币才具有可比性。这就提出了一个问题：如何使将来产出的资金（终值）与初始投入的资金（现值）具有可比性？

项目将来产出的资金，即资金的将来值，包含因放弃使用初始货币而应得到的货币时间价值。于是，可通过某种换算，从将来值中扣除相应的货币时间价值，使将来各个时期回收的货币与初始投入的资金具有可比的基础，即把将来值换算为相对现在时间的货币价值——现值。把将来值换算为现值后，就可以直接与初始投入的资金进行比较。

显然，

$$\text{现值}\big|_{t=0} = \text{将来值}\big|_{t=T} - \text{货币时间价值}\big|_{0-T}$$

把将来值（终值）换算为现值的计算，称为折现。折现，是计算将来值的逆运算。将式（1.3）两边同除以 $(1+i)^n$，可得现值的计算公式。

$$P = \frac{F}{(1+i)^n} \tag{1.7}$$

式（1.7）中，P 为现值，F 为终值，i 为折现率（或每期折算率），n 为现在至将来某时的期数（时间长度）。

记

$$(P/F, i, n) = \frac{1}{(1+i)^n} \tag{1.8}$$

称为复利现值系数，是由终值 F 求现值 P 的折减系数，其中 i 为折现率，n 为折现的期数（时间长度）。于是

$$P = F(P/F, i, n) \quad (1.9)$$

按 $(P/F, i, n) = f(i, n)$ 制成的复利现值系数表见附录 3 中的附表 3.2。

式（1.7）同样表示了在复利计息方式下，现值 P 与终值 F 之间的等值换算关系。必须指出，把将来值换算成现值时所使用的折现率 i，因实现货币增殖的方式和代价不同而有所不同。比如，以存银行的方式实现货币增殖时，应把存款利率作为折现率；在以投资项目实现货币增殖时，则应把投资者期望的投资收益率作为折现率。

资金现值概念的建立，有助于资金运用的科学决策。

式（1.3）与式（1.7）均表示了在复利方式下，现值 P 与终值 F 之间的等值关系。不同的是，式（1.3）是在已知现值 P 的情况下，按收益率 i 计算终值 F（由前往后算）；式（1.7）是在已知终值 F 的情况下，按折现率 i 计算现值 P（由后往前算）。由现值 P 与终值 F 之间的等值关系可知，在经济学意义上，折现率就是收益率。并且，复利现值系数与复利终值系数之间具有倒数关系，即

$$(P/F, i, n) \times (F/P, i, n) = 1 \quad (1.10)$$

（三）年金

年金是指等额、定期的系列收支。例如，分期付款赊购、分期偿还贷款、发放养老金、分期支付工程款等，都属于年金收付形式。按照支付的时间划分，年金可分为普通年金和预付年金。

1. 普通年金

普通年金又称为后付年金，是指在各期期末支付的等额资金，其现金流如图 1-3 所示。

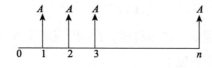

图 1-3　普通年金现金流

先看一个例子，某人寿保险公司拟针对即将退休的人员推出一款保险产品，在设计该产品时，设计人员考虑的产品要点如下：

①参保人在退休前最后一年年初向保险公司一次性交纳一定数额的现金（保险费）。

②在参保人退休后的20年内，保险公司每年向参保人支付2 000元保险金。首次支付的时间是在退休当年的年末。以后每次支付时间也在各年的年末。

③对该产品进行财务评价的折现率为3%。

问：参保人在退休前最后一年年初应向保险公司一次性交纳的现金（保险费）为多少？

此例中，参保人每年年末从保险公司得到的等额保险金给付2 000元就是普通年金。

如果纯粹从财务的角度来看此案例，则相当于保险公司在20年的时间里，按年利率3%计息，连本带息地将参保人最初一次性支付的现金（保险费）又分期全部返还给他，案例中的年利率（折现率）3%也就是参保人购买该保险产品的收益率。反过来看，如果将参保人每年获得的年金按3%的折现率折现至参保之时，则所有各期折现值之和就等于参保人投保时一次性支付的保险费。

于是，可把普通年金定义如下：一组数量相同、连续发生在以后每年年底的货币收入（或支出）$\{A, A, \cdots, A\}$，按某一折现率逐一折现后，其现值总和正好与现在的一笔货币收入（或支出）P相等，则称A是P的年金。

$$P = \frac{A}{(1+i)^1} + \frac{A}{(1+i)^2} + \frac{A}{(1+i)^3} + \cdots + \frac{A}{(1+i)^n}$$
$$= A \cdot \left[\frac{1}{(1+i)^1} + \frac{1}{(1+i)^2} + \frac{1}{(1+i)^3} + \cdots + \frac{1}{(1+i)^n} \right] \quad (1.11)$$

采用等比级数求和公式，式（1.11）可简化为

$$P = A \cdot \frac{(1+i)^n - 1}{i(1+i)^n} \quad (1.12)$$

式（1.12）中的P为普通年金现值，是指为在每期期末取得相等金额的款项，现在需要投入的金额。

记

$$(P/A, i, n) = \frac{(1+i)^n - 1}{i(1+i)^n} \quad (1.13)$$

称为普通年金现值系数，是由年金 A 求现值 P 的系数，其中 i 为折现率，n 为年金的期数（时间长度）。于是

$$P = A(P/A,i,n) \tag{1.14}$$

将式（1.12）两边取倒数，并略加调整后可得

$$A = P\frac{i(1+i)^n}{(1+i)^n - 1} \tag{1.15}$$

利用折现率与收益率的等同关系可知，在项目投资财务评价中，式（1.15）所表示的意思是，当投资收益率为 i 时，对于初始时投入的现金 P，在 n 期的每期期末，可以等额回收数值为 A 的现金。

记

$$(A/P,i,n) = \frac{i(1+i)^n}{(1+i)^n - 1} \tag{1.16}$$

称 $(A/P,i,n)$ 为投资回收系数，则式（1.15）为

$$A = P(A/P,i,n)$$

按 $(A/P,i,n) = f(i,n)$ 制成的投资回收系数表见附录 3 中的附表 3.3。

与式（1.10）所示的关系类似，利用式（1.13）与式（1.16），普通年金现值系数与投资回收系数之间也存在倒数关系，即

$$(P/A,i,n) \times (A/P,i,n) = 1 \tag{1.17}$$

因此，将附表 3.3 中的投资回收系数取倒数，就可得到普通年金现值系数。

回到刚才举的例子，计算投保人应一次性交纳的保险费数额（现值 P）。

由 $i = 3\%$，$n = 20$，查表得 $(A/P,i,n) = 0.06722$，$A = 2000$ 元，按式（1.14）可得

$$P = A(P/A,i,n) = \frac{A}{(A/P,i,n)} = \frac{2000}{0.06722} = 29753 \text{（元）}$$

因此，为了在退休后 20 年的每年年底获得 2000 元的保险给付金，投保人应在退休当年年初一次性向保险公司交纳 29753 元。

尽管在定义普通年金时，是以一年作为一个时期，实际上还可以用半年、一个季度、一个月为一个时期。与此对应，折现率也必须做相应调整，分别选择半年折现率、季度折现率、月折现率。

当将投资回收系数用于银行贷款的还本付息计算时,年金计算公式(1.15)则为按等额本息方式还款时,每期应向银行支付的款项。其中,P 为银行贷款额,i 为银行贷款利率,n 为还款期。

对年金,也可计算终值。普通年金终值是指其最后一次性收支时的本利和,它是每次收支金额的复利终值之和。

将式(1.14)由年金 A 算得的现值 P 乘以复利终值系数 $(F/P,i,n)$,就得到普通年金终值 F 的计算公式。

$$F = P(F/P,i,n) = A \cdot (P/A,i,n) \cdot (F/P,i,n)$$

记

$$(F/A,i,n) = (F/P,i,n) \cdot (P/A,i,n) \quad (1.18)$$

称 $(F/A,i,n)$ 为普通年金终值系数。利用式(1.4)与式(1.13)可得

$$(F/A,i,n) = \frac{1}{i}\left[(1+i)^n - 1\right] \quad (1.19)$$

于是,普通年金 A 的终值 F 为

$$F = A \cdot (F/A,i,n) = \frac{A}{i}\left[(1+i)^n - 1\right] \quad (1.20)$$

将式(1.20)两边取倒数,并略加调整后可得

$$A = F\frac{i}{(1+i)^n - 1} \quad (1.21)$$

如果从偿债的角度看,那么式(1.21)所表示的意义是,为使年金终值达到既定金额 F,每年应积攒(定期提存)的年金数额为 A。式(1.21)所确定的年金 A 也称为偿债基金。

记

$$(A/F,i,n) = \frac{i}{(1+i)^n - 1} \quad (1.22)$$

称 $(A/F,i,n)$ 为偿债基金系数。即

$$A = F(A/F,i,n) \quad (1.23)$$

由式(1.19)与式(1.22),显然,普通年金终值系数与偿债基金系数之间也存在倒数关系,即

$$(F/A,i,n) \times (A/F,i,n) = 1 \quad (1.24)$$

2. 预付年金

预付年金，同样是等额、定期、系列的现金支付，但各期支付的等额资金均发生在期初，其现金流如图 1-4 所示。

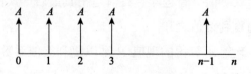

图 1-4 预付年金现金流

对于预付年金，同样可计算其现值与终值。它们是与系列年金收支等值的、分别发生于期初或期末的一次性收支。

将图 1-4 与图 1-3 比较可见，如果将普通年金各期的现金流向左平移一期，则得到预付年金的现金流。因此，对计算年金终值来说，预付年金比普通年金要多计算一期的复利；对计算年金现值来说，预付年金比普通年金要少作一期的折现。因此，将普通年金终值系数和现值系数的表达式分别乘以 $(1+i)$，就可得到预付年金的终值系数和现值系数。

将式（1.20）等号右边乘以 $(1+i)$，可得预付年金的终值计算式为

$$F = A\left[\frac{(1+i)^{n+1}-1}{i}-1\right] \tag{1.25}$$

将式（1.12）等号右边乘以 $(1+i)$，可得预付年金的现值计算式为

$$P = A\frac{(1+i)^n - 1}{i(1+i)^{n-1}} \tag{1.26}$$

3. 永续年金

当普通年金的期限持续很长时间时，就得到它的一种特殊情况——永续年金。对永续年金来说，无法确定其终值，但可以在上文讨论的基础上计算其现值。在计算普通年金现值的公式（1.12）中，将年金的期数 n 取为无穷大，就得到永续年金的现值，即

$$P = \frac{A}{i} \tag{1.27}$$

将该式两边同乘以 i 得到

$$A = P \times i \tag{1.28}$$

如果从在银行存取款的角度来看，上式所表达的意思是"存本取息"。假定在期初时存入金额为 P 的现金，每期的利率为 i，则第一期期末的本利和为 $P+Pi$。将利息 Pi 取出，留下本金 P 继续生息。每期期末均将利息 Pi 取出，重复以上过程至很远，就得到永续年金。

三、几点归纳

对投资项目来说，投入、产出、时间、收益是进行项目财务评价的四大要素。对投入与产出进行度量的基本工具是现金流，对收益的度量方式有收益额与收益率。资金时间价值是联系项目财务评价四大要素的一个重要概念。由以上讨论得出的关于资金时间价值原理的主要结论如下。

（1）复利计算是投资项目财务评价的基础。以将现金存入银行为例，复利计算的本质为"利滚利"，即，除存款本金会产生利息外，由本金逐期所产生的利息，会在其后的各期再计息。

（2）现值与终值，是考虑资金时间价值原理后的一种等值换算，即，将发生于不同时间的现金流换算至相同的时间点，使之具有共同的比较基础。求现值与求终值互为逆运算。

（3）终值，即由初始本金、收益率、所经历的时间（期限）求最终的"本利和"，其计算方法可称为正向推算。复利终值系数 $(F/P, i, n)$，是由现值 P 求终值 F 的增殖系数，其中 i 为收益率，n 为产生收益的期数（时间长度）。

（4）现值，即由最终结果、收益率、所经历的时间（期限）"返本求源"求初始值，其计算方法可称为反向推算，把在所经历的时期内获得的各种增殖收益全部剔除（折减）。复利现值系数 $(P/F, i, n)$，是由终值 F 求现值 P 的折减系数，其中 i 为折现率，n 为折现的期数（时间长度）。

（5）在经济学意义上，折现率就是收益率，只不过在作折现计算时将其称为折现率。并且，复利现值系数 $(P/F, i, n)$ 与复利终值系数 $(F/P, i, n)$ 之间存在倒数关系。

（6）投资，通常是开始时一次性投入，以后逐期分期收回，故与现值（初始投资金额）和年金有关。投资回收系数 $(A/P, i, n)$ 所表示的意义是，当各期投

收益率为 i 时，对于初始时投入的现金 P，在 n 期的每期期末，可以等额回收数值为 A 的现金。由于回收的现金 A 中，既包含有对本金的回收，也包含有利息，因此也称为等额本息回收。当用于银行贷款还本付息计算时，投资回收系数 $(A/P,i,n)$ 则表示以等额本息方式还款。

（7）偿债，通常需要逐期积累偿债所需资金（定期提存），最后一次性付出，故与年金和终值（最后偿还金额）有关。偿债基金系数 $(A/F,i,n)$ 所表示的意义是，为使最终的资金达到既定金额 F，每年应积攒数额为 A 的资金。

（8）投资回收系数 $(A/P,i,n)$ 与年金现值系数 $(P/A,i,n)$ 互为倒数；偿债基金系数 $(A/F,i,n)$ 与年金终值系数 $(F/A,i,n)$ 互为倒数。

（9）对普通年金来说，与它相关的几类系数之间的相互关系如图 1-5 所示。

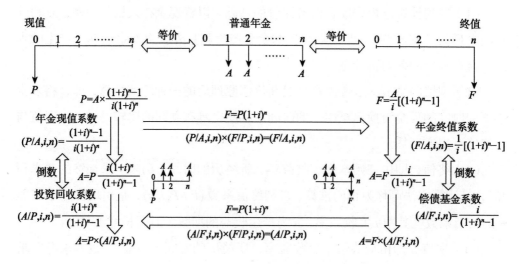

图 1-5　普通年金几类系数之间的相互关系图

第三节　项目投资合理收益的构成

为了追求货币的时间价值，货币持有者既可以把资金存入银行，也可以投资建设项目，前者取得利息，后者取得利润。以下通过这两种途径的比较，来说明项目投资合理收益是如何构成的。

这两种途径中现金流入和流出的状况如图 1-6 所示。

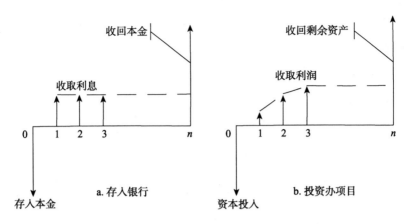

图 1-6　两种不同途径的现金流图

尽管两者的现金流十分相似，但它们实现各自货币时间价值所付出的代价是不同的，其区别如表 1-3 所示。

表 1-3　两种投资方式比较

获取货币时间价值的方式	货币使用者	对投资项目的参与	货币时间价值的表现形式	货币增殖	风险
存入银行	银行	间接	利息	一般较小	小
投资建设项目	投资者	直接	利润	一般较大	大

对投资人来说，将自己拥有的资金用于投资建设项目，他就失去了将这些资金存入银行以获取利息收益的机会。在这两种情况的比较中，将钱存入银行所能获得的收益，就是投资建设项目的机会成本。也就是说，投资的机会成本是指投资者把有限的资金不用于该项目而用于其他投资项目时所创造的收益。投资者总是希望得到最佳的投资机会，从而使有限的资金取得最佳经济效益。因此，投资人期望的项目投资收益率必然要大于它的机会成本，否则，日常的投资活动就无法进行了。

当然，将钱存入银行也是一种投资行为，它也会面临一些风险，尽管这种风险比较小。通常认为，购买国债是一种无风险的投资行为。国债利率即无风险收益率，是指投资者在不冒风险的情况下就可以长期而稳定地获得的投资收益率，通常也称为基础收益率。

表 1-3 两种投资方式的比较也表明，投资建设项目所要面临的风险比将钱存

入银行大。投资者在项目的全部实施过程中，将承担一定的风险。一般来说，投资者可能冒的风险包括：政治风险（如政局不稳、政策多变、工人罢工等），经济风险（如市场萧条、成本上升、汇率变动等），自然灾害（如洪水、地震、瘟疫等）。投资者承担风险，理应得到风险报酬，风险越大，风险报酬应该越高，这样才能激发投资者去从事风险性大的项目投资。因此，投资建设项目所希望获得的较高收益，也是对在这种情况中面临较大风险的一种补偿。在正常情况下，期望的投资收益率与投资风险成正比，风险越大，期望收益越高；风险越小，期望收益也越少。

此外，通货膨胀也将影响货币的时间价值。

在预期未来存在通货膨胀的情况下，如果项目的支出和收入是按预期的各年时价（当时价格）计算的，则项目投资的收益率中应包含有通货膨胀率。如果项目支出和收入在整个项目寿命期内是按不变价格计算的，就不必考虑通货膨胀对收益率的影响。

综合以上分析，在按时价计算项目支出和收入的情况下，项目投资合理收益率的计算公式可归纳如下：

$$i_c = (1+i_1)(1+i_2)(1+i_3) - 1 \quad (1.29)$$

式（1.29）中，i_c 为项目投资合理收益率；i_1 为无风险收益率（基础收益率）；i_2 为风险报酬率；i_3 为预期通货膨胀率。

在 i_1、i_2、i_3 都为小数的情况下，式（1.29）可简化为

$$i_c = i_1 + i_2 + i_3$$

即

项目投资合理收益率 = 基础收益率 + 风险报酬率 + 预期通货膨胀率　（1.30）

在按不变价格（不考虑通胀因素）计算项目支出和收入的情况下，不用考虑预期通货膨胀率，则

$$i_c = i_1 + i_2$$

即

项目投资合理收益率 = 基础收益率 + 风险报酬率

基础收益率一般取为国债利率。

关于风险报酬率，通常取决于投资项目的类型及投资人的偏好。项目投资中

常会遇到的风险包括：行业风险、经营风险、财务风险。一般说来，资金密集项目的风险高于劳动密集的项目；资产专用性强的项目风险高于资产通用性强的项目；以降低生产成本为目的的项目，其风险低于以扩大产量、扩大市场份额为目的的项目。此外，资金雄厚的投资主体的风险低于资金拮据者。

式（1.30）是确定项目投资合理收益率的一般原则。此外，确定项目投资合理收益率还应考虑的因素包括：项目融资成本、行业基准收益率等。将各种影响因素综合考虑，才能比较正确地决定投资项目的取舍。

第四节 与投资项目财务评价有关的主要指标

评价项目的投资效益，在财务上可以归结为在国家现行财税制度和价格体系的基础上，计算一系列反映投资效益的指标，这些指标分为动态指标和静态指标两类。

动态指标，考虑了时间因素（即资金时间价值），采用现金流量折现法，在现金流量表的基础上计算出来。所谓现金流量折现法（discounted cash flow，DCF），就是把项目在测算期内发生的现金收益（现金流入）与现金费用（现金流出）均通过折现计算换算为现值而加以比较的方法。关于现金流量表的结构及编制方法，参见本书第七章第四节。至于静态指标，则不计时间因素，其计算方法以财务会计规定为依据。

一、动态指标

通常为净现值、内部收益率和投资回收期三项指标。动态财务指标涉及时间因素，须考虑资金时间价值，属投资决策型指标。

（一）净现值

在合理选择的测算期内，把项目每年发生的净现金流量（现金流入项与现金流出项的差额，即 net cash flow，NCF），以投资者选择的最低投资期望收益率作为折现率，折现到项目开始的时刻，即把净现金流量换算为净现金流量现值，各年的净现金流量现值相加之和称为净现值（net present value，NPV）。换句话说，用选定的折现率将项目测算期内发生的现金收益（资金产出）和现金费用（资金投入）分别折现为现值后，将现金收益现值的总和减去现金费用现值的总和之差称为净现值。

NPV > 0，表示项目的资金产出大于项目的资金投入。或者说，该项目可实现的投资收益率，会超过用作折现率的最低投资期望收益率。据此，可判断项目是赚钱的，投资者可考虑投资。

NPV < 0，表示项目的资金产出小于项目的资金投入。或者说，该项目可实现的投资收益率，低于用作折现率的最低投资期望收益率。据此，可判断项目是赔钱的，投资者不会投资。

NPV = 0，表示项目的资金产出等于项目的资金投入。或者说，该项目可实现的投资收益率正好等于用作折现率的最低投资期望收益率。据此，可判断项目不赔不赚，投资者也可考虑投资。

净现值的数学描述为

$$NPV = \sum_{j=0}^{n} \frac{NCF_j}{(1+I)^j} \tag{1.31}$$

式（1.31）中，NCF_j 为第 j 年的净现金流量；I 为折现率；j 为年序号（$j=0$ 为第一年的年初）；n 为项目测算期的总年数。

净现金流如图 1-7 所示。

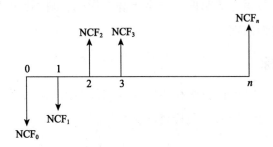

图 1-7 净现金流图

$$NPV = \left[\frac{NCF_2}{(1+I)^2} + \frac{NCF_3}{(1+I)^3} + \frac{NCF_4}{(1+I)^4} + \cdots + \frac{NCF_n}{(1+I)^n}\right] - \left[NCF_0 + \frac{NCF_1}{(1+I)^1}\right]$$

例如，某项目的现金流量计算如表 1-4 所示，取折现率 $I = 10\%$，试计算该项目自初始投资发生起 10 年的净现值。

第一章 投资项目财务评价基础知识

表 1-4 项目现金流量计算表　　　（单位：万元）

年	0	1	2	3	4	5	6	7	8	9	10	备注
（1）现金流入	0	324	129	130	134	138	159	159	159	159	359	
（2）现金流出	750	200										
（3）净现金流量	−750	124	129	130	134	138	159	159	159	159	359	(1)−(2)
（4）净现金流量现值	−750	113	107	98	92	86	90	82	74	67	138	$\dfrac{(3)}{(1+10\%)^j}$
（5）净现金流量现值累计	−750	−637	−530	−432	−340	−254	−164	−82	−8	59	196	(4)的累计

该项目 10 年的净现值 NPV（10%）= 196（万元）。

在描述净现值时，应注意标注所使用的折现率，通常记在 NPV 后的括弧内。

由上可知，净现值是项目中资金产出的现值总和与资金投入的现值总和之差值。按同一个项目中资金投入的类别、资金产出的环节及现金流的计算价格（即用不变价格还是预测的当年价格），对于所选择的折现率，可计算出的净现值不是一个，而是一组。

对于一般的投资项目，有以下三种类型的资本投入。

（1）项目全投资——项目所需资金投入全部为自有资本（又称股本），没有外来资金。

（2）项目自有资本——各投资方实缴的资本金总和。

（3）投资各方股本——各方实缴的资本金。

而资金产出的环节，常注重是税前（即在缴纳所得税之前）还是税后（已缴纳所得税）；至于现金流的计算价格，有不变价格（不含通货膨胀影响）和预测的当年价格（考虑通货膨胀影响）。

显然，在谈论净现值时，一定要搞清楚它是针对哪种资本的投入，以及其对应哪个资金产出环节与计算价格。否则，谈论各方就失去了共同的基础，难以对项目好坏做出正确的判断。

关于净现值的计算，还应注意如下事项。

（1）测算期的选择，原则上采用固定资产中最主要部分的折旧期作为项目的测算期。大多数情况下，包括建设期再加上 15~20 年的经营期。

（2）现金流入和流出的时间，均选择在当年的年末；对于发生在第 1 年年初的现金流入或流出,将其记为第 0 年的年末。

(3) 用于计算净现值的折现率,必须与现金流的类型匹配。对于项目全投资净现金流,通常应取综合资金成本为折现率;也可以依据项目类别,取市场上该类项目的平均全投资收益率为折现率。对于项目资本金净现金流,则以选取股东的最低期望投资收益率为宜。

(4) 若按预测的当年价格计算现金流量,折现率应考虑通货膨胀率。

(二)净现值率

如果必须在若干项目中选择一个进行投资,应该选择净现值最大的项目。但如果还考虑初始投资金额的影响,那么仅用净现值作为判断依据,则不足以认定净现值最大的项目其投资效益最佳。为进行项目比选,还应考虑产生这些数值大于 0 的净现值所对应的初始投资金额。基于这种需要,人们提出了另一指标——净现值率。所谓净现值率(net present value ratio,NPVR),是净现值和初始投资(PVI)的比率,即

$$NPVR = \frac{NPV}{PVI}$$

它表示单位货币的初始投资将获得的净收益的现值。

表 1-5 列出了 3 个投资方案,从中选一,试看该如何比选。

表 1-5 投资方案比选

投资方案	初始投资及经营期的净现金流量(万元)				NPV(10%)(万元)	NPVR(10%)
	第 0 年	第 1 年	第 2 年	第 3 年		
A	−20 000	13 000	15 400	0	4 545	0.23
B	−9 000	0	8 000	8 000	3 622	0.40
C	−1 2000	5 000	5 000	5 000	434	0.04

由表 1-5 可知,若以净现值大者属优而论,应选择方案 A,其净现值为 4 545 万元,但其初始投资也最大,为 2 亿元,产出大,但其投入也大,难以说方案 A 为三者中之最佳。而以净现值率为判断依据,只有项目的单位初始投资对应的净现值居大者,才称得上最佳。这样显然应该选择方案 B,因为此方案的净现值率为 0.40,在三个方案中为最大。

上述净现值及净现值率的计算，常常遇到选择折现率的困难，而这两个指标，都不能直观地反映投入的资本在项目中的盈利水平。因此，它们不受习惯于用银行贷款利率作为决策参考指标的投资者的偏爱。为此，以下提出第 3 个反映投资效益的指标。

（三）内部收益率

1. 定义

使现金流入现值的总和等于现金流出现值的总和的折现率，称为内部收益率（internal rate of return，IRR）。换言之，用内部收益率计算的产生于项目的收入现值正好等于投入给项目的资本现值，即净现值等于 0，记为

$$\text{IRR} = I|_{\text{NPV}=0} \tag{1.32}$$

内部收益率表示在选择的某一测算期内，投入资本在项目中的盈利能力。它反映的是单位货币投资平均每年从项目中获得的现金净收益。

为便于初学者理解，举一个"过渡性"例子，看看如何评价一笔资金存入银行的盈利能力如图 1-8 所示。

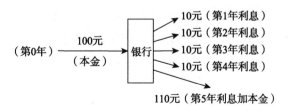

图 1-8　收益率举例

第 0 年末（即第 1 年的年初），存入银行 100 元，期限为 5 年。每年的年末，从银行取得利息 10 元，并在第 5 年的年末取回本金 100 元。试问，这笔存款的收益率（即存款利息率）是多少？读者凭经验会脱口说出是 10%。

如果把银行换成投资项目，则此项目的内部收益率为 10%。（实际上，从投资项目中每年回收的资金不会像从银行收回本息那样均匀稳定。）由表 1-6 的现金流折现计算可验证这一结论。取 10% 为折现率，计算现金流入的现值，其总和为 100。而现金流出现值之和也为 100，两者正好相等。即，采用 10% 为折现率，会使项目的净现值为零。因此，10% 就是此项目的内部收益率。它反映 100 元的初

始投入，每年从项目可获得 10 元的现金净收益。再返回到存款的情况，就可得到印证。

表 1-6　现金流折现计算举例　　　　　　　（单位：元）

年	0	1	2	3	4	5	合计
现金流出	100.00						
现金流入		10.00	10.00	10.00	10.00	110.00	
现金流出现值	100.00						100.00
现金流入现值（10%）		9.09	8.26	7.51	6.83	68.30	100.00

2. 计算方法

内部收益率为可使式（1.33）成立的折现率 I，即内部收益率可通过求解下面的方程得到

$$\text{NPV} = \sum_{i=0}^{N} \frac{\text{NCF}_i}{(1+I)^i} = 0 \tag{1.33}$$

式（1.33）中，NCF_i 为第 i 年的净现金流量；I 为折现率；N 为测算年数（项目计算期）。

当采用 Excel 软件进行投资项目财务评价时，根据各年的净现金流量 NCF，利用 Excel 的内置 IRR 函数，可直接计算得出与给定净现金流相对应的内部收益率。

一般情况下，净现值 NPV 与折现率 I 呈现如图 1-9 所示的函数关系。

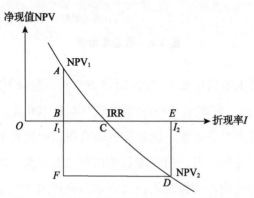

图 1-9　净现值与折现率的函数关系示意图

根据定义，图 1-9 中净现值 NPV 曲线与横轴的交点对应的折现率就是所要求的内部收益率。

3. 内部收益率的分类

就其本质而论，内部收益率反映资金的投入产出比率。与前述净现值一样，按在同一项目中资本投入的类型、资金产出的环节及其计算价格，照样可以计算出一组内部收益率，而绝不是一个。

对于一般的投资项目，有三种形式的资本投入，对应三个内部收益率。

（1）项目全投资内部收益率。所谓项目全投资，指项目总投资全部为企业的自有资金，项目没有源于外部的资金。这类项目投资又称为100%的股本投资。对应这一投资类型的资本收益率，就是项目全投资内部收益率，它反映投入项目的全部资金在项目上的盈利能力。从另一角度上说，项目全投资内部收益率反映了项目自身的盈利水平，与投入项目的资金来源无关。

（2）项目自有资本内部收益率。项目的自有资本，为各投资方实缴的资本总和，是项目总投资的一个来源（另一来源主要是贷款）。对应项目自有资本的投入与产出，是项目自有资本内部收益率，它反映项目总投资中属于自有资本那一部分资本投入的盈利能力。此项指标，包含了贷款杠杆作用对投资人盈利能力的影响。只要项目借款的利率低于前述项目全投资内部收益率，则项目自有资本的内部收益率一定会大于项目全投资内部收益率，且贷款在总投资中所占份额越大，则对自有资本收益率的提升结果越显著。贷款对自有资本收益率的提升效果通常也称为杠杆效应。

（3）投资各方资本金内部收益率。项目的自有资本，由各投资者实缴的出资资金构成。各投资者出资资金的内部收益率，反映了各投资方的单位出资额在所选测算期内每年所获得的平均收益额。

在对投资项目进行财务评价时，无论是自己计算或是评价他人提供的内部收益率，一定要弄清楚针对的是哪一种资本的投入与产出、产出的环节及其计算价格，切不可只停留在百分比的计算上，而不考虑其计算参照物及计算条件。

4. 内部收益率的用途

内部收益率反映了资本在项目投资中的盈利水平。它之所以被选用作投资决策的一个指标，是因为它可以直观地与银行的存（贷）款利息率相比较，据以判断一笔资金做何种投资为宜，是直接投资项目，还是存入银行。若投资者打算使用银行贷款去投资项目，内部收益率可以指出投资者能够承受的贷款利率上限。

（1）项目全投资内部收益率，用于对同一笔资金投入不同项目的比选；若考虑使用银行贷款，这个指标还反映项目能承受的贷款利率上限。

（2）项目自有资本内部收益率，用于反映项目自有资本的投入在银行贷款杠杆作用下的盈利水平。

（3）投资各方出资资金的内部收益率，是各方投资者做出是否参与项目投资决策最根本的依据。只有各投资方出资资金的内部收益率达到各自期望的投资收益率时，他们才会考虑参与项目投资。

5. 内部收益率作为决策指标的局限性

据悉，世界银行和亚洲开发银行常使用内部收益率评价项目，因为事先不必规定折现率。而美国国际开发署（United States Agency for International Development，USAID）却彻底否定内部收益率，规定只使用净现值评价项目，因为内部收益率存在以下局限性。

（1）由于内部收益率是反映投资在测算期内产自项目的平均盈利率，对于风险不大、资金产出比较平稳的项目，以内部收益率作为效益指标有一定的代表性，投资者乐意优先用它作为决策指标。但是，对于风险性项目或在风险性较大地区投资的项目，投资者最关心的是需要多长时间才能收回初始投入的资本，至于资本投入后项目的盈利能力，则放在第二位考虑。

（2）有的项目在中期或后期需要进行重大技术改造，或因扩大生产规模而需要另投一笔资金；对于矿业项目，有可能存在矿山资源耗竭，而新矿尚未发现的问题。这些情况的出现，会导致净现金流量在测算期内某一年或某一期间为负值。此时，在数学计算上，有可能存在两个或两个以上的内部收益率。虽然这种情况很少发生（但容易发生在石油工业和矿业项目中），一旦发生，就难以确定该用哪一个才合适，如表 1-7 所示。

表 1-7　内部收益率非唯一性算例[①]

年	1	2	3	4
净现金流量（万元）	–100	470	–720	360

[①] 该案例数据取自傅家骥，仝允桓，工业技术经济学. 第三版. 北京：清华大学出版社，1996.

具有表（1-7）所示现金流分布特征的项目通常也称为"非常规现金流项目"，其主要特征是在计算期内净现金流序列的符号变化多次。

对于非常规的现金流，按照式（1.33）求解内部收益率时，在计算期内会存在多个满足求解条件的 IRR。例如，对表 1-7 所示的各期净现金流，当取折现率为 20%、50%、100% 时，均可使净现值 NPV 为零，因此，折现率 20%、50%、100% 均为内部收益率的可能值，如表 1-8 所示。

表 1-8　不同折现率下各年净现金流的折现值　　　　（单位：万元）

年	1	2	3	4	合计
净现金流量	−100	470	−720	360	10
折现值 $PV_1(i_c=20\%)$	−83	326	−417	174	0
折现值 $PV_2(i_c=50\%)$	−67	209	−213	71	0
折现值 $PV_3(i_c=100\%)$	−50	118	−90	23	0

图 1-10 表示了上述案例的净现值 NPV 随折现率变化的情况。

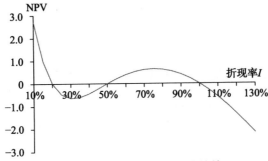

图 1-10　出现三个内部收益率的情况

在本章第五节内，我们还将对此案例进一步讨论。

（3）对于确定项目的优先度来说，内部收益率不能给出正确的判断。通常，内部收益率大于或等于投资者期望的基准收益率，则认为项目在财务上可行。但是，在总体规划中如果有许多项目，而且每个项目的内部收益率都大于或等于投资者期望的基准收益率，那么在对其进行优先排序时还要参考其他指标。

由于内部收益率反映的是资本投入在测算期内的平均盈利能力，用百分比表示，因此它不反映项目的投资规模。只要内部收益率都大于或等于期望值，那么在回答这些项目的优先度时，就不能只借助于这一个指标。如表 1-9 所示。

表 1-9 不同项目的 IRR 与 NPV 指标比较

现金流与计算指标	净现金流量（万元）		计算指标	
	第 1 年	第 2 年	IRR	NPV（10%）（万元）
项目 A	-100	150	50%	33.06
项目 B	-500	625	25%	61.98

表 1-9 中，项目 A 和项目 B，期望的基准收益率皆为 10%，项目寿命期为两年。项目 A 的投资为 100 万元，内部收益率为 50%，净现值为 33.06 万元；而项目 B 的投资为 500 万元，内部收益率为 25%，净现值为 61.98 万元。按照内部收益率来选择，项目 A 优于项目 B；但按照净现值来选择，项目 B 优于项目 A，项目 B 因投资规模较大，净赚的钱较多。

（4）对规模较大，前亏后盈的项目，不宜用内部收益率作为评价指标。有些规模较大的项目，由于投资的时机选择不当，投产后产品销售困难，或达产率较低，债务负担重，致使项目的现金入不敷出，接连亏损。但是，过几年后，市场转好，扭亏为盈。这反映在项目净现金流量上，则是头几年为负值，后来为正值。具有这一特征的项目，其内部收益率也可能较高，高出投资者期望的水平，但仍不能据此判断项目在财务上可行。因为内部收益率只反映项目在测算期内平均的盈利能力，前亏后盈，平均下来，总的看来还是盈利。但是，投产后连年出现的资金短缺，会令投资者望而却步，如果没有能力筹措足够的资金去弥补初始经营的现金短缺，则项目的现金流量会中断，好似人体血液流动中断一样，会招致项目经营中途停摆。因此，对于这样的项目，投资人还要考虑资金的筹措能力和初期承担债务的能力。否则，内部收益率再高，也只能是可望而不可即的。

（5）对于生产经营费用相对于初始投资较大的项目，也不宜用内部收益率作为效益评价指标；相反，对于那些初始投资较大而后来只需少量维持经营费用支出的项目，则适合以内部收益率作为其评价指标。

（6）"风险投资"项目也不宜用内部收益率作为效益评价指标。因为"风险投资"项目期限短，投机性强，其投资回收和盈利一般寄希望于股权转让和设置有退出机制的资本运作。

（四）投资回收期

1. 定义

以项目所得到的现金净收益（即净现金流量）的现值，抵偿项目初始投资的现值所需要的时间，称为投资回收期，记为 P_t。按照《建设项目经济评价方法与参数》（第三版），项目投资回收期宜从项目建设开始年算起，若从项目投产开始算起，应予以特别注明。

计算投资回收期 P_t 的表达式为

$$\sum_{i=1}^{P_t} \frac{\text{NCF}_i}{(1+I)^i} = 0 \tag{1.34}$$

2. 计算公式

$$投资回收期 = 净现金流量现值的累计值首次出现正值的年份数 - 1 + \frac{上年净现金流量现值的累计值的绝对值}{净现金流量现值的累计值首次出现正值的年份对应的净现金流量现值} \tag{1.35}$$

为便于理解式（1.35），现举例说明，如表 1-10 所示。

表 1-10　计算投资回收期的现金流算例　　（单位：万元）

序号	项目	1	2	3	4	5	6	7	8	9	10	11
1	净现金流量	-750	124	129	130	134	138	159	159	159	159	359
2	净现金流量累计值	-750	-626	-497	-367	-233	-95	64	223	382	541	900
3	净现金流量现值（$I=10\%$）	-750	113	107	98	92	86	90	82	74	67	138
4	净现金流量现值累计值	-750	-637	-530	-432	-340	-254	-164	-82	-8	59	197

由表 1-10 第 4 行可知：净现金流量现值的累计值出现正值 59 万元的年份是第 10 年；上一年，即第 9 年，净现金流量现值累计值的绝对值为 8 万元；净现金流量现值的累计值首次出现正值的年份（即第 10 年）对应的净现金流量现值为 67 万元。于是根据式（1.35）可得，

$$投资回收期 = 10 - 1 + \frac{8}{67} = 9.12(年)$$

3. 投资回收期与返本期

由投资回收期的计算公式可知，净现金流量及累计值均采用对应的现值。而现值的大小与采用的折现率有关。因此，投资回收期的长短，要受到选用的折现率大小的影响。对同一组净现金流量，如表 1-10 的第 1 行所示，选用的折现率越大，投资回收期就越长；反之，则会越短。把折现率引入投资回收期的计算，正

好完善了投资回收的概念，即不仅要回收资本的投入量，还应该按期望的投资收益率回收投入资本所应得到的货币时间价值。不太严格地说，回收资本还应包括资本利息的回收。只有把资本及其对应的货币时间价值一起回收，才是完整的投资回收。

关于应同时回收货币时间价值这一点，常被人们忽视，即直接把净现金流量累计值为 0 对应的年数视为投资回收期。这样计算出来的不是投资回收期，而是返本期。返本期是不计资金时间价值（即折现率为 0）的投资回收期。有时为简便起见，也用返本期作为投资回收快慢的度量。

按表 1-10 第 2 行的数据——净现金流量累计值（折现率为 0），可以采用式（1.35）投资回收期的计算公式求出返本期。

$$返本期 = 7 - 1 + \frac{95}{159} = 6.6(年)$$

显然，返本期短于投资回收期。

4. 投资回收期分类

同一个项目，针对在该项目上不同类型的资本投入，至少可算出三个投资回收期。

（1）项目全投资的投资回收期。针对项目全投资的投入，可以算出回收项目全部投资所需的时间。在此种情况下，作为回收全投资的净收益（或净现金流量）等于提取的折旧和摊销费与税后利润之和。

（2）项目自有资本（数量上相当于项目实收资本）的投资回收期。针对项目自有资本的投入，可以算出回收项目自有资本的时间。在此种情况下，作为回收自有资本投资的净收益（或净现金流量）等于提取的折旧和摊销费与税后利润之和减去应偿还的贷款本金后的余额。

（3）各投资方股本金的投资回收期。针对各投资方在项目中的股本投入，可以算出回收各投资方股本的时间。在此种情况下，作为回收股本的净收益（或净现金流量）为各投资方按合同规定每年应分得的净利润及其他收入。

投资回收期，还可按是否包含建设期来划分。有时，需要知道项目投产后几年能收回投资，此时就应该采用不含建设期的投资回收期，并于文中注明。如表 1-10 的例子，建设期为 1 年，故不含建设期的项目投资回收期为 8.12 年。

5. 使用投资回收期这一指标的局限性

投资回收期这一指标特别适用于风险性投资项目或在风险较大地区的投资项目。由于计算简便，几乎所有的项目决策分析都要使用它。但是，这个指标也有其局限性。它只强调投入资本的回收快慢，而忽视了投入资本的盈利能力，不能回答资本投入后的盈利状况。因此，还要结合其他指标，为决策者提供较完整的决策依据。

需要指出的是，这些评价项目的动态指标有时会发生互相排斥的现象。即使对同样的初始投资规模，由于投产后净现金流量在各年度的分布状况不同，当分别用这些指标作为比选判断依据时，会得出相互矛盾的结论。

表 1-11 列出了两种投资方案中各年的净现金流。

表 1-11　两种投资方案的净现金流

年份		0	1	2	3	4
净现金流量（万元）	方案 A	−23 616	10 000	10 000	10 000	10 000
	方案 B	−23 616	0	5 000	10 000	32 675

对于上面的两个投资方案，反映投资效益的动态指标如表 1-12 所示。

表 1-12　两种投资方案的投资效益指标

比选指标	净现值（10%）（万元）	净现值率（10%）	内部收益率	返本期（年）
方案 A	8 083	0.34	25%	2.36
方案 B	10 374	0.44	22%	3.26
比选结果	B	B	A	A

由表 1-12 最后一行的比选结果可见，当采用不同的比选指标时，最优投资方案的选择结果是不一样的。

二、静态指标

静态指标是不考虑资金时间价值的指标，不是投资决策型指标。它们一般与经营期内各年的经营情况相联系，可由经营期各年的财务会计核算结果计算确定，主要适合于企业绩效评价。

常见的静态财务评价指标主要可分为盈利能力指标、偿债能力指标,以及保本点及关门点。

(一)盈利能力指标

常见的盈利能力指标如下。

$$总投资收益率 = \frac{息税前利润}{项目总投资} \quad (1.36)$$

$$资本金净利润率 = \frac{净利润}{资本金} \quad (1.37)$$

$$销售利润率 = \frac{利润总额}{产品销售收入净额} \quad (1.38)$$

式(1.36)至式(1.38)中的息税前利润、净利润、利润总额见本书第五章。在计算上述指标时,应取项目达到设计能力后正常年份的利润指标,或运营期内年平均利润指标。

(二)偿债能力指标

常见的偿债能力指标如下。

$$利息备付率 = \frac{息税前利润}{应付利息} \quad (1.39)$$

$$偿债备付率 = \frac{息税折旧摊销前利润 - 所得税}{应还本付息金额} \quad (1.40)$$

$$资产负债率 = \frac{负债总额}{资产总额} \quad (1.41)$$

$$流动比率 = \frac{流动资产}{流动负债} \quad (1.42)$$

$$速动比率 = \frac{流动资产 - 存货}{流动负债} \quad (1.43)$$

关于利息备付率及偿债备付率的更多讨论见第五章第一节。资产负债率、流动比率、速动比率等指标反映了企业以现有资产偿还长、短期债务的能力。资产负债率反映了项目财务自主权和举债经营的程度。资产负债率越低,偿债能力越强,对债权人就越有利,这表明项目大部分资金是由企业股东投入的。速动比率反映了项目快速偿还流动负债的能力。速动比率越高,其偿还流动负债的能力就越强,越容易从外部筹措资金。

(三)保本点及关门点

1. 保本点

由于产品售价、销售量或产量、生产成本等因素的变化,项目的经营或处于盈利状态,或处于亏损状态,或处于既不盈利也不亏损的状态。既不盈利也不亏损的状态就称为保本,此时的税前利润正好为 0。换句话说,当项目的年度销售收入扣除销售税金后,正好等于项目年度总成本时,称此项目处于保本状态。

所谓保本点,就是使得项目经营处于保本状态的产品售价、销售量、达产率或某一项成本费用等。比如说,某项目的保本点是售价为 1 000 元/台。这意味着,在其他因素不变的情况下,产品按每台 1 000 元销售,项目不赔不赚;若售价高于 1 000 元/台,则会盈利;若售价低于 1 000 元/台,则会亏损。

当项目处于保本状态时,扣除销售税金后的收入,正好够支付该年度用于生产的现金费用,偿还借款利息(若项目有借款时),并可以按规定提取折旧费和摊销。保本时,项目虽无利润,但净现金流量为正值(此时净现金流量等于提取的折旧和摊销费)。

2. 关门点

当项目经营连保本都难以做到时,该项目是否应当关门停产呢?这是值得认真思考的问题。实际上,只要年度的现金收入(销售收入减去销售税金后的余额)能抵清用于生产经营的现金支出(若有借款,还应计入应偿还的利息),现金收支能够持平。此时,经营者不必另寻财源来弥补生产经营短缺的资金,项目照样可以运转下去。但是,无法回收建设投资或无还贷能力。如果年度的现金收入不能抵偿用于生产经营的全部现金支出,项目出现资金短缺,则必须另寻财源才能维持项目的生产经营活动。一个只能靠举债才能维持的项目,肯定会失去经营的价值,只得停业关门。

所谓关门点,是指使项目的现金收支处于持平状态的产品售价、销售量、达产率或某一项成本费用等。当项目的产品售价,或销售量,或达产率,低于关门点对应的数值,或某一项成本费用高于关门点对应的数值,则该项目的现金会入不敷出,只好停业关门。

根据项目行业的特点,保本点和关门点还可用与销售量(或产量)、售价、某一项成本费用有关的参数来表示。选择具有行业特点的参数作为保本点和关门点的描述形式，有助于回答行业投资者所关心的问题。

保本点，从盈亏的角度，把项目的经营情况划分成3个状态：盈利、保本和亏损。关门点，则从现金流的角度，把经营盈亏状态划分成3种情形：净现金流为正、现金持平和净现金流为负。所谓净现金流为正，意味着现金的收入大于支出，现金有节余；反之，现金有短缺。

保本点和关门点对项目经营状态的划分结果，如表1-13所示。

表1-13 保本点与关门点的比较

指标	选用参数	实际值		
		小于	等于	大于
保本点	售价	亏损	保本	盈利
	销售量	亏损	保本	盈利
	某项成本	盈利	保本	亏损
关门点	售价	负净现金流	现金流持平	正净现金流
	销售量	负净现金流	现金流持平	正净现金流
	某项成本	正净现金流	现金流持平	负净现金流

保本点和关门点的高低，也是衡量项目承受来自市场及生产经营风险能力的判断依据。关于保本点及关门点的计算方法，参见本书第八章"不确定性分析"。

三、几点说明

（1）在做项目投资决策时，投资者不仅需要研究项目本身的经济效益，还要分析是否会有取之于项目以外的效益，比如能从项目获得稳定而廉价的货源，或者掌握项目所需原材料的供应权，从产品销售或供应原材料的环节中赚取利润，以及政府提供的某些特许权的补偿等。

（2）在分析评价项目时，还应该注意研究项目对国家、对社会的利弊。因此，项目审批部门还必须对项目做国民经济评价，站在国家的立场来评价项目的效益。此时要进行经济费用效益分析和费用效果分析，计算一套国民经济评价指标，如经济内部收益率、经济净现值和经济效益费用比等。对于难以定量的效益，还应该使用文字定性描述。

第五节　关于内部收益率的若干问题

一、一个真实的投资案例

由前述的讨论我们知道，内部收益率是考虑了资金时间价值的动态指标，反映在计算方法上，采用了净现金流量折现法。如果我们忽略了关于资金时间价值的考虑，则可能会对一些投资活动的投资效益得出错误的判断。下面以某一真实的投资事件为例说明。

某信托公司推出《××项目集合资金信托计划》。其推介材料的要点为：①产品期限2年；②年投资收益率为10%；③在产品的2年存续期内，分8次向投资人等额返还投资本金（即每季度返还一次，每次返还初始本金的1/8）；④产品到期时，一次性返还2年的全部收益和最后一期的1/8本金。

可以说，部分购买此产品的投资人，仅仅看到年投资收益率为10%这一宣传性说明，而没有注意到初始投入的本金在2年内分8次等额返回给投资人，且理财产品的全部收益仅在该产品2年期终止时一次性支付这一交易安排。于是，他们根据以往的理财经验，和对年投资收益率的"习惯性"理解，作出了购买该信托产品的决策。

按照部分投资人"想当然"的理解，年投资收益率 R 应按如下方式计算。

$$R = I / P$$

其中：I——项目期内年均收益；P——初始投入本金。

设投资人投入的本金为 $8A$（P），每季度返还 A；项目年投资收益率10%，折合季度投资收益率为2.5%（为方便，记2.5%为 r）。则部分投资人对该理财产品的收益计算如表1-14所示。

表1-14　理财产品计息过程

季	1	2	3	4	5	6	7	8	合计
季度收益率	r	r	r	r	r	r	r	r	
计"息"本金	$8A$	$7A$	$6A$	$5A$	$4A$	$3A$	$2A$	$1A$	
应计"利息"	$8Ar$	$7Ar$	$6Ar$	$5Ar$	$4Ar$	$3Ar$	$2Ar$	$1Ar$	$36Ar$

由表 1-14 可知，两年累计"利息"（投资收益）为 $36Ar$，则年均投资收益为 $I = 36Ar/2$。

因此，部分投资人"想当然"的年投资收益率为

$$\text{年投资收益率} R = \frac{I}{P} = \frac{36Ar/2}{8A} = 2.25 \times 2.5\% = 5.625\%$$

这些投资人按自己的理解计算出的上述收益率显然与信托公司宣传的收益率（10%）相差太大。于是他们感觉自己被信托公司误导，双方产生经济纠纷。

不能说此信托产品的设计者有意给投资人设置了迷魂阵，但在项目推介资料中，没有将该项目与其他理财项目的不同点（分季度返还本金及到期一次性支付全部收益）向投资人作重点提示，致使部分投资人没有注意到此产品方案的特点及其利弊。

实际上，该信托公司在产品推介书中对该理财产品有如下说明。

（1）年收益率 10%，折算季度收益率为 2.5%。

（2）投资本金分 8 次等额返还。

（3）收益返还条件：2 年期结束时一次性全部返还，各期利息不资本化（不计复利）。

假定某投资人的初始投入本金为 300 万元，则该项目的现金流如表 1-15 所示。

表 1-15　信托产品期末一次性付息的现金流　　　　（单位：万元）

季	0	1	2	3	4	5	6	7	8
初始投资	300.00								
本金返还		37.50	37.50	37.50	37.50	37.50	37.50	37.50	37.50
计息本金数		300.00	262.50	225.00	187.50	150.00	112.50	75.00	37.50
应计利息		7.50	6.56	5.63	4.69	3.75	2.81	1.88	0.94
实际付息		—	—	—	—	—	—	—	33.75
净现金流	−300.00	37.50	37.50	37.50	37.50	37.50	37.50	37.50	71.25

由表 1-15 中各期净现金流计算确定的年化收益率为 9.0%，与信托公司在产品说明中宣传的 10%相差 1%，但却高于部分投资人自己按静态方法算出的所谓年投资收益率 5.625%。

可能有人会问：信托公司所说的 10% 收益率在什么情况下可以实现？答案是：不论投资本金如何分期返还，如果各期实际付息数等于应计利息数，那么信托产品的年化收益率就会达到 10%。相关的现金流计算如表 1-16 所示。

表 1-16　信托产品各期即时付息的现金流　　　　　（单位：万元）

季	0	1	2	3	4	5	6	7	8
初始投资	300.00								
本金返还		37.50	37.50	37.50	37.50	37.50	37.50	37.50	37.50
计息本金数		300.00	262.50	225.00	187.50	150.00	112.50	75.00	37.50
应计利息		7.50	6.56	5.63	4.69	3.75	2.81	1.88	0.94
实际付息		7.50	6.56	5.63	4.69	3.75	2.81	1.88	0.94
净现金流	−300.00	45.00	44.06	43.13	42.19	41.25	40.31	39.38	38.44

在表 1-15 与表 1-16 中，各期净现金流（表中最后一行）的代数和均为 33.75 万元，但各期净现金流的分布情况有差异，导致内部收益率计算结果不同。

这一案例进一步提醒我们注意以下问题。

（1）要区别动态投资收益率和静态投资收益率。动态投资收益率需要通过现金流折现方法计算，以反映资金的时间价值。

（2）在考虑折现的现金流量计算中，我们不仅应关注现金流的数量，还应关注现金流发生的时点，这样才会避免投资决策失误。

（3）即使在进行静态投资收益率计算时，也应关注计息本金是否发生变化，不能简单地将初始投资本金作为计算静态投资收益率的基数。

二、实务中应用内部收益率的注意事项

1. 实务中的内部收益率计算

上一节介绍了根据净现值为零的条件求解内部收益率 IRR 的式（1.33），但对求解 IRR 来说，这一方程只具有理论上的意义，而无实际操作的可能。在 Excel 软件广泛应用的今天，在投资项目财务分析的实务中，内部收益率 IRR 可直接利用 Excel 软件的内置 IRR 函数计算得出，计算方法如下。

（1）根据对项目投入与产出的分析，得出测算期内各期的现金流入与流出，

进而得出各期的净现金流,如表 1-15 与表 1-16 中的最后一行。

(2)将计算期内各期的净现金流数组取为 Excel 内置 IRR 函数的输入量,就可直接计算得出整个计算期的内部收益率。

需要特别说明的是:当采用 Excel 电子表格进行现金流分析时,计算期内各周期的净现金流是与各计算周期的时段长度相关的。当各计算周期的时段长度为年时,采用 Excel 内置 IRR 函数计算出的内部收益率为年度收益率;当各计算周期的时段长度为季度时(如表 1-15 与表 1-16 的现金流计算),则计算出的内部收益率为季度收益率。如果以 IRR_1 表示季度内部收益率,以 IRR_4 表示年度内部收益率,则按复利计算的基本关系为

$$(1+IRR_1)^4 = 1+IRR_4$$

于是

$$IRR_4 = (1+IRR_1)^4 - 1 \cong 4 \times IRR_1$$

即,将季度内部收益率乘以 4 之后才得到年化内部收益率。

2. 在项目实务中应用收益率的注意事项

在项目投资决策中,投资回报是投资人关注的重点问题之一。但本书作者在项目实践中发现,在一些项目实施方案、招标文件或项目合同中,关于投资回报或收益率的说法不严谨,极易误导交易相关方对项目的投资决策,也会给项目的后续顺利操作埋下隐患。为此,本书建议,在投资项目的相关文件中,应注意以下问题。

(1)在进行投资项目决策时,所采用的投资效益指标均应是动态指标。目前常用的动态投资效益指标就是内部收益率。各类静态的投资报酬率指标不宜应用于项目的投资决策。

(2)由于内部收益率指标有好几类,比如全投资项目财务内部收益率、资本金财务内部收益率、投资人财务内部收益率等(见本书第七章),它们分别对应于不同的现金流。而对不同类型的现金流,这几个内部收益率的合理可接受水平是不一样的。因此,在投资项目的相关文件中,不宜笼统地只说收益率,而应具体说明是哪一类内部收益率,以免出现"浑水摸鱼"的情况。

(3)由本章第四节的讨论可知,对于某一个持续期为 n 年的具体的投资项目,

根据 n 年内各期的净现金流,只能算出一个内部收益率。这个内部收益率是对项目全周期的现金流"算总账"的结果,只适用于对项目的投资决策,而不能作为经营期内经营绩效考核指标。关于内部收益率与经营绩效考核指标之间的关系,详见本节最后的讨论。

三、内部收益率的经济学含义

按照一般教科书的定义,内部收益率 IRR 是使净现值 NPV 为零的折现率。这种定义方式纯粹从数学的角度对内部收益率所导致的结果进行了描述,但内部收益率究竟是什么收益率?它的经济学含义是什么?它是否还与什么假设相联系?对这些问题,目前尚存在不同的认识。

关于内部收益率的经济学含义,在一些较有影响的投资类(包括技术经济学)出版物中常见如下说法。

(1)内部收益率指标的经济含义是项目对占用资金的恢复能力。

(2)内部收益率指标是项目占用的尚未回收资金的获利能力。

(3)内部收益率是项目为其占用资金所提供的盈利率。

(4)假定将项目寿命期内所获得的净收益全部用于再投资,则再投资的收益率等于项目的内部收益率。

本书认为,以上说法未能准确说明内部收益率的实质意义,较难理解,个别说法甚至是对内部收益率的"误读"。本节试图对内部收益率进行进一步解读。

见本章第四节的讨论,内部收益率为可使式(1.33)成立的折现率 I,即内部收益率可通过求解式(1.33)的方程得到。

如果将某个具体的投资项目看作为一个"投入产出系统",对投资人而言,对该系统的投入是投资人的现金流出,而从该系统中产生的收益(系统的产出)则是投资人的现金流入(如图 1-11 所示)。将投资人的投入与系统的产出进行比较,就可以评价投资人的投资效益。投资人的投资效益也就是被投资项目(投入产出系统)的效率。由于与投入及产出对应的现金流并不发生在同一时点,因此,为了能进行比较,就需要利用资金时间价值原理,将发生在不同时点的各现金流向计算期的起点进行折现(等值换算),将所有各期净现金流折现的结果加总,就是式(1.33)左边的净现值 NPV。

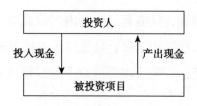

图 1-11 投入产出系统

式（1.33）表明，对于某一个持续期为 N 年的具体的投资项目，根据 N 年内各期的净现金流，只能算出一个内部收益率。这个内部收益率是对项目全周期的现金流"算总账"的结果，它综合反映了一个项目（投入产出系统）的盈利水平，常用于投资决策分析。

根据上面的讨论我们看到，从项目投入产出的角度分析，内部收益率只取决于项目计算期内的现金流分布，根本不存在需要将"项目寿命期内所获得的净收益全部用于再投资"这样的假定，更不存在"再投资的收益率等于项目的内部收益率"这样的假定。

通常，当以折现的方式对现金流进行等值换算时，折现的结果（等值换算值）不仅与折现率有关，还与所选取的折现基准点有关。但是，当取内部收益率为折现率时，会产生一个十分特殊的结果。

若在式（1.33）两边同乘以 $(1+I)^m$，其中 $1 \leq m \leq N-1$，对于确定的 m 值，$(1+I)^m$ 是个常数，则

$$\sum_{i=0}^{N} \frac{\mathrm{NCF}_i}{(1+I)^i} \cdot (1+I)^m = 0$$

即

$$\sum_{i=0}^{m-1} \mathrm{NCF}_i \cdot (1+I)^{m-i} + \sum_{i=m}^{N} \frac{\mathrm{NCF}_i}{(1+I)^{i-m}} = 0 \qquad (1.44)$$

与式（1.33）相同，内部收益率为可使式（1.44）成立的折现率 I，且两处的方程求解结果（即折现率值 I）相同。

若以现金流图示，式（1.33）表示将所有各期的净现金流均向 $t=0$ 的时点折现，并求其代数和，如图 1-12 所示。

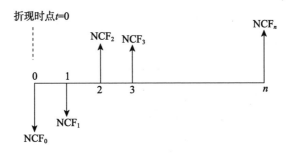

图 1-12　各期净现金流向 $t=0$ 的时点折现

而式（1.44）的等值换算所表示的意义则是，将 $t=m$ 之前各期的净现金流向 $t=m$ 的时点计算本利和（终值），而将 $t=m$ 之后各期的净现金流向 $t=m$ 的时点折现，并求全部等值换算结果的代数和，如图 1-13 所示。

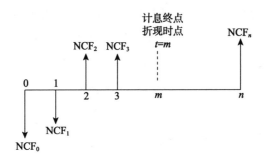

图 1-13　各期净现金流向 $t=m$ 的时点折现

式（1.44）表明，对于某计算期内的各净现金流，当以内部收益率将各现金流向任一时点进行等值换算（求本利和或折现）时，所有换算值的代数和为零。也就是说，无论取什么时点作为各净现金流的折算基准点，均会计算得出同一个内部收益率。即，内部收益率不受折算基准点的影响。将以上结果进一步推论，可以发现，在计算内部收益率时，折算时点 $t=m$ 可以不受 $1 \leqslant m \leqslant N-1$ 的限制。

综合以上讨论，本书得到以下结论。

（1）对于一个持续期为 N 年的投资项目（投入产出系统），需要对其全周期的现金流"算总账"才能确定该项目（投入产出系统）是否值得投资。

（2）为了对项目全周期的现金流"算总账"，需要根据资金时间价值原理将发生在不同时点的净现金流折算至某一个确定的基准点。各净现金流折算之后的等值换算值才可以进行数量比较。

（3）在考虑项目全周期内现金流的等值换算时，内部收益率是使一个投入产出系统（项目）的净现金流"自平衡"的收益率。在达"自平衡"状态时，对全部现金流进行等值换算的结果不受折算基准点选择的影响。

（4）从经济学意义上讲，使项目全周期的现金流达"自平衡"状态的内部收益率，就综合反映了该项目（投入产出系统）的盈利水平。

（5）某投资项目的内部收益率仅取决于本项目（本环节）投入产出的现金流情况，与本环节所产出现金流的再投资方式（未来的资金使用方式）及收益无关。将本环节所产出的现金流再投资所可能产生的效益，属于下一环节（另一项目）投入产出分析的内容。两者无任何关系。

（6）由于在达"自平衡"状态时，对全部现金流进行等值换算的结果不受折算基准点选择的影响。因此，如果将计算期末的时点取为现金流折算基准点，自然也会得到 NPV=0 的结果。在取计算期末的时点为现金流折算基准点时，是将各净现金流以 IRR 为收益率计算其本利和。这种折算处理方法造成一种"再投资"的假象，这或许就是现今流行的著作中认为"内部收益率是假定将项目寿命期内所获得的净收益全部用于再投资的收益率"的原因。

在投资项目财务评价的实务中，我们常采用 Excel 软件进行分析，即根据各年的净现金流量 NCF，利用 Excel 的内置 IRR 函数，直接计算得出与给定净现金流相对应的内部收益率。其计算公式与式（1.33）类似。

$$\sum_{i=1}^{N} \frac{\text{NCF}_i}{(1+I)^i} = 0 \tag{1.45}$$

与之对应的现金流如图 1-14 所示。

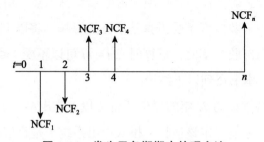

图 1-14　发生于各期期末的现金流

在图 1-14 中，各期的净现金流均假定发生在期末。对此，一些投资分析人员认为更合理的假定是各期净现金流应按发生在各期期中考虑，如图 1-15 所示。

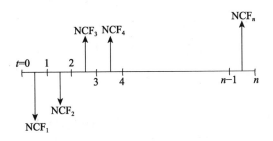

图 1-15　发生于各期期中的现金流

与图 1-15 的现金流分布相对应，这种观点认为，内部收益率是使式（1.46）成立的折现率 I。

$$\sum_{i=1}^{N} \frac{\mathrm{NCF}_i}{(1+I)^{i-0.5}} = 0 \qquad (1.46)$$

不幸的是，对于式（1.46），当采用 Excel 软件根据各年净现金流量 NCF 来求内部收益率 I 时，无法直接利用 Excel 的内置 IRR 函数，财务分析计算的复杂性大为增加。

事实上，如果将式（1.45）式两端分别乘以 $(1+I)^{0.5}$，就可得到式（1.46）。而根据上文的讨论，只要保持各期净现金流的分布情况不变，由式（1.45）与式（1.46）确定的内部收益率应相等。因此，我们在投资项目财务评价中根据净现金流计算内部收益率时，可不用纠结各期的净现金流应发生于期末还是期中。为了计算方便，在财务模型中应假定各期的净现金流均发生在期末。

四、非常规现金流项目的内部收益率

所谓非常规现金流项目，是指计算期内净现金流序列符号变化多次的项目。下面取本章第四节表 1-7 所示净现金流分布的项目为案例讨论，其净现金流分布如表 1-17 所示。

表 1-17　非常规现金流项目各年净现金流

年	1	2	3	4
净现金流量（万元）	−100	470	−720	360

对于非常规的现金流，按照式（1.33）求解内部收益率时，在计算期内会存

在多个满足求解条件的 IRR。例如，对表 1-17 所示的各期净现金流，当取折现率为 20%、50%、100%时，均可使净现值 NPV 为零，因此，折现率 20%、50%、100%均为内部收益率的可能值，如表 1-18 所示。

表 1-18　不同折现率下各年净现金流的折现值　　　（单位：万元）

年	1	2	3	4	合计
净现金流量	−100	470	−720	360	10
折现值 $PV_1(i_c=20\%)$	−83	326	−417	174	0
折现值 $PV_2(i_c=50\%)$	−67	209	−213	71	0
折现值 $PV_3(i_c=100\%)$	−50	118	−90	23	0

图 1-16 表示了上述案例的净现值 NPV 随折现率变化的情况。

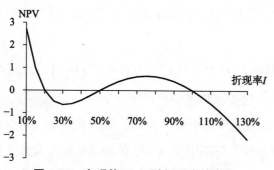

图 1-16　净现值 NPV 随折现率的变化

目前，在一般著作中较为流行的说法是，当出现多个内部收益率的可能值时，不能用 IRR 指标进行投资决策。本书认为，这种说法值得商榷。

对于表 1-17 所示的现金流分布，进一步的研究发现，第 1 年的净现金流数值对图 1-16 中曲线形态及内部收益率数值影响极大。例如，当第 1 年净现金流数值变动 1%（即由−100 变为−101）时，净现值 NPV 随折现率 I 的变化曲线就将如图 1-17 所示，尽管该曲线也具有"一波三折"形状，但它与横坐标轴仅有一个交点。此时，满足式（1.33）要求的 IRR 值仅有一个（IRR=14.92%），图 1-16 中的其余两个 IRR 值则消失不见。这表明，对于表 1-17 所示的现金流分布，与内部收益率 50%和 100%对应的净现金流"自平衡"状态是极不稳定的。

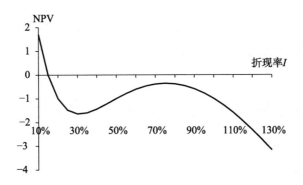

图 1-17　第 1 年净现金流数值变动 1%时净现值 NPV 随折现率的变化

对于非常规现金流项目，本书有如下建议。

（1）从投入产出的角度分析，一个项目不论是亏还是赚，一定有一个且只会有一个收益率。

（2）收益率为负则颠覆了资金时间价值原理成立的基础，在进行投资效益分析时不予考虑。

（3）如果能找出所有满足求解条件的 IRR 值，从投入产出分析及全周期现金流"自平衡"的角度考虑，最小的一个 IRR 值是项目收益率的合理解。因为，根据资金时间价值原理，如果折现率太大，则处于计算期后期的现金流被"轻视"（如表 1-18 所示），造成了虚假的现金流"自平衡"状态，且这种"自平衡"状态是极不稳定的，极易受初始投资变动的影响而消失。而最小的 IRR 值所对应的现金流"自平衡"状态，由于比较小的折现率可以使全计算期内的净现金流均得以被充分平等地考虑，从投入产出角度进行的盈利性分析才是合理的。因此，最小的一个 IRR 值也就是一个投入产出系统（项目）的合理收益率。

需要说明的是，表 1-17 所示的净现金流分布只是为了说明非常规现金流的一种极端情况示例。对于正常的投资项目，现金流出最集中的时段一般发生在计算期初（建设期）。此后，会有一段较长时间的净现金流入期（经营期）。当固定资产等设备需要进行更新改造时，可能会有较大数额的现金流出发生，但其数值一般会远小于计算期初（建设期）的投资支出。因此，对于正常的投资项目，出现非常规现金流的情况会较少。在项目实践中，如果确实出现了非常规现金流分布的情况，且后期的净现金流出值接近或超过计算期初（建设期）的投资支出，那么建议投资项目策划人员考虑是否需要将项目拆分为两个独立项目进行处理。因为从经济合理性的角度考虑，如果对某项目进行更新改造的投资数额巨大，则宜将原项目适时终结，而另按投资新项目处理。

五、内部收益率指标与经营绩效考核指标间的关系

前面讨论中已说明，对于某一个持续期为 n 年的具体的投资项目，根据 n 年内各期的净现金流，只能算出一个内部收益率。这个内部收益率是对项目全周期的现金流"算总账"的结果，只适用于对项目的投资决策，而不能作为经营期内的经营绩效考核指标。

无论是政府投资项目还是政府与社会资本合作（PPP）项目，经营绩效考核都是检验投资效益是否达到预期的重要环节与手段。对 PPP 项目来说，运营期的经营绩效考核更是一种重要的交易安排，政府方需要根据绩效考核结果来决定对项目公司（社会资本方）的付费与奖惩。

对实际经营绩效的定量描述必须用到与各期财务会计核算相关的静态指标。这些静态指标可能包括收入、成本、利润，以及各种收益率。需要注意以下问题。

（1）静态指标是根据经营期内各会计核算期（一般是"年"）的财务会计资料计算出来的，每年都会有一套反映当年经营业绩的静态指标。各年的静态指标值也会各不相同。

（2）会计核算中的各类静态指标（收入、成本、利润、收益率等）是根据"权责发生制"确定的。按照"权责发生制"的规定，在计算收入与成本时，应考虑当期所有与收入及成本相关的"应计"因素，而不只是其中仅与现金流相关的部分。例如，在静态指标中，成本内必须包含折旧摊销费用。而在利用现金流模型计算内部收益率时，经营期内的成本是扣除折旧摊销费之后的经营成本。

由于存在以上差异，经营期内的各类静态收益率指标与投资决策的内部收益率指标之间不存在可直接换算的数量关系，也不可简单地根据静态收益率指标的高低来判断投资决策时的收益预期是否达到。请在制定绩效考核指标时务必注意。

第二章
总投资与资金筹措

第一节 总投资的构成形式

一、项目总投资

项目的投资总额,是指按照所规定的设计规模需要投入的建设投资和流动资金的总和。按照《建设项目经济评价方法与参数》(第三版)的分类方法(见附录 2 中的附表 2.5[①]),项目总投资由工程建设投资、建设期利息及流动资金构成,即

$$项目总投资 = 工程建设投资 + 建设期利息 + 流动资金 \qquad (2.1)$$

在一些文献中,式(2.1)中的工程建设投资被称为静态总投资,工程建设投资与建设期利息之和则被称为动态总投资,其中的建设期利息为项目静态总投资上背负的建设期债务资金成本。

流动资金是在生产经营过程中被周转占用的资金,对于生产型企业来说,为项目在生产期的库存环节、生产环节和销售环节占用的资金总和;对于服务型企业来说,为经营中占用的资金总和。

2017 年 9 月,住房城乡建设部办公厅发布了《建设项目总投资费用项目组成(征求意见稿)》(建办标函〔2017〕621 号)。这份文件根据"营改增"之后增值

---

① 本书附录 1 与附录 2 中各计算表的内容与格式均引自国家发展改革委与原建设部 2006 年发布的《建设项目经济评价方法与参数》(第三版),读者可根据具体建设投资项目的实际情况,对计算表中的相关计算项目进行增删或调整。

税"价税分离"的原则明确规定，建设项目总投资是指为完成工程项目建设并达到使用要求或生产条件，在建设期内预计或实际投入的总费用，包括工程造价、增值税、资金筹措费和流动资金。

（1）工程造价是指工程项目在建设期预计或实际支出的建设费用，包括工程费用、工程建设其他费用和预备费。

（2）增值税是指应计入建设项目总投资内的增值税额。

（3）资金筹措费是指在建设期内应计的利息和在建设期内为筹集项目资金发生的费用。包括各类借款利息、债券利息、贷款评估费、国外借款手续费及承诺费、汇兑损益、债券发行费用及其他债务利息支出或融资费用。

（4）流动资金是指运营期内长期占用并周转使用的营运资金，不包括运营中需要的临时性营运资金。

将住建部拟发布的新规与式（2.1）进行比较后可以发现，除了由于"营改增"而将增值税在项目建设总投资中作为新增内容单独列出外，式（2.1）中的"工程建设投资"和"建设期利息"两项被分别改称为"工程造价"和"资金筹措费"，以体现"营改增"之后这两部分投资中不再含增值税。

本书下文仍以《建设项目经济评价方法与参数》（第三版）中提出的分类方法对项目总投资进行分类，仅在涉及"营改增"的相关讨论时才对增值税进行重点说明。对于业内常采用的"工程造价"一词，也包含有增值税进项税。也就是说，本书下文中的"工程造价"，即式（2.1）中的工程建设投资（静态总投资）。

二、按照在项目内存在的形态划分

$$项目总投资 = 固定资产 + 无形资产及开办费 + 流动资金 \quad (2.2)$$

这一划分，可以为计算总成本中的折旧和摊销打下基础。

三、按照资金来源划分

一般情况下。

$$项目总投资 = 自有资本 + 项目借款 \quad (2.3)$$

这一划分，便于计算项目的债务负担。

需要说明的是，当以融资租赁方式取得固定资产时，与融资租赁对应的债务也应计入式（2.3）的项目借款中。

四、总投资使用计划与资金筹措表

由式（2.1）与式（2.3）可得

$$\text{工程建设投资} + \text{建设期利息} + \text{流动资金} = \text{自有资本} + \text{项目借款} \quad (2.4)$$

式（2.4）从总量上表示了项目建设期内的资金来源与运用关系。

通常，项目的建设期往往超过一年。在建设期内，各类建设投资支出会随建设进度而逐步发生。将分期发生的各类建设投资按时序列示，就得到项目总投资使用计划表。

进行项目建设投资的资金，需要项目业主以各种方式筹措。资金来源渠道包括自有资金及银行贷款等其他方式，详见以下各节的讨论。

以各种方式筹集到的资金，必须在数量上和时间上与建设所需的资金同步，即在建设期内需随时保持资金来源与运用的平衡。过量筹集到的超过总投资使用计划的资金会造成浪费，增加工程建设成本；而当筹资数额不足时，将使工程建设陷于停滞，不能按建设进度计划顺利实施，同样也会造成损失。因此，按时序列示的项目总投资使用计划表上各期的资金使用数额，也应是建设期内各期的资金筹集数额。

按照《建设项目经济评价方法与参数》（第三版），在投资项目的财务评价中，项目总投资使用计划与资金筹措表的基本格式见附录 2 中的附表 2.5。该表即建设期内各年的资金平衡表。本书将在后续章节中对总投资使用计划与资金筹措表进一步予以讨论。

五、工程建设投资（工程造价）的构成与确定

（一）工程建设投资的构成内容

项目的工程建设投资是形成项目长期资产（固定资产、无形资产等）的建设期支出（包括直接支出与间接支出），也称为固定资产投资或工程造价。其构成内容如下。

$$\text{工程建设投资} = \text{建筑安装工程费} + \text{设备和工器具购置费} \\ + \text{工程建设其他费用} + \text{预备费}$$

在工程建设的不同阶段，工程建设投资具有不同的表现形式和不同的确定依据。

（二）工程建设投资的确定方法

通常，一个工程建设项目必须经过可行性研究（含项目建议书）、初步设计、施工图设计、招投标、施工建设、竣工验收等多个阶段。各个阶段的主要工作目标、工作内容和工作重点各不相同，后一阶段的工作都是在前一阶段工作的基础上，对工程建设的逐步深化。但不论建设项目处于哪个阶段，都必须对工程建设投资额（工程造价）进行确定。由于各阶段的工作深度与工作基础不同，因此，各阶段确定工程造价的方法和得到的工程造价额也不相同。表2-1列出了在工程建设的不同阶段，工程造价的表现形式（工程造价类型）和工程造价的确定依据。

表2-1　工程建设各阶段的工程造价类型与确定依据

建设阶段	可行性研究（含项目建议书）	初步设计	施工图设计	招投标	施工建设	竣工验收
工程造价类型	投资估算	设计概算	施工图预算	合同价	结算价	实际造价
工程造价确定依据	投资估算指标	概算定额指标	预算定额指标	企业定额（施工定额）指标及投标策略	工程施工合同	审计

项目建议书阶段是项目的策划阶段，可行性研究阶段是项目的立项审批阶段，它们均属项目的前期工作阶段。在这一阶段中，工程建设投资额由投资估算得出，依据的是采用综合单价的投资估算指标。由于项目前期尚无较详细的建设方案，因此估算出的投资额较粗略。按照一般要求，项目建议书估算的总投资额可以有±30%的误差，可行性研究报告估算的总投资额误差可以为±10%。

鉴于估算时易漏项，而且会发生设计取费标准提高及某些不可预见性因素（如由供求关系变化引起的物价上涨），最终将导致额外的资本支出。因此，在可行性研究阶段，在建设投资之外，应增设不可预见费或预备费。

在初步设计阶段，建设内容与工程方案等均已基本确定，在初步设计的基础上，工程造价根据设计确定的工程量和国家相关部门发布的概算定额指标确定。关于概算造价的更多介绍，见第七章第六节。按照一般要求，初步设计概算确定的总投资额误差可以为±5%。在投资项目的财务评价中，以概算法编制的建设投资估算表见附录2中的附表2.1。

施工图预算是在更细致设计的基础上，根据预算定额确定的工程造价。预算定额是在正常的施工条件下，完成一定计量单位的分项工程或结构构件所需人工、材料、机械台班消耗的数量标准。在招标承包的情况下，它是计算标底和确定报价的主要依据。

在招投标阶段，投标企业需要依据企业内部的施工定额以及企业所定的投标策略确定投标价。施工定额是施工企业为组织生产和加强管理在企业内部使用的一种定额，属于企业生产定额。

从编制程序看，施工定额是预算定额的编制基础，而预算定额则是概算定额或估算指标的编制基础。

在施工建设阶段，施工企业需要按照与业主签订的工程施工合同，与业主结算工程价款。

需要说明的是，无论处于何种建设阶段，无论是何种类型的工程造价，项目总投资中的工程建设投资均包含施工利润，以及项目建设期内支出的增值税进项税。以初步设计阶段的概算投资为例，按概算定额指标确定工程造价的详细讨论见第七章第六节。充分了解工程建设投资中所包含的内容，将有助于理解关于PPP项目中政府付费或补贴计算基数的讨论，以及财政承受能力论证中的运营期补贴计算。

第二节 总投资分项的基本概念

一、固定资产

按照《企业会计准则——基本准则》（2014）的规定，固定资产是指同时具有下列特征的有形资产。

（1）为生产商品、提供劳务、出租或经营管理而持有的。

（2）使用寿命超过一个会计年度。

使用寿命是指企业使用固定资产的预计期间，或者用该固定资产所能生产的产品或提供劳务的数量。

财政部和国家税务总局规定，自2014年1月1日起，对所有行业企业持有的单位价值不超过5 000元的固定资产，允许一次性计入当期成本费用，在计算应纳税所得额时扣除，不再分年度计算折旧。按此规定，在会计核算中认定固定资产的金额标准为5 000元以上。

企业外购固定资产的成本，包括购买价款，相关税费，使固定资产达到预定可使用状态前所发生的可归属于该项资产的运输费、装卸费、安装费和专业人员服务费等，但购买固定资产时所支出的增值税进项税不包含在固定资产的成本中。

项目在建设期发生的借款利息，应予以资本化，并作为固定资产原值的一部分。

二、无形资产

按照《企业会计准则——基本准则》（2014）的规定，无形资产是指企业拥有或者控制的没有实物形态的可辨认非货币性资产。

若资产满足下列条件之一，则符合无形资产定义中的可辨认性标准。

（1）能够从企业中分离或者划分出来，并能单独或者与相关合同、资产或负债一起，用于出售、转移、授予许可、租赁或交换。

（2）源自合同性权利或其他法定权利，无论这些权利是否可以从企业或其他权利和义务中转移或者分离。

在实务中，无形资产主要包括专有技术、专利权、商标权、版权、场地使用权、增容费及其他特许权。

在 PPP 项目中，当采用建设—移交—运营（BTO）模式时，项目公司（特许经营者）在投资建设并形成项目资产之后，将项目资产移交给政府，政府再按特许经营合同的约定，授予项目公司特许经营权。在特许经营期内，社会资本享有通过项目运营收回投资并获取合理回报的权利。在这种模式下，项目公司不享有建设期内投资建设形成的项目资产（固定资产），项目公司的工程建设投资支出，成为获取特许经营权的代价。在财务会计上，项目公司获得的特许经营权应作为无形资产核算，无形资产原值依据在工程竣工后按 PPP 合同约定的项目总投资额确定，这些无形资产在特许经营期内逐年摊销。

三、开办费

开办费是指企业在筹办期内为了取得资本性资产而发生的费用。所谓筹办期，是指企业被批准筹办之日起至开始生产经营（包括试生产、试营业）之日止的期间。对于在筹办期前投资各方发生的与项目筹办有关的费用，其中可转为开办费的内容及金额，由投资各方本着公平合理的原则商定。

开办费一般应包括以下费用。

（1）项目前期的各项研究设计的支出，如项目可行性研究及辅助性或专题性研究，为完成项目而进行的设计研究和各项设计费用。

（2）公司在登记注册和筹建期间起草文件、谈判、考察等发生的各项支出。

（3）其他咨询服务的费用。

（4）筹建人员的工资及其他办公费用。

（5）人员培训费用。

（6）试车和验收的各项支出。

（7）销售网的建立和广告等费用。

在投资项目的财务评价中，估算的建设投资常以汇总的方式列示，其格式见附录2中的附表2.1与附表2.2。

四、建设期利息

建设期利息是建设期内发生的借款利息和融资费用，包括向国内银行和其他非银行金融机构贷款、出口信贷、外国政府贷款、国际商业银行贷款以及在境内外发行的债券等在建设期内应偿还的贷款利息。

在项目单位的会计核算中，建设期利息应予资本化，计入建设投资所形成的资产的成本，作为固定资产原值的一部分。

建设期利息的计算，应按照与贷款机构签订的协议中有关规定进行。一般按复利计算法估算建设期利息。

在项目可行性研究阶段，计算建设期利息时，均假设每次借款发生在年中，计息到年末。

若以一整年为计息期，则

$$建设期每年应计利息 = \left(年初借款累计 + \frac{本年借款}{2}\right) \times 名义年利率 \qquad (2.5)$$

若以半年为计息期，则

$$建设期每年应计利息 = 年初借款累计 \times 实际年利率 + \frac{本年借款}{2} \times 名义年利率 \qquad (2.6)$$

式（2.6）中出现的实际年利率与名义年利率之间的关系详见下文。

建设期利息，为建设期每年应计利息相加之和。

若建设期为借款利息支付的宽限期，也可按复利公式逐一计算每笔借款从发

生之时起至建设期期末的利息,即

每笔借款的建设期应计利息 = 借款本金 × (1 + 年利率)^{年数} − 借款本金　　（2.7）

然后,把每笔借款的建设期应计利息相加,所得总和便是企业全部借款的建设期利息。

注意,上面的计算式中出现了两个年利率:名义年利率与实际年利率。若借款协议规定出某一年利率(r),而且借款在建设期内每年分数次(m)复利计息(如一年分两次计息,即半年计息一次;或一年分4次计息,即每季度计息一次),这样计算出的全部利息,会超过全年按一次复利计算的结果。前者可等效于按某一较高年利率(R)一次复利计息的结果,即

$$P\left(1+\frac{r}{m}\right)^m = P(1+R)^1$$

式中:R 为实际年利率;r 为名义年利率;m 为每年按复利计息的次数。

于是,

$$R = \left[\left(1+\frac{r}{m}\right)^m - 1\right] \quad (2.8)$$

式(2.8)把名义年利率换算成实际年利率。

当有多种借款及各不相同的计息方式时,应分别处理,按借款币种和相应的计息方式计算建设期利息。

下面试用例子说明上述计息方式的计算过程。

某项目的借款计划如表2-2所示。

表2-2　项目借款计划　　　　　　　　　　　（单位:万元）

（建设期）年份	1	2	3	合计
借款金额	200	500	300	1 000

假设名义年利率为10%。要求分别按一年复利和半年复利计息的方式,计算该项目的建设期利息(假设每年借款均发生在年中,计息到年末)。

(1)按一年复利方式先计算。

根据式(2.6),计算过程如表2-3所示。

表 2-3　借款利息计算表——一年复利方式　　　（单位：万元）

（建设期）年份	1	2	3	合计
年初借款累计	0	210	756	
本年借款	200	500	300	1 000
应计利息	10	46	90.6	146.6
年末借款累计	210	756	1 146.6	

由此可知，建设期利息为 146.6 万元。

（2）再按半年复利方式计算。

此时，$r = 10\%$，$m = 2$，根据式（2.8）可得，

$$\text{实际年利率}(R) = \left[\left(1 + \frac{0.10}{2}\right)^2 - 1\right] \times 100\% = 10.25\%$$

根据式（2.7），建设期利息的计算过程如表 2-4 所示。

表 2-4　借款利息计算表——半年复利方式　　　（单位：万元）

（建设期）年份	1	2	3	合计
年初借款累计	0.00	210.00	756.53	
本年借款	200.00	500.00	300.00	1 000.00
应计利息	10.00	46.53	92.54	149.07
年末借款累计	210.00	756.53	1 149.07	

注：对年初借款累计的计息，因一年计息两次，应该采用实际年利率；对本年借款的计息，因假设发生在年中，只计息一次，故只使用名义年利率的一半。

表 2-4 中应计利息的计算过程如下。

第一年应计利息 $= 0 + \frac{200}{2} \times 10\% = 10$（万元）

第二年应计利息 $= 210 \times 10.25\% + \frac{500}{2} \times 10\% = 46.53$（万元）

第三年应计利息 $= 756.53 \times 10.25\% + \frac{300}{2} \times 10\% = 92.54$（万元）

由此可见，建设期利息 $= 10 + 46.53 + 92.54 = 149.07$（万元）

(3)如果银行允许建设期利息只计不付,且借款协议规定一年复利两次,则可直接用复利公式分别对每一笔借款计算至建设期期末的利息。

第一笔借款的建设期利息 = 200×(1+10.25%)$^{2.5}$ – 200 = 55.26(万元)

第二笔借款的建设期利息 = 500×(1+10.25%)$^{1.5}$ – 500 = 78.81(万元)

第三笔借款的建设期利息 = 300×(1+10.25%)$^{0.5}$ – 300 = 15(万元)

三笔借款的建设期利息合计 = 55.26 + 78.81 + 15 = 149.07(万元)

这一结果与刚才按半年复利计息的结果一样。

本例的建设期利息还可按下式计算。

$$建设期利息合计 = 200 \times \left(1+\frac{10\%}{2}\right)^5 - 200 + 500 \times \left(1+\frac{10\%}{2}\right)^3 - 500$$

$$+ 300 \times \left(1+\frac{10\%}{2}\right)^1 - 300 = 149.07(万元)$$

在投资项目的财务评价中,建设期利息估算表的格式见附录 2 中的附表 2.3。

五、流动资金

(一)基本概念

对于工业项目,除了完成建设投资外,投资者还应该再筹措一笔供企业在生产经营过程中占用的资金,即在库存—生产—销售环节所占用的资金。至此,项目的投资才算全部完成,并具备了生产经营的条件。否则,仅完成了固定资产和无形资产的投资,项目仍不能开业,这就好比"巧妇难为无米之炊"一样。这一笔由投资者另行筹措的供库存—生产—销售环节所占用的资金,称为流动资金。在生产过程中,其价值全部转移到产品中去,"进入"生产成本;然后随产品的销售,其价值又通过销售收入的实现得到全部补偿。在一个库存—生产—销售过程中,完成一次周转。

流动资金的计算公式如下。

$$流动资金 = 流动资产 - 流动负债 \qquad (2.9)$$

按照一般的定义,流动资产与流动负债的计算公式如下。

$$流动资产 = 应收账款 + 预付账款 + 存货 + 现金 \qquad (2.10)$$

$$流动负债 = 应付账款 + 预收账款 \qquad (2.11)$$

但在投资项目的财务评价阶段,流动资产中一般不包含预付账款,流动负债中也不包含预收账款。

所谓流动资产是指在以下生产环节所占用的资金总和。

(1)原料、辅助材料、燃料、供应品、包装材料、零备件及小工具的储备。

(2)加工过程中的在制品。

(3)产成品的库存。

(4)以赊销方式销售的商品、在途占用的商品、在财务结算过程中占用的商品。

(5)预发工资、预备办公费及其他准备金。

上述资产在库存—生产—销售环节中周而复始地运转,从一种形态转化为另一种形态,即货币—实物—货币。但是,上述流动资产的一部分,如原辅材料、供应品、公用设施费用等,也可以通过赊购方式从相关供应商那里取得,不需要投资者预先筹资购买,只待产品销售后才向这些供货商付款。实际上,在库存—生产—销售环节之中占用了他人的资金,先欠后还,还了再欠……其间不计利息。在企业资产负债表上,这一笔资金被称为流动负债。显然,由于流动负债的存在,减少了由投资者筹措用作购买流动资产的资金总量。可见,流动资金就是由投资者自己筹措的用作购置流动资产的那一部分资金。切不可把流动资产与流动资金混为一谈。只有当流动负债为0时,两者在数量上才可等同。

图2-1简要地勾画出流动资金的基本概念。

在项目财务评价阶段,流动资产可简单地划分为应收账款、存货和现金。

应收账款是指企业因销售产品应向购买者收取而于期末尚未收回的账款余额。

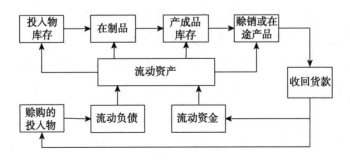

图2-1 流动资金概念示意

存货是指期末结存在仓库的、在路途的、在加工过程中的各项存货的实际成本，包括原材料、燃料、在制品和产成品的库存。

现金是指各项准备金，为预付工资、设备维修、管理和销售而准备的资金。

在项目评价阶段，流动负债仅为应付账款一项。所谓应付账款，是指企业因购买材料物资、燃料等在期末尚未向供应者清偿的账款。

由于项目从投产到达产，会经历一个时期，其间随着年产量的增加，企业占用的流动资金也相应增加。因此，当年净增流动资金等于当年占用流动资金与上年占用流动资金之差值。即

$$流动资金本年增加额 = 本年流动资金 - 上年流动资金 \quad (2.12)$$

（二）流动资金的特点

（1）项目投产前准备，经营终止时收回。

（2）其金额随项目生产规模的增大而增加，随生产经营周转时间的缩短而减少。

（3）周而复始地在货币与实物形态之间转化。

（三）财务评价中流动资金的计算方法

（1）经验比例法。按项目的年经营成本，或年销售金额，或项目固定资产总额的某一比例来确定流动资金的大小。比例的选取，可借鉴同类企业的统计资料，或按有关机构发布的项目评价规范。

（2）定额周转次数法。这是比较接近实际而又复杂的方法，其计算过程如下。

①编制项目从投产至达产期间各年的产品总成本费用估算表（参见附录2中的附表2.7）。

②确定流动资产和流动负债各子项的周转次数。

$$周转次数 = 360（天）\div 最低周转天数 \quad (2.13)$$

在确定最低周转天数时，应考虑的因素有如下几方面。

应收账款——取决于企业的赊销政策、用户付款方式和商品在途时间。

原材料、燃料库存——主要取决于原材料、燃料的供应来源和方式，供应的可靠性和季节性。

在产品——主要取决于生产过程和每道工序中各种投入物已达到的加工程度，并视产品的性质而定。

产成品——取决于产品性质和销售习惯。

应付账款——取决于各类原材料、燃料和其他外购动力的赊购习惯及供求关系。

③流动资产和流动负债各子项的计算。

$$应收账款 = 年经营成本 \div 应收账款周转次数 \quad (2.14)$$

$$存货 = 外购原材料、燃料 + 其他材料 + 在产品 + 产成品 \quad (2.15)$$

其中

$$外购原材料、燃料 = 年外购原材料、燃料费 \div 分项周转次数 \quad (2.16)$$

$$其他材料 = 年其他材料费用 \div 其他材料周转次数 \quad (2.17)$$

$$在制品 = (年外购原材料、燃料动力费 + 年工资及福利费 + 年修理费$$
$$+ 年其他制造费用) \div 在产品周转次数 \quad (2.18)$$

$$产成品 = (年经营成本 - 年其他营业费用) \div 产成品周转次数 \quad (2.19)$$

$$现金 = (年工资及福利费 + 年其他费用) \div 现金周转次数$$

其中

年其他费用 = 制造费用 + 管理费用 + 营业费用 - （以上三项费用中所含的工资
及福利费、折旧费、摊销费、修理费） （2.20）

$$应付账款 = (年外购原材料、燃料、动力及其他材料费)$$
$$\div 应付账款周转次数 \quad (2.21)$$

此处涉及的各类成本概念，详见本书第三章。

④计算流动资金占用量

$$流动资金 = 流动资产 - 流动负债 \quad (2.22)$$

利用式（2.22）计算从项目投产至达产期间每年的流动资金占用量。

当年净增流动资金 = 当年流动资金占用量 - 上年流动资金占用量 （2.23）

需要指出的是，在首次安排流动资金投入时，时间上应当早于生产经营开始期。在财务评价时若以年为期，则应提前一年投入流动资金或净增流动资金。

在投资项目的财务评价中，流动资金估算表的基本格式见附录2中的附表2.4。

六、实务中建设期利息的处理方法

（一）总投资使用计划与资金筹措表

前面已讲到，进行项目建设投资的资金，需要项目业主以各种方式筹措。资金来源渠道包括自有资金及银行贷款等其他方式。以各种方式筹集到的资金，必须在数量上和时间上与建设所需的资金同步，即在建设期内需随时保持资金来源与运用的平衡。表示建设期内资金来源与运用平衡情况的计算表，即"总投资使用计划与资金筹措表"。

按照《建设项目经济评价方法与参数》(第三版)，在投资项目的财务评价中，项目总投资使用计划与资金筹措表的基本格式见附录 2 中的附表 2.5，其计算项目如表 2-5 所示。

表 2-5　总投资使用计划与资金筹措表计算项目

序号	项目
1	总投资
1.1	建设投资
1.2	建设期利息
1.3	流动资金
2	资金筹措
2.1	项目资本金
2.1.1	用于建设投资
2.1.2	用于流动资金
2.1.3	用于建设期利息
2.2	债务资金
2.2.1	用于建设投资
2.2.2	用于建设期利息
2.2.3	用于流动资金

按照《建设项目经济评价方法与参数》(第三版)中给出的这一建设期内资金平衡关系，在建设期内，因借款而发生的建设期利息是需要偿还的(见表 2-5 中的 2.1.3 项与 2.2.2 项)。偿还建设期利息的资金来源，要么出自项目公司的资本金(表 2-5 中的 2.1.3 项)，要么出自向银行的再借款(表 2-5 中的 2.2.2 项)。在投资项目财务分析的实务中，当项目公司采用"建设期利息贷款"来支付建设期利息时，在财务分析模型中若处理不当，极易发生"循环计算"的错误，导致财务分析遇阻。为此，一些研究者提出以求解二元一次方程式的方法来解决这一难题。但这种方法的实用性存疑。

以下介绍在投资项目财务分析实务中关于支付建设期利息的 3 种处理方法。

（二）实务中处理建设期利息的 3 种方法

1. 建设期利息以项目公司自有资金支付

建设期内，当项目公司以自有资金支付建设期利息时，在财务模型的构建中不会遇到什么困难。只需在表 2-5 第 2.1.3 项内填入用于支付建设期利息的资金数额即可。本书第七章第七节的教学案例即是项目公司以自有资金支付建设期利息。案例中列出了几乎全部财务测算分析表，读者可参考。

当以自有资金支付建设期利息时，项目公司的会计分录如下。

（1）确认应付建设期利息，并将其资本化

借：在建工程

  贷：应付款项——应付建设期利息

（2）股东增加现金投入

借：银行存款

  贷：资本金

（3）项目公司以股东增加投入的现金向银行支付建设期利息

借：应付款项——应付建设期利息

  贷：银行存款

2. 建设期利息的"本金化"处理

如果项目公司不以自有资金支付建设期利息，则需考虑以债务融资方式处理。实务中，贷款银行一般会将这部分利息"本金化"，即从确认债权的角度将借款人未支付的建设期利息转为贷款本金。在这种情况下，无论是对项目公司还是贷款银行，均没有实际资金的流入与流出，只是在权责的确认上，银行将应收未收的建设期利息转化为贷款本金。此时，在填表 2-5 时，宜将第 2.2.2 项的名称改为"建设期利息转本金"，其各期的金额按应支付的建设期利息填列即可。本书第七章第七节的教学案例讨论了在这种情况下部分财务测算表的编制方式，建议读者仔细琢磨其与以自有资金支付建设期利息时处理方法之间的差异。

当贷款银行将应收未收建设期利息转为贷款本金时，项目公司的会计分录如下。

（1）确认应付建设期利息，并将其资本化

借：在建工程

贷：应付款项——应付建设期利息

（2）将应付的建设期利息转为贷款本金

借：应付款项——应付建设期利息

贷：长期借款

以上会计分录不涉及任何现金收付。

3. 建设期利息以新增银行贷款支付

当贷款银行要求以现金方式支付建设期利息，而项目公司没有足够的自有资金进行支付时，项目公司就得再贷款来筹集资金。在财务分析模型中，为避免出现"循环计算"的错误，可采用如下方式处理。

由于

$$本期建设期利息贷款 = 当期应付利息$$

$$当期应付利息 = \begin{pmatrix} 期初贷款余额 + 本期工程建设贷款 \\ + 本期建设期利息贷款 \end{pmatrix} \times 贷款利率$$

于是，

$$本期建设期利息贷款 = \begin{pmatrix} 期初贷款余额 + 本期工程建设贷款 \\ + 本期建设期利息贷款 \end{pmatrix} \times 贷款利率$$

即

$$本期建设期利息贷款 = \frac{(期初贷款余额 + 本期工程建设贷款) \times 贷款利率}{1 - 贷款利率} \quad (2.24)$$

按以上方式构建财务分析模型，可避免出现"循环计算"的问题。本书介绍的"鸟巢"项目投标案例财务分析就是采用的这种处理方法，详情请见第十六章。

当项目公司采用"借新债还旧息"的方式支付建设期利息时，有现金的实际流入与流出，项目公司的会计分录如下。

（1）确认应付建设期利息，并将其资本化

借：在建工程

贷：应付款项——应付建设期利息

（2）向银行新增借款

借：银行存款

贷：长期借款

（3）项目公司以新增的借款资金向银行支付建设期利息

借：应付款项——应付建设期利息

　　贷：银行存款

（三）财务模型中处理建设期利息的注意事项

与上面3种情况的会计分录对应，财务模型中处理建设期利息时应注意以下问题。

（1）对项目公司来说，无论采用何种方式处理建设期利息，从会计核算的角度都应将建设期利息计入项目建设总投资，并使之最终成为固定资产价值的一部分（见上面各种情况的第一个会计分录）。

（2）如果不以现金支付建设期利息，而是将建设期利息进行债务的"本金化"处理，则由于没有实际的现金流出，财务计划现金流量表（见第七章第二节）中，投资活动现金流出项下的"建设期利息"为零。应计的建设期利息需累计入贷款本金。

（3）当以现金方式支付建设期利息时，无论是以自有资金还是以银行再贷款方式支付，在财务计划现金流量表中，投资活动现金流出中的"建设期利息"项均应包括实际支付的现金值。

（4）当以自有资金支付建设期利息时，在财务计划现金流量表中，实际支付的现金数值应包含在筹资活动现金流入中的"项目资本金投入"项内。

（5）当以银行再贷款方式支付建设期利息时，在财务计划现金流量表中，实际支付的现金数值应包含在筹资活动现金流入中的"建设期利息贷款"项内。

相关计算模型详见第七章第七节与第十六章案例。

第三节　注册资本与实收资本

一、注册资本与实收资本

（一）定义及性质

注册资本是公司在设立时由章程载明的、由公司股东认缴或认购的出资额。实收资本是公司实际收到的股东的出资总额，是公司现实拥有的资本。

按照国务院2014年批准实施的《注册资本登记制度改革方案》，公司的注册资本实行认缴登记制。公司股东认缴的出资总额或者发起人认购的股本总额（即公司注册资本）应当在工商行政管理机关登记。公司股东（发起人）应当对其认缴出资额、出资方式和出资期限等自主约定，并记载于公司章程。

按照《注册资本登记制度改革方案》，公司实收资本不再作为工商登记事项。公司登记时，无须提交验资报告。

有限责任公司的股东以其认缴的出资额为限对公司承担责任，股份有限公司的股东以其认购的股份为限对公司承担责任。

公司应当将股东认缴出资额或者发起人认购股份、出资方式、出资期限和缴纳情况通过市场主体信用信息公示系统向社会公示。公司股东（发起人）对缴纳出资情况的真实性、合法性负责。

（二）出资方式及应注意的问题

按照我国《公司法》规定，公司股东或者发起人可以用货币出资，也可以用实物、知识产权、土地使用权等可以用货币估价并可依法转让的非货币财产作价出资。

股东或者发起人以货币、实物、知识产权、土地使用权以外的其他财产出资的，应当符合国家工商行政管理总局会同国务院有关部门制定的有关规定。

股东或者发起人不得以劳务、信用、自然人姓名、商誉、特许经营权或者设定担保的财产等作价出资。

公司设立登记时，股东或者发起人的首次出资是非货币财产的，应当提交已办理财产权转移手续的证明文件。

公司成立后，股东或者发起人按照公司章程规定的出资时间缴纳出资，属于非货币财产的，应当依法办理财产权转移手续。

（三）出资期限

按照国务院2014年批准实施的《注册资本登记制度改革方案》，除法律、行政法规及国务院决定对公司注册资本实缴有另行规定的以外，取消了关于"公司股东（发起人）应自公司成立之日起两年内缴足出资、投资公司在五年内缴足出资"的规定；取消了"一人有限责任公司股东应一次足额缴纳出资"的规定。不再限制公司设立时全体股东（发起人）的首次出资比例，不再限制公司全体股东

（发起人）的货币出资金额占注册资本的比例，不再规定公司股东（发起人）缴足出资的期限。

二、项目总投资中的资本金比例

投资项目资本金是指在项目总投资中，由投资者认缴的出资额。对投资项目来说是非债务性资金，项目法人不承担这部分资金的任何利息和债务；投资者可按其出资的比例依法享有所有者权益，也可转让其出资，但不得以任何方式抽回。

资本金比例是指项目公司股东以自有资金投资占总投资的比例。根据国家规定，投资项目必须首先落实资本金才能进行建设。

1996年，为了改善宏观调控、促进经济结构调整、控制企业投资风险和防范金融风险，我国开始在固定资产投资项目中试行资本金制度，投资项目资本金占总投资的比例，根据不同行业和项目的经济效益等因素确定。

按照《国务院关于固定资产投资项目试行资本金制度的通知》（国发〔1996〕35号），计算资本金基数的总投资，是指投资项目的固定资产投资与铺底流动资金之和，具体核定时以经批准的动态概算为依据。所谓铺底流动资金是指项目投产初期所需，为保证项目建成后进行试运转所必需的流动资金。一般按所需全部流动资金的30%计算。

自1996年开始实行资本金制度以来，根据国家宏观调控的需要，固定资产投资项目资本金最低比例限制经过了几次调整，各次调整情况如表2-6所示。

表2-6　固定资产投资项目资本金最低比例调整历史

投资项目类型	2015年9月	2009年5月	1996年8月
钢铁	40%	40%	25%
电解铝	40%	40%	20%
水泥	35%	35%	20%
煤炭	30%	30%	35%
电石	30%	30%	20%
铁合金	30%	30%	20%
烧碱	30%	30%	25%
焦炭	30%	30%	35%

续表

投资项目类型	2015年9月	2009年5月	1996年8月
黄磷	30%	30%	25%
玉米深加工	20%	30%	20%
机场	25%	30%	35%
港口	25%	30%	35%
沿海及内河航运	25%	30%	35%
铁路	20%	25%	35%
公路	20%	25%	35%
城市轨道交通	20%	25%	35%
化肥（钾肥除外）	25%	25%	25%
保障性住房	20%	20%	20%
普通商品住房	20%	20%	20%
其他房地产开发项目	25%	30%	20%
其他项目	20%	20%	20%

2019年11月，国务院又发出《关于加强固定资产投资项目资本金管理的通知》（国发〔2019〕26号），提出要适当调整基础设施项目最低资本金比例，具体要求如下。

（1）港口、沿海及内河航运项目，项目最低资本金比例由25%调整为20%。

（2）机场项目最低资本金比例维持25%不变，其他基础设施项目维持20%不变。其中，公路（含政府收费公路）、铁路、城建、物流、生态环保、社会民生等领域的补短板基础设施项目，在投资回报机制明确、收益可靠、风险可控的前提下，可以适当降低项目最低资本金比例，但下调不得超过5个百分点。

项目资本金是项目启动的前提，也是获得银行贷款的先决条件。金融机构在提供信贷支持和服务时，为防范金融风险，会根据借款主体和项目的实际情况，按照国家规定的资本金制度要求，对资本金的真实性、投资收益和贷款风险进行全面审查和评估，自主决定是否发放贷款及具体的贷款数量和比例。效益较好、回报率高的项目，在申请银行贷款时更有机会享受最低资本金比例下调的优惠。而一些效益不佳的项目，银行较有可能出于风险控制的考虑而无视最低资本金比例的规定，要求投资人提高资本金比例以增强该项目的信用基础。

对投资项目实行资本金比例制度，其首要作用在于实施对经济的宏观调控。对于产能过剩或高耗能、高排放和资源型项目，上调最低资本金比例有利于限制这些行业产能的过度扩张，有利于优化调整产业结构，防范金融风险；同时，较低的项目最低资本金比例往往意味着国家鼓励和促进相关行业的发展。其次，实行资本金比例制度的另一作用是对企业将贷款作为财务杠杆，以提高自有资本盈利能力的程度加以限制。由于企业借款利息可以计入总成本，借款多则所得税前列支的借款利息就多，而且建设期利息可计入固定资产原值，加大折旧计算基数，从而会减少企业应向国家缴纳的所得税。这样，企业通过增加借款数量，减少注册资本，提高了企业自有资本的投资收益率。

三、出资资产的作价

在一些 PPP 项目中，尤其是污水处理项目中，政府可能希望将某些存量项目与新建项目打包，组合成新的 PPP 项目。打包的方式包括以存量项目的资产或股权作价向项目公司出资，或直接进行资产转让。

由于存量项目一般属于国有资产，因此，无论是作为出资还是转让，都应按国家关于国有资产管理的规定进行资产评估。

关于 PPP 项目中资产价值的评估方法，请参见本书第十二章中相关内容。

四、权益工具简介与实务操作

当前，国家实施宏观调控，加大了在重大民生和公共领域的投资。但由于强制实行的资本金比例规定，各级政府普遍面临着足额筹集资本金的困难。于是在实践中，明股实债、以股东贷款充作资本金的各种不合规操作屡见不鲜。

为进一步解决重大民生和公共领域内投资项目融资难的问题，增加公共产品和公共服务供给，补短板，促进投资结构调整，保持经济平稳健康发展，国务院 2019 年决定对固定资产投资项目资本金制度进行调整和完善。

2019 年 11 月，国务院在《关于加强固定资产投资项目资本金管理的通知》（国发〔2019〕26 号）中提出，要鼓励依法依规筹措重大投资项目资本金，具体包括以下措施。

（1）对基础设施领域和国家鼓励发展的行业，鼓励项目法人和项目投资方通过发行权益型、股权类金融工具，多渠道规范筹措投资项目资本金。

（2）通过发行金融工具等方式筹措的各类资金，按照国家统一的会计制度应当分类为权益工具的,可以认定为投资项目资本金,但不得超过资本金总额的50%。存在下列情形之一的,不得认定为投资项目资本金。

①存在本息回购承诺、兜底保障等收益附加条件。

②当期债务性资金偿还前,可以分红或取得收益。

③在清算时受偿顺序优先于其他债务性资金。

国发〔2019〕26号文是在最高层级的文件中首次提到以"权益工具"作为投资项目资本金。在此之前,财政部在《企业会计准则第22号——金融工具确认和计量》(财会〔2017〕7号)和《企业会计准则第37号——金融工具列报》(财会〔2017〕14号)中也都提到了权益工具,但并未加以详细解释。2014年,财政部在《金融负债与权益工具的区分及相关会计处理规定》(财会〔2014〕13号)中规范了关于优先股、永续债等金融工具的会计处理。但在实务操作中,要落实相关文件规定,在理论和实务中都还有很多问题需要解决。

对大多数投资分析人员来说,权益工具还是一个相对比较陌生的概念。在项目投资实务中,对永续债或类永续债等投资,什么条件下可按权益或负债进行认定等问题,相关各方还存在不少困惑与争论。某些政策文件与规定为了严谨,不得不使用一些很专业的词汇进行描述,这对非金融专业的人士来说理解会更困难。为此,本节首先介绍权益工具的基本概念,然后讨论在项目投资实务中,以权益工具作资本金时应注意的问题。

(一)什么是权益工具

要了解什么是权益工具,首先需要了解金融工具。

按照《企业会计准则第22号——金融工具确认和计量》(财会〔2017〕7号)第二条:金融工具,是指形成一个企业的金融资产,并形成其他单位的金融负债或权益工具的合同。在该文件的第三条与第四条中,分别对金融资产和金融负债进行了定义。金融资产是指企业持有的现金、其他方的权益工具以及符合一定条件的合同权利。金融负债是指企业承担的一定条件之下的合同义务。

可以看到,上述定义中的一个关键词是"合同"。如果把金融工具定义中的修辞语去掉,那么关于金融工具的定义就成为:金融工具是合同。合同是约定各签约方之间权利与义务的书面文件,对各签约方具有法定约束力。一方持有的合同权利构成金融资产的一部分,另一方承担的合同义务则形成自身的金融负债。

在我们日常的经济活动中,交易对象通常是有形的物品(商品)。而以金融工具实现的交易，其交易对象一般是无形的权利。对于无形权利的交易，需要通过合同条款来约定各方的责权利。以企业发行股票或债券的方式融资为例，买卖双方通过签订合同达成交易，在合同中明确各方的责权利。此时，买卖的标的物是股票或债券，股票或债券成为权利凭证。股票或债券的卖出方是发行方（企业），买入方是持有方（投资人）。投资人购入股票或债券后形成自己的金融资产。企业发行股票或债券后在自己的资产负债表上以权益或金融债务列示。

什么是权益工具？权益工具是金融工具中形成股权的一类工具。根据《企业会计准则第 37 号——金融工具列报》（财会〔2017〕14 号）第九条：权益工具，是指能证明拥有某个企业在扣除所有负债后的资产中的剩余权益的合同。企业发行的金融工具同时满足下列条件的，符合权益工具的定义，应当将该金融工具分类为权益工具。

（1）该金融工具应当不包括交付现金或其他金融资产给其他方，或在潜在不利条件下与其他方交换金融资产或金融负债的合同义务。

（2）将来须用或可用企业自身权益工具结算该金融工具。如为非衍生工具，该金融工具应当不包括交付可变数量的自身权益工具进行结算的合同义务；如为衍生工具，企业只能通过以固定数量的自身权益工具交换固定金额的现金或其他金融资产结算该金融工具。企业自身权益工具不包括应按照本准则第三章分类为权益工具的金融工具，也不包括本身就要求在未来收取或交付企业自身权益工具的合同。

以上定义中的关键词依然是"合同"。通过合同条款的规定，投资方拥有了被投资方的部分所有者权益。在被投资方的资产负债表上，权益工具属于所有者权益的组成内容。在这种投资活动中，被投资方也称为权益工具的发行方，投资人称为权益工具的持有方。

如果仅从相关文件的表述看，所谓"权益工具"具有两种含义：一是指权益型金融工具，即形成权益型投资的"合同"；另一是对构成所有者权益的某类资金来源的分类。本书在以下讨论中对这两种理解方式并不加严格区分，请读者根据不同的语境注意进行正确的理解。

在上述关于权益工具的定义中，包含了所谓衍生工具与非衍生工具。由于衍生工具与非衍生工具与资本市场的金融投资活动相关，与本书讨论的项目投资关系不大，因此为了使问题简化，在以下讨论中，我们略去与衍生工具和非衍生工具相关的叙述，仅局限于讨论常见的进行项目股权投资的合同。

（二）权益工具与金融负债的区别

按照《金融负债与权益工具的区分及相关会计处理规定》（财会〔2014〕13号），金融负债，是指企业符合下列条件之一的负债（略去与衍生工具和非衍生工具相关的条件）。

（1）向其他方交付现金或其他金融资产的合同义务。

（2）在潜在不利条件下，与其他方交换金融资产或金融负债的合同义务。

金融负债是企业负债的组成部分，主要包括短期借款、应付票据、应付债券、长期借款等。

在项目投资中，投资人依据投资合同向被投资人投入的资金，在被投资人的资产负债表上究竟应该分类为金融负债还是权益工具，主要应考虑权益工具与金融负债的下列区别，即：权益工具具有资本金的属性，没有偿还义务，可以无条件避免该义务；而负债最基本的特征就是要承担偿还义务（还本付息）。它们之间的对比如表2-7所示。

表2-7 金融负债与权益工具的对比

情况	金融负债	权益工具
以现金（或金融资产、其他等价实物）支付本金与收益	有义务、无条件、强制性、金额固定	可以无条件避免支付、可无限期延迟执行、金额不固定
对投资人偿付的保障性	有保障	无承诺
在资产负债表上的列示	负债类	所有者权益类
会计科目	应付债券等	所有者权益类的"其他权益工具"
收益分配的会计核算	债务利息进成本，在所得税前列支	投资收益（利息或股利）出自利润分配，在所得税后支付
收益率	固定	可以约定（包括股息递增）
收益支付时间	有固定支付时点	无固定支付时点
回购、注销	回购或赎回产生的利得或损失等计入当期损益	作为权益变动处理
偿付时的顺序	优先	劣后于企业债务
到期时的结算方式	按固定金额结算	按固定数量结算
期限	有固定期限	可以约定

(三）常见的权益工具

在我国的投融资实务中，常见的权益工具有：优先股、证券投资基金、永续债。

1. 优先股

优先股是与普通股相对应的一种股东权益。优先股股票和普通股股票均是股份公司发行的股权凭证。与持有普通股的股东相比，持有优先股的股东享有某些优先权利，如优先分配公司盈利和剩余财产权等。

优先股一般具有如下特点。

（1）对股份公司而言，发行优先股股票的作用在于可以筹集长期稳定的公司股本。

（2）由于优先股票的股利不是发行公司必须偿付的一项法定债务，因此如果公司财务状况恶化，这种股利可以不付，从而减轻了企业的财务负担。

（3）优先股股东一般无表决权，因此，不影响普通股股东对企业的控制权，这样可以避免公司经营决策权的改变和分散。

（4）对于投资者而言，由于优先股股票的股息收入稳定可靠，而且在财产清偿时也先于普通股股东，因而风险相对较小，不失为一种较安全的投资对象，适于中长线投资。

（5）优先股票的具体优先条件由各公司的公司章程加以规定。

2. 证券投资基金

证券投资基金是指通过发售基金份额募集资金形成独立的基金财产，由基金管理人管理，基金托管人托管，以资产组合方式进行证券投资，基金份额持有人按其所持份额享受收益和承担风险的投资工具。

证券投资基金一般具有如下特点。

（1）证券投资基金是以集资的方式集合资金用于证券投资，将众多投资者分散的小额资金汇集成一个较大数额的基金，对股票、债券等有价证券进行投资。

（2）证券投资基金是利用信托关系进行证券投资。投资者出于对证券基金发行人的信任，将财产委托该专业机构进行证券投资，而该机构则按投资者的要求进行管理和投资，并将收益分配给投资者。

（3）投资者购买基金份额后，基金以自己的名义将募集的财产投资于证券市场。显然投资者的证券投资是间接的。因此，投资者不能参与发行证券的公司的决策和管理。

3. 永续债券

永续债指的是没有明确到期日或期限非常长的债券，投资者不能在一个确定的时间点收回本金，但是可以定期获取利息。

永续债合同一般都有以下特殊条款。

（1）发行人有赎回权/续期选择权。永续债的期限主要有两种，一种是无约定到期日，但发行人有赎回权，可以提前赎回；另外一种是有约定到期日，但发行人有延期选择权，在每个到期日，发行人具有可以选择延长到期日的权利，理论上可以无限次续期。

（2）发行人可以持续递延支付利息。永续债的利息可递延支付。每个付息日，发行人有权选择将所有应付利息推迟至下个付息日支付。永续债的利息递延支付不构成违约。但发行人在选择递延支付时，也必须接受某些约束条件，例如，在递延利息及其孳息全部清偿完毕前，不得向股东分红，不得减少注册资本，不得向偿付顺序劣后于永续债的证券进行任何形式的偿付；而且每笔递延利息在递延期间需要计算利息，一般递延利息按照当期票面利率计算复利，有的永续债还对利息递延设置了罚息。

（3）清偿顺序。普通永续债券在破产清算时的清偿顺序等同于发行人所有其他待偿还债务融资工具（或负债），优先于优先股和普通股。次级永续债在破产清算时的清偿顺序列于发行人普通债务之后。

（4）利率跳升机制。所谓利率跳升机制是指，如果发行人选择续期，那么为了给予投资者补偿，从第二个重定价周期开始，需要调整票面利率。

目前，我国的永续债还没有固定的券种，主要是公司债、企业债、中期票据、定向工具等几类，由于监管部门不同，发行条件也有所差异。

在项目投资实务中，能够作为权益工具的主要是永续债。

（四）永续债如何才能被认定为权益工具

永续债由于名称中含有"债"，因此常被一些人认为属于负债，而不认为可以是权益工具。事实上，只要满足一定的条件，永续债可以归属于权益工具，作为资本金的组成部分之一。

财政部在《永续债相关会计处理的规定》（财会〔2019〕2 号）中明确指出，在符合《企业会计准则第 37 号——金融工具列报》（财会〔2017〕14 号）中关于权益工具规定的情况下：

①若永续债合同明确规定无固定到期日，且持有方在任何情况下均无权要求发行方赎回该永续债或清算；或

②若永续债合同未规定固定到期日，且同时约定了未来赎回时间为发行方清算日；或

③若永续债合同未规定固定到期日，在约定的未来赎回时间，发行方能自主决定是否赎回永续债；及

④合同规定发行方清算时永续债劣后于发行方发行的普通债券和其他债务。

⑤如果利率跳升次数有限、有最高票息限制（即"封顶"）且封顶利率未超过同期同行业同类型工具平均的利率水平。

在满足上述条件的情况下，永续债可作为权益工具，在会计处理上，永续债发行人可将其计入所有者权益的"其他权益工具"科目。否则，永续债应按金融负债核算。

2019 年 11 月，国务院在《关于加强固定资产投资项目资本金管理的通知》（国发〔2019〕26 号）中规定：通过发行金融工具等方式筹措的各类资金，存在下列情形之一的，不得认定为投资项目资本金。

①存在本息回购承诺、兜底保障等收益附加条件。

②当期债务性资金偿还前，可以分红或取得收益。

③在清算时受偿顺序优先于其他债务性资金。

将"国发〔2019〕26 号"文与财政部《永续债相关会计处理的规定》（财会〔2019〕2 号）相比较可以发现，两个文件中的相关规定精神完全一致。

需要说明的是，按照国务院《关于加强固定资产投资项目资本金管理的通知》（国发〔2019〕26 号），属于政府投资项目的，有关部门在审批可行性研究报告时要对投资项目资本金筹措方式和有关资金来源证明文件的合规性进行审查，并

在批准文件中就投资项目资本金比例、筹措方式予以确认；金融机构在认定投资项目资本金时，应严格区分投资项目与项目投资方，依据不同的资金来源与投资项目的权责关系判定其权益或债务属性，对资本金的真实性、合规性和投资收益、贷款风险进行全面审查，并自主决定是否发放贷款以及贷款数量和比例。国发〔2019〕26号文明确规定了政府审批部门和金融机构各自在投资项目资本金认定方面应尽的职责。

由于不同的人员或机构对涉及永续债的相关文件（包括财政部规定及项目投资合同）的理解会有差异，当项目公司拟通过发行永续债的方式募集资本金时，建议永续债发行方（项目公司）和投资方与项目建设主管部门和贷款银行进行充分的沟通与交流，以取得共识。

（五）实务中以永续债作为权益工具的注意事项

在项目投资实务中，采用以权益工具名义进行投资的主要目的是解决资本金筹集困难的问题，开辟了一条以金融机构资金作为资本金的途径。为满足相关部门审批及贷款银行的审查要求，也为了避免在项目公司各股东之间产生纠纷，建议注意以下问题。

（1）永续债投资方与项目公司签订的投资协议中的合同条款，必须符合《关于加强固定资产投资项目资本金管理的通知》（国发〔2019〕26号）中的规定，满足权益工具的认定条件，即

①不得存在本息回购承诺、兜底保障等收益附加条件。

②当期债务性资金偿还前，不得以任何借口或理由分红或取得收益。

③在清算时受偿顺序不得优先于其他债务性资金。

（2）以权益工具作资本金的比例不得超过资本金总额的50%。

（3）投资方与项目公司（发行人）签署的投资合同中应明确如下事项。

①发行人拥有赎回选择权或续期选择权，以实现"永续"特点。

②发行人可以无条件推延付息。如有强制付息事件条款，则该事件应可由发行人控制是否发生。

③没有担保条款。

（4）权益工具的存续期限不能短于被投资企业的银行贷款偿还期。

（5）在投资方与项目公司签署的投资合同中，应明确以权益工具形式投资。项目公司在收到投资方的资金时，应按所有者权益中"其他权益工具"科目入账。

（6）在公司章程及项目公司工商注册登记时，永续债投资方应明确为公司股东。

（7）按照《金融负债与权益工具的区分及相关会计处理规定》（财会〔2014〕13号），对于归类为权益工具的金融工具，无论其名称中是否包含"债"，其利息支出或股利分配都应当作为发行企业的利润分配，不得在税前列支。其回购、注销等作为权益的变动处理。

（8）作为项目公司的股东时，永续债投资方可能会要求与项目公司其他股东在利益分配方面有一些差异，例如要求有固定收益等。按照公司法的相关规定，股东可以约定不按照出资比例分配红利，即允许同股不同权。因此，永续债投资方的这类分红要求并不违规。但发行方企业的股东应事先充分知晓这类要求对自身利益的影响，对发行永续债的事宜形成股东决议，并在公司章程中予以明确。

（9）公司亏损或微利时，可能无法满足永续债股东获得固定比例收益的要求，此时仅能以可分配利润向该部分股东分配，非红利部分的资产不得随意分配。

（10）项目建设期内，项目公司一般没有可分配利润，永续债股东依照规定不可能从项目公司获得分红，但他们可能会有向其自身投资人分配固定比例收益的压力。针对这种情况，建议永续债股东与项目公司其他各股东事先将可能发生的情况设想周全，预设可以进行实际操作的实施方案，并在股东协议中明确当遇到此类问题时的处理办法。绝不可以"预支未来红利"的名义要求项目公司违规向其进行所谓"分红"。按照公司法的规定，在公司弥补亏损和提取法定公积金之前向股东分配利润的，股东必须将违反规定分配的利润退还公司。

（六）案例

图2-2是某项目中投资人以组成契约型基金的形式向项目公司进行股权投资的实例。契约型基金以永续债的方式向项目公司投资，成为项目公司的股东。该契约型基金无固定期限，不参与经营，不承担投资风险。契约型基金的投资人要求有固定比例的收益，他们又按预期收益的高低分为优先级与劣后级投资人。

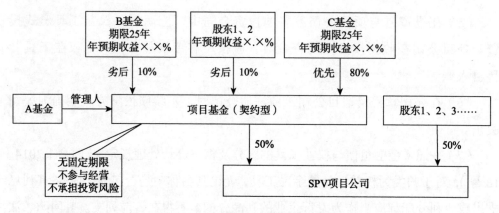

图 2-2　永续债作权益工具的实例

契约型基金（投资方）与 SPV 项目公司（发行方）之间所签署《投资合同》的主要条款信息如下。

1. 投资期限

投资合同项下的投资期限为无固定期限。发行方公司向投资方支付全部投资收益、退还投资方全部投资资金本金后，或发行方公司清算时，合同项下的投资到期。

2. 提前到期

在合同项下的投资存续期间，发行方公司退还合同项下全部投资资金本金、并支付全部投资收益（包括所有递延支付的投资收益）后，投资到期。当发行方公司行使提前到期的权利时，应提前××日通知投资方。

3. 投资收益递延支付权

在每个投资收益支付日，发行方公司可自行选择将任一笔投资资金所对应的当期投资收益以及已经递延的所有投资收益推迟至下一个投资收益支付日进行支付；发行方公司选择递延支付投资收益不构成发行方公司违约；如发行方公司拟选择延期支付投资收益的，发行方公司须在合同约定的收益支付日前××个工作日以书面的方式函告投资方或以信息公告的形式对外披露，否则默认为发行方公司不行使递延支付投资收益的权利。

4. 递延支付的投资收益

当发行方公司选择递延支付投资收益时，此后的年化投资收益率调整为其前一日所适用的年化投资收益率加×.×%（调整年化投资收益率），除非国家另有规定，该调整后的年化投资收益率以"约定的年化投资收益率（×%）+5%"为上限。

当发行方公司在各投资收益支付日偿付当期全部投资收益及之前所有递延支付的投资收益后，年化投资收益率恢复为约定的年化投资收益率×%。

5. 发行方公司义务

（1）按照合同的约定支付投资收益并退还投资资金本金，承担合同约定的各项费用。

（2）同意接受并承诺积极配合投资方或投资方指定的第三方对其生产经营、财务活动及合同项下投资资金使用情况进行检查、监督。

（3）按合同约定的用途使用投资资金，不得挤占、挪用，不得以任何方式将投资资金直接或间接进行股票、期货等资本市场投资或金融产品及金融衍生品投资。

（4）在未退还投资方全部投资资金本金及全部投资收益之前，未征得投资方同意，不得用合同项下的投资资金所形成的资产向除为发行方公司提供贷款的银行之外的第三方提供担保。

6. 清偿顺序

合同项下投资在破产清算时的清偿顺序在发行方公司普通债务之后。

在本案例中，依照《投资合同》的上述主要条款约定，根据《企业会计准则第37号——金融工具列报》（财会〔2017〕14号）的相关规定，项目公司接受该投资合同项下的投资满足权益工具的定义，项目公司可将其分类为权益工具进行核算。

第四节　银行贷款的还本付息

银行贷款的还本付息发生在经营期内。

一、银行贷款的偿还方式

（一）定期按等额还本，每期付息一次

下面将通过例子来说明这种贷款偿还方式的计算方法。

借款额 10 000 元，年利率 $i=10\%$，还款期 5 年，每年付息一次，还本付息均在年末。还本付息的计算过程如表 2-8 所示。

表 2-8 银行贷款偿还计算表——等额还本法　　　　（单位：元）

年	1	2	3	4	5	合计	计算方法
A. 年初贷款累计	10 000	8 000	6 000	4 000	2 000		上年的 E
B. 还本付息	3 000	2 800	2 600	2 400	2 200	13 000	D + C
C. 还本（等额）	2 000	2 000	2 000	2 000	2 000	10 000	10 000/5
D. 付息（i=10%）	1 000	800	600	400	200	3 000	$A \cdot i$
E. 年末贷款累计	8 000	6 000	4 000	2 000	0		A − C

（二）定期按等额还本付息

每期还本付息的金额，按照年金公式计算

$$A = P \frac{i(1+i)^n}{(1+i)^n - 1} = P(A/P, i, n) \tag{2.25}$$

仍引用前例的数据：借款额 10 000 元，年利率 i = 10%，还款期 5 年，每年还本付息一次且均为定数。这就要按定期等额还本付息方式计算，如表 2-9 所示。

表 2-9 银行贷款偿还计算表——等额还本付息法　　　（单位：元）

年	1	2	3	4	5	合计	计算方法
A. 年初贷款累计	10 000	8 362	6 560	4 578	2 398		上年的 E
B. 还本付息（等额）	2 638	2 638	2 638	2 638	2 638	13 190	$P(A/P, i, n)$
C. 还本	1 638	1 802	1 982	2 180	2 398	10 000	B − D
D. 付息	1 000	836	656	458	240	3 190	$A \cdot i$
E. 年末贷款累计	8 362	6 560	4 578	2 398	0		A − C

按这种方式还本付息，总的资金筹措费用较高（付息合计数较大），但初次应偿还的债务金额较第一种办法（如表 2-8 所示）少，对新办的企业有利。

为便于比较以上两种偿还方式的差别，现将同一笔债务用这两种方式计算的结果（取自表 2-8 和表 2-9）对照列出，如表 2-10 所示。

表 2-10 两种偿还方式的比较　　　　　　　　　　（单位：元）

还款方式	初次还本付息	5 年共付利息
定期按等额还本	3 000	3 000
定期按等额还本付息	2 638	3 190

（三）本金不等额分期偿还，每期付息一次

计算方法同表 2-8，但应在表中 C 项填入本金不等额序列。

（四）到期本利累计一次还清

一笔贷款，按贷款支用日算起，每期计息不付，到期本息累计一次性还清。到期应偿还的贷款本利累计为 F，若采用单利计息，$F = P(1+ni)$；若采用复利计息，$F = P(1+i)^n$。

其中，P 为贷款本金，n 为期数，i 为利率（此处假设每期的利率相等）。

（五）每期计息并付息一次，不还本金，本金到期一次还清

仍引用前例的数据：贷款额 10 000 元，年利率 10%，贷款期限为 5 年，此种还本付息方式的计算过程如表 2-11 所示。

表 2-11　银行贷款偿还计算表——每期付息到期还本法　　（单位：元）

年	1	2	3	4	5	合计	计算方法
A. 年初贷款累计	10 000	10 000	10 000	10 000	10 000		
B. 还本付息	1 000	1 000	1 000	1 000	11 000	15 000	C + D
C. 还本	0	0	0	0	10 000	10 000	先确定好
D. 付息	1 000	1 000	1 000	1 000	1 000	5 000	$A \cdot i$
E. 年末贷款累计	10 000	10 000	10 000	10 000	0		A − C

在投资项目的财务评价中，借款还本付息计算的表格形式见附录 1 中的附表 1.4。

二、企业偿还贷款的资金来源

企业在生产经营期偿还贷款的利息（包括建设投资贷款和流动资金贷款的利息）按规定作为财务费用可计入生产经营总成本。而偿还贷款本金的资金来源是计提的折旧费和摊销费、税后利润和企业筹措的短期贷款。运用这些资金的顺序：首先使用计提的折旧费和摊销费；若不足，再用税后利润支付；若仍不足，则企业有必要筹措短期贷款。

三、企业偿债能力指标

在进行项目投资时，投资人一般均会筹措很高比例的债务资金（例如银行贷

款)。这样做的目的,一方面是缓解自己进行投资的资金压力;另一方面也是借助债务资金的杠杆效应,提高资本金的盈利水平。

与资本金不同,债务资金是必须要按约定条件足额及时还本付息的。因此,企业在进行投资项目财务评价时,除应关注所投资项目的盈利能力外,还必须关注企业自身是否有足够的能力对背负的债务进行偿还。如果企业不能按约定条件和时间对债权人进行足额偿付,那么轻则会影响企业信誉,严重的则会因为资金链断裂导致企业破产。

对企业偿债能力的评价也是对企业所面临的债务风险的评价。常用的评价指标是利息备付率和偿债备付率。相关的概念及讨论详见第五章第一节。

第三章
收入与成本

第一节 项目收入

在基础数据中,销售收入是决定项目投资效益的关键因素。在投资项目决策阶段,未来的一切都是未知的,均需通过预测来为项目投资效益分析提供基础。

销售收入等于产品的销售数量与产品销售单价的乘积。因此,销售收入预测的焦点是销售数量和销售价格。

一、销售数量的预测

要做好项目产品销售数量的预测,应把握同类产品的市场需求状况及该项目能在市场占有的份额。而预测该项目产品的市场占有额,又是最要紧的。从总体上看,某类产品无论处于供过于求或供不应求的状态,项目以其竞争能力可获得市场份额,则是该项目赖以生存的前提。若在市场上,某产品供过于求,站在企业的立场来看,并不能得出生产同类产品的新项目不能上马,老项目不能扩建的结论。关键是项目的产品有无竞争力,能否有把握通过竞争取得市场占有率。相反,若某产品在市场上供不应求,也不能得出生产同类产品的新项目和老项目扩建没有风险的结论。如果产品在质量和售价上没有竞争性,则消费者会把目光投向其他厂家,项目照样会因产品无销路而失败。

需要指出的是,在进行项目投资效益分析时,通常假定年销售量即为年产量。所以还应该考虑该项目的生产规模是否符合规模经济的原则。因为符合规模经济的项目，其产品的成本才会降低。此外，项目一般不可能刚投产就达到百分之百的产能。要根据市场需求及生产能力形成过程来合理安排投产后项目逐年的销售量或生产量。

二、销售单价的预测

尽管企业有权对其产品自行定价，但必须是消费者愿意支付的价格，切不可为夸大投资效益，人为地把产品售价定高。如果定价不合理，消费者不会接受，潜在的市场不能转化为现实的市场。

在预测产品销售单价时，常采用同类产品比较法。如果市场上没有同类产品可资比较，建议按产品成本加一定利润的方式定价。

三、市场预测的方法

市场预测的方法很多，常用的有：时间序列法（又称趋势外推法）、消费水平法、最终用途或消费系数法、回归分析法和领先指示数法等。其中，时间序列法应用较普遍。

在投资项目可行性研究阶段，选用何种市场预测方法，主要取决于所能获得的统计资料、完成预测的时间以及预测结果的服务对象等。出于经济与效率的考虑，可以不必过多地追求精确度而使用过于复杂的计量经济模型和技术，但是要特别注重基础数据的可靠性和逻辑推理的合理性。

（一）市场预测的步骤

1. 明确预测对象

包括明确预测结果的服务对象，即：预测是为了什么性质的决策提供参考依据。总之，一开始对象就要明确，这样在以后的工作中才能做到有的放矢，不做无用功。

2. 画出相关树

首先运用自己掌握的知识，从政治、经济、技术等各个方面去分析促使预测对象在数量与方向上发生变化的各种因素，层层推理，追根寻源。这样，可以将与预测对象有关的不同层次的相关因素，像树干到树枝再到树叶那样用图表示出来。我们将这种描述与预测对象有关的因素的图称为相关树。它可使我们一目了然地看出应该调查研究的范围、资料搜集的种类及深度，以避免下一步工作的盲目性。

相关树的绘制,在预测中占有特别重要的地位,它是整个预测工作的关键。

3. 收集资料

按相关树的"树叶"所指示的各因素去收集资料,并按相关树的各层次去分析研究。在这一过程中,可能还会发现新的相关因素,或发现原设想的相关因素并不重要。在此情况下,可按新的资料与分析结果对相关树作进一步的修正和补充。

4. 确定预测方式

根据委托方的要求和已掌握的资料,确定预测主要是按定性进行还是按定量进行,或两者兼而有之。

(二)时间序列法简介

1. 时间序列法

按发生的时间先后顺序加以排列的、反映某种经济现象的一组观察值(如某商品的需求或价格)的方法,可简记为 $\{y_i, t_i\}$。

时间序列也可用曲线或表格表示。

2. 时间序列法的要点

时间序列法的要点可用四个字加以概括:鉴往知来。鉴者,研究比较;往,即过去、历史;知者,预测也;来,即将来、前景。

具体解释如下。

(1)鉴往。过去某一时期内,某种经济现象(如某商品的销售量或价格的涨落)受到各种因素的作用,反映这种经济现象的特征值(如销售量或售价)随时间的推移在方向和数量上变化的状况,可以视为那些因素共同作用的结果。所谓"鉴往",就是要找出形成这一既定事实的各种原因,即从后果寻求原因。鉴往的过程,偏重于分析。

(2)知来。确定造成这种经济现象既定事实的各种因素,在所预测的未来某一时期内是否仍将继续存在。如果存在,这种经济现象在未来某一时期内的发展趋势,就可以看成是该现象历史趋势的延续,即存在外推的前提。

知来,就是要从可能发生的原因中去寻求所能引起的后果。从思想方法上讲,知来和鉴往是相反的，而知来则偏重于综合分析。

3. 时间序列法的具体操作

（1）建立数学模型。应用统计资料，建立反映经济现象历史规律的数学模型。

（2）外推。在确认了外推前提存在的条件下，利用反映历史规律的数学模型外推至欲预测的某一时期，可算出预测值。

四、项目收入计算表

将预测的产品单价和产品数量相乘，即可得到产品销售收入。

由于企业在实现产品销售的同时，也同时产生了纳税义务，因此，在进行投资项目财务评价时，往往将销售收入计算与纳税计算综合在一张表中。

在投资项目的财务评价中，对生产型项目，营业收入估算表的形式见附录 2 中的附表 2.6。对服务型项目，可根据项目实际的收入构成，参照附表 2.6 进行营业收入的估算。

需要注意的是，在"营改增"之后，附表 2.6 中列示的营业税已不再征收。

第二节 项 目 成 本

成本是企业生产经营中经常被加以考察的一项经济指标，是企业为生产产品或提供某种服务所必须付出的各项代价。

在投资项目决策阶段，项目成本也需通过预测来确定。预测的方法在本章第一节讲述项目收入时已有说明，不赘述。

一、总成本的构成方式

（一）不同行业的总成本结构

按行业特点，将经营过程中各职能环节发生的费用（不考虑库存、退货及折让的影响）加以汇集后，就可以得到以下的总成本结构形式。

1. 工业企业

    总成本 = 生产成本 + 销售费用 + 管理费用 + 财务费用

2. 商业企业

    总成本 = 销货成本 + 销货费用 + 管理费用 + 财务费用

3. 服务企业

总成本 = 各项营业支出 + 管理费用 + 财务费用

（二）不同形式的总成本构成

1. 按成本的形态划分

总成本 = 现金成本 + 非现金成本

现金成本又称付现成本，指的是企业在经营期以现金支付的成本费用。它又可进一步细分为与融资费用无关的经营成本和与融资相关的财务费用，即

现金成本 = 经营成本 + 财务费用

非现金成本又称为非付现成本，指的是企业在经营期不以现金支付的成本费用，它属于把前期的资本性支出（投资支出）按规定转移到生产或经营性成本中的部分，纯粹是账面转移，不发生现金支出，一般包括固定资产的折旧、无形资产的摊销额、开办费的摊销额等。即

非现金成本 = 折旧 + 摊销

因此，

$$总成本 = 经营成本 + 财务费用 + 折旧 + 摊销 \tag{3.1}$$

总成本这样的分类构成方式，突出了成本中的现金流动状况，便于运用现金流量折现法研究项目的投资效益。

式（3.1）中，经营成本是指扣除了财务费用后的现金成本，它涉及生产成本或直接运营成本、企业管理过程中的物料、人力和能源的投入费用。

同类企业的经营成本具有可比性。不同行业的产品经营成本，具体构成是不一样的。各类投入物的单耗、供应渠道、供应价格和经营管理水平都是影响经营成本的因素。

将式（3.1）中的经营成本移项，可得

经营成本 = 总成本 - 财务费用 - 折旧 - 摊销

经营成本的这一概念和表达形式常出现在财务评价的现金流量表中，见本书第七章第四节。关于折旧与摊销，将在下一节进行详细介绍。

2. 按成本的习性划分

$$总成本 = 可变成本 + 固定成本 \tag{3.2}$$

总成本这样的分类构成方式,便于分析来自市场和生产经营环节的风险对项目经营的影响,为计算盈亏平衡点、制定经营决策打下基础。

式(3.2)中,可变成本可简单地理解为随生产量或提供服务量成正比例变化的那一部分成本。典型的可变成本包括原材料、生产劳力和公用设施。例如,家具生产中的木材、油漆的费用,电力生产中的燃煤费用。

固定成本是指与生产量或提供服务量变化无关的那一部分成本。固定成本主要包括企业管理费和折旧费。

实际上,可变成本和固定成本的划分是相对的,即这样的划分仅对一定的范围有效;另外,两者有时难以区分,免不了带有一定程度的假设性。例如,在电力费用的支出中,用来开动机器制造产品的电力消耗,随产量的变化而变化;而用来照明和取暖的电力,无论产量多少,照明和供暖的电力都是需要的,与生产量无关。可见,电力费用既包含可变部分,又包含固定部分。遇到这种情况的处理方式有两种:一是算细账,把各项费用分别分解成可变部分和固定部分,然后再汇总成可变成本和固定成本两部分;二是抓大头,若某项费用可变部分居多,则可把这种费用全部视为可变成本,反之,则应全部视为固定成本。

在投资项目的财务评价中,对生产型项目,总成本费用估算表的形式见附录2中的附表2.7与附表2.8。对服务型项目,可根据项目实际的成本构成,参照附表2.7与附表2.8进行总成本费用的估算。

二、政策性较强的某些成本分项

(一)固定资产折旧

固定资产在其有效使用期内,尽管仍然保留其自身的实物形态,但因物质磨损和经济磨损(指技术进步引起的资产贬值),其原始价值会随之减少。折旧就是按照使用年数或产量计算,应转移到产品成本中的那一部分固定资产原值。

计提折旧是企业回收其固定资产投资的一种手段。按照国家规定的折旧制度,企业把已发生的资本性支出转移到产品生产成本之中;然后通过产品的销售,企业得以逐步回收初始的投资费用。

企业固定资产的折旧,一般采用分类直线折旧法、综合折旧法、加速折旧法和其他折旧方法,从固定资产投入使用月份的次月起开始计提。

1. 分类直线折旧法

依照固定资产的类别，每年计提的折旧，根据固定资产的原值、估计的残值和折旧年限按式（3.3）确定。

$$年折旧费 = \frac{固定资产原值 - 残值}{折旧年限} \quad (3.3)$$

（1）固定资产原值的确定

①购进的固定资产，以进价加运费、安装费和使用前所发生的其他有关费用为原值。

②自制、自建的固定资产，以制造、建造过程中所发生的实际支出为原值。

③作为投资的固定资产，应当按照该资产新旧程度，以合同确定的合理价格或者参照有关的市场价格估定的价值，加使用前发生的有关费用为原值。

④企业接受赠予的固定资产，可以合理估价，确定原值。

固定资产在建造期间的贷款利息支出，应作为固定资产原值的一部分。

（2）残值

固定资产原值按规定提足折旧后的余留部分，称为残值。由于残值的大小会影响每年计提的折旧费，从而影响所得税的征缴金额，故税务部门必须规定残值的取留标准。按税法规定，残值应当不低于固定资产原值的 10%。对于需要少留或不留残值的，应当报经税务机关批准。

（3）折旧的最短年限

项目投产后，固定资产丧失其原值的 90% 所需时间称为折旧年限。为能适应资产更新和资本回收的需要，主管部门对各类固定资产计算折旧的最短年限做出下列规定。

①房屋、建筑物，为 20 年。

②火车、轮船、机器、机械和其他生产设备，为 10 年。

③电子设备和火车、轮船以外的运输工具及与生产、经营业务有关的器具、工具、家具等，为 5 年。

折旧年限一般不得低于上述规定的最短年限。否则，应由企业申请，报税务机关审核批准。如果企业取得已经使用过的固定资产，其尚可使用年限比上述规定的折旧年限短，可以提出证明凭据，经当地税务机关审核同意后，按其尚可使用年限计算折旧。

在 PPP 项目中,当固定资产由项目公司拥有时,固定资产的折旧年限一般还需要考虑项目公司的特许经营期限。

2. 综合折旧法

对企业拥有的固定资产,不区分类别,皆使用同一个折旧年限计算折旧的计算方法,称为综合折旧法。

目前我国一般针对两种企业实行综合折旧法:一是为鼓励投资,采取加速折旧的企业,如从事海洋勘探、开发石油的企业;二是不宜按照各类固定资产分别进行折旧计算的企业。

采用综合折旧法,能简化计算,把握每年计提的折旧费数量,便于估算用折旧偿还贷款的能力。

3. 加速折旧法

按小于税法规定的固定资产最短折旧年限计提折旧费,称为加速折旧法。

实施加速折旧,会导致企业应纳税所得额减少,从而减少了企业在折旧期应缴纳的所得税金额。实际上,加速折旧是一种鼓励投资的措施,国家先让利给企业,使企业加速回收投资,增强还贷能力,促进技术进步。因此,只对某些确有特殊原因的企业或项目才准许采用加速折旧。所谓的特殊原因有如下。

(1)受酸、碱等强烈腐蚀的机器设备和常年处于震撼、颤动状态的厂房和建筑物。

(2)由于提高使用率、加强使用强度,而常年处于日夜运转状态的机器、设备。

(3)其他经批准可实施加速折旧的固定资产。

4. 其他折旧方法

按工作量法计算折旧。

(1)按行驶里程计算

$$单位里程折旧额 = \frac{固定资产原值 - 残值}{规定的总行驶里程} \quad (3.4)$$

$$年折旧额 = 单位里程折旧额 \times 年实际行程里数 \quad (3.5)$$

(2)按工作小时计算

$$每工作小时折旧额 = \frac{固定资产原值 - 残值}{规定的总工作小时数} \quad (3.6)$$

年折旧额 = 每工作小时折旧额 × 年实际工作小时 　　　（3.7）

（3）按每台班计算折旧

$$每台班折旧额 = \frac{固定资产原值 - 残值}{规定的总工作台班数} \qquad (3.8)$$

年折旧额 = 每台班折旧额 × 年实际工作台班数 　　　（3.9）

固定资产的折旧，一般应当采用直线法计算；需要采用其他折旧方法的，可以由企业提出申请，经税务机关审核批准。

在投资项目的财务评价中，固定资产折旧费的估算表形式见附录 2 中的附表 2.7.3。

（二）无形资产摊销

同固定资产折旧一样，无形资产的原始价值和开办费也要在规定的年限内，按年度转移到产品或服务的成本中。这一部分被转移的无形资产的原始价值和开办费，称为摊销。企业通过计提摊销，回收形成无形资产及开办费时的资本支出。

摊销方法：不留残值，采用直线法计算。

1. 无形资产及开办费原值的确定

（1）受让的无形资产，以按照合理的价格所实际支付的金额为原值。

（2）自行开发的无形资产，以开发过程中发生的实际支出额为原值。

（3）作为投资的无形资产，以协议、合同规定的合理价格为原值。

（4）开办费，以企业在筹办期间实际支出的费用累计值为原值。所谓筹办期是指从企业被批准筹办之日起至开始生产、经营（包括试生产、试营业）之日止的期间。对于企业，应计入开办费的具体开支项目及金额，由投资各方协商确定。

（5）在 PPP 项目的 BTO 操作模式下，项目公司（特许经营者）在投资建设并形成项目资产之后，将项目资产移交给政府，政府再按特许经营合同的约定，授予项目公司特许经营权。在财务会计上，项目公司获得的特许经营权作为无形资产核算，无形资产原值依据在工程竣工后按 PPP 合同约定的扣除增值税之后的项目总投资额确定。

2. 摊销年限

作为投资或者受让的无形资产，在协议、合同中规定使用年限的，可以按照该使用年限分期摊销；没有规定使用年限的或者是自行开发的无形资产，摊销期限不得少于 10 年。

在 PPP 项目中，项目公司按 BTO 操作模式获得的特许经营权作为无形资产核算，这些无形资产的摊销年限应为项目的特许经营期。

对于开办费，企业可以在开始经营之日的当年一次性计入成本，在税前扣除。

在投资项目的财务评价中，无形资产摊销费的估算表形式见附录 2 中的附表 2.7.4。

（三）工资及福利费

构成成本项目的工资及福利费，包括直接工资及其他直接福利性支出，以及制造费、管理费和销售费用中管理人员和销售人员的工资及福利费。

直接工资，包括企业以各种形式支付给职工的基本工资、浮动工资、各类补贴、津贴、奖金等。

$$工资及福利费 = 职工总人数 \times 人均年工资指标（含福利费） \quad (3.10)$$

式（3.10）中，职工总人数是指按拟定岗位配置方案提出的生产人员、管理人员及销售人员总人数。人均年工资指标（含福利费）可考虑一定比例的年增长率。

职工福利费主要用于职工的医药费（包括企业参加职工医疗保险所交纳的医疗保险费），医护人员的工资，医务经费，职工因公伤赴外地就医路费，职工生活困难补助，企业后勤人员工资，以及按照国家规定开支的其他职工福利支出。现行规定一般为工资的 14%。

在投资项目的财务评价中，工资及福利费的估算表形式见附录 2 中的附表 2.7.5。

第四章 税 金

项目应缴纳的税金主要有以下几种：增值税、城镇土地使用税、房产税、所得税等。

在建设项目的财务评价中，消费税不是可能涉及的主要税种，本书在此略去相关的论述。自 2016 年 5 月 1 日起，实行多年的营业税全面停止征收，本书也不再涉及。此外，增值税作为一个独立的税种，包含的内容比较多，本书将略去其与投资项目财务评价无关的部分内容。

第一节 增 值 税

一、概述

（一）增值税的税制变迁

我国于 1979 年开始试行增值税，并于 1984 年和 1993 年进行了两次重要改革。1993 年 12 月国务院颁布了修订的《中华人民共和国增值税暂行条例》，财政部和国家税务总局也相应颁发了《中华人民共和国增值税暂行条例实施细则》（财政部、国家税务总局第 50 号令）。按照《中华人民共和国增值税暂行条例》有关规定，增值税的征税对象是在中华人民共和国境内销售、进口货物和提供加工、修理修配劳务的增值额。2011 年，经国务院批准，财政部、国家税务总局联合下发营业税改征增值税（以下简称"营改增"）试点方案。2016 年 3 月，财政部、国家税务总局联合下发《关于全面推开营业税改征增值税试点的通知》（财税

〔2016〕36号），经国务院批准，自2016年5月1日起，在全国范围内全面推开营业税改征增值税试点，将建筑业、房地产业、金融业、生活服务业等营业税纳税人全部纳入试点范围，由缴纳营业税改为缴纳增值税。

（二）基本概念

增值税是以商品（含应税劳务与应税行为）在流转过程中产生的增值额作为计税依据而征收的一种流转税。所谓的增值额，是指企业新创造的那部分价值。增值税只就销售额中的增值部分征税，即只对销售额中属于本企业创造、尚未征过税的那部分销售额征税。

增值税虽然要对商品流动的每一道环节征税，但不重复征税。就一项产品而言，不论其生产经营环节有多少，增值税实行逐环节征收，逐环节抵扣，采取税款抵扣制。与增值税配套实施的是实行增值税专用发票。该发票上除了注明商品的价格外，还直接注明在下一个销售环节可以抵扣的增值税进项税额。

从计征办法上看，增值税要求把原来含税价格中的税和价分开，实行价外税——这不是价格之外多征收了一道税，而是商品的价款与原来就含有的税款分开核算。税款和价款分开计算的好处是使税收不影响企业的成本和效益，便于企业进行成本分析以改善管理。

下面用一个经简化的例子来解释增值税的基本概念。

家具制造公司购买木材，制造家具并批发家具，其增值税计征的过程如图4-1所示。

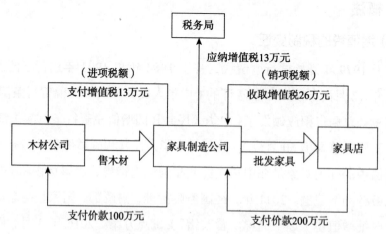

图4-1　家具制造公司增值税计征过程示意

家具制造公司购进木材，不含税价款为 100 万元，按规定要负担增值税额 13 万元（增值税税率为 13%，下同），该公司总共应支付给木材公司的金额为 113 万元。该公司因购进价值为 100 万元的木材所支付的增值税额为 13 万元，称为进项税额；该公司用这批木材生产家具并批发给家具店，家具销售额（不含税）为 200 万元，按规定应向购买方家具店收取增值税的金额为 26 万元，家具店共支付给家具制造公司的金额为 226 万元。家具制造公司因销售价值 200 万元的家具向购买方收取的增值税额 26 万元，称之为销项税额；按规定，家具制造公司应纳增值税额为销项税额减去进项税额，即（26－13）万元 = 13 万元。

二、纳税人

按增值税设立之初的规定，在我国境内从事以下 3 类业务的单位及个人，为增值税的纳税人，这三类业务是：销售货物，提供加工、修理修配业务（称应税劳务），进口货物。

按照《关于全面推开营业税改征增值税试点的通知》（财税〔2016〕36 号）有关规定，自 2016 年 5 月 1 日起，在我国境内销售服务、无形资产或者不动产（以下简称"应税行为"）的单位和个人，为增值税纳税人。销售服务、无形资产或者不动产等应税行为（营改增应税行为）所包含的内容如表 4-1 所示。

表 4-1 营改增应税行为包含的内容

序号	类别	包含内容
一	销售服务	
1	交通运输服务	陆路运输服务、水路运输服务、航空运输服务、管道运输服务
2	邮政服务	邮政普遍服务、邮政特殊服务、其他邮政服务
3	电信服务	基础电信服务、增值电信服务
4	建筑服务	工程服务、安装服务、修缮服务、装饰服务、其他建筑服务
5	金融服务	贷款服务、直接收费金融服务、保险服务、金融商品转让
6	现代服务	研发和技术服务、信息技术服务、文化创意服务、物流辅助服务、租赁服务、鉴证咨询服务、广播影视服务、商务辅助服务、其他现代服务
7	生活服务	文化体育服务、教育医疗服务、旅游娱乐服务、餐饮住宿服务、居民日常服务、其他生活服务
二	销售无形资产	
1	常规无形资产	专利技术和非专利技术、商标、著作权、商誉等

续表

序号	类别	包含内容
2	自然资源使用权	土地使用权、海域使用权、探矿权、采矿权、取水权和其他自然资源使用权
3	其他权益性无形资产	基础设施资产经营权、公共事业特许权、配额、经营权（包括特许经营权、连锁经营权、其他经营权）、经销权、分销权、代理权、会员权、席位权、网络游戏虚拟道具、域名、名称权、肖像权、冠名权、转会费等
三	销售不动产	
1	不动产所有权	转让建筑物与构筑物的所有权
2	其他	转让建筑物有限产权或者永久使用权、转让在建的建筑物或者构筑物所有权、转让建筑物或者构筑物时一并转让其所占土地的使用权

按照 2017 年 11 月 19 日新修订发布的《中华人民共和国增值税暂行条例》（中华人民共和国国务院令第 691 号），销售货物、劳务、服务、无形资产、不动产统称为增值税的应税销售行为。

根据纳税人的应税销售额规模和会计核算是否健全，增值税纳税人分为两类：小规模纳税人和一般纳税人。

（一）小规模纳税人

根据经营规模，符合下面标准规定的纳税人，视为小规模纳税人。

（1）从事生产货物或提供应税劳务，或以其为主兼营货物批发或零售的纳税人，年应税销售额 < 50 万元。

（2）从事货物批发或零售的纳税人，年应税销售额 < 80 万元。

（3）从事营改增应税行为的纳税人，年应税销售额 < 500 万元。

年应税销售额超过小规模纳税人标准的个人、非企业性单位、不经常发生应税行为的企业，视同小规模纳税人。

在一定条件下，小规模纳税人可向一般纳税人转化。条件是小规模纳税人会计核算健全，能够提供准确税务资料，并经主管税务机关批准。此时，小规模纳税人按一般纳税人有关规定计算应纳税额。

（二）一般纳税人

小规模纳税人以外的纳税人为一般纳税人。

但是，一般纳税人有以下情况之一者，也可转化为小规模纳税人。

（1）会计核算不健全或者不能够提供准确税务资料的。

（2）符合一般纳税人条件，但不申请一般纳税人认定手续的。

根据国家税务总局公告2015年第18号文件规定，按照《国务院关于取消和调整一批行政审批项目等事项的决定》（国发〔2015〕11号）精神，自2015年4月1日起，增值税一般纳税人资格不再实行审核认定制，改为登记制，登记事项由增值税纳税人的主管税务机关办理。

在PPP项目财务评价中，项目公司通常按一般纳税人对待。

三、征税范围及有关说明

（一）销售货物

销售货物是指有偿转让有形动产，包括电力、热力、气体在内的所有权。

但是，单位或者个体经营者的下列行为，视同销售货物。

（1）将货物交付他人销售。

（2）销售代销货物。

（3）设有两个以上机构并实行统一核算的纳税人，将货物从一个机构移送其他机构用于销售，但相关机构设在同一县（市）的除外。

（4）将自产或委托加工的货物用于集体福利或个人消费。

（5）将自产、委托加工或购买的货物用于投资，提供给其他单位或个体经营者，分配给股东或投资者，无偿赠送他人。

一项销售行为如果既涉及货物又涉及非应税劳务或应税服务，为混合销售行为。从事货物的生产、批发或零售的企业、企业性单位及个体经营者的混合销售行为，视为销售货物，应当征收增值税；纳税人的销售行为是否属于混合销售行为，由国家税务总局所属征收机关确定。

（二）销售应税劳务

销售应税劳务是指有偿提供加工、修理修配劳务。

这里所称加工，是指受托加工货物，即委托方提供原料及主要材料，受托方按照委托方的要求制造货物并收取加工费的业务；修理修配是指受托对损伤和丧失功能的货物进行修复，使其恢复原状和功能的业务。

（三）进口货物

（四）提供营改增后的应税行为

营改增所定义的应税行为如表 4-1 所示。

四、增值税税率和征收率

增值税税率是一般纳税人使用的缴税率。

增值税税率是税额与一定数量征税对象之间的比例。它是计算应纳税额的尺度，体现了征税的深度，是税收制度的中心环节和基本要素。税率的高低直接关系到国家的财政收入和纳税人的负担水平，是国家税收政策的具体体现。

增值税征收率是按简易办法纳税时使用的缴税率，是指对特定的货物或特定的纳税人发生应税销售行为在某一生产流通环节应纳税额与销售额的比率。小规模纳税人发生应税销售行为时使用征收率计税。一般纳税人在某些特定的销售活动中按简易办法纳税时，也使用征收率计算增值税。

为完善增值税制度，推进增值税实质性减税，2018 年 4 月，财政部与国家税务总局发出《关于调整增值税税率的通知》（财税〔2018〕32 号），降低了增值税税率；2019 年 3 月，财政部、税务总局和海关总署又联合发出《关于深化增值税改革有关政策的公告》（财政部、税务总局、海关总署公告 2019 年第 39 号），再次降低增值税税率。截至目前，各类经济活动的增值税税目与税率、征收率如表 4-2 所示。

表 4-2　营改增后的增值税税目与税率、征收率

税率名称	税目	具体税率
基本税率	销售或进口货物（税法另有规定除外）	13%
	提供应税劳务（加工、修理修配等）	
	有形动产融资租赁服务	
低税率	粮食、食用植物油、鲜奶	9%
	自来水、暖气、冷气、热水、煤气、石油液化气、天然气、沼气、居民用煤炭制品	
	图书、报纸、杂志	
	饲料、化肥、农药、农机（整机）、农膜	
	农产品（不包括淀粉）	
	音像制品、电子出版物	

续表

税率名称	税目	具体税率
低税率	二甲醚，食用盐	6%
	交通运输业服务（铁路、水路、航空、管道）	
	邮政服务	
	基础电信服务	
	建筑服务（工程、安装、修缮、装饰、其他）	
	不动产租赁服务	
	销售不动产（建筑物、构筑物）	
	转让土地使用权	
	增值电信服务	
	金融服务（贷款、直接收费、保险、金融商品转让）	
	现代服务（研发与技术、信息技术、文化创意、物流、鉴证咨询、广播影视、商务）	
	生活服务（文化体育、教育医疗、旅游娱乐、餐饮住宿、居民日常、其他）	
	销售无形资产（技术、商标、著作权、商誉、除土地外的自然资源使用权）	
零税率	纳税人报关出口的货物（国务院另有规定除外）	0%
	跨境应税行为	
征收率	小规模纳税人发生应税行为	3%
	县级及县级以下小型水力发电单位生产的电力	
	建筑用和生产建筑材料所用的砂、土、石料	
	以自己采掘的砂、土、石料或其他矿物连续生产的砖、瓦、石灰（不含黏土实心砖、瓦）	
	用微生物、微生物代谢产物、动物霉素、人或动物的血液或组织制成的生物制品	
	自来水	
	商用混凝土（仅限于以水泥为原料生产的水泥混凝土）	
	寄售商店代销寄售物品（包括居民个人寄售的物品在内）	
	典当行销售死当物品	
	一般纳税人销售自己使用过的固定资产（符合简易办法征收的）	依照3%减按2%征收
	小规模纳税人（除其他个人外）销售自己使用过的固定资产	
	纳税人销售旧货	

需要注意的是，绝不能凭借征收率低于税率这一点，就认为小规模纳税人的增值税负担小于一般纳税人，因为两者的应纳税额计算方法不同。

五、应纳税额的计算公式

(一) 发生应税销售行为

1. 对于小规模纳税人,实行简易办法计算应纳税额

$$应纳税额 = 销售额 \times 征收率 \qquad (4.1)$$

式(4.1)中的销售额为纳税人发生应税销售行为向购买方收取的全部价款和价外费用,不包括销项税额。

对小规模纳税人实行简易办法征收增值税,其进项税不允许抵扣。

2. 对于一般纳税人

$$应纳税额 = 当期销项税额 - 当期进项税额 \qquad (4.2)$$

式(4.2)中,当期销项税额是指纳税人发生应税销售行为向购买方收取的增值税额。

$$销项税额 = 销售额 \times 税率 \qquad (4.3)$$

当期进项税额,是指纳税人购进货物、加工修理修配劳务、服务、无形资产或者不动产,支付或者负担的增值税税额。

(二) 进口货物

$$应纳税额 = 组成计税价格 \times 税率 \qquad (4.4)$$

$$组成计税价格 = 关税完税价格 + 关税 + 消费税 \qquad (4.5)$$

注意:按式(4.4)计算纳税人进口货物应缴的增值税税额,不得抵扣任何税款。

六、城市维护建设税与教育费附加

增值税是流转税的一种。凡缴纳流转税(即增值税及消费税)的单位和个人还需缴纳城市维护建设税与教育费附加。

城市维护建设税以纳税人实际缴纳的流转税(即增值税及消费税)税额为计税依据,按照一定的税率进行计缴。城市维护建设税税率根据地区的不同分为三档:纳税人所在地在市区的,税率为7%;所在地在县城、镇的,税率为5%;其他地区税率为1%。

教育费附加以纳税人实际缴纳的流转税(即增值税及消费税)税额为计征依据,按3%的税率征收。

七、增值税优惠政策

增值税的征收及税率高低会对企业的生产经营具有较大的影响，增值税的征收范围调整和征税减免调整也是国家进行宏观经济调控的重要手段，调整措施反映了国家在某一时期对某些行业或经济活动的支持。例如：①高校后勤实体为高校师生食堂提供的粮食、食用植物油、蔬菜、肉、禽、蛋、调味品和食堂餐具，免征增值税；②对承担收储任务的国有粮食企业销售粮食，以及其他粮食企业销售军用粮、救灾粮、水库移民用粮和政府储备食用植物油的，免征增值税。

在资源综合利用和环境保护领域，财政部、国家税务总局曾出台相关增值税优惠政策，包括：①销售自产的再生水免增值税；②污水处理劳务免征增值税；③垃圾处理、污泥处理处置劳务免征增值税。2015年6月，财政部和国税总局联合发文，将上述免征增值税政策改为享受增值税（即征即退政策），其中，垃圾、污泥、污水处理劳务享受退税优惠70%，再生水享受退税优惠50%，免税时代终结，相关企业的税赋相应增加。

八、增值税在项目评价中的地位

需要说明的是，按照财税制度的相关规定，增值税是价外税。在会计核算中也规定，计入利润表中的收入应是不含增值税销项税的收入。相应地，增值税进项税也不应计入购进货物的成本。因此，增值税对企业经营的损益没有影响，即在利润与利润分配表中不应出现增值税。

从理论上讲，当增值税环环抵扣之后，产品的最终消费者承担了在生产各环节上累积下来的增值税，增值税的负担与处于生产过程中的企业无关。并且，只要增值税的抵扣链条不中断，企业就不会重复纳税。但若增值税抵扣环节中断，在购进货物或服务时未取得进项税票，则无法实现增值税抵扣。若销售时开不出销项税票，则收不到增值税销项税款，但增值税纳税义务并未消失，自己的税负就会改变。

在"营改增"之后，建设投资所形成的资产价值中并不包含增值税进项税额。由于建设期内一般没有增值税销项税额发生，因此，建设期内所形成的增值税进项税额只能留待在经营期内抵扣。对项目公司来说，从时间上看，增值税进项税的现金支出发生在前（建设期），而销项税的现金流入发生在后（经营期）。根据资金时间价值原理，这一时间差的存在，将会对项目投资的收益率产生影响。相关讨论见本书第七章。

此外，增值税是企业在经营活动中一种实际发生的现金流动，因此，它会出现在"财务计划现金流量表"中，详见本书第七章第二节。

第二节　城镇土地使用税

城镇土地使用税是以土地为征税对象，以实际占用的土地面积为计税依据，按规定税额对拥有土地使用权的单位和个人征收的一种行为税。

一、纳税义务人

在城市、县城、建制镇、工矿区范围内使用土地的单位和个人，为城镇土地使用税的纳税人。这里所说的单位，包括国有企业、集体企业、私营企业、股份制企业、外商投资企业、外国企业以及其他企业和事业单位、社会团体、国家机关、军队以及其他单位；个人，包括个体工商户以及其他个人。在现实生活中，使用土地的情况比较复杂，税法根据用地者的不同情况，对纳税人作了如下具体规定。

（1）城镇土地使用税由拥有土地使用权的单位或个人缴纳。

（2）拥有土地使用权的单位或个人，不在土地所在地的，由代管人或实际使用人缴纳。

（3）土地使用权属尚未确定，或权属纠纷未解决的，由实际使用人缴纳。

（4）土地使用权共有的，由共有各方分别缴纳。

（5）在征税范围内实际使用应税集体所有建设用地，但未办理土地使用权流转手续的，由实际使用人缴纳。

（6）对纳税单位无偿使用免税单位的土地，纳税单位应照章缴纳土地使用税。

（7）土地使用者不论以何种方式取得土地使用权，只要在城镇土地使用税的开征范围内，都应依照规定缴纳城镇土地使用税。

二、征税范围

城镇土地使用税的征收范围为城市、县城、建制镇、工矿区。凡在上述范围内的土地，不论是属于国家所有还是集体所有，都是城镇土地使用税的征税对象。对农林牧渔业用地和农民居住用土地，不征收土地使用税。需要注意内容包括以下。

（1）城市是指经国务院批准设立的市，其征税范围包括市区和郊区。

（2）县城是指县人民政府所在地，其征税范围为县人民政府所在地的城镇。

（3）建制镇是指经省、自治区、直辖市人民政府批准设立的，符合国务院规定的镇建制标准的镇，其征税范围为镇人民政府所在地。

（4）工矿区是指工商业比较发达，人口比较集中的大中型工矿企业所在地，工矿区的设立必须经省、自治区、直辖市人民政府批准。

城市、县城、建制镇、工矿区的具体征税范围，由各省、自治区、直辖市人民政府划定。

三、计税依据

城镇土地使用税以纳税人实际占用的土地面积为计税依据，按照规定税额计算征收。

（1）纳税人实际占用的土地面积，是指由省、自治区、直辖市人民政府确定的单位组织测定的土地面积。尚未组织测量，但纳税人持有政府部门核发的土地使用证书的，以证书确认的土地面积为准；尚未核发土地使用证书的，应由纳税人据实申报土地面积，待土地面积正式测定后，再按测定的面积进行调整。

（2）土地使用权共有的各方，应按其实际使用的土地面积占总面积的比例，分别计算缴纳城镇土地使用税。

（3）纳税单位和免税单位共同使用共有使有权土地上的多层建筑，对纳税单位可按其占用的建筑面积占建筑总面积的比例，计算征收城镇土地使用税。

（4）对在城镇土地使用税征税范围内单独建造的地下建筑用地，按规定征收城镇土地使用税。其中，已取得地下土地使用权证的，按土地使用权证确认的土地面积计算应征税款；未取得地下土地使用权证，或地下土地使用权证上未标明土地面积的，按地下建筑垂直投影面积计算应征税款。对上述地下建筑用地暂按应征税款的 50%征收城镇土地使用税。

四、应纳税额

（一）税额标准

城镇土地使用税实行分级幅度税额。每平方米土地年税额规定如下。

（1）大城市 1.5~30 元。

（2）中等城市 1.2~24 元。

（3）小城市 0.9~18 元。

（4）县城、建制镇、工矿区 0.6~12 元。

省、自治区、直辖市人民政府，应当在税法规定的税额幅度内，根据市政建设状况、经济繁荣程度等条件，确定所辖地区的适用税额幅度。

市、县人民政府应当根据实际情况，将本地区土地划分为若干等级，在省、自治区、直辖市人民政府确定的税额幅度内，制定相应的适用税额标准，报省、自治区、直辖市人民政府批准执行。

（二）应纳税额计算

城镇土地使用税的应纳税额，依据纳税人实际占用的土地面积和适用单位税额计算。计算公式如下。

$$应纳税额 = 计税土地面积（平方米）\times 适用税额 \tag{4.6}$$

五、税收优惠

下列土地免征城镇土地使用税。

（1）国家机关、人民团体、军队自用的土地。但如果是对外出租、经营用则还是要交土地使用税。

（2）由国家财政部门拨付事业经费的单位自用的土地。

（3）宗教寺庙、公园、名胜古迹自用的土地。经营用地则不免。

（4）市政街闭道、广场、绿化地带等公共用地。

（5）直接用于农、林、牧、渔业的生产用地。

（6）经批准开山填海整治的土地和改造的废弃土地，从使用的月份起免缴城镇土地使用税 5~10 年。

（7）对非营利性医疗机构、疾病控制机构和妇幼保健机构等卫生机构自用的土地，免征城镇土地使用税。

（8）企业办的学校、医院、托儿所、幼儿园，其用地能与企业其他用地明确区分的，免征城镇土地使用税。

（9）由财政部另行规定免税的能源、交通、水利设施用地和其他用地。

六、税款缴纳

（一）纳税义务发生时间

（1）新征用的耕地，自批准征用之日起满1年时开始缴纳土地使用税。

（2）新征用的非耕地，自批准征用次月起缴纳土地使用税。

（3）以出让或转让方式有偿取得土地使用权的，应由受让方从合同约定交付土地时间的次月起缴纳城镇土地使用税；合同未约定交付土地时间的，由受让方从合同签订的次月起缴纳城镇土地使用税。

（4）购置新建商品房，自房屋交付使用之次月起计征城镇土地使用税。

（5）购置存量房，自办理房屋权属转移、变更登记手续，房地产权属登记机关签发房屋权属证书之次月起计征城镇土地使用税。

（6）出租、出借房产，自交付出租、出借房产之次月起计征城镇土地使用税。

（二）纳税义务终止时间

纳税人因土地的权利状态发生变化而依法终止城镇土地使用税纳税义务的，其应纳税款的计算应截止到土地权利状态发生变化的当月末。

（三）纳税期限

城镇土地使用税按年计算、分期缴纳。缴纳期限由省、自治区、直辖市人民政府确定。

（四）纳税地点

城镇土地使用税的纳税地点为土地所在地，由土地所在地地税机关负责征收。纳税人使用的土地不属于同一省（自治区、直辖市）管辖范围的，应由纳税人分别向土地所在地的地税机关缴纳土地使用税。在同一省（自治区、直辖市）管辖范围内，纳税人跨地区使用的土地，如何确定纳税地点，由各省、自治区、直辖市地方税务局确定。

第三节 房产税

一、纳税对象

按照《中华人民共和国房产税暂行条例》，应纳税对象如下。

（1）房产税在城市、县城、建制镇和工矿区征收。

（2）房产税由产权所有人缴纳。产权属于全民所有的，由经营管理的单位缴纳。产权出典的，由承典人缴纳。产权所有人、承典人不在房产所在地的，或者产权未确定及租典纠纷未解决的，由房产代管人或者使用人缴纳。

上面列举的产权所有人、经营管理单位、承典人、房产代管人或者使用人，统称为纳税义务人。

二、计税方法

房产税的计征方法有从价计征与从租计征两种，计税依据如下。

（1）从价计征的，其计税依据为房产原值一次性减去10%~30%后的余值，具体减除幅度由省、自治区、直辖市人民政府确定。

（2）从租计征的（即房产出租的），以房产租金收入为计税依据。

房产税税率采用比例税率。按照房产余值计征的，年税率为1.2%；按房产租金收入计征的，年税率为12%。

需要注意的是，按照增值税的相关政策，房产出租属现代服务业的"不动产租赁服务"，应按9%的税率计取增值税。在"营改增"之后，出租人收取的所有款项为含税收入。从含税收入中扣除增值税之后的不含税租金收入才是计征房产税的基数。

三、部分房产税优惠政策

（一）关于廉租住房、经济适用住房的优惠政策

为解决城市低收入家庭住房困难问题，财政部、国家税务总局2008年发出《关于廉租住房经济适用住房和住房租赁有关税收政策的通知》（财税〔2008〕24号），其中规定：对廉租住房经营管理单位按照政府规定价格，向规定保障对象出租廉租住房的租金收入，免征营业税、房产税。

（二）关于体育场馆的优惠政策

2015年12月，财政部与国家税务总局联合发布《关于体育场馆房产税和城镇土地使用税政策的通知》（财税〔2015〕130号）（以下简称《通知》）。为贯彻落实《国务院关于加快发展体育产业促进体育消费的若干意见》（国发〔2014〕46号），自2016年1月1日起，对符合条件的体育场馆免征房产税和城镇土地使用税。免征范围如下。

（1）国家机关、军队、人民团体、财政补助事业单位、居民委员会、村民委员会拥有的体育场馆，用于体育活动的房产、土地，免征房产税和城镇土地使用税。

（2）经费自理事业单位、体育社会团体、体育基金会、体育类民办非企业单位拥有并运营管理的体育场馆，同时符合下列条件的，其用于体育活动的房产、土地，免征房产税和城镇土地使用税。

①向社会开放，用于满足公众体育活动需要。

②体育场馆取得的收入主要用于场馆的维护、管理和事业发展。

③拥有体育场馆的体育社会团体、体育基金会及体育类民办非企业单位，除当年新设立或登记的以外，前一年度登记管理机关的检查结论为"合格"。

（3）企业拥有并运营管理的大型体育场馆，其用于体育活动的房产、土地，减半征收房产税和城镇土地使用税。

《通知》所称体育场馆，是指用于运动训练、运动竞赛及身体锻炼的专业性场所；所称大型体育场馆，是指由各级人民政府或社会力量投资建设、向公众开放、达到《体育建筑设计规范（JGJ 31—2003）》有关规模规定的体育场（观众座位数20 000座及以上），体育馆（观众座位数3 000座及以上），游泳馆、跳水馆（观众座位数1 500座及以上）等体育建筑。《通知》所称用于体育活动的房产、土地，是指运动场地，看台、辅助用房（包括观众用房、运动员用房、竞赛管理用房、新闻媒介用房、广播电视用房、技术设备用房和场馆运营用房等）及占地，以及场馆配套设施（包括通道、道路、广场、绿化等）。

《通知》规定，享受税收优惠体育场馆的运动场地用于体育活动的天数不得低于全年自然天数的70%。体育场馆辅助用房及配套设施用于非体育活动的部分，不得享受上述税收优惠。

高尔夫球、马术、汽车、卡丁车、摩托车的比赛场、训练场、练习场，除另有规定外，不得享受房产税、城镇土地使用税优惠政策。

第四节 企业所得税

一、纳税对象

在中国境内的企业，其生产、经营所得和其他所得，都应缴纳所得税。总机构设在中国境内的企业，其源于中国境内或者境外分支机构的生产、经营所得，由总机构汇总缴纳所得税。

所谓的生产、经营所得，是指从事制造业、采掘业、交通运输业、建筑安装业、农业、林业、畜牧业、渔业、水利业、商业、金融业、服务业、勘探开发作业，以及其他行业的生产、经营所得。其他所得，是指利润（股息）、利息、租金、转让财产收益、提供或者转让专利权、专有技术、商标权、著作权收益，以及营业外收益等所得。

二、计税方法

$$所得税 = 应纳税所得额 \times 所得税税率 \qquad (4.7)$$

（一）应纳税所得额的计算

企业每一纳税年度（自公历1月1日起至12月31日止）的收入总额减除成本、费用及损失后的余额，为应纳税所得额。

对于不同的行业，企业的应纳税所得额采用不同的公式计算。由于本书讨论的内容属投资项目前期工作，并不是对实际经营活动的会计核算，因此对税法规定的应纳税所得额的计算公式可稍作简化处理，即不考虑销货退回和销货折让，不计库存的影响。

1. 生产型企业

$$应纳税所得额 = 产品销售利润 + 其他业务利润 + 营业外收入 - 营业外支出 \qquad (4.8)$$

式（4.8）中，

$$产品销售利润 = 产品销售收入 - 产品生产成本 - 税金及附加 \\ - （销售费用 + 管理费用 + 财务费用）$$

或

$$产品销售利润 = 产品销售收入 - 税金及附加 - 产品总成本$$

2. 服务型企业

$$应纳税所得额 = 业务收入净额 + 营业外收入 - 营业外支出 \quad (4.9)$$

式（4.9）中，

$$业务收入净额 = 业务收入总额 - (税金及附加 + 业务支出 \\ + 管理费用 + 财务费用)$$

需要提及的是，按照《中华人民共和国企业所得税法》（2008年）第二十六条第二项的税收优惠政策，居民企业在中国境内直接投资于其他居民企业取得的投资收益（股息、红利等权益性投资收益）为免税收入，不计入本企业应纳税所得额；但其上述投资所发生的费用和损失，也不得冲减本企业应纳税所得额。

在评价项目的投资效益时，无论什么行业，总成本都可采用经营成本、折旧、摊销及应偿还的借款利息四者之和来表示。因此，应纳税所得额的计算可按下面公式进行。

$$应纳税所得额 = 收入总额 - (经营成本 + 折旧 + 摊销 + 应偿还的借款利息) \quad (4.10)$$

按照税法及会计核算的规定，式（4.10）中的收入为不含增值税的收入。

在投资项目财务评价阶段，计算应纳税所得额时，下列各项不得列为成本和费用。

（1）固定资产的购置、建造支出。

（2）无形资产的受让、开发支出。

（3）资本的利息。

（4）各项所得税税款。

（5）支付给总机构的特许权使用费。

（6）与生产、经营业务无关的其他支出。

（二）所得税税率

企业所得税税率为25%，内资企业和外资企业税率一致。

国家需要重点扶持的高新技术企业的所得税率为15%，小型微利企业的所得税税率为20%。

三、几点说明

（1）纳税年度以企业开始获利之年起计。所谓的开始获利年度，是指企业开始生产经营后，第一个获得利润的纳税年度。对于享受所得税减免优惠的企业，企业于年度中间开业，当年获得利润而实际生产经营期不足6个月的，可以选择从下一年度起计算免征、减征企业所得税的期限；但企业当年获得的利润，应当依照税法规定缴纳所得税。

（2）如果企业经营初期发生年度亏损，可以用下一纳税年度的所得弥补；下一纳税年度的所得不足以弥补的，可以逐年结转弥补，但最长不得超过5年。在这种情况下，开始获利年度为弥补亏损后有利润的纳税年度。当开始获利年度超过了最长亏损弥补期（5年）时，则亏损弥补期后的第一年应视为开始获利年度。现以表4-3为例加以说明。

表 4-3　涉及所得税纳税的亏损弥补　　　　（单位：万元）

项目＼年度	1	2	3	4	5	6	7
利润	−15	2	2	2	2	2	2
当年亏损	−15	0	0	0	0	0	0
结转到下年度的亏损	−15	−13	−11	−9	−7	−5	0
应纳税所得额	0	0	0	0	0	0	2

在表4-3的案例中，投产后第1年亏损的15万元可用第2年至第6年共5年的利润去弥补，弥补的结果使得这5年企业仍然没有应纳税的所得。到了第7年，尽管第1年的亏损还没有全部弥补，但该15万元的亏损结转已满5年，不能再往下年度结转，不能冲销第7年的利润，故应把第7年视为该企业开始获利的年度。

（3）一般情况下，企业当年的利润有别于当年的应纳税所得额。原因是，在计算应纳税所得额时，要考虑上年度亏损的结转及不符合财务规定的成本、费用和损失的剔除。只有当从上年结转的亏损为0，以及企业发生的各项成本、费用及损失都符合国家有关财税规定时，才可把企业当年的利润视为其应纳税所得额。

四、所得税的优惠措施

（一）企业所得税法的规定

按照《中华人民共和国企业所得税法》(2017年)，所得税优惠措施包括以下内容。

1. 国家对重点扶持和鼓励发展的产业和项目，给予企业所得税优惠。

2. 企业的下列收入为免税收入。

（1）国债利息收入。

（2）符合条件的居民企业之间的股息、红利等权益性投资收益。

（3）在中国境内设立机构、场所的非居民企业从居民企业取得与该机构、场所有实际联系的股息和红利等权益性投资收益。

（4）符合条件的非营利组织的收入。

3. 企业的下列所得，可以免征、减征企业所得税。

（1）从事农、林、牧、渔业项目的所得。

（2）从事国家重点扶持的公共基础设施项目投资经营的所得。

（3）从事符合条件的环境保护、节能节水项目的所得。

（4）符合条件的技术转让所得。

4. 符合条件的小型微利企业，减按20%的税率征收企业所得税。国家需要重点扶持的高新技术企业，减按15%的税率征收企业所得税。

5. 民族自治地方的自治机关，对本民族自治地方的企业应缴纳的企业所得税中属于地方分享的部分，可以决定减征或者免征。自治州、自治县决定减征或者免征的，须报省、自治区、直辖市人民政府批准。

6. 企业的下列支出，可以在计算应纳税所得额时加计扣除。

（1）开发新技术、新产品、新工艺发生的研究开发费用。

（2）安置残疾人员及国家鼓励安置的其他就业人员所支付的工资。

7. 创业投资企业从事国家需要重点扶持和鼓励的创业投资，可以按投资额的一定比例抵扣应纳税所得额。

8. 企业的固定资产由于技术进步等原因，确需加速折旧的，可以缩短折旧年限或者采取加速折旧的方法。

9. 企业综合利用资源，生产符合国家产业政策规定的产品所取得的收入，可以在计算应纳税所得额时减计收入。

10. 企业购置用于环境保护、节能节水、安全生产等专用设备的投资额，可以按一定比例实行税额抵免。

（二）与公共基础设施领域相关的所得税优惠

1. 项目经营期内的所得税优惠

按照财政部、国家税务总局《关于执行公共基础设施项目企业所得税优惠目录有关问题的通知》（财税〔2008〕46号，以下简称《公共基础设施项目企业所得税优惠目录》）和国家税务总局《关于实施国家重点扶持的公共基础设施项目企业所得税优惠问题的通知》（国税发〔2009〕80号）的规定，投资企业从事符合《公共基础设施项目企业所得税优惠目录》规定范围、条件和标准的港口码头、机场、铁路、公路、城市公共交通、电力、水利等公共基础设施项目，公共污水处理、公共垃圾处理、沼气综合开发利用、节能减排技术改造、海水淡化等环境保护、节能节水项目的所得，自该项目取得第一笔生产经营收入所属纳税年度起，第一年至第三年免征企业所得税，第四年至第六年减半征收企业所得税，即"三免三减半"。

2. 投资抵免企业所得税

按照财政部、税务总局、国家发展改革委公布的《环境保护专用设备企业所得税优惠目录》《节能节水专用设备企业所得税优惠目录》和财政部、税务总局、安监总局公布的《安全生产专用设备企业所得税优惠目录》的规定，企业购置并实际使用环境保护、节能节水、安全生产等专用设备的，该专用设备的投资额的10%可以从企业当年的应纳税额中抵免；当年不足抵免的，可以在以后五个纳税年度结转抵免。其中，专用设备投资额是指购买专用设备发票价税合计价格，但不包括按有关规定退还的增值税税款及设备运输、安装和调试等费用。当年应纳税额，是指企业当年的应纳税所得额乘以适用税率，扣除依照企业所得税法和国务院有关税收优惠规定及税收过渡优惠规定减征、免征税额后的余额。

但应注意以下三点。

（1）享受投资抵免企业所得税优惠的企业，应当实际购置并自身实际使用所购置的环境保护、节能节水、安全生产等专用设备；企业购置上述专用设备在五年内转让、出租的，应当停止享受企业所得税优惠，并补缴已经抵免的企业所得税税款。

（2）企业利用财政拨款购置专用设备的投资额，不得抵免企业应纳所得税税额。

（3）纳税人购进并实际使用规定目录范围内的专用设备并取得增值税专用发票的，其专用设备投资额不再包括增值税进项税额。企业购买专用设备取得普通发票的，其专用设备投资额为普通发票上注明的金额。

第五章
利润与利润分配

第一节 利 润

按照会计核算规定，由各类收入总和减去成本费用总和而得出的差额称为利润总额，由于这一差额是在计算缴纳所得税之前得出的，故又称为税前利润。在做投资项目的财务评价时，一般情况下，如果不考虑亏损弥补及纳税调整等因素，利润总额与应纳税所得额在数值上相等。例如，对生产型企业

利润总额 = 主营业务利润 + 其他业务利润 + 营业外收入 − 营业外支出 （5.1）

由利润总额减去所得税之后的差额为净利润，又称为税后利润，即

$$\text{净利润} = \text{利润总额} - \text{所得税} \tag{5.2}$$

净利润是由于项目经营而产生的可归属于项目投资人的权益增加。

除利润总额与净利润之外，在投资项目的财务评价中还经常会见到"息税前利润"和"息税折旧摊销前利润"这样的说法。

息税前利润（earnings before interest and tax，EBIT）通俗地说就是不扣除利息也不扣除所得税的利润，即

$$\begin{aligned}\text{息税前利润} &= \text{利润总额} + \text{利息支出} \\ &= \text{净利润} + \text{利息支出} + \text{所得税}\end{aligned} \tag{5.3}$$

息税前利润是企业在支付利息费用之前的利润，它与企业支付利息费用的能力密切相关。企业在借款偿还期内的息税前利润与当期应付利息的比值即为利息备付率，它从付息资金来源的充裕性角度反映项目对偿付债务利息的保障程度。

$$利息备付率 = \frac{息税前利润}{应付利息} \qquad (5.4)$$

息税折旧摊销前利润（earnings before interest, tax, depreciation and amortization, EBITDA）是扣除利息、所得税、折旧、摊销之前的利润，其计算公式为

$$息税折旧摊销前利润 = 净利润 + 利息支出 + 所得税 + 折旧 + 摊销$$
$$= 息税前利润 + 折旧 + 摊销 \qquad (5.5)$$

由式（5.5）得

$$息税折旧摊销前利润 - 所得税 = 净利润 + 利息支出 + 折旧 + 摊销$$

在企业的借款偿还期内，从息税折旧摊销前利润中扣除所得税之后的剩余，即为当期可用于还本付息的资金。该项资金与当期应还本付息金额的比值，就表示了以当期可还本付息资金偿还借款本息的保障程度，称为偿债备付率。

$$偿债备付率 = \frac{息税折旧摊销前利润 - 所得税}{应还本付息金额} \qquad (5.6)$$

利息备付率和偿债备付率是衡量企业偿债能力的重要指标。在我国，一般要求利息备付率不低于2，偿债备付率不低于1.3。

第二节 常规的利润分配程序

根据《中华人民共和国公司法》等有关法规的规定，企业当年实现的净利润，一般应按照下列内容、顺序和金额进行分配。

1. 计算可供分配的利润

将本年净利润（或亏损）与年初未分配利润（或亏损）合并，计算出可供分配的利润。如果可供分配的利润为负数（即累计亏损），则不能进行后续分配；如果可供分配利润为正数（即本年累计盈利），则可进行后续分配。

2. 提取法定盈余公积金

在不存在年初累计亏损的前提下，法定盈余公积金按照税后净利润的10%提取。法定盈余公积金已达注册资本的50%时可不再提取。

提取的法定盈余公积金可用于弥补以前年度亏损或转增资本金，但转增资本

金后留存的法定盈余公积金不得低于注册资本的 25%。

3. 提取任意盈余公积金

任意盈余公积金计提标准由股东大会确定。

如确因需要,经股东大会同意后,所提取的任意盈余公积金也可用于分配。

4. 向股东(投资者)支付股利(分配利润)

企业以前年度未分配的利润,可以并入本年度分配。

公司股东会或董事会违反上述利润分配顺序,在弥补亏损和提取法定公积金之前向股东分配利润的,必须将违反规定发放的利润退还公司。

需要说明的是,对于外商投资企业,从税后利润中提取的是 3 项基金,即企业储备基金、企业发展基金和职工奖励及福利基金。在提取 3 项基金之后,才能向股东分配利润。

在投资项目的财务评价中,利润与利润分配表的基本形式见附录 1 中的附表 1.2。

第六章
财务评价的基础数据系统及相互关系

第一节　数据收集、整理和使用的注意事项

投资项目财务评价涉及的基础数据共有六类，分别为：投资、筹资、收入、成本、税金和利润分配。在进行基础数据的收集、预测、整理和使用时应注意以下事项。

（1）在进行投资项目财务评价时，一般不计通货膨胀，以不变价格（即采用开展项目评价工作当年的货币计算的价格）计算涉及的各类数据，来表示测算期内项目相关各类数据的金额大小。至于通货膨胀的影响，可通过敏感性分析简单估计。关于考虑通货膨胀对投资项目财务评价的影响，可参阅本书第十九章。

（2）项目投产后，项目的市场开发和生产经营管理达到预定目标需要一个过程。因此，在有关产（销）量的设定、物料及能源的单耗标准选取方面应该留有余地。

（3）对各项收入与支出，其计算的空间和时间参照点应一致。比如，销售收入按出厂价计算，各项费用支出就应按到厂价计算；时间上，假设收入与支出均发生在各年的年末。

（4）成本与效益应一一对应。这意味着，没有不发生成本的效益，也没有不产生效益的成本。

（5）对各类基础数据的选择应留有余地。对暂不落实而需要假设的数据，在做假设时应偏保守，而且要继续进行研究加以确定。

（6）基础数据的择取与调整，应符合国家有关规定和客观实际。预测数据应力求科学、合理，切忌主观臆断。

第二节　基础数据间的关系

本章讲述的六类基础数据，按有关规定，可组成一个数据系统，如图 6-1 所示。此图一目了然地把基础数据之间的关系及项目资金投入与产出的关系全盘托出。运用这张图，不仅可以很容易看出基础数据之间的关系，而且对于投资项目的决策与谈判有指导作用，好比为下棋的双方提供了博弈的棋盘，有助于制定决策的策略，提高决策的效率。

为了让读者看懂图 6-1，先介绍三种基本符号。

第一种符号：

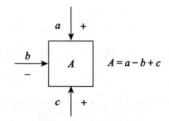

方框内所示数量等于方框外箭头所指的各量的代数和。

例如，

第二种符号：

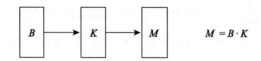

M 所示数量等于 B 和 K 所示数量的乘数积。例如，

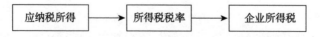

企业所得税 = 应纳税所得 × 所得税税率

第三种符号：

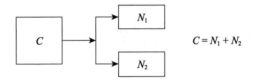

$C = N_1 + N_2$

C 所示数量等于 N_1 和 N_2 所示数量的代数和。例如，

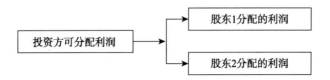

投资方可分配利润 = 股东 1 分配的利润 + 股东 2 分配的利润

利用上述符号，投资项目财务评价的基础数据系统如图 6-1 所示。

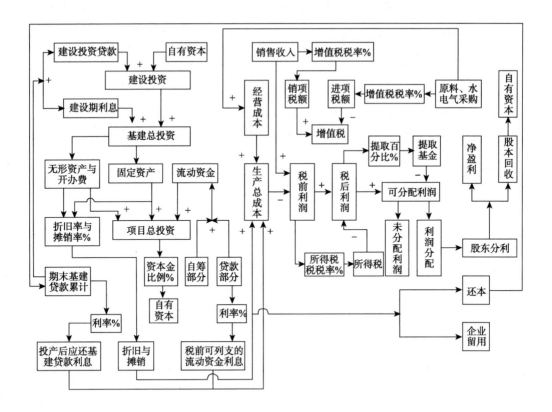

图 6-1　基础数据系统图

第七章
投资分析财务报表的编制

为了预测投资项目的财务状况，计算投资决策所需要的各项指标，必须把本篇前几章所述的各类基本数据按一定的模式加工处理。本章讨论的财务报表，就是加工处理这些基本数据的模式。

在投资项目财务评价中要编制的主要财务报表通常有四类，即利润与利润分配表、财务计划现金流量表、资产负债表和进行投资效益分析的现金流量表。其中，投资效益分析的现金流量表又根据所关注的对象不同而分为项目投资现金流量表、项目资本金现金流量表和投资各方现金流量表。按编制的顺序，利润与利润分配表居首，是其他各类财务报表编制的基础。

在财务报表编制的期限方面，利润与利润分配表主要覆盖生产经营期，其他各类报表则应覆盖建设期和生产经营期。建设期以预计的项目建设年限为准；而生产经营期，对于工业项目而言，应参照固定资产折旧年限，一般取 15 年至 20 年为宜。因为期限选择越长，不确定性因素的影响越大。而且由于使用折现法，时间越长，净现金流量的现值越小，对项目评价指标的影响也越小。对于 PPP 项目，财务报表编制的期限应包括项目公司的整个存续期，即建设期加经营期。

目前，国内进行投资项目财务评价的权威性指导文件为国家发展改革委和原建设部于 2006 年发布的《建设项目经济评价方法与参数》（第三版）。该文件全面、系统地规定了进行常规投资项目经济评价的基本参数、基本方法、评价模型（财务报表）及评价指标。

需要特别说明的是，《建设项目经济评价方法与参数》（第三版）发布于 2006

年。按照当时税法的相关规定,增值税对项目的投资效益分析不会产生影响,因此,增值税不应出现在反映投资效益的几类现金流量表中。但在"营改增"实施之后,增值税对项目财务评价中现金流量表的影响却发生了很大变化。鉴于《建设项目经济评价方法与参数》(第三版)是国家发展改革委和原建设部正式发布的规范性文件,在"营改增"实施之后相关部门并没有宣布对该文件进行修改,因此该文件仍然具有权威性。本章前几节仍以《建设项目经济评价方法与参数》(第三版)中的相关规定为基础进行讨论,在本章第六节中则较深入地讨论了"营改增"对投资项目财务评价的影响,以及"营改增"之后在进行投资项目财务评价时建议采用的现金流计算模型。

本章介绍的是投资项目财务评价中几类主要报表及其编制方法。在编制这些基本报表之前,尚需完成若干辅助报表的编制,例如投资、筹资、收入、成本、税金等相关计算表,其格式与基本构成见附录2。

第一节 利润与利润分配表

一、利润与利润分配表的作用

(1)利润与利润分配表是对已知的基本数据进行加工,从而得到企业的利润总额、应缴纳的各种税金、应提取的各类基金、可供分配的利润、投资各方实分利润及未分配利润。

(2)反映各个时期的盈利或亏损状况,据此可评价企业的经营成果。

(3)为其他各类财务报表的编制打下基础。

(4)作为投资各方进行利润分配谈判的基础之一。

二、利润与利润分配表的编制

在投资项目财务评价中,利润与利润分配表的格式与内容可参照附录1中的附表1.2,其各计算项目的数据来源见表7-1中说明。

三、几点说明

(1)内资企业以当年净利润为基数提取法定盈余公积金;外商投资项目按有关规定提取三项基金,即储备基金、企业发展基金、职工奖励和福利基金。对于

表 7-1　利润与利润分配表

序号	项目	生产经营期			数据来源
		1	……	n	
1	营业收入				不含税销售收入
2	税金及附加				消费税、城市维护建设税、资源税、教育费附加及房产税、土地使用税、车船使用税、印花税等
3	总成本费用				由总成本计算表调入
4	补贴收入				按实际发生
5	利润总额				（1-2-3+4）
6	弥补以前年度亏损				当本期利润总额为正时，可弥补此前 5 年累计的未弥补亏损
7	应纳税所得额				（5-6）
8	所得税				当应纳税所得额为正时，（7）×所得税税率
9	净利润				（5-8）
10	期初未分配利润				前一期期末的未分配利润
11	可供分配的利润				（9+10）
12	提取法定盈余公积金				（9）× 提取比例，当提取总额达注册资本 50%时不再提取
13	可供投资者分配的利润				（11-12）
14	应付优先股股利				若有，则按约定支付
15	提取任意盈余公积金				根据股东意见提取
16	应付普通股股利				（13-14-15）
17	各投资方利润分配				按股东会决议分配
	其中：××方				
	××方				
18	未分配利润				（13-14-15-17）
19	息税前利润				（利润总额+利息支出）
20	息税折旧摊销前利润				（息税前利润+折旧+摊销）

外商投资项目，由表 7-1 中第 11 项可供分配的利润减去储备基金、职工奖励与福利基金和企业发展基金（外商独资项目可不计提企业发展基金）后，得出第 13 项可供投资者分配的利润。

（2）按照会计核算规定，增值税是价外税，企业销售货物或应税行为时收取的销项税及购进货物或劳务时支付的进项税，无论其数额大小均不影响企业的当期利润,也就是说,利润表中的收入是不含税收入,成本也为不含税成本。但是,当采用含增值税的价格计算销售收入和原材料、燃料动力成本时,利润和利润分配表中应单列增值税一项,并应予以特别说明。

(3)消费税、城市维护建设税、资源税、教育费附加及房产税、土地使用税、车船使用税、印花税等均包含于"税金及附加"中。

(4)在投资项目财务评价中,当编制利润与利润分配表时,假定当期销售收入均在当期实现现金流入,当期成本费用均在当期发生现金流出,即不考虑实际经营中可能存在的应收账款与应付账款。

(5)在编制利润与利润分配表时,应注意资本支出与成本费用的界限。所谓资本支出,是指其效益跨越两个以上会计年度的支出,支出时视作所形成资产的成本,而后在其效益所及的各个会计年度,分期通过计提折旧或摊销转为费用(如固定资产折旧、无形资产摊销等);所谓成本费用,是指其效益只及于本会计年度的各项支出,在发生时记作当期的费用。资本支出与成本费用的混淆,会歪曲所核算年度的会计盈亏。

(6)利润总额并不等于应纳税所得额。

在投资项目财务评价的分析计算中,

$$应纳税所得额 = 利润总额 - 弥补以前年度亏损 \quad (7.1)$$

在实际经营中,

$$应纳税所得额 = 利润总额 + 不能计列为费用的项目 - 弥补以前年度亏损 \quad (7.2)$$

(7)为了简便,假设原料、在产品和产成品库存的逐年变化为0。

(8)对于外商投资企业,年末未分配利润、储备基金和企业发展基金是保留在企业的,但属于投资各方的权益,年末未分配利润的分配由董事会决定,后两项基金在合营期满或终止清算时,按合资各方的出资比例分配。这些会计核算科目是联系利润表和资产负债表的纽带,其对应的各期累计值,应填入资产负债表有关的栏目之中。

(9)对于PPP项目,各投资方的利润分配应按PPP项目合同的约定执行。

第二节 财务计划现金流量表

在较早的相关文件中,财务计划现金流量表曾以"财务平衡表""资金来源与运用表"等不同的名称及形式出现,在 2006 年国家发展改革委和建设部发布的《建设项目经济评价方法与参数》(第三版)中,"财务计划现金流量表"取代"资金来源与运用表"成为投资项目经济评价中的一张基本财务评价报表。无论是以何种名称与形式出现,该表都是投资项目财务评价中反映资金平衡关系的一张重要报表。

一、财务计划现金流量表的作用

(1)财务计划现金流量表与项目投资效益分析无关,它的主要作用在于揭示企业整体在计算期(建设期加经营期)内各年(在建设期内可能会细化到季度)的资金余缺,以保证企业投资建设及持续经营活动的正常进行。也就是说,财务计划现金流量表主要考察项目的财务生存能力。

(2)通过财务计划现金流量表的编制,可以清晰地表明企业资金的来源构成,以及资金运用的去向,这就为企业投资、筹资与经营决策提供了依据。例如,当发现经营期内某年企业有资金缺口时,则需考虑筹措短期借款;当企业出现较大数额的累计盈余资金时,则可考虑扩大再生产或增加股东分红等。

二、财务计划现金流量表的编制

与会计核算中编制的现金流量表类似,项目投资分析中的财务计划现金流量表也将企业的现金流按经营活动、投资活动和筹资活动划分,分别考察各类活动中现金流入与流出的构成情况,如表 7-2 所示。

表 7-2 中的大多数项目,例如营业收入、经营成本等具有与其他各计算表中相同的含义,此处不再赘述。但需要说明的是,按照国家关于会计核算和财税制度的相关规定,增值税属价外税,即企业的营业收入应为不含增值税的收入(另见本章第一节关于利润表的说明)。增值税虽然对企业的经营损益没有影响,且不计入营业收入,但它是企业实实在在的现金流之一,须在财务计划现金流量表中反映。因此,在经营活动的现金流入与现金流出中,将增值税销项税额与增值税进项税额分别作为单独的项目列示。

在投资项目财务评价中,财务计划现金流量表的格式与内容可参照附录 1 中附表 1.1.4,其各计算项目的数据来源见表 7-3 中说明。

表 7-2 企业三类业务活动中的现金流构成项目

企业的业务活动	现金流入			现金流出			某一时段的现金余缺	某一时点的累计现金余缺
	项目	小计	合计	项目	小计	合计		
经营活动	营业收入			经营成本				
	增值税销项税额			增值税进项税额				
	补贴收入			税金及附加				
	其他流入			增值税				
				所得税				
				其他流出				
投资活动	计算期末回收资产余值			建设投资				
				维持运营投资				
				流动资金				
				其他流出				
筹资活动	项目资本金投入			各种利息支出				
	建设投资借款			偿还债务本金				
	流动资金借款			股利分配				
	债券			其他流出				
	短期借款							
	其他流入							

表 7-3 财务计划现金流量表

序号	项目	计算期			数据来源
		1	……	n	
1	经营活动净现金流量				（1.1 - 1.2）
1.1	现金流入				
	营业收入				不含税销售收入，取自利润与利润分配表
	增值税销项税额				取自收入与税金估算表
	补贴收入				按实际发生，取自利润与利润分配表
	其他流入				若有，则按实际发生
1.2	现金流出				
	经营成本				取自总成本费用估算表
	增值税进项税额				建设期与经营期均会发生增值税进项税

续表

序号	项目	计算期			数据来源
		1	……	n	
	税金及附加				取自利润与利润分配表
	增值税				实际缴纳增值税
	所得税				实际缴纳所得税，取自利润与利润分配表
	其他流出				
2	投资活动净现金流量				（2.1－2.2）
2.1	现金流入				计算期末回收资产余值
2.2	现金流出				
	建设投资				按投资使用计划与资金筹措表相应项目数据填列
	维持运营投资				若有，则按实际发生
	流动资金				按流动资金估算表填列
	其他流出				若有，则按实际发生
3	筹资活动净现金流量				（3.1－3.2）
3.1	现金流入				
	项目资本金投入				取自投资使用计划与资金筹措表
	建设投资借款				取自借款还本付息计划表
	流动资金借款				取自投资使用计划与资金筹措表
	债券				若有，则按实际发生
	短期借款				若有，则按实际发生
	其他流入				若有，则按实际发生
3.2	现金流出				
	各种利息支出				取自总成本费用估算表
	偿还债务本金				取自借款还本付息计划表
	应付利润（股利分配）				取自利润与利润分配表
	其他流出				若有，则按实际发生
4	净现金流量				（1+2+3）
5	累计盈余资金				各期净现金流累计

三、几点说明

（1）财务计划现金流量表的计算期包括建设期与运营期。

（2）财务计划现金流量表主要考察项目的财务生存能力。财务可生存的最直接体现是各年累计盈余资金不应出现负值。在财务计划现金流量表中，某一时段

（年度、季度、月度等）的净现金流可以为负（即流出数大于流入数），但某一时点的累计盈余资金（该时间点上的现金余额数值为此前各时段净现金流的累计）不应该出现负数。出现负数则意味着当期资金发生短缺，项目无法维持下去，必须在当期筹措短期贷款加以弥补。这种短期贷款应在财务计划现金流量表内筹资活动的"短期借款"项下反映。

（3）财务计划现金流量表集中反映了项目净现金流的构成。项目的财务可持续性首先体现在有足够大的经营活动净现金流量。并且，项目经营期现金流的变化状况直接决定了还本付息的方式，债权人需要通过对项目未来净现金流的模拟、调整和确定贷款条件。

（4）财务计划现金流量表应反映实际发生的现金流入与流出。当建设期利息是以银行确认债权的方式予以"本金化"时，没有实际的现金流入与流出。

（5）财务计划现金流量表关注的是项目的资金来源与资金运用的平衡关系，无须顾及每笔资金的来源渠道。

（6）对于项目总投资额中的设备购置与不动产购建，在投资活动的现金流出项中应单列与设备购置及不动产购建所对应的增值税进项税额。

（7）通常，财务生存能力分析应结合偿债能力分析进行。

（8）可按年度、半年度、季度或月度考察现金的流入与流出，编制财务计划现金流量表。在大多数项目的可行性研究中，通常按年度来考虑资金的平衡。但是在项目建设期和投产初期，若按年度考虑资金平衡，容易掩盖短期内的资金缺口，从而忽略了短期贷款的筹措。比如，某年的上半年资金短缺 50 万元，下半年资金盈余 50 万元，在按年度考虑时，当年资金正好平衡；如果以半年为一期考虑，情况会发生变化，在短期贷款利率为 10% 时，当年资金仍然短缺 2.5 万元，其分析过程如表 7-4 所示。

表 7-4　现金流分析期长短对资金余缺的影响　　　　（单位：万元）

项目	上半年	下半年
当期盈亏	−50	50
短期贷款	50	0
短期贷款利息（10%）	0	2.5
偿还短期贷款	0	50
期末余额	0	−2.5

所以，对有些项目，尤其是建设投资数额较大的项目，投资分析人员会按月度或季度来编制财务计划现金流量表，详细地揭示资金平衡状况，未雨绸缪，提前安排项目建设所需要的资金以维持项目的现金流。

第三节　资产负债表

一、资产负债表的作用

（1）反映在预测期间的每一期末企业拥有的多种资产及产权归属的对照关系。

（2）提供企业在预测期间内的财务状况。

①企业所掌握的资源。

②企业负担的债务。

③企业的偿债能力。

④投资各方在企业中持有的权益。

⑤企业将来的财务趋向。

以上情况，为投资者和金融机构参与项目投资和贷款提供了决策的依据。

（3）由于资产负债表各项目中所使用的数据皆来自利润与利润分配表和财务计划现金流量表，而且始终存在"资产 = 负债 + 所有者权益"这一恒等式，因此可使用资产负债表来检验投资项目财务评价的全部计算是否正确。

二、资产负债表的编制

（一）编制的依据

资产负债表所反映的基本关系是：企业在任一时点所拥有的总资产数量必须与这些总资产的权益归属（即债权人的权益和投资人的权益）相对应。或者说，由债权人和股东通过初始投入及有效经营所提供的全部资本，在数量上应该等于由这些资本物化的各种资产总额，即存在下面的平衡式。

$$资产 = 负债 + 所有者权益 \tag{7.3}$$

（二）资产负债表中项目的分类和含义

1. 资产

资产分为流动资产、固定资产净值、无形资产及其他资产净值。

（1）流动资产。流动资产是指依照合理的估计，将在一年以内或在正常营业周期以内耗用或转变为现金及其他资产的项目，包括应收账款、存货（原材料、在产品、产成品）、库存现金及银行存款等。

（2）固定资产净值。固定资产净值是指固定资产原值扣除累计折旧额后的余值。

（3）无形资产及其他资产净值。这是指无形资产及其他资产原值扣除累计摊销额后的余值。

2. 负债

负债分为流动负债和长期负债。

（1）流动负债。流动负债是指那些将于下一营业期中偿付的各项债务，包括应付账款及长期负债中在短期（如一年）内须偿还的部分。

（2）长期负债。长期负债是指那些偿还期限较长（1年以上）的债务，包括建设投资借款及其他类似债务（如更新投资借款）。

3. 所有者权益

所有者权益系指投资各方的权益，它包括以下三部分。

（1）投资各方实缴的资本金。

（2）企业提取的盈余公积金（对于外商投资企业而言，则为储备基金和企业发展基金）。

（3）企业历年取得而未分配的利润。

（三）资产负债表的结构

根据需要，资产负债表的结构繁简不一。在投资前的财务评价中，预测的财务状况比实际经营所面临的财务状况要简单得多，因此，预测的资产负债表结构比较简单。在投资项目的财务评价中，资产负债表编制的格式见附录1中的附表1.3。

（四）编制资产负债表数据的来源

前面曾指出，利润与利润分配表和财务计划现金流量表都与资产负债表有关系。据此，可使用利润与利润分配表和财务计划现金流量表中所列的各项数据并稍做处理，即可填入资产负债表内相应的计算项目中。其他数据，可借助于流动资金估算表、固定资产折旧估算表、无形资产摊销估算表等获得。

需要注意的是，资产负债表中列示的应是"时点"值（余额），而利润与利润分配表、财务计划现金流量表等列示的是计算期内各"时段"（例如"年"）的发生额。对于存在对应关系的"余额"和"发生额"，必须满足以下关系。

$$第n期末的余额 = \sum_{i=1}^{n}(发生额)_i \tag{7.4}$$

现以附录1附表1.3资产负债表中所列项目为例，介绍各计算项目的数据来源，如表7-5所示。

表7-5 资产负债表

序号	项目	计算期			数据来源
		1	……	n	
1	资产				（1.1 + 1.2 + 1.3 + 1.4）
1.1	流动资产总额				
	货币资金				流动资金估算表中的现金、财务计划现金流量表中的累计盈余资金
	应收账款				流动资金估算表中的应收账款
	预付账款				在投资项目评价中一般不包含此项
	存货				流动资金估算表中的存货
	其他				
1.2	在建工程				财务计划现金流量表中的建设投资
1.3	固定资产净值				固定资产折旧估算表中的净值
1.4	无形及其他资产净值				无形资产摊销估算表中的净值
2	负债及所有者权益				（2.4 + 2.5）
2.1	流动负债总额				
	短期借款				财务计划现金流量表中的短期借款
	应付账款				流动资金估算表中的应付账款
	预收账款				在投资项目评价中一般不包含此项
	其他				
2.2	建设投资借款				财务计划现金流量表中的建设投资借款

续表

序号	项目	计算期			数据来源
		1	……	n	
2.3	流动资金借款				财务计划现金流量表中的流动资金借款
2.4	负债小计				（2.1+2.2+2.3）
2.5	所有者权益				
	资本金				财务计划现金流量表中的资本金投入
	资本公积				
	累计盈余公积金				利润与利润分配表中的提取法定盈余公积和任意盈余公积
	累计未分配利润				利润与利润分配表中的未分配利润

三、几点说明

（1）资产负债表往往是投资项目财务分析中最后形成的报表，在 Excel 电子表格形式的资产负债表中，各数据一般是通过勾稽关系从其他计算表中自动引用过来的。当在此之前的所有计算均逻辑合理且无差错时，"资产＝负债＋所有者权益"这一平衡关系将会自动满足。当该平衡关系不满足时，财务分析人员切不可人为地调整数据以使平衡关系满足，否则会掩盖计算错误，使财务评价结果不实。

（2）预测的资产负债表，概括地反映了项目未来各期末的财务状况。但是为了向与项目投资有关的各类决策机构提供简明而针对性强的信息，还需要对预测的资产负债表数据做进一步分析，通常采用比率分析法和趋势分析法。

比率分析法，是用同一期报表上的相关数据，求出它们之间的比率，据此评价项目的财务状况。例如，资产负债率、流动比率和速动比率等，都可基于资产负债表上的有关数据计算出来。可用预测的资产负债表数据计算的比率指标名目繁多，应根据使用者的需要来选择，不必面面俱到。

趋势法，是根据预测的资产负债表上有关项目金额或经加工得出的比率指标的时间序列，揭示预测期内项目财务状况的变化和趋势。实际上，还可借助统计图或曲线描述这一趋势，并且说明这一趋势形成的主要原因，判断这一趋势对项目是否有利。

（3）资产负债表无固定的模式，只要遵循"资产＝负债＋所有者权益"这一恒等式，读者即可按自己的需要对本书推荐的格式加以调整。

（4）特别需要说明的是，在《建设项目经济评价方法与参数》（第三版）所列示的资产负债表（见本书附录1附表1.3）中，流动负债中不包含"应交税金"项目。但是，在全面实施"营改增"后，价税分离，固定资产价值中不包含增值税进项税，建设期发生的增值税进项税需留在运营期抵扣，因此，资产负债表中的流动负债计算项目中应增加"应交税金"一项，反映留抵的增值税进项税额（负值）。如果忽视了"应交税金"项，则资产负债表无法平衡。

第四节　投资效益分析的现金流量表

一、投资效益分析现金流量表的分类

在投资项目财务评价中用到的投资效益分析现金流量表有如下三类。

（1）项目投资现金流量表（项目全投资现金流量表）。

（2）项目资本金现金流量表（项目自有资金现金流量表）。

（3）投资各方现金流量表（股东现金流量表）。

这3类现金流量表分别从不同的角度反映了不同研究对象的资金运动状况，它们之间的比较如表7-6所示。

表7-6　三类现金流量表的比较

序号	现金流量表	研究对象及主要作用
1	项目投资现金流量表	①以企业整体为研究对象，反映因进行项目投资所引起的以现金计量的企业总资产的增减变化 ②通过投资效益指标的计算，评价项目的投资价值
2	项目资本金现金流量表	①以企业股东整体为研究对象，反映因项目投资所引起的以现金计量的企业股东权益的增减变化 ②通过投资效益指标的计算，分析融资方案的优劣，帮助投资者决定对投资项目的取舍
3	投资各方现金流量表	①以企业各股东为研究对象，反映因项目投资所引起的各股东的投资收益情况 ②通过各投资方收益指标的计算，评价各方合作条件，平衡各方利益

在下文中，我们把重点放在讨论各类现金流量表是如何构成的，即现金流计算模型的结构。至于各现金流量表中各计算项目的数据来源，请参照上文对利润

与利润分配表、财务计划现金流量表、资产负债表的讨论。

二、项目投资现金流量表

1. 基本概念

在较早的相关文件中，项目投资现金流量表又称为"项目全投资现金流量表"。所谓"全投资"，是指项目所需总投资资金皆由投资者自己提供，企业未向金融机构贷款。有些外商又称此为100%的股本投资。比如，火力发电厂每千瓦的投资为8 000~10 000元，商品房每平方米造价为3 500元，都属全投资概念。

按现今的相关规定，项目全投资现金流量分析又称为融资前项目投资现金流量分析，是不考虑债务融资条件下进行的财务评价，即从项目投资总获利能力角度，考虑项目方案设计的合理性。

明确项目全投资概念及使用全投资的投资效益指标，有以下两个目的。

一是就项目论项目，排除资金筹措给项目投资效益带来的财务杠杆作用（改善投资效益），测算同一笔资金仅仅因投入的项目不同而使其获得的投资效益差异。据此，可比选项目，决定资金的投向。

二是把项目的盈利能力与未来将进行筹措的资金的成本相比较，以确定在使用外部资金进行投资且项目可行的前提下，项目可承受的银行贷款利率上限。

简而言之，全投资的各项效益指标，第一，用来比选项目，第二，用来决定筹措贷款的条件。

2. 项目全投资的现金流动状况

项目投资现金流量表是以企业整体作为研究对象，反映因项目投资所引起的以现金计量的企业总资产的增减变化，即通过企业在项目投资活动中投入的现金与收回的现金之间的比较，反映企业在该项目上的投资效益。

在不涉及债务融资的情况下，项目全投资的现金流动状况如图7-1所示。

项目投资的效益可以从项目"投入"与"产出"相比较的角度考虑。"投入"指的是企业对项目的投入，"产出"指的是企业从项目投资中获得的好处。从企业的角度来看对项目的投资，项目的"投入"与"产出"均可以用企业资源增减的数量来量化，而用来表示企业资源增减数量的量化指标就是现金流量。

从企业的角度，对评价投资项目而言，项目的"产出"就是发生的各类现金

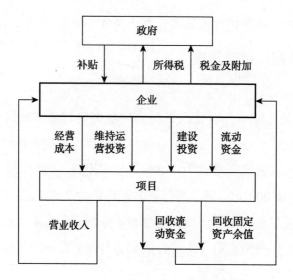

图 7-1 项目全投资的现金流动状况

流入（流入企业），包括项目生产经营期的营业收入及补贴收入，也包括项目结束清算时的固定资产余值及流动资金的回收，这些均导致企业资源的增加；项目的"投入"即为与"产出"对应（配比）的企业各类资源的消耗（减少），对评价投资项目而言，就是发生的各类现金流出（从企业流向项目，即对项目的投入）。此外，对项目的"投入"（企业的现金流出）既包括形成生产能力的投入（建设投资与流动资金），也包括在项目生产经营期的投入（经营成本、维持运营投资和各项税费等）。从"产出"（企业的现金流入）中减去"投入"（企业的现金流出），就得到企业进行项目建设的净现金流量（自由现金流量）。

由图 7-1 的现金流动状况可知，在项目全投资情况下，现金流入项包括营业收入（产品销售收入）、补贴收入、回收固定资产余值和回收流动资金；现金流出项包括建设投资、流动资金、经营成本、税金及附加和维持运营投资，构成项目全投资现金流量表的计算项目如表 7-7 所示。

将项目测算期内发生的现金流动，从企业资源增减的角度划分为流入项和流出项，并与其发生流动的时间对应排列，即可编制出项目投资现金流量表，其格式参见附录 1 中的附表 1.1.1。

3. 几点说明

（1）现金流量表项目中的"经营成本"又称为付现成本或现金成本，是总成本费用中以现金支付的部分。总成本中的折旧与摊销是将前期资本性支出以分期分摊的方式计入成本的部分，并不是经营期内实际的现金支出；此外，总成本中的贷款利息也属一种分期计提的费用，亦不属于经营成本，即，经营成本＝总成本－折旧－摊销－利息费用，另见本书第三章。

（2）项目全投资分析即项目融资前分析，它排除了融资方案变化的影响，单纯从投资项目总获利能力的角度，考察项目方案设计的合理性。由于不涉及融资，表中的"调整所得税"是以息税前利润（利润总额＋利息支出）为基数计算的所得税，区别于"利润与利润分配表""项目资本金现金流量表"和"财务计划现金流量表"中的所得税。

表 7-7　项目全投资现金流量表构成项目

序号	项目
1	现金流入
1.1	营业收入
1.2	补贴收入
1.3	回收固定资产余值
1.4	回收流动资金
2	现金流出
2.1	建设投资
2.2	流动资金
2.3	经营成本
2.4	税金及附加
2.5	维持运营投资
3	所得税前净现金流量（1－2）
4	调整所得税
5	所得税后净现金流量（3－4）

（3）根据项目投资现金流量表中所得税前与所得税后的净现金流量，可计算所得税前与所得税后的项目投资财务内部收益率（全投资财务内部收益率）、项目投资财务净现值和项目投资回收期等项目投资效益指标。见本书附录1中附表1.1.1。

（4）在项目全投资现金流分析的六个投资效益指标中，常用的为税前项目投资财务内部收益率（税前 IRR），它与项目融资决策具有对应性。当税前 IRR 大于贷款利率时，项目公司筹措的银行贷款将发挥杠杆效应，使公司股东的资本金收益率提高。此外，附录1中附表1.1.1的投资回收期实为返本期，见本书第一章第四节的讨论。

（5）对于适用增值税的经营性项目，除营业收入外，其可得到的增值税返还也应作为补贴收入计入财务效益。

（6）对适用增值税的项目，生产经营期内投入和产出的估算表格中应采用不含增值税的价格；若采用含增值税的价格，应予以说明并调整相关表格。

（7）当经营期内发生固定资产更新改造支出时，应将其在"维持运营投资"项中反映，或在现金流出中单设"固定资产更新改造投资"这一资本性支出项。

（8）按照财会制度的相关规定，企业完整的现金流量是由经营活动现金流量、投资活动现金流量和筹资活动现金流量三部分构成的。在项目全投资现金流量分析中，由于不考虑银行贷款等债务性筹资活动，企业经营与投资活动所需的全部资金均由股东的自有资金提供。当把股东的权益性筹资活动考虑在内时，企业的项目全投资现金流动情况的另一描述形式如图7-2所示。

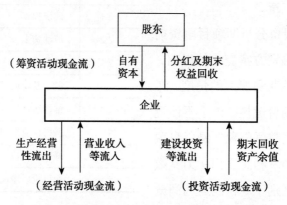

图 7-2　项目全投资现金流动状况的另一表述形式

由于本书讨论的是新建项目，进行项目投资的企业是新建的项目公司，因此，投资活动的现金流出为建设投资和流动资金，投资活动的现金流入仅为期末回收资产余值。表7-3中所列项目计算得出的净现金流量，反映的仅仅是企业经营活动与投资活动的净现金流量，而没有包含企业从股东处获得资金的筹资活动现金流。

由于股东是企业的所有者，站在股东的角度看，可以认为"企业"是股东进行项目投资建设和运营的一个"平台"。企业从经营活动和投资活动中获得的所有现金流入，最终都应归属于股东；而经营活动和投资活动中发生的所有现金流出，最终都应由股东承担。因此，在按"投入"与"产出"相比较来分析投资效益时，根据净现金流的归属性，由表7-3所列项目计算得出的所得税后企业净现金流量，也就应是股东自有资金的净现金流量，即

$$\text{全投资时资本金净现金流量} = \text{企业经营活动净现金流量} + \text{企业投资活动净现金流量} \quad (7.5)$$

换言之，根据项目投资现金流量表计算得出的所得税后项目投资财务内部收益率，也应该是全投资时资本金财务内部收益率。

（9）需要特别说明的是，以上介绍的项目投资现金流量表的构成项目（表7-7），完全是基于《建设项目经济评价方法与参数》（第三版）的相关规定，该文件发布于2006年。按照当时税法的相关规定，增值税对项目投资现金流分析不会产生影响。但在"营改增"实施之后，增值税对项目财务评价中现金流量表的影响却发生了很大变化。详见本章第六节讨论。

三、项目资本金现金流量表

1. 项目自有资本投资的概念

基于项目全投资效益的分析结果，初步选好项目后，企业为提高股东投资效益，减少股东投资风险，通常由股东自己筹措一部分资金（自有资本），其余资金则以企业名义向银行筹措。这部分由股东自己筹措的自有资本即项目的资本金。若向银行筹措到的资金的贷款利息率低于项目全投资财务内部收益率（税前），则借助债务资金的财务杠杆作用，可使企业自有的这一部分资金（资本金）的投资收益率得以提高。

2. 自有资本投资的现金流动状况

自有资本是投资者作为股本（资本金）投入企业的自有资金。如果说项目投资现金流量表是以企业整体为研究对象，反映因进行项目投资所引起的以现金流计量的企业总资产的增减变化，那么，项目资本金现金流量表则是以企业股东为研究对象，反映因项目投资所引起的以现金流计量的企业股东权益的增减变化，即通过企业股东投出的现金与收回的现金之间的比较，反映自有资本的投资效益。

当企业存在银行贷款等债务性筹资活动时，企业的现金流动状况应如图7-3所示。

同样，由于股东是企业的所有者，站在股东的角度看，将"企业"看作进行项目投资建设和运营的一个"平台"，那么，在进行投资效益分析时，按照净现金流的归属性，凡是流入企业的现金（除股东的投入之外），均可归入股东的现金流入；凡是从企业流出的现金（对股东的分红除外），均可归入股东的现金流

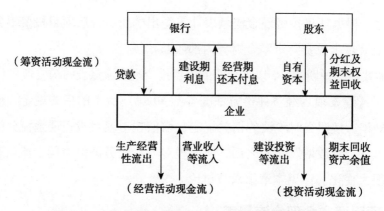

图 7-3　存在债务性筹资活动时企业的现金流动状况

出。因此,在存在银行贷款等债务性资金时,股东的净现金流量的计算方式如下。

股东净现金流量 = 企业经营活动净现金流量 + 企业投资活动净现金流量

　　+ 银行贷款 − 建设期利息 − 经营期还本付息　　　　（7.6）

按以上分析思路,在表 7-7 所列的现金流量计算项目中,在现金流入部分补充银行贷款项,在现金流出部分补充建设期利息和经营期还本付息项,就应是反映自有资本投资效益的项目资本金现金流量表计算项目,如表 7-8 所示。

但是,这样得出的现金流量表没有明确显示出股东对企业的投入,不符合被研究对象(企业股东)的视角,在现金流出项中却出现了构成总投资的"建设投资""建设期利息"和"流动资金"三项。由于从数量关系上看,根据建设期内的资金平衡关系,"建设投资""建设期利息"和"流动资金"三项之和等于股东自有资金投入(项目资本金)加建设期银行贷款(见本书附录 2 中的附表 2.5 项目总投资使用计划与资金筹措表),因此,将现金流出中的"建设投资"

表 7-8　项目资本金现金流量表的原始构成项目

序号	项目
1	现金流入
1.1	营业收入
1.2	补贴收入
1.3	回收固定资产余值
1.4	回收流动资金
1.5	银行贷款
2	现金流出
2.1	建设投资
2.2	建设期利息
2.3	流动资金
2.4	经营成本
2.5	税金及附加
2.6	借款本金偿还
2.7	借款利息支付
2.8	所得税
2.9	维持运营投资
3	所得税后净现金流量(1−2)

"建设期利息"和"流动资金"三项以"项目资本金"和"银行贷款"替换，并将同时出现在现金流入与流出中的"银行贷款"项抵消，则可得到反映资本金投资效益的现金流量表。构成项目资本金现金流量表的计算项目如表7-9所示。

在以上形式的现金流量表中，现金流入的内容和数额与"项目全投资"情况完全相同。站在企业所有者（股东）的角度看，流出的现金包括自有资金（用于资本性支出和流动资金）、经营中的付现成本（经营成本），以及向国家和债权人的支付（交所得税与偿还借款本息）。所得的净现金流就应归属于全体股东，这些净现金流包括已分配和未分配的利润、盈余公积等所有者权益的增加，以及折旧摊销等未付现的成本费用。

表 7-9　项目资本金现金流量表构成项目

序号	项目
1	现金流入
1.1	营业收入
1.2	补贴收入
1.3	回收固定资产余值
1.4	回收流动资金
2	现金流出
2.1	项目资本金
2.2	借款本金偿还
2.3	借款利息支付
2.4	经营成本
2.5	税金及附加
2.6	所得税
2.7	维持运营投资
3	净现金流量（1－2）

当企业自有资本的比例上升到 100% 时，则银行不参与项目，上面的现金流量表中不出现借款与还本付息项，此时的现金流动状况与全投资的完全一样。

将项目测算期内发生的现金流动，从企业股东现金增减的角度划分为流入项和流出项，并将其与发生流动的时间对应排列，即可编制出项目资本金现金流量表，其格式参见附录1中的附表1.1.2。

3. 几点说明

（1）现金流量表中，折旧与摊销不应该出现，因为它们并不直接参与现金流动，但它们通过应纳税所得额来影响项目的现金流状况。

（2）项目资本金包括用于建设投资、建设期利息和铺底流动资金的现金。

（3）对外商投资企业，现金流出中应增加实际支用的职工奖励及福利基金(属企业的负债)。

（4）项目资本金现金流量分析是从企业股东整体的角度，考察项目给企业股东带来的收益情况。它是在拟订的融资方案基础上进行的息税后分析。

（5）根据资本金现金流量表得出的计算期内各年的净现金流量，可计算反映企业股东投资收益水平的"资本金财务内部收益率"。这一指标是从企业股东的角度，依据投入产出的比较，来评价项目好坏的基础。

（6）如果项目资本金财务内部收益率高于企业股东的最低可接受收益率，则该项目对投资者具有吸引力，否则投资者会放弃对该项目的投资。

（7）最低可接受收益率的确定，主要取决于当时的资本收益水平及投资者对权益资金收益的要求，还与资金机会成本和投资者对风险的态度有关。

（8）需要特别予以说明的是，对于部分投资项目，在生产经营期内的前几年，由于生产能力尚未达到设计生产能力（或销售收入未达到项目达产期的预计销售收入），可能会出现暂时的资金短缺。为维持企业的持续经营，往往需要筹措短期借款来弥补资金缺口（见附录 1 附表 1.1.4 财务计划现金流量表中的"筹资活动净现金流量"项目）。这种短期借款的期限往往为 1 年，在借款发生的次年就须还本付息。当生产经营期内发生这种短期借款时，其借款的发生（现金流入）与次年的还本付息（现金流出）也应在项目资本金现金流量表中反映。但是，考虑到这种短期借款的金额一般不会很大，在短期借款的利率与资本金财务内部收益率之间相差也不特别大的情况下，如果在以上资本金现金流量表的计算项目中忽略与短期借款相关的现金流入与还本付息，那么这种处理方法对根据资本金现金流量表计算出来的资本金财务内部收益率的影响可忽略不计。

（9）一般来说，企业生产经营所需的流动资金数额是随生产规模的扩大而增加的。如果在建设期结束时企业的实际生产能力未达到设计生产能力（达产率不足 100%），那么通常在生产经营期的前几年，随着达产率的提高，所需的流动资金数额也会逐年增加，即在这些年份中会有新增流动资金发生。当在建设期之后的各年还有新增流动资金发生时，在表 7-9 的现金流出中还应增加"流动资金"项，以反映生产经营期内各年所发生的新增流动资金。

（10）当经营期内发生固定资产更新改造支出时，应将其在"维持运营投资"项中反映，或在现金流出中单设"固定资产更新改造投资"这一资本性支出项。

（11）表 7-9 现金流出项中的"项目资本金"应理解为在计算期内发生的全部股东自有资金。当由于固定资产更新改造等原因导致生产经营期内出现股东投入资金的情况时，这部分新投入的自有资金也应计入"项目资本金"项内。

（12）"营改增"之后的项目资本金现金流量表的构成项目见本章第六节的讨论。

四、投资各方现金流量表

1. 股东各方投资效益的提出

企业的自有资本，一般是投资各方股东的出资之和。据此，有人认为资本金财务内部收益率就是投资各方股东的投资收益率，可以不再另行计算。这种观点不完全正确，其原因在于，企业作为法人，不等于投资各方的简单集合。项目的投资各方，在财政税收方面所处的地位，不同于企业作为法人所处的地位，其所要遵循的法规不同。另外，投资各方除股本以外的其他投入可能不完全相同，分红及分红以外的其他所得也可能有区别。项目资本金投资的效益好，为投资各方出资获得好的投资效益打下了基础，但不完全等同，这两者之间要受到投资环境，尤其是软环境的制约。此外，投资者是否参与投资，不仅要看项目本身的投资效益，更要考察在投资环境影响下自己出资的投资效益（包括来自项目本身和与项目有关业务的效益）和投资回收。例如，在某些国家，对外来投资者获得的分红，其汇出的外汇数量往往会予以限制。

在不少投资项目中，各投资方所处的法人地位不同，根据公司章程各自所享有的权益也可能会有差异，因此有必要研究企业中各投资方出资的投资效益，编制各自出资的现金流量表。

2. 投资各方的现金流动状况

投资各方的现金流动状况相对比较简单。在项目投资中，当以某一投资方为研究对象时，从投资人的角度看，其现金流出包括实际缴付的出资资本金、可以现金计量的租赁资产支出，以及其他可能的现金流出；其现金流入则包括实际收到的利润分配、租赁费收入、技术转让或使用费收入，以及资产处置收益分配。因此，构成投资各方现金流量表的计算项目如表 7-10 所示。

将项目测算期内发生的现金流动，从企业各股东现金增减的角度划分为流入项和流出项，并将其与发生流动的时间对应排列，即可编制出投资各方现金流量表，其格式参见附录 1 中的附表 1.1.3。

3. 几点说明

（1）当投资各方不按股本比例进行分配或有其他不对等的收益时，需要进行投资各方现金流量分析。通常，只有投资者中的各方股东有股权之外的不对等的利益分配时[①]，投资各方的收益才会有差异。但是，即使投资各方的责权利对等，他们之间的收益无差异，在进行资本金现金流分析之后进行投资方的现金流分析也并非多余，详见下文第（7）点说明。

（2）投资各方现金流量表可按不同投资方分别编制，它以企业各股东为研究对象，反映因项目投资所引起的各股东的投

表 7-10　各投资方现金流量表构成项目

序号	项目
1	现金流入
1.1	实分利润
1.2	资产处置收益分配
1.3	租赁费收入
1.4	技术转让或使用收入
1.5	其他现金流入
2	现金流出
2.1	实缴资本
2.2	租赁资产支出
2.3	其他现金流出
3	净现金流量（1－2）

资收益情况；通过对各投资方收益指标的计算，可评价各方合作条件，平衡各方利益，是投资方之间博弈的依据。

（3）根据投资各方现金流量表可计算投资各方财务内部收益率，该指标反映了各投资方进行股权投资的效益。

（4）投资各方现金流量表既适用于内资企业也适用于外商投资企业，既适用于合资企业也适用于合作企业。

（5）在投资各方现金流量表中，现金流入是指出资方因该项目的实施将实际获得的各种收入；现金流出是指出资方因该项目的实施将实际投入的各种支出。表中的计算项目应根据投资项目的具体情况调整。

（6）表中的"实分利润"是指投资者从项目中获取的利润分配；"资产处置收益分配"是指对有明确的合营期限或合资期限的项目，在期满时对资产余值按股权比例或约定比例的分配；"租赁费收入"是指出资方将自己的资产租赁给项目使用所获得的收入，此时应将资产价值作为现金流出，列为"租赁资产支出"

---

① 契约式的合作企业常会有这种情况，PPP项目中这种情况比较常见，政府的出资可能仅仅为了增强项目的可行性，同股不同权，政府股份可能不分红或者少分红。

项目;"技术转让或使用收入"是指出资方将专利或专有技术转让或允许项目使用所获得的收入。

（7）需要注意的是，在投资各方现金流量表中，现金流的计算起点是"实分利润"，现金流入中的"实分利润"数额取决于企业的股利分配政策。企业的股利分配政策并不完全受项目投资效益好坏的影响。如果企业平时分配的股利少，那么累计的未分配利润将在计算期结束、企业清算时一次性予以分配，其数值在表中的"资产处置收益分配"项下予以反映。因此，计算期内各年的净现金流量并不反映各投资方在企业内的权益增减。但在项目资本金现金流量表中，现金流的计算起点是"营业收入"，计算期内各年的净现金流量完全由企业经营效益好坏决定。因此，在项目资本金现金流量表中，计算期内各年的净现金流量就完全反映了企业内的股东权益增减。由于资金时间价值的影响，根据现金流量表中各年净现金流量计算出来的资本金财务内部收益率就可能大于各投资方财务内部收益率。相关算例见本章第七节。

（8）本节讨论的投资各方现金流量表，是针对"常规"投资项目的情况，投资各方股东的收益主要通过实分利润反映。对于本书中篇将要讨论的 PPP 项目财务评价，由于 PPP 项目中各股东的责权利划分与常规投资项目可能不完全相同，因此社会资本方股东的收益计算也将与常规投资项目不一样。也就是说，适于计算常规投资项目中各投资方投资效益的现金流量表（表 7-10），并不一定完全适用于计算 PPP 项目中社会资本方的投资效益。本书第十六章根据"鸟巢"案例的财务分析对此问题作了进一步讨论。

第五节　财务报表编制的相互依托关系

以上四类财务报表，即利润与利润分配表、财务计划现金流量表、资产负债表和投资效益分析现金流量表，它们的编制不仅相互依托，而且还要依靠若干辅助报表的支持。这些辅助报表如下。

（1）建设投资估算表（概算法），见附录 2 中的附表 2.1。

（2）建设期利息估算表，见附录 2 中的附表 2.3。

（3）流动资金估算表，见附录 2 中的附表 2.4。

（4）项目总投资使用计划与资金筹措表，见附录 2 中的附表 2.5。

（5）借款还本付息计划表，见附录1中的附表1.4。

（6）营业收入、税金及附加和增值税估算表，见附录2中的附表2.6。

（7）总成本费用估算表（生产要素法），见附录2中的附表2.7。

（8）外购原材料费估算表，见附录2中的附表2.7.1。

（9）外购燃料和动力费估算表，见附录2中的附表2.7.2。

（10）固定资产折旧费估算表，见附录2中的附表2.7.3。

（11）无形资产和其他资产摊销估算表，见附录2中的附表2.7.4。

（12）工资及福利费估算表，见附录2中的附表2.7.5。

本书附录1与附录2中所列各报表的内容与格式，均引自国家发展改革委、原建设部发布的《建设项目经济评价方法与参数》(第三版)。读者可根据具体建设投资项目的实际情况，按照研究的深度与数据的来源，对计算表中的相关计算项目进行增删或调整。

弄清这些辅助报表与主要报表相互的依托关系，有助于提高编制财务报表的效率。财务报表编制的依托关系如图7-4所示。

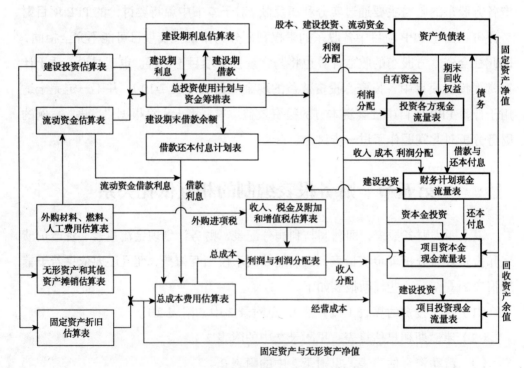

图7-4 财务报表编制的依托关系图

第六节 "营改增"对投资项目财务评价的影响

一、概述

近年来对投资项目财务评价影响最大的事项无疑是"营改增"。

投资项目的财务评价，是利用基于预测和分析得出的若干基础数据，运用相关部门发布的财务评价方法和分析模型，计算财务评价指标的过程。根据正确的基础数据和分析模型，我们才能对投资项目作出正确的评价。国家发改委和原建设部于 2006 年发布的《建设项目经济评价方法与参数》（第三版）一直是业界进行投资项目财务分析的准则性文件。但在该文件发布时，在投资与生产经营活动中执行的还是营业税。在全面实施"营改增"之后，相关权威部门还没有发布与现行税收政策相衔接的指导性文件。因此，业界还是以《建设项目经济评价方法与参数》（第三版）作为经济评价的指南。本书认为，在"营改增"之后，《建设项目经济评价方法与参数》（第三版）规定的基本原则和方法仍然必须遵守，但与财务评价密切相关的基础数据和分析模型不得不进行某些调整。

本节讨论"营改增"对投资项目财务评价的影响，下一节将以一个教学案例具体说明"营改增"后建议使用的财务分析模型。

（一）"营改增"对财务评价基础数据的影响

受"营改增"影响的基础数据主要是收入、成本、投资额，以及建设活动完成后的资产价值。

1. 收入与成本

在实行营业税的时期，营业税是价内税，我们所说的收入与成本都是含税的。实行增值税后，价税分离，增值税是价外税。对于收入与成本，我们必须区分它们是含税的还是不含税的。以收入为例，在含税收入、不含税收入及增值税之间有如下换算关系。

$$收入（含税） = 收入（不含税） + 增值税$$

$$增值税 = 收入（不含税） \times 增值税税率$$

$$收入（含税） = 收入（不含税） \times (1 + 增值税税率)$$

$$收入(不含税) = \frac{收入(含税)}{1 + 增值税税率}$$

$$增值税 = \frac{收入(含税)}{1+增值税税率} \times 增值税税率$$

含税成本与不含税成本之间的关系与收入的上述关系类似，不再一一列出。

2. 总投资与资产原值

在"营改增"实施之前，项目公司在项目建设期内的支出基本上可以分为两类：一类与营业税的征收有关，包括建筑安装工程支出和工程建设其他费用支出等；另一类与增值税的征收有关，即设备采购支出。由于营业税是价内税，并且在"营改增"之前，设备采购的增值税进项税按规定计入固定资产的初始成本（原值），因此，在项目建成之后，没有可以留待抵扣的增值税进项税，全部投资支出最终都转化成为建设所形成的固定资产或无形资产的初始成本。

在全面实施"营改增"之后，由于价税分离，项目公司的投资支出可分为两部分，一部分是不含税的工程建设支出，另一部分为增值税进项税。不含税的工程建设支出最终转化为建设所形成的固定资产或无形资产的初始成本，而增值税进项税则可按规定留待运营期内抵扣。由于有这种差异，所以"营改增"之后，项目建设总投资的构成发生了变化，项目建设所形成的资产原值（初始成本）也与以前大不相同。与此相关的是，项目财务分析的模型必须相应进行调整，以适应税制的变化。

本节下一段将讨论"营改增"之后项目建设投资额的变化；项目资产原值（初始成本）的变化对财务评价模型的影响将在本章第七节的案例中说明。

（二）"营改增"对财务评价模型的影响

《建设项目经济评价方法与参数》（第三版）中给出了在投资项目财务评价模型中用到的各类计算表的基本格式（计算项目），本书附录1与附录2列出了这些计算表。本段简要说明在"营改增"之后，这些计算表是否需要调整，以及如何调整。

1. 利润与利润分配表

按照财税制度的相关规定，增值税是价外税。在会计核算中也规定，计入利润表中的收入应是不含增值税销项税的收入。相应地，增值税进项税也不应计入购进货物的成本。因此，增值税对企业经营的损益没有影响，即在利润与利润分配表中不应出现增值税。《建设项目经济评价方法与参数》（第三版）中规定的利润与利润分配表无须调整。

2. 财务计划现金流量表

财务计划现金流量表主要用于分析项目的财务生存能力。增值税的发生与缴纳是企业在经营活动中一种实际发生的现金流动，因此，它会出现在"财务计划现金流量表"中。《建设项目经济评价方法与参数》（第三版）中规定的财务计划现金流量表中已包含增值税项目，无须调整。

3. 资产负债表

在"营改增"之后，由于实行价税分离，项目建设最终形成的资产中不包含增值税进项税，它们将在经营期内抵扣。为了反映这部分建设期形成的可以抵扣的增值税进项税，需要在资产负债表中流动负债部分增加"应交税金"一项。否则资产负债表不可能平衡。相关案例详见本章第七节。

4. 进行投资效益评价的现金流量表

虽然增值税对企业经营的损益没有影响，但在"营改增"实施之后，增值税对投资项目财务评价中现金流量表的影响却发生了很大变化。

在"营改增"实施之前，在投资项目的财务评价中，增值税不应出现在反映投资效益的几类现金流量表中。在《建设项目经济评价方法与参数》（第三版）中就是采用了这样的现金流计算模型。但《建设项目经济评价方法与参数》（第三版）并未严格将增值税排除在反映投资效益的现金流量表中，而是规定："对适用增值税的项目，运营期内投入和产出的估算表格可采用不含增值税价格；若采用含增值税价格，应予以说明，并调整相关表格。"

与项目投资效益分析有关的现金流量表有三类，分别是项目投资现金流量表、项目资本金现金流量表和投资各方现金流量表。其中，投资各方现金流量表主要与项目公司的利润分配有关，因此不受"营改增"的影响。但其他两类现金流量表的计算项目构成内容却受"营改增"的影响较大，本节后面专门列出一小节讲述在"营改增"之后，这两类现金流量表的计算项目应该如何进行调整。

5. 其他辅助计算表

由于价税分离，项目总投资使用计划与资金筹措表、收入与成本估算表等均须分别将含税金额分解为不含税金额与增值税两部分。由于这种分解比较简单，不赘述。

在"营改增"之后，与增值税有关的计算项目（进项税、销项税、缴纳增值税）出现在现金流量表之中。这些计算项目在《建设项目经济评价方法与参数》（第三版）的计算表中是没出现过的，因此也没有相应的辅助计算表来计算增值税的进、销、缴。此外，税金及附加是以实缴增值税为基数来计算的。如果要按照"营改增"之后的相关政策进行投资项目的财务评价，本书建议在财务分析模型中增设关于增值税和税金及附加的辅助计算表，以使计算工作更具条理性。该计算表可采用表 7-11 所示格式。

表 7-11 增值税、税金及附加估算表

序号	项目	1	2	……	备注
1	增值税销项税				取自"收入税金估算表"
2	增值税进项税				
2.1	建设期增值税进项税				取自"投资使用计划与资金筹措表"
2.2	运营期增值税进项税				取自"总成本估算表"
3	缴纳增值税				（销项税－进项税）
4	可抵扣进项税				未抵扣完的进项税
5	税金及附加				
5.1	城市维护建设税				取为缴纳增值税的 7%
5.2	教育费附加				取为缴纳增值税的 3%

（三）"营改增"对投资项目财务评价结果的影响

"营改增"实施前后，利润表中的收入与成本均不含增值税。但在"营改增"之后，由于价税分离，计入固定资产及/或无形资产的原值减少，相应地折旧与摊销数额也发生变化（减少），会使企业的经营期利润有所提高。

此外，如下文式（7.14）所示，在工程造价总额中计入了增值税进项税额，但建设期内一般没有增值税销项税额发生，因此，建设期内所形成的增值税进项税额只能留待在经营期内抵扣。对项目公司来说，从时间上看，增值税进项税的现金支出发生在前（建设期），而销项税的现金流入发生在后（经营期）。根据资金时间价值原理，这一时间差的存在，将会对项目投资的收益率产生影响。这种影响主要有以下特点。

（1）在正常情况下，由于这一资金流出与流入的时间差发生在建设期和运营期的前期（从建设期开始至建设期内的增值税进项税被抵扣完毕止，下面称为"建设投资进项税抵扣期"），当建设期的进项税被抵扣完之后，经营期内随后发生的销项税和进项税就不再存在时间差而几乎保持时间上的同步。当项目投资额越大时，建设期内积累的需抵扣的增值税进项税额（建设投资进项税）越大；当建设期越长时，开始抵扣进项税的时间就越靠后。因此，与"营改增"实施之前相比，建设期越长、建设投资额越大，"营改增"对投资项目财务评价结果的影响越显著。

（2）根据资金时间价值原理，在采用折现法计算净现值或内部收益率时，越早发生在计算期前期的现金流对计算结果的影响越大。因此，如果建设投资进项税的抵扣期越长，则表明这部分资金的回收时间越长，项目投资收益率所受影响就越大。

按照通常的想法，在"营改增"实施后，投资方的部分资金，在建设期被以增值税进项税的名义占用，在经营期开始后才能逐步以抵扣的方式收回。这种资金占用，影响了投资方的收益。但仔细分析后会发现，"营改增"对投资项目的影响并不全是负面的，在一定的情况下，"营改增"对项目投资收益率还可能产生正面的影响。其原因在于，在"营改增"实施之前，所有建设投入均被计入所形成资产的原值，通过资产的折旧及/或摊销，所投入的资金得以逐步回收。在"营改增"实施之后，除计入资产原值的资金仍通过折旧及/或摊销回收外，计入增值税进项税的投出资金将通过经营期内的增值税抵扣方式回收。当经营期内有较大数额的增值税销项税额发生时，通过抵扣方式回收这种资金（建设投资进项税）的周期（建设投资进项税抵扣期）可能短于通过折旧及/或摊销方式回收资金。在这种情况下，与"营改增"之前相比，"营改增"实施之后的项目投资收益率可能会有所提高。但是，如果经营期内发生的增值税销项税额不多，致使抵扣期拖得很长，则影响效果可能相反。

二、"营改增"后建筑安装工程造价的构成

通常，在项目可行性研究阶段，按照分类估算法，项目的建设投资构成内容包括：工程建设费用（含建筑工程费、设备购置和安装工程费）、工程建设其他费用、预备费等。以上三部分的合计又称为项目的工程造价。项目工程造价中，直接用于工程建造、设备购置及其安装的费用（包括建筑工程费、设备购置费和安装工程费）称为建筑安装工程造价，亦称工程费用。

按照住房城乡建设部办公厅《关于做好建筑业营改增建设工程计价依据调整

准备工作的通知》(建办标〔2016〕4号),在"营改增"之后,建筑安装工程造价可按以下公式计算①。

$$建筑安装工程造价 = 税前工程造价 \times (1 + 11\%) \quad (7.7)$$

其中,11%为建筑业拟征增值税税率(注:本段讨论中的增值税税率仍按"建办标〔2016〕4号"计列,见本页脚注,目前的增值税税率为9%);税前工程造价,为人工费、材料费、施工机具使用费、企业管理费、利润和规费之和,各费用项目均以不包含增值税可抵扣进项税额的价格计算。

按照住建部的这一通知精神,各地开展了工程造价概算的编制工作。以北京为例,2016年底,北京市住房和城乡建设委员会发布了《关于执行2016年〈北京市建设工程计价依据——概算定额〉有关规定的通知》(京建法〔2016〕20号),规定了建筑安装工程费用的组成、概算定额和计算程序。

例如,对房屋建筑与装饰工程,建设工程设计概算计算程序如表7-12所示。

表7-12 建设工程设计概算计算程序表

序号	费用名称		计算公式
1	人工费+材料费+施工机具使用费		按定额及有关规定计算
2	其中	人工费	按定额及有关规定计算
3		其他材料费+其他机具费	按定额及有关规定计算
4	调整费用		(3)×调整系数
5	零星工程费		〔(1)+(4)〕×系数
6	合计		(1)+(4)+(5)
7	企业管理费		(6)×费率
8	利润		〔(6)+(7)〕×7%
9	规费		(2)×20.25%
10	税金		〔(6)+(7)+(8)+(9)〕×11%
11	建筑安装工程费		(6)+(7)+(8)+(9)+(10)

表7-12中,

(1)"调整费用",是指其他材料费及其他机具费因价格波动调整的费用,按

---

① 2018年与2019年,财政部与国家税务总局连续两次调整了增值税税率。目前,建筑安装工程服务的增值税税率为9%(详见下文说明)。因此,式(7.7)、表7-23及本段各说明中的增值税税率11%应相应改为9%。

概算定额规定的费率标准计算。

（2）"零星工程费"，是指在初步设计阶段，由于图纸设计深度不足等原因发生的一些工程费用，以人工费、材料费、施工机具使用费及调整费用之和为基数，视图纸设计深度，按1%~3%计取。

（3）"企业管理费"，是指建筑安装企业组织施工生产和经营管理所需费用，依工程建设内容的不同，以人工费、材料费、施工机具使用费等为基础，按概算定额规定的费率标准计算。

（4）"利润"，是指按规定应计入建筑安装工程造价的利润。它是施工企业完成所承包工程获得的盈利，按相应的计取基础乘以计划利润率确定。计入建筑安装工程造价的利润，并不等同于施工企业在投标中报出的利润水平。投标报价中选定的利润率体现了企业的定价政策。

（5）"规费"，是指政府和有关权力部门规定必须缴纳的费用，包括：工程排污费、工程定额测定费、社会保障费、住房公积金、危险作业意外伤害保险等。

（6）"税金"，是指按国家税法规定，应计入建筑安装工程造价内的增值税销项税额（对业主单位来说，则为进项税）。

由表7-12列示的各项费用及其计算公式，就可以比较深入地了解建筑安装工程造价的构成内容。这对于讨论项目公司以外包或自建模式进行工程建设的现金流分析提供了基础。

表7-12中的各项费用可按直接费与间接费进一步区分，其中

直接费 = 人工费 + 材料费 + 施工机具使用费 + 调整费用 + 零星工程费　　（7.8）

间接费 = 规费 + 企业管理费　　（7.9）

于是，

利润 = （直接费 + 企业管理费）× 7% = （直接费 + 间接费 − 规费）× 7%　　（7.10）

税前工程造价 = 直接费 + 间接费 + 利润　　（7.11）

税金 = （直接费 + 间接费 + 利润）× 11%　　（7.12）

建筑安装工程费 = 税前工程造价 × （1 + 11%）　　（7.13）

需要特别说明的是，2018年4月，财政部与国家税务总局发出《关于调整增值税税率的通知》（财税〔2018〕32号），降低了增值税税率。2019年3月，财政部、税务总局和海关总署又联合发出《关于深化增值税改革有关政策的公告》

（财政部、税务总局、海关总署公告 2019 年第 39 号），再次降低增值税税率。与增值税税率的上述调整规定相衔接，2018 年 4 月与 2019 年 3 月，住建部办公厅分别发出《关于调整建设工程计价依据增值税税率的通知》（建办标〔2018〕20 号）和《关于重新调整建设工程计价依据增值税税率的通知》（建办标函〔2019〕193 号），连续调低了工程造价计价依据中的增值税税率。截至目前，建筑安装工程造价中的增值税税率为 9%。因此，上文中式（7.7）、式（7.12）、式（7.13）及表 7-12 中的增值税税率 11% 应相应改为 9%。在下文中，凡是涉及增值税税率的地方，我们均按新的增值税税率讲述，请读者注意。

在调整增值税率之后，建筑安装工程造价应按以下公式计算。

$$建筑安装工程造价 = 税前工程造价 \times (1 + 9\%) \tag{7.14}$$

三、"营改增"后建议采用的现金流计算模型

本书在进行投资项目的财务评价时，基本上采用了《建设项目经济评价方法与参数》（第三版）中规定的现金流计算模型。但《建设项目经济评价方法与参数》（第三版）发布于"营改增"全面实施之前的 2006 年，根据以上的讨论，在全面实行"营改增"之后，如果照搬《建设项目经济评价方法与参数》（第三版）中的相关现金流计算模型，将不能正确反映项目的投资效益。

为此，本书建议：在对投资项目进行财务评价时，应以《建设项目经济评价方法与参数》（第三版）中的财务模型为基础，根据"营改增"的相关政策规定对计算模型进行适当修正。具体说明如下。

（一）项目全投资现金流量表

《建设项目经济评价方法与参数》（第三版）中规定的项目全投资现金流量表见附录 1 中附表 1.1.1。为正确反映"营改增"实施之后的项目投资现金流，应按"价税分离"的原则，将增值税发生、抵扣、缴纳等的现金流计算项目补充进该计算表中，如表 7-13 所示。

与附录 1 附表 1.1.1 中的计算项目相比，表 7-13 中调整了以下计算项目。

（1）在现金流入部分，增加了"增值税销项税"计算项，用于列示因销售产品或提供服务所收取的增值税销项税额。

（2）在现金流出部分，增加了两项。

表 7-13 "营改增"实施之后的项目投资现金流量表

序号	项目	合计	计算期					
			1	2	3	4	……	n
1	现金流入							
1.1	营业收入（不含税）							
1.2	增值税销项税							
1.3	补贴收入							
1.4	回收固定资产余值							
1.5	回收流动资金							
2	现金流出							
2.1	建设投资（不含税）							
2.2	流动资金							
2.3	经营成本							
2.4	增值税进项税（建设期+经营期）							
2.5	缴纳增值税							
2.6	税金及附加							
2.7	维持运营投资							
3	所得税前净现金流量（1－2）							
4	累计所得税前净现金流量							
5	调整所得税							
6	所得税后净现金流量（3－5）							
7	累计所得税后净现金流量							

①"增值税进项税"计算项，用于列示建设期与经营期内，因建设投资和购买原材料等所发生的增值税进项税额。

②"缴纳增值税"计算项，用于列示在销项税减去进项税之后实际缴纳的增值税。

（3）表中的"建设投资（不含税）"，为不含增值税进项税的建设投资支出。在计算建设期增值税进项税时应注意。

①与设备采购相关的增值税税率为13%。

②在项目建设的实务中，建筑业一般纳税人适用税率为 9%；但清包工纳税人、甲供工程纳税人、建筑老项目纳税人可以选择适用简易计税方法，按 3%的

征收率简易征收，小规模纳税人适用征收率为 3%。

以清包工方式提供建筑服务，指施工方不采购建筑工程所需的材料或只采购辅助材料，并收取人工费、管理费或者其他费用的建筑服务。对于清包工方式的建筑服务，可以选择简易计税办法，即按照 3%的征收率计税，如果不选用简易计税，则按照 9%的税率计算缴纳增值税。

所谓甲供工程，指全部或部分设备、材料、动力由工程发包方自行采购的建筑工程。一般纳税人为甲供工程提供的建筑服务，可以选择适用简易计税方法计税。

建筑工程老项目，指《建筑工程施工许可证》注明的合同开工日期在 2016 年 4 月 30 日前的建筑工程项目；或未取得《建筑工程施工许可证》的，建筑工程承包合同注明的开工日期在 2016 年 4 月 30 日前的建筑工程项目。一般纳税人为建筑工程老项目提供的建筑服务，可以选择适用简易计税方法计税。

当纳税人选择采用简易计税方法，按 3%的征收率计算缴纳增值税时，应纳增值税税额计算公式为：应纳税额＝销售额×征收率，不得抵扣进项税额。不能抵扣的进项税计入项目建设成本。

对于投资项目的财务评价，在计算建设期增值税进项税时，本书建议均按住房和城乡建设部发布的规定测算，即按税前工程造价的 9%计取，见式（7.14）。

（二）项目资本金现金流量表

仿照本章第四节关于项目资本金现金流量表的讨论，对表 7-13 的计算项目作如下补充与调整，就可得到反映自有资金投资效益的项目资本金现金流量表。

（1）在现金流入部分增加"银行贷款"计算项。

（2）在现金流出部分增加"建设期利息""借款本金偿还""借款利息支付"计算项。

经上述调整后的项目资本金现金流量表的初始结构应如表 7-14 所示。

在"营改增"实施之后，为了反映建设投资与增值税进项税的分离，《建设项目经济评价方法与参数》（第三版）中的"项目总投资使用计划与资金筹措表"（见附录 2 附表 2.5）也需适当调整，如表 7-15 所示。

根据资金平衡关系，建设期内各期的总投资额与资金筹措额应该相等。利用表 7-15 的资金平衡数量关系，将表 7-14 中的 2.1 项、2.2 项、2.3 项和 2.5 项（建

表 7-14 项目资本金现金流量表的初始结构

序号	项目	合计	计算期					
			1	2	3	4	……	n
1	现金流入							
1.1	营业收入（不含税）							
1.2	增值税销项税							
1.3	补贴收入							
1.4	回收固定资产余值							
1.5	回收流动资金							
1.6	银行贷款							
2	现金流出							
2.1	建设投资（不含税）							
2.2	建设期利息							
2.3	流动资金							
2.4	经营成本							
2.5	增值税进项税（建设期+经营期）							
2.6	缴纳增值税							
2.7	税金及附加							
2.8	借款本金偿还							
2.9	借款利息支付							
2.10	维持运营投资							
2.11	所得税							
3	所得税后净现金流量（1－2）							

表 7-15 项目总投资使用计划与资金筹措表

序号	项目	合计	建设期		
			1	2	……
1	总投资				
1.1	建设投资（不含税）				
1.2	增值税进项税				
1.3	建设期利息				
1.4	流动资金				
2	资金筹措				
2.1	项目资本金				
2.2	银行贷款				

设期内增值税进项税部分）以"项目资本金"和"银行贷款"代替，然后将同时出现在现金流入与现金流出中的"银行贷款"项抵消，就可得到"营改增"实施之后项目资本金现金流量表，如表 7-16 所示。

表 7-16 "营改增"实施之后的项目资本金现金流量表

序号	项目	合计	计算期					
			1	2	3	4	……	n
1	现金流入							
1.1	营业收入（不含税）							
1.2	增值税销项税							
1.3	补贴收入							
1.4	回收固定资产余值							
1.5	回收流动资金							
2	现金流出							
2.1	项目资本金							
2.2	借款本金偿还							
2.3	借款利息支付							
2.4	经营成本							
2.5	增值税进项税（经营期）							
2.6	缴纳增值税							
2.7	税金及附加							
2.8	维持运营投资							
2.9	所得税							
3	所得税后净现金流量（1－2）							

需要说明的是：

（1）表 7-16 中的第 2.5 项"增值税进项税（经营期）"，是指经营期内发生的增值税进项税。而表 7-14 中的第 2.5 项"增值税进项税（建设期＋经营期）"，则包含了建设期与经营期内发生的增值税进项税。

（2）在表 7-16 中，虽然建设期的增值税进项税没有明显出现在现金流出中，但这部分进项税也需要抵扣。表 7-16 中第 2.6 项"缴纳增值税"，是将建设期与经营期内所发生的增值税进项税均抵扣完之后，所实际缴纳的增值税。

(三) 投资各方现金流量表

由于投资各方现金流量表是以投资人的实际现金收付为基础进行的分析，因此，"营改增"对投资各方现金流量计算模型不会产生影响，即，在"营改增"实施之后，投资各方现金流量表的构成项目应仍如表 7-10 所示。

四、关于现金流计算模型的重要说明

（1）由于《建设项目经济评价方法与参数》（第三版）是国家发展改革委和原建设部正式发布的规范性文件，在"营改增"实施之后相关部门并没有宣布对该文件进行修改，因此该文件仍然具有权威性。本书对此进行的讨论，仅应看作是按现行增值税政策对项目投资效益进行比较细致分析的一种建议，供项目投资分析人员参考。本书后面的相关讨论仍将主要以《建设项目经济评价方法与参数》（第三版）中的相关规定为基础。请读者注意。

（2）当仍采用《建设项目经济评价方法与参数》（第三版）中的财务评价模型进行投资效益分析时，应注意使相关计算项或计算参数与"营改增"实施之前的税收政策保持一致。例如，建设投资额中应包含增值税进项税，即，与设备投资相关的进项税，应进设备原值；建筑安装工程的投资支出，应取式（7.14）左边的含税价。

第七节 "营改增"后投资项目财务评价案例解析

本节介绍的案例仅为教学案例，是为了让读者了解投资项目财务评价中主要财务报表的编制方法而设计的，为突出利润与利润分配表、现金流量表和资产负债表等的编制方法，其他辅助报表的编制将从简介绍或者直接省略。

该案例中的计算表是按"营改增"之后的相关要求设计的，与《建设项目经济评价方法与参数》（第三版）中的计算表不完全一致，请读者注意。

一、基本假设

（1）某项目的建设投资（不含税）为 1 000 万元，建设期为 3 年。建设投资进度：第 1 年 300 万元，第 2 年 600 万元，第 3 年 100 万元。固定资产形成率为 96.8%（计算基数为不含税建设投资与建设期利息之和），余下的为无形资产。

（2）建设期的增值税进项税按不含税建设投资的 9%计。

（3）项目公司以自有资金承担如下建设投资支出：①600 万元建设投资（不含税）：第 1 年 300 万元，第 2 年 300 万元；②与建设投资支出同步发生的增值税进项税；③应向银行支付的建设期利息。

（4）项目公司向银行申请贷款用于以下建设投资支出：①400 万元建设投资（不含税）：第 2 年 300 万元，第 3 年 100 万元；②与建设投资支出同步发生的增值税进项税。

（5）贷款年利率为 5%，建设期利息由项目公司以自有资金支付。银行贷款在项目投产后 6 年内等额还本。

（6）流动资金按固定资产的 10%估算，投产前 1 年一次投入。流动资金中 2/3 由自有资金提供，1/3 为银行贷款，流动资金贷款年利率为 4.5%。

（7）项目公司有 2 个股东，各自的投资比例皆为 50%。

（8）项目经营期为 10 年。投产第 1 年产量 800 台。第 2 年达产，年产量达 1 000 台。产品售价（含税）为 11 000 元/台，产品销售成本（不含税）为 6 500 元/台。

（9）固定资产按综合方法计提折旧，折旧年限为 10 年，残值率为 10%。无形资产按 5 年摊销。

（10）产品销售的增值税税率为 13%。经营期增值税进项税假定取为不含税销售成本的 7%。城市维护建设税和教育费附加分别取为增值税的 7%和 3%。

（11）所得税税率为 25%。法定盈余公积金的提取比例为 10%。每年可分配利润的 90%向股东分配。

（12）各表中未说明的金额单位均为万元。

二、财务估算表

按照以上假定条件，财务评价的各项报表详见表 7-17 至表 7-30 所列，各表的金额单位均为万元。各表中的"备注"栏简要说明了相关数据来源或计算方法。

三、几点说明

1. 对本案例的说明

（1）本案例中的计算模型是按"营改增"的相关规定编制的。部分计算表的

表 7-17 总投资使用计划与资金筹措表

序号	项目	合计	1	2	3	备注
1	总投资	1 216.7	327.0	662.2	227.5	总投资＝建设投资（不含税）＋增值税进项税＋建设期利息＋流动资金
1.1	建设投资（不含税）	1 000.0	300.0	600.0	100.0	
1.2	增值税进项税	90.0	27.0	54.0	9.0	按不含税建设投资的9%计
1.3	建设期利息	27.3	–	8.2	19.1	取自"建设期利息估算表"
	形成资产					
	固定资产	994.4				固定资产形成率为96.8%，资产原值中不含增值税进项税
	无形资产	32.9				
1.4	流动资金	99.4			99.4	流动资金按固定资产的10%估算
2	资金筹措	1 216.7	327.0	662.2	227.5	
2.1	项目资本金	747.5	327.0	335.2	85.4	
	用于建设投资（含税）	654.0	327.0	327.0		含增值税进项税支出
	用于流动资金	66.3			66.3	流动资金的2/3由资本金提供
	用于建设期利息	27.3	–	8.2	19.1	取自"建设期利息估算表"
2.2	银行贷款	469.1	–	327.0	142.1	
	用于建设投资（含税）	436.0		327.0	109.0	含增值税进项税支出
	建设期利息转本金	–				
	用于流动资金	33.1			33.1	流动资金的1/3由银行贷款提供

表 7-18 建设期利息估算表

序号	项目	合计	1	2	3	备注
1	期初借款余额		–	–	327.0	
2	当期借款	436.0	–	327.0	109.0	取自"总投资使用计划与资金筹措表"
3	当期应计利息	27.3	–	8.2	19.1	年利率5%
4	当期实付利息	27.3	–	8.2	19.1	以资本金偿付利息
5	期末借款余额		–	327.0	436.0	

构成项目与《建设项目经济评价方法与参数》（第三版）规定的差异，见本章第六节的说明。

表 7-19 折旧与摊销估算表

序号	项目	4	5	6	7	8	9	10	11	12	13	备注
1	固定资产											
1.1	原值	994.4	994.4	994.4	994.4	994.4	994.4	994.4	994.4	994.4	994.4	残值率为10%,折旧年限10年
1.2	当期折旧费	89.5	89.5	89.5	89.5	89.5	89.5	89.5	89.5	89.5	89.5	
1.3	净值	904.9	815.4	725.9	636.4	546.9	457.4	367.9	278.4	188.9	99.4	
2	无形资产											
2.1	原值	32.9	32.9	32.9	32.9	32.9						摊销年限5年
2.2	当期摊销费	6.6	6.6	6.6	6.6	6.6						
2.3	净值	26.3	19.7	13.1	6.6	0.0						

表 7-20 还本付息估算表

序号	项目	4	5	6	7	8	9	备注
1	期初借款余额	436.0	363.3	290.7	218.0	145.3	72.7	第4年期初借款余额为建设期末借款余额
2	当期还本付息	94.5	90.8	87.2	83.6	79.9	76.3	按6年等额还本
	其中：还本	72.7	72.7	72.7	72.7	72.7	72.7	
	付息	21.8	18.2	14.5	10.9	7.3	3.6	期初借款余额×贷款利率5%
3	期末借款余额	363.3	290.7	218.0	145.3	72.7	—	

表 7-21 总成本估算表

序号	项目	4	5	6	7	8	9	10	11	12	13	备注
1	产品销售成本(不含税)	520.0	650.0	650.0	650.0	650.0	650.0	650.0	650.0	650.0	650.0	
	年产量(台)	800	1 000	1 000	1 000	1 000	1 000	1 000	1 000	1 000	1 000	
	每台销售成本(元/台,不含税)	6 500.0	6 500.0	6 500.0	6 500.0	6 500.0	6 500.0	6 500.0	6 500.0	6 500.0	6 500.0	假定取为不含税销售成本的7%
2	增值税进项税	36.4	45.5	45.5	45.5	45.5	45.5	45.5	45.5	45.5	45.5	
3	折旧费	89.5	89.5	89.5	89.5	89.5	89.5	89.5	89.5	89.5	89.5	取自折旧与摊销估算表
4	摊销费	6.6	6.6	6.6	6.6	6.6	0.0	0.0	0.0	0.0	0.0	取自折旧与摊销估算表
5	利息支出	23.3	19.7	16.0	12.4	8.8	5.1	1.5	1.5	1.5	1.5	
	长期借款利息	21.8	18.2	14.5	10.9	7.3	3.6					取自还本付息估算表
	流动资金借款利息	1.5	1.5	1.5	1.5	1.5	1.5	1.5	1.5	1.5	1.5	取流动资金贷款利率为4.5%
6	总成本费用(不含税)	639.4	765.7	762.1	758.5	754.8	744.6	741.0	741.0	741.0	741.0	
7	经营成本	520.0	650.0	650.0	650.0	650.0	650.0	650.0	650.0	650.0	650.0	

表 7-22 收入估算表

序号	项目	4	5	6	7	8	9	10	11	12	13	备注
1	营业收入(含税)	880.0	1 100.0	1 100.0	1 100.0	1 100.0	1 100.0	1 100.0	1 100.0	1 100.0	1 100.0	收入=单价×数量
	单价(元/台,含税)	11 000.0	11 000.0	11 000.0	11 000.0	11 000.0	11 000.0	11 000.0	11 000.0	11 000.0	11 000.0	
	数量(台)	800	1 000	1 000	1 000	1 000	1 000	1 000	1 000	1 000	1 000	
2	营业收入(不含税)	778.8	973.5	973.5	973.5	973.5	973.5	973.5	973.5	973.5	973.5	增值税税率13%
3	增值税销项税	101.2	126.5	126.5	126.5	126.5	126.5	126.5	126.5	126.5	126.5	

表 7-23 税金及附加估算表

序号	项目	1	2	3	4	5	6	7	8	9	10	11	12	13	备注
1	增值税销项税	27.0	54.0	9.0	101.2	126.5	126.5	126.5	126.5	126.5	126.5	126.5	126.5	126.5	取自"收入估算表"
2	增值税进项税	27.0	54.0	9.0	36.4	45.5	45.5	45.5	45.5	45.5	45.5	45.5	45.5	45.5	取自"投资使用计划与资金筹措表"
	建设期增值税进项税	27.0	54.0	9.0											
	运营期增值税进项税				36.4	45.5	45.5	45.5	45.5	45.5	45.5	45.5	45.5	45.5	取自"总成本估算表"
3	可抵扣进项税	27.0	81.0	90.0	25.2	0.0	0.0	0.0	0.0	0.0	0.0	0.0	0.0	0.0	
4	缴纳增值税	0.0	0.0	0.0	0.0	55.9	81.0	81.0	81.0	81.0	81.0	81.0	81.0	81.0	
5	税金及附加	0.0	0.0	0.0	0.0	5.6	8.1	8.1	8.1	8.1	8.1	8.1	8.1	8.1	
	城市维护建设税	0.0	0.0	0.0	0.0	3.9	5.7	5.7	5.7	5.7	5.7	5.7	5.7	5.7	取为缴纳增值税的7%
	教育费附加	0.0	0.0	0.0	0.0	1.7	2.4	2.4	2.4	2.4	2.4	2.4	2.4	2.4	取为缴纳增值税的3%

表 7-24 利润与利润分配表

序号	项目	4	5	6	7	8	9	10	11	12	13	备注
1	营业收入（不含税）	778.8	973.5	973.5	973.5	973.5	973.5	973.5	973.5	973.5	973.5	取自"收入估算表"
2	税金及附加	—	5.6	8.1	8.1	8.1	8.1	8.1	8.1	8.1	8.1	取自"税金及附加估算表"
3	总成本费用（不含税）	639.4	765.7	762.1	758.5	754.8	744.6	741.0	741.0	741.0	741.0	取自"总成本估算表"
4	利润总额	139.4	202.1	203.3	206.9	210.5	220.7	224.4	224.4	224.4	224.4	
5	弥补以前年度亏损											
6	应纳税所得额	139.4	202.1	203.3	206.9	210.5	220.7	224.4	224.4	224.4	224.4	
7	所得税	34.9	50.5	50.8	51.7	52.6	55.2	56.1	56.1	56.1	56.1	税率25%
8	净利润	104.6	151.6	152.4	155.2	157.9	165.5	168.3	168.3	168.3	168.3	
9	期初未分配利润	—	9.4	14.6	15.2	15.5	15.8	16.5	16.8	16.8	16.8	
10	可供分配的利润	104.6	161.0	167.0	170.3	173.4	181.3	184.7	185.1	185.1	185.1	
11	提取法定盈余公积金	10.5	15.2	15.2	15.5	15.8	16.6	16.8	16.8	16.8	16.8	按净利润10%提取

续表

序号	项目	4	5	6	7	8	9	10	11	12	13	备注
12	提取任意盈余公积金	—	—	—	—	—	—	—	—	—	—	
13	可供投资者分配的利润	94.1	145.9	151.8	154.8	157.6	164.7	167.9	168.2	168.3	168.3	
14	各投资方利润分配	84.7	131.3	136.6	139.3	141.8	148.3	151.1	151.4	151.4	151.4	按90%分配
	其中：股东甲	42.3	65.6	68.3	69.7	70.9	74.1	75.6	75.7	75.7	75.7	按股权比例分配
	股东乙	42.3	65.6	68.3	69.7	70.9	74.1	75.6	75.7	75.7	75.7	
15	未分配利润	9.4	14.6	15.2	15.5	15.8	16.5	16.8	16.8	16.8	16.8	
16	息税前利润（利润总额+利息支出）	162.7	221.8	219.3	219.3	219.3	225.9	225.9	225.9	225.9	225.9	

表 7-25 财务计划现金流量表

序号	项目	1	2	3	4	5	6	7	8	9	10	11	12	13	备注
1	经营活动净现金流量				288.7	292.5	264.5	263.6	262.7	260.2	259.3	259.3	259.3	259.3	
1.1	现金流入				880.0	1 100.0	1 100.0	1 100.0	1 100.0	1 100.0	1 100.0	1 100.0	1 100.0	1 100.0	
	营业收入（不含税）				778.8	973.5	973.5	973.5	973.5	973.5	973.5	973.5	973.5	973.5	取自"收入估算表"
	增值税销项税额				101.2	126.5	126.5	126.5	126.5	126.5	126.5	126.5	126.5	126.5	
1.2	现金流出				591.3	807.5	835.5	836.4	837.3	839.8	840.7	840.7	840.7	840.7	
	产品销售成本（不含税）				520.0	650.0	650.0	650.0	650.0	650.0	650.0	650.0	650.0	650.0	取自"总成本估算表"
	增值税进项税（运营期）				36.4	45.5	45.5	45.5	45.5	45.5	45.5	45.5	45.5	45.5	
	税金及附加				—	5.6	8.1	8.1	8.1	8.1	8.1	8.1	8.1	8.1	取自"税金及附加估算表"
	缴纳增值税				—	55.9	81.0	81.0	81.0	81.0	81.0	81.0	81.0	81.0	
	所得税				34.9	50.5	50.8	51.7	52.6	55.2	56.1	56.1	56.1	56.1	取自"利润与利润分配表"
2	投资活动净现金流量	−327.0	−662.2	−227.5											

续表

序号	项目	1	2	3	4	5	6	7	8	9	10	11	12	13	备注
2.1	现金流入														
2.2	现金流出	327.0	662.2	227.5											
	建设投资（不含税）	300.0	600.0	100.0											取自"总投资使用计划与资金筹措表"
	增值税进项税（建设期）	27.0	54.0	9.0											
	建设期利息	—	8.2	19.1											取自"建设期利息估算表"中支付利息
	流动资金	—	—	99.4											取自"总投资使用计划与资金筹措表"
3	筹资活动净现金流量	327.0	662.2	227.5	−180.6	−223.6	−225.3	−224.4	−223.3	−226.1	−152.6	−152.9	−152.9	−152.9	
3.1	现金流入	327.0	662.2	227.5	—	—	—	—	—	—	—	—	—	—	
	项目资本金投入	327.0	335.2	85.4											取自"总投资使用计划与资金筹措表"
	建设投资借款	—	327.0	109.0											取自"总投资使用计划与资金筹措表"
	流动资金借款	—	—	33.1											取自"总投资使用计划与资金筹措表"
	短期借款														
3.2	现金流出				180.6	223.6	225.3	224.4	223.3	226.1	152.6	152.9	152.9	152.9	
	各种利息支出				23.3	19.7	16.0	12.4	8.8	5.1	1.5	1.5	1.5	1.5	取自"总成本估算表"
	偿还债务本金				72.7	72.7	72.7	72.7	72.7	72.7					取自"还本付息估算表"
	股利分配				84.7	131.3	136.6	139.3	141.8	148.3	151.1	151.4	151.4	151.4	取自"利润与利润分配表"
4	净现金流量	—	—	—	108.1	68.9	39.2	39.2	39.5	34.1	106.6	106.4	106.3	106.3	
5	累计盈余资金	—	—	—	108.1	177.0	216.2	255.5	294.9	329.0	435.7	542.0	648.3	754.7	

表 7-26 资产负债表

序号	项目	1	2	3	4	5	6	7	8	9	10	11	12	13	备注
一	资产														
1	流动资产总额	—	—	99.4	207.5	276.4	315.7	354.9	394.4	428.5	535.1	641.5	747.8	854.1	取自"总投资使用计划与资金筹措表"
	货币资金	—	—	99.4	207.5	276.4	315.7	354.9	394.4	428.5	535.1	641.5	747.8	854.1	取自"总投资使用计划与计划现金流量表"
	在建工程	300.0	908.2	1 027.3											
2	固定资产净值				904.9	815.4	725.9	636.4	546.9	457.4	367.9	278.4	188.9	99.4	取自"折旧与摊销估算表"
3	无形及其他资产净值				26.3	19.7	13.1	6.6	—	—	—	—	—	—	取自"折旧与摊销估算表"
4	资产合计	300.0	908.2	1 126.7	1 138.7	1 111.6	1 054.7	997.9	941.3	885.9	903.0	919.9	936.7	953.5	
二	负债与所有者权益														
1	流动负债总额	−27.0	−81.0	−90.0	−25.2	—	—	—	—	—	—	—	—	—	
	应交税金	−27.0	−81.0	−90.0	−25.2	—	—	—	—	—	—	—	—	—	取自"税金及附加估算表"中可抵扣进项税
	短期借款														
2	建设投资借款	—	327.0	436.0	363.3	290.7	218.0	145.3	72.7	—	—	—	—	—	取自"总投资使用计划与资金筹措表"与"还本付息估算表"
3	流动资金借款	—	—	33.1	33.1	33.1	33.1	33.1	33.1	33.1	33.1	33.1	33.1	33.1	
4	负债小计	−27.0	246.0	379.1	371.3	323.8	251.1	178.5	105.8	33.1	33.1	33.1	33.1	33.1	
5	所有者权益	327.0	662.2	747.5	767.4	787.7	803.6	819.4	835.5	852.7	869.9	886.7	903.6	920.4	取自"总投资使用计划与资金筹措表"
	资本金	327.0	662.2	747.5	747.5	747.5	747.5	747.5	747.5	747.5	747.5	747.5	747.5	747.5	
	盈余公积				10.5	25.6	40.9	56.4	72.2	88.7	105.5	122.4	139.2	156.0	
	未分配利润				9.4	14.6	15.2	15.5	15.8	16.5	16.8	16.8	16.8	16.8	取自"利润与利润分配表"
	负债与所有者权益合计	300.0	908.2	1 126.7	1 138.7	1 111.6	1 054.7	997.9	941.3	885.9	903.0	919.9	936.7	953.5	

表 7-27 项目投资现金流量表

序号	项目	1	2	3	4	5	6	7	8	9	10	11	12	13	备注
1	现金流入	—	—	—	880.0	1 100.0	1 100.0	1 100.0	1 100.0	1 100.0	1 100.0	1 100.0	1 100.0	1 298.9	
	营业收入（不含税）				778.8	973.5	973.5	973.5	973.5	973.5	973.5	973.5	973.5	973.5	取自"收入估算表"
	增值税销项税				101.2	126.5	126.5	126.5	126.5	126.5	126.5	126.5	126.5	126.5	
	回收固定资产余值													99.4	取自"折旧与摊销估算表"
	回收流动资金													99.4	取自"总投资使用计划与资金筹措表"
2	现金流出	327.0	654.0	208.4	556.4	757.0	784.7	784.7	784.7	784.7	784.7	784.7	784.7	784.7	
	建设投资（不含税）	300.0	600.0	100.0											取自"总投资使用计划与资金筹措表"
	流动资金			99.4											
	经营成本				520.0	650.0	650.0	650.0	650.0	650.0	650.0	650.0	650.0	650.0	取自"总成本估算表"
	增值税进项税（建设期+经营期）	27.0	54.0	9.0	36.4	45.5	45.5	45.5	45.5	45.5	45.5	45.5	45.5	45.5	
	缴纳增值税					55.9	81.0	81.0	81.0	81.0	81.0	81.0	81.0	81.0	取自"税金及附加估算表"
	税金及附加				—	5.6	8.1	8.1	8.1	8.1	8.1	8.1	8.1	8.1	
3	所得税前净现金流量	−327.0	−654.0	−208.4	323.6	343.0	315.3	315.3	315.3	315.3	315.3	315.3	315.3	514.2	
4	累计所得税前净现金流量	−327.0	−981.0	−1 189.4	−865.8	−522.8	−207.5	107.9	423.2	738.6	1 053.9	1 369.3	1 684.6	2 198.8	
5	调整所得税				40.7	55.4	54.8	54.8	54.8	56.5	56.5	56.5	56.5	56.5	息税前利润×25%
6	所得税后净现金流量	−327.0	−654.0	−208.4	282.9	287.6	260.5	260.5	260.5	258.9	258.9	258.9	258.9	457.8	
7	累计所得税后净现金流量	−327.0	−981.0	−1 189.4	−906.5	−618.9	−358.4	−97.9	162.6	421.5	680.4	939.3	1 198.2	1 655.9	

计算指标　　　　　　　　　　　　　　　所得税前　　　　所得税后
项目投资财务内部收益率（%）　　　　　　18.7%　　　　　　15.0%
项目投资财务净现值（$i_c=10\%$）　　　　541.9　　　　　　295.1
项目投资回收期（年）　　　　　　　　　　6.7　　　　　　　7.4

表 7-28 项目资本金现金流量表

序号	项目	1	2	3	4	5	6	7	8	9	10	11	12	13	备注
1	现金流入	—	—	—	880.0	1100.0	1100.0	1100.0	1100.0	1100.0	1100.0	1100.0	1100.0	1298.9	
	营业收入（不含税）				778.8	973.5	973.5	973.5	973.5	973.5	973.5	973.5	973.5	973.5	取自"收入与税金估算表"
	增值税税销项税				101.2	126.5	126.5	126.5	126.5	126.5	126.5	126.5	126.5	126.5	取自"折旧与摊销估算表"
	回收固定资产余值													99.4	
	回收流动资金													99.4	回收流动资金
2	现金流出	327.0	335.2	85.4	687.2	899.8	924.2	921.4	918.7	917.6	842.2	842.2	842.2	875.4	
	项目资本金	327.0	335.2	85.4											取自"总投资使用计划与资金筹措表"
	借款本金偿还				72.7	72.7	72.7	72.7	72.7	72.7				33.1	取自"还本付息估算表"
	借款利息支付				23.3	19.7	16.0	12.4	8.8	5.1	1.5	1.5	1.5	1.5	取自"总成本估算表"
	经营成本				520.0	650.0	650.0	650.0	650.0	650.0	650.0	650.0	650.0	650.0	取自"总成本估算表"
	增值税进项税（经营期）				36.4	45.5	45.5	45.5	45.5	45.5	45.5	45.5	45.5	45.5	
	缴纳增值税				—	55.9	81.0	81.0	81.0	81.0	81.0	81.0	81.0	81.0	取自"税金及附加估算表"
	税金及附加				—	5.6	8.1	8.1	8.1	8.1	8.1	8.1	8.1	8.1	
	所得税				35.2	50.9	51.1	51.9	52.8	55.3	56.1	56.1	56.1	56.1	取自"利润与利润分配表"
3	净现金流量	−327.0	−335.2	−85.4	192.8	200.2	175.8	178.6	181.3	182.4	257.8	257.8	257.8	423.5	
	计算指标 资本金财务内部收益率	18.1%													

表 7-29 投资各方现金流量表

序号	项目	1	2	3	4	5	6	7	8	9	10	11	12	13	备注
1	现金流入	—	—	—	42.3	65.6	68.3	69.7	70.9	74.1	75.6	75.7	75.7	535.9	
	实分利润	—	—	—	42.3	65.6	68.3	69.7	70.9	74.1	75.6	75.7	75.7	75.7	取自"利润与利润分配表"
	回收权益资金			42.7										460.2	取自"资产负债表"
2	现金流出	163.5	167.6	42.7	—	—	—	—	—	—	—	—	—	—	
	实缴资本	163.5	167.6	42.7	—	—	—	—	—	—	—	—	—	—	取自"总投资使用计划与资金筹措表"
3	净现金流量	−163.5	−167.6	−42.7	42.3	65.6	68.3	69.7	70.9	74.1	75.6	75.7	75.7	535.9	

计算指标
投资各方财务内部收益率 14.8%

表 7-30 偿债能力估算表

序号	项目	4	5	6	7	8	9	备注
1	净利润	104.6	151.6	152.4	155.2	157.9	165.5	取自"利润与利润分配表"
2	所得税	34.9	50.5	50.8	51.7	52.6	55.2	
3	利息支出	23.3	19.7	16.0	12.4	8.8	5.1	
4	息税前利润	162.7	221.8	219.3	219.3	219.3	225.9	取自"总成本估算表"
5	折旧	89.5	89.5	89.5	89.5	89.5	89.5	
6	摊销	6.6	6.6	6.6	6.6	6.6	—	取自"折旧摊销估算表"
7	息税折旧摊销前利润	258.8	317.9	315.3	315.3	315.3	315.3	
8	利息备付率	6.99	11.28	13.68	17.70	25.04	44.07	
9	偿债备付率	2.37	2.94	3.03	3.15	3.29	3.41	

（2）流动资金按固定资产的10%估算，投产前一年一次投入。由于本案例中的流动资金未按第二章第二节所讲述的那样对应收账款、存货、现金、应付账款等进行分项估算，因此，在表7-26资产负债表中，也没有在流动资产与流动负债中对应收账款、存货、现金和应付账款等各项单独列示，而是将上述各项合并之后的数值计入流动资产的"货币资金"项中列示（也可以另行单设"其他流动资产"项予以列示），请读者注意。对于暂不拟对应收账款、存货、现金、应付账款等各流动性资产与负债项目进行较细致估算与列示，但又必须在总投资中留足周转备用金的建设项目，可以采用这种简易处理方法，并不会影响对投资项目的决策。

（3）资产负债表中的"应交税金"一项，为建设期形成的可以抵扣的增值税进项税，见本章第六节的说明。

（4）由于本案例中，各股东的出资比例相同，可分配利润按各自的持股比例进行分配，因此，各投资方的财务内部收益率相同。

（5）根据以上估算，本项目的资本金财务内部收益率为18.1%，而各投资方财务内部收益率为14.8%。产生这种差异的原因在于，在计算各投资方财务内部收益率时，现金流入部分考虑的是各期实分利润，以及在计算期结束时对期末时点所有者权益的分配；而在计算资本金财务内部收益率时，是以各期的营业收入为计算起点，减去当期的各项现金流出，各期均有盈余的净现金流量，这些盈余的净现金流量就是当期企业的所有者权益增加。如果将各投资方现金流量表中最后一行"净现金流量"取代数和，其值为780.14万元；而如果将资本金现金流量表中最后一行"净现金流量"取代数和，其值为1 560.28万元。由于各投资方的出资比例均为50%，因此将1 560.28万元乘以50%，刚好与各投资方各期净现金流量的代数和780.14万元相等。利用这两表间的这种数量关系，也可检验财务计算模型的正确性。

2. 建设期利息的处理方式

在以上案例中，建设期利息是以自有资金支付的。如果不以自有资金支付建设期利息，而是将应付的建设期利息转为贷款本金，则部分计算表的数据会发生以下变化。

（1）总投资使用计划与资金筹措表中，为满足资金平衡关系，表7-17的"2.2

银行贷款"计算项下增加"建设期利息转本金"一项，如表 7-31 所示。

表 7-31 总投资使用计划与资金筹措表（建设期利息转本金）

序号	项目	合计	1	2	3
1	总投资	1 217.1	327.0	662.2	228.0
1.1	建设投资（不含税）	1 000.0	300.0	600.0	100.0
1.2	增值税进项税	90.0	27.0	54.0	9.0
1.3	建设期利息	27.7	–	8.2	19.5
	形成资产				
	固定资产	994.8			
	无形资产	32.9			
1.4	流动资金	99.5			99.5
2	资金筹措	1 217.1	327.0	662.2	228.0
2.1	项目资本金	720.3	327.0	327.0	66.3
	用于建设投资（含税）	654.0	327.0	327.0	
	用于流动资金	66.3			66.3
	用于建设期利息	–	–	–	–
2.2	银行贷款	496.8	–	335.2	161.6
	用于建设投资（含税）	436.0	–	327.0	109.0
	建设期利息转本金	27.7	–	8.2	19.5
	用于流动资金	33.2			33.2

（2）建设期利息估算表中，"当期转本金利息"一项非零，应计的建设期利息累计入"期末借款余额"中，如表 7-32 所示。

表 7-32 建设期利息估算表（建设期利息转本金）

序号	项目	合计	1	2	3
1	期初借款余额		–	–	335.2
2	当期借款	436.0	–	327.0	109.0
3	当期应计利息	27.7	–	8.2	19.5
4	当期实付利息		–	–	–
5	当期转本金利息		–	8.2	19.5
6	期末借款余额		–	335.2	463.7

（3）财务计划现金流量表中（见表 7-18），由于没有实际的现金流出，投资活动现金流出项下的"建设期利息"为零，如表 7-33 所示。

表 7-33 财务计划现金流量表（建设期利息转本金）

序号	项目	1	2	3	4	……
1	经营活动净现金流量				289.1	
1.1	现金流入				880.0	
	营业收入（不含税）				778.8	
	增值税销项税额				101.2	
1.2	现金流出				590.9	
	产品销售成本（不含税）				520.0	
	增值税进项税（运营期）				36.4	
	税金及附加				—	
	缴纳增值税				—	
	所得税				34.5	
2	投资活动净现金流量	−327.0	−654.0	−208.5		
2.1	现金流入					
2.2	现金流出	327.0	654.0	208.5		
	建设投资（不含税）	300.0	600.0	100.0		
	增值税进项税（建设期）	27.0	54.0	9.0		
	建设期利息	—	—	—		
	流动资金	—	—	99.5		
3	筹资活动净现金流量	327.0	654.0	208.5	−185.8	
3.1	现金流入	327.0	654.0	208.5	—	
	项目资本金投入	327.0	327.0	66.3		
	建设投资借款	—	327.0	109.0		
	流动资金借款	—	—	33.2		
	短期借款					
3.2	现金流出				185.8	
	各种利息支出				24.7	
	偿还债务本金				77.3	
	股利分配				83.8	
4	净现金流量	—	—	—	103.3	
5	累计盈余资金	—	—	—	103.3	

(4)由于建设期利息累计入贷款本金,以下计算数据受影响。

①各期的还本付息数额发生变化

②固定资产与无形资产的原值会略有增加,导致折旧摊销费增加

③总成本中的利息支出增加

④总成本增加使净利润减少

表 7-34 给出了在两种处理建设期利息的方式中,各内部收益率指标的比较。项目投资财务内部收益率与债务融资无关,故两种情况下的项目投资财务内部收益率相同。当以自有资金支付建设期利息时,与建设期利息转贷款本金的情况相比,投资资金支出中,自有资金的比例提高,贷款的财务杠杆效应减弱,致使资本金财务内部收益率和投资各方财务内部收益率略有降低。

表 7-34 两种建设期利息处理方式下的内部收益率指标比较

指标	以自有资金支付建设期利息	建设期利息转贷款本金
项目投资财务内部收益率(税前)	18.7%	18.7%
项目投资财务内部收益率(税后)	15.0%	15.0%
资本金财务内部收益率	18.1%	18.3%
投资各方财务内部收益率	14.8%	15.1%

第八章
不确定性分析

第一节　产生不确定性的原因

评价项目的投资效益，核心是对项目的财务状况及投资各方可分配利润进行预测。预测，不可避免地要涉及各种假设和可能性。于是，按前述基础数据编制的财务报表及据此而测算出来的各项效益评价指标，必然带有不确定性。

一般来说，财务评价中不确定性的来源如下。

（1）未来的情况不会是历史与现实状况的简单重演或延伸。各类无法预料的事件，包括社会、经济、政治及自然的发展变化，都会改变项目赖以生存和发展的外部环境。

（2）受到调查和统计方法的局限，导致使用的基础数据准确度及可靠性不高，甚至有误。

（3）由于手头资料不足，不得不做些目前认为还比较合理，但可能与未来的实际情况有所差别的各种假设。

（4）从事项目评价的人员，受其业务水平及客观条件的限制，在有限的前期工作时间内，难以全面地揭示出影响项目投资效益的不利因素。

（5）难以量化的、不能纳入财务模型定量分析的因素，使得效益指标的计算结果不能反映出这些因素的影响。

不确定因素的存在，会给项目的实施带来风险。因此在分析项目投资效益时，不仅要在现有基础数据的基础上按正常情况计算项目投资效益指标，还应该估计到出现不确定因素后将会给项目投资效益带来的不利后果,据以评价项目抵抗风险的能力。只有在考虑了各种容易发生的不确定因素的不良影响后,项目有关的效益指标仍然不低于投资者的期望值时,投资项目在财务上才是可行的。

项目的不确定性分析包括盈亏平衡分析、敏感性分析和概率分析。

第二节 盈亏平衡分析

本书第一章曾提及保本点和关门点的概念。它们不仅能反映项目承受来自销售和生产环节风险的能力,还可以给企业的经营决策(如价格制定、成本控制)提供依据。盈亏平衡分析,就是要计算项目的保本点和关门点。

为计算方便,现做以下假设。

(1)生产量等于销售量。

(2)产品的变动成本不随生产批量变化。

(3)产品的单位售价在任何销售水平上都相等。

一、保本点的计算

1. 对于产品单一的项目

当产品单一的项目处于保本状态时,利润为零。

$$\text{销售收入} = \text{税金及附加} + \text{生产总成本} \quad (8.1)$$

由于生产总成本可分解为变动成本和固定成本,于是

$$\text{销售收入} = \text{税金及附加} + \text{变动成本总额} + \text{固定成本总额} \quad (8.2)$$

设:P——产品销售单价

r——税金及附加率

V——单位变动成本

F——固定成本总额

x——产量(或销售量)

K——生产能力利用率(%)

其中,"税金及附加率"为"税金及附加"与"销售收入"之比,对实际项目可根据增值税销项税、进项税、税金及附加征收率估算。

于是,当项目处于保本状态时

$$Px = Pxr + (Vx + F) \quad (8.3)$$

利用式（8.3），可以演化出用多种参数表示的保本点。

（1）用产品销售单价表示的保本点——保本售价

$$P = \frac{1}{1-r}\left(V + \frac{F}{x}\right)$$

即

$$保本的产品销售单价 = \frac{1}{1-税金及附加率} \times \left(单位变动成本 + \frac{固定成本总额}{产量}\right) \quad (8.4)$$

（2）用产量或生产能力利用率表示的保本点——保本产量或保本生产能力利用率

$$x = \frac{F}{P(1-r) - V}$$

即

$$保本产量 = \frac{固定成本总额}{产品销售单价 \times (1-税金及附加率) - 单位变动成本} \quad (8.5)$$

设项目的生产能力为 C，则

$$K = \frac{x}{C} \times 100\%$$

即

$$保本的生产能力利用率 = \frac{保本产量}{生产能力} \times 100\% \quad (8.6)$$

（3）用单位变动成本表示的保本点——保本单位变动成本

$$V = P(1-r) - \frac{F}{x}$$

即

$$保本单位变动成本 = 产品销售单价 \times (1-税金及附加率) - \frac{固定成本总额}{产量} \quad (8.7)$$

（4）用固定成本总额表示的保本点——保本固定成本总额

$$F = (P - Pr - V)x$$

即

保本固定成本总额 =（销售单价 − 单位税金及附加 − 单位变动成本）× 产量

$$(8.8)$$

需要补充的是，上面关于保本点的计算公式是最基本的。在投资项目财务评价中，应该结合项目行业的特点，选择与销售单价、产量或生产成本相关的参数，如高速公路车流量或通行费率、产品加工费、矿石品位、电厂发电小时数、能耗等，把保本公式适当变换后，可得到具有行业特点的保本点计算公式，由此而得到保本车流量、保本加工费、保本矿石品位、保本发电小时数、保本能耗等。

保本点的计算，还可以用图解法完成，如图 8-1 所示。

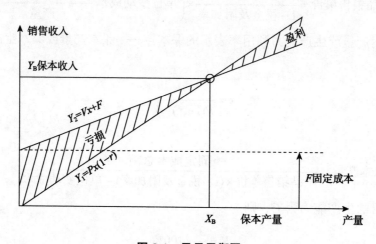

图 8-1　盈亏平衡图

在保本时，
$$Px = Pxr + (Vx + F)$$
移项后，
$$Px(1-r) = Vx + F$$
令
$$Y_1 = Px(1-r)$$
$$Y_2 = Vx + F$$

由于 Y_1 与 Y_2 皆为直线方程，显然 Y_1 与 Y_2 的交点就是要求的保本产量（如图 8-1 所示）。

由图 8-1 可知，销售单价 P 越高、税金及附加率越小，则直线 Y_1 的斜率越大；对于直线 Y_2，固定成本越小则截距越短，单位变动成本越小，斜率越小，该直线就愈加靠近横轴。Y_1 上扬，Y_2 下倒，其结果是保本产量 X_B 点左移，企业盈利增大，相应地，项目的抗风险能力增强。

如果项目产品是单一的，但类型较多，在进行盈亏平衡分析时，可把类似产品统归成"当量产品"。例如电梯生产项目，同时生产客梯、货梯及客货两用梯。在计算电梯生产项目的保本点时，就应把这三类电梯统归成"当量电梯"，作为项目的单一产品对待。

2. 对于产品多样化的项目

销售收入总额 = 税金及附加总额 + 变动成本总额 + 固定成本总额

或者

保本销售额 = 保本点上的税金及附加 + 保本点上的变动成本总额
$\qquad$ + 固定成本总额 （8.9）

对于产品多样化的项目，经常采用销售金额来计算项目的保本点——保本销售额。这样，使人们在能对项目采用不同售价销售多种商品时，可以决定一个总体的保本点。

设：A——保本销售额（保本点）

F——固定成本总额

V——保本点上变动成本总额

r——税金及附加率

A_j——已知的某销售水平下销售总额

V_j——已知的某销售水平下变动成本总额

并假设，在任何销售水平下，变动成本总额对销售总额的比例保持不变，即

$$\frac{V}{A} = \frac{V_j}{A_j}$$

严格说来，这个假设是不成立的，但是根据微分学的基本原理，对于在保本点附近的销售水平，这个假设又近似成立。

于是

$$A = Ar + V + F = Ar + \frac{V}{A}A + F = Ar + \frac{V_j}{A_j}A + F$$

移项后

$$A - Ar - \frac{V_j}{A_j}A = F$$

$$A = \frac{F}{1 - r - \dfrac{V_j}{A_j}}$$

即

$$\text{保本点销售额} = \frac{\text{固定成本总额}}{1 - \text{税金及附加率} - \dfrac{\text{已知某销售水平下变动成本总额}}{\text{已知某销售水平下销售总额}}} \quad (8.10)$$

二、关门点的计算

当项目处于关门点时，经营现金净流量为 0，项目的销售收入刚好能够支付税金及附加和经营成本。如果不能支付，项目的经营就必须靠从外部筹措贷款维持，这样的项目失去了生存的价值，应该停业关门。

于是在关门点存在如下关系。

$$\text{销售收入} = \text{税金及附加} + \text{经营成本} \quad (8.11)$$

其中，经营成本又可分解为两部分：变动经营成本和固定经营成本。前者与产量成正比，后者与产量增减无关。

因此

$$\text{销售收入} = \text{税金及附加} + \text{变动成本总额} + \text{固定经营成本} \quad (8.12)$$

设：P——产品销售单价

　　x——产量（或销售量）

　　V——单位变动成本

　　F_0——固定经营成本

　　r——税金及附加率

于是

$$Px = Pxr + Vx + F_0 \quad (8.13)$$

利用式（8.13），可以计算出用产品售价、产量（或生产能力利用率）、单位变动成本和固定经营成本表示的项目关门点。有关的表达式，形式上与保本点计算公式相同，差别仅在于：计算保本点使用的固定成本由总成本分解出来，而计算关门点时使用的固定经营成本则从经营成本中分解出来。

计算关门点的主要公式如下。

$$\text{关门点的产品销售单价} = \frac{1}{1-\text{税金及附加率}} \times \left(\text{单位变动成本} + \frac{\text{固定经营成本}}{\text{产量}}\right) \quad (8.14)$$

$$\text{关门点产量} = \frac{\text{固定经营成本}}{\text{产品销售单价} \times (1-\text{税金及附加率}) - \text{单位变动成本}} \quad (8.15)$$

$$\text{关门点生产能力利用率} = \frac{\text{关门点产量}}{\text{生产能力}} \times 100\% \quad (8.16)$$

$$\text{关门点单位变动成本} = \text{产品销售单价} \times (1-\text{税金及附加率}) - \frac{\text{固定经营成本}}{\text{产量}} \quad (8.17)$$

$$\text{关门点固定经营成本} = (\text{产品销售单价} - \text{单位税金及附加} - \text{单位变动成本}) \times \text{产量} \quad (8.18)$$

同样，可结合项目行业特点，选择有代表性的参数，如加工费、矿石品位、能耗等，作为关门点。

第三节 敏感性分析

一、概述

敏感性分析，是指当某些主要的不确定因素发生变化时，预测随之变化而引起的描述项目投资效益各项指标的变化程度，从而找出对项目投资效益最为敏感的因素及敏感度。这可给项目决策者指出方向，衡量项目承受某些不确定因素不良影响的能力，进而采取相应措施，有的放矢地予以消除。此外，敏感性分析作为一种方法，还可以为项目投资者向有关部门争取优惠条件，为投资各方商务谈判的方案制订提供有说服力的依据。

敏感因素繁多，哪些是主要的因素？这要视项目而定。一般来说，主要的敏感因素有如下。

（1）产品销售价格或产品加工费。

（2）汇率。

（3）产品产量。

（4）原材料、燃料和动力价格。

（5）建设投资。

（6）建设工期。

(7)借款利率。

(8)主要税种的税率。

二、敏感性分析的方法

在项目评价中进行敏感性分析可使用本书第七章中介绍的财务分析模型,令其中主要的敏感性因素按一定幅度单独变化,或者多因素同时变化,计算反映项目投资效益的主要指标(如净现值、内部收益率、投资回收期)的变化情况。

三、敏感性分析的结果

敏感性分析结果可列表表示,如表 8-1 所示,也可做出敏感性分析图,标出各评价因素对主要效益指标的影响曲线,如图 8-2 所示。

表 8-1　敏感性分析结果列表

敏感因素 项目	销售价格变化幅度	产量变化幅度	汇率(大于官方汇率的某一汇率)	建设投资变化幅度
净现值				
内部收益率				
投资回收期				
盈亏平衡点				
其他				

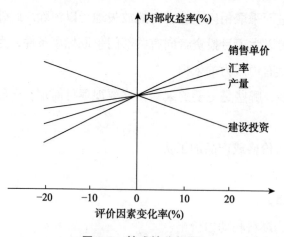

图 8-2　敏感性分析图

需要指出的是,在设定各敏感因素的变动幅度时,最好能基于某种有合理依据的预测。这样得出的敏感性分析结果才会引起项目决策人的重视。如果简单地假设对某些变动幅度进行敏感性分析，不考虑所设定变动幅度实际发生的可能性，则就把敏感性分析工作等同于更换变量的代数运算，也就失去了敏感性分析的意义。

第四节 概 率 分 析

单纯的敏感性分析对不确定因素所造成的风险影响难以量化，对风险的定量分析则要依靠不确定因素的概率分析。

概率分析是一种利用概率分布理论定量地研究不确定性的方法。常用的蒙特卡洛模拟法，就是通过研究几个不确定因素，按一定概率分布同时变动，从而找出投资效益指标的连续概率分布情况，以判断投资项目可能发生的风险，供决策者在评价和选择投资项目时参考。

由于概率分析的计算十分复杂，而且计算过程和结果仍然不能排除预测数据的不确定性，因此对一般项目可不进行这类分析。根据项目特点和实际需要，在有条件时可做概率分析。

一般来说，投资项目的概率分析主要是计算项目净现值的期望值，及净现值大于或等于 0 时的累计概率；也可以通过模拟法测算项目投资效益指标（如内部收益率）的概率分布，进而计算其期望值与方差等。

关于在项目经济评价中应用蒙特卡洛模拟的基本知识与案例介绍，见第十八章。

中篇

进阶篇

第九章
PPP 项目投资及相关问题概述

第一节 PPP 项目概述

一、PPP 项目概念的提出与发展

一般而言，社会中的公共物品和公共服务由政府来提供。自 20 世纪 80 年代开始，英国为了提升基础设施水平、解决公共服务的资金匮乏和公共部门缺少有效性及资金效率等问题，率先提出了"公私合作"（PPP）的概念。所谓 PPP（public private partnership）是指公共部门与私人部门之间共同合作，来提高公共物品和公共服务提供效率的模式。在我国，PPP 则指由政府与社会资本合作来进行与公共利益相关的投资活动的一种模式。

我国的 PPP 事业从 20 世纪 80 年代起步，与英国几乎同步。1984 年，广东沙角 B 电厂以 BOT 方式建设，它一般被认为是我国第一个 PPP 项目。当时由于国内没有操作 BOT 项目的经验，是由地方官员采用特事特报的方式审批进行的。

1995 年前后，随着中国改革开放进程的加快，PPP 模式被世行及亚行作为一种新兴的项目融资方式引入中国，与中国政府当时对引入外商投资的急切需求不谋而合。这批 PPP 项目，尽管未竟全功，但因其规格之高、规模之大、影响之广，在中国 PPP 发展史上留下了浓墨重彩的一笔。

2004 年，建设部颁布并实施了《市政公用事业特许经营管理办法》（下称"126 号令"），将特许经营的概念引入市政公用事业，并在城市供水、污水处理及燃气供应等领域发起大规模的项目实践。这一阶段，计划发展部门不再是 PPP 模式应

用的唯一牵头方或主导方，包括建设、交通、环保、国资等行业主管部门，以及地方政府的人士纷纷进入这一领域。中国的 PPP 项目虽然不再一味偏爱境外资本，但其主要目的依然是筹集资金。公私双方之间，前者甩包袱、后者占市场的心态在很多项目里都表现得十分明显。但是另外一个方面，供水及污水处理行业的成功经验，经过复制与改良，被用于更加综合、开放和复杂的项目系统，项目参与主体和影响项目实施的因素也趋于多元。这方面的经典案例有北京地铁 4 号线和国家体育场两个 PPP 项目。北京地铁 4 号线项目第一次旗帜鲜明地使用了"PPP"的概念；而国家体育场即"鸟巢"项目在我国的 PPP 发展史上占有重要地位，本书第十六章也对这个项目投标文件中的财务分析部分做了详细的阐述与剖析。

2013 年 11 月，党的十八届三中全会《中共中央关于全面深化改革若干重大问题的决定》首次明确提出，允许社会资本通过特许经营等方式参与城市基础设施投资和运营，PPP 模式也逐渐成为国人熟知的名词。2014 年以来，国务院和财政部、发改委、住建部等国家部委下发了大量文件，对于 PPP 模式的应用领域、操作的流程、合同体系、风险防范等进行了较为细致的规定。

根据现有法律法规的规定，每一个 PPP 项目在前期需要做大量的准备工作，政府机构、社会投资人、相关的承包商、设备供应商、金融机构要各自从自己的视角对项目的前景作出预判，进而根据相关指标进行投资决策，投资决策一旦作出，就将对整个合作期内各方的权益义务形成制约。由于 PPP 项目有自己特殊的法律关系框架，同时项目的合作期往往长达数十年，因此，本书专设章节对于 PPP 项目中的相关问题进行阐述。

二、PPP 项目的特征

1. PPP 项目的不可分性明显，需要做的前期准备工作更多

PPP 项目大量集中在基础设施领域，或者以基础设施为服务载体，通常规模都比较大、配套性强，因而在建设之初就需要有大量资金投入。另一方面，PPP 项目的建设期往往都比较长，投入的资金难以在短期内收回。同时，PPP 项目还往往是作为其他商业化项目的前期铺垫和支撑，比如工业污水处理厂之于工业产业园的招商引资，地铁建设之于片区的 TOD 模式开发等。由于项目的投入和产出之间往往有较长的时间间隔，运营效果难以"立竿见影"，因此需要进行大量

的前期论证工作。

2. PPP 项目往往需要高度关注社会效益

PPP 项目的建设和营运涉及国计民生，具有广泛的社会影响，其提供的产品和服务不仅会关系到各行各业的正常运转，还会关系到居民的日常生活。比如以 PPP 模式建设的电厂以什么样的价格供电、以 PPP 模式建设的污水处理厂以什么样的技术标准进行排放，对于一个地区的生产生活会产生深刻影响。因此，如何以一个经济合理的方式提供公共品和准公共品，并且照顾到社会公众（用户）的感受，是 PPP 项目的一个突出特色。

3. 对于政府而言，PPP 项目中涉及政府的财政支出和风险转移

在 PPP 项目中，合作机制如何设计、与社会资本方的责权利如何谈判，必须建立在正确的财务评价基础之上。财务评价工作做得不扎实，政府就有可能要么设计出来的产品无人问津、没有效率，项目找不到意向中的投资者；要么就有可能在本该突出公益的行业领域，让社会资本方赚取暴利，最终成本转嫁到了社会公众身上，在经济和社会领域均引发风险。

在大量的 PPP 项目中，政府的财政资金都对项目起到了一定的杠杆撬动作用。但是如果财政资金超过了政府该承担的限度，就可能造成政府债务显性或者隐形的增加，将本该转移给社会资本方承担的风险保留在政府的体系之内。

4. 对于社会资本方而言，在 PPP 项目中需要保障自己的合理商业利益

PPP 项目中的合作期限一般都非常长，项目合同一旦签订，双方的权利义务就一定程度上被锁定。大量的 PPP 项目中，绝大部分的建设、运营风险都是由社会资本方承担的。很多失败的 PPP 项目，都源自于对于项目过于乐观的预期和不科学的财务评价。一个 PPP 项目可能涉及众多的模块、程式和内容，但是作为商业主体，社会资本方必须有自己清晰的商业模式，在经济可行的前提下操作项目。既不可枉顾公共利益，谋取暴利，也不宜以做慈善的姿态来对待 PPP 项目，难以持续。

三、PPP 项目的常见操作模式

在 PPP 项目当中，政府方和社会资本方各自承担的权利和义务的不同组合，就形成了不同的合作模式。在实践中，一些模式因为其内核突出、界面清晰、能够

更加凸显 PPP 的价值，因此被越来越多的项目所采用，从而在实践中被固化下来。

常见的 PPP 合作模式包括以下四种。

1. 建设—转让—经营（build-transfer-operate，BTO）

BTO 是社会资本为基础设施融资并负责其建设，一旦建设完毕，该社会资本方就将基础设施的所有权转移给有关部门的政府主管部门；然后，政府部门再以长期合约的形式将其外包给该社会资本方；在合约规定的租期内，社会资本经营这些基础设施，并可以通过向用户收费的方式以及其他有关的商业活动，收回自己的投资并取得合理回报。这种模式的优点在于：政府部门能够从社会资本方的建设和经营中得到益处并且节约成本；政府部门能够保持对服务水准和付费水准的控制，如果未能达到服务的水准和绩效的标准，政府可以终止契约。

2. 建设—经营—移交（build-operate-transfer，BOT）

BOT 融资建设模式是政府通过与社会资本签订特许权协议，特许该机构所属项目公司承担公共性基础设施建设项目的投融资、建造、经营和维护，在协议规定的特许权权限内，项目公司可将产品出售或通过收费以偿还投资成本并获得合理利润，政府部门则拥有对这一基础设施的监督权和调控权。特许期限届满，项目公司将基础设施项目无偿转让给签约方的政府部门。

BOT 模式下的项目资产在经历过建设期和合作运营期之后，还会由社会资本方移交给政府方，因此政府是项目资产的终极所有者，对于合作期后的运营方案、处置方案拥有完整的权限。

3. 转让—经营—移交（transfer-operate-transfer，TOT）

TOT 是对已有公共产品所使用的一种投融资模式，是指政府部门把已经建好的公共产品有偿转让给社会资本方经营，政府凭借公共产品在未来若干年内的现金流量，一次性地从社会资本方获取一部分资金。经营期满，社会资本方再把公共产品无偿转让给政府部门。

TOT 可以分为只转移经营权的 TOT 和伴随产权转移的 TOT 两种，前者实质是租赁关系，后者实质是购买关系。又由于公共设施转让给社会资本方后一般需要先进行一定程度的更新、扩建才能经营，故 TOT 可分别用 LUOT（lease-upgrade-operate-transfer，租赁—更新—经营—转让）和 PUOT（purchase-upgrade-operate-transfer，购买—更新—经营—转让）表示。

对于存量基础设施项目，其建设期已过，最大的建设期风险不存在，如果政府在运营维护中存在一些"痛点"，比如质量不佳、运营效率低下、缺乏专业技术人员、资金占用量过大等，可以通过 TOT 方式进行盘活。

4. 建设—拥有—经营（build-own-operate，BOO）

在 BOO 这种方式下，社会资本方依据特许权投资兴建基础设施。他们拥有这些基础设施的所有权并负责其经营。当然，特许权的获得也不是无条件的，它必须接受政府在定价和运营方面的种种规制。长期所有权为民间资本注入基础设施提供了重要的财政上的激励。这种模式的优点在于：政府部门能够对社会资本方所提供的服务以及垄断服务的利益进行管制；社会资本能够以最有效率的方式提供服务；政府不需要进行融资和投资，并通过征收所得税和财产税，增加收入。

第二节　PPP 项目的投资管理

推广政府和社会资本合作（PPP）模式，引导社会资本参与公共服务供给，是党中央、国务院作出的一项重大决策部署。近年来，国家发改委、财政部等部门会同有关方面在制度建设、政策扶持、示范引领、信息公开等方面规范推进 PPP 工作，推动了一批项目落地，在稳增长、促改革、惠民生等方面发挥了积极作用。但实践中也出现了泛化滥用 PPP、超出财政承受能力上项目甚至借 PPP 名义变相举债等一些突出问题，增加了地方政府隐性债务风险隐患。

为推动 PPP 回归本源、规范发展，按照中央关于防范化解地方政府隐性债务风险的系列决策部署，财政部于 2019 年 3 月发出《关于推进政府和社会资本合作规范发展的实施意见》（财金〔2019〕10 号）；国家发展改革委也于 2019 年 6 月发出《关于依法依规加强 PPP 项目投资和建设管理的通知》（发改投资规〔2019〕1098 号）。这两份文件连同 2019 年 4 月国务院颁布的《政府投资条例》（国务院令第 712 号），共同成为目前规范 PPP 项目投资管理的主要依据。本节对财政部和国家发改委的这两份重要文件予以简要介绍。

一、财金〔2019〕10 号文的相关规定

为了解决部分地方在实施 PPP 项目中超出自身财力、固化政府支出责任、泛化运用范围等问题，遵循"规范运行、严格监管、公开透明、诚信履约"的原则，

切实防控地方政府隐性债务风险，扎实推进 PPP 规范发展，财金〔2019〕10 号文从 PPP 项目规范化标准、财政支出责任监管、项目规范管理、强化 PPP 咨询机构库和专家库管理等诸多方面进行了具体规定。

1. PPP 项目规范化标准

财金〔2019〕10 号文提出，规范的 PPP 项目应当符合以下条件。

（1）属于公共服务领域的公益性项目，合作期限原则上在 10 年以上，按规定履行物有所值评价、财政承受能力论证程序。

（2）社会资本负责项目投资、建设、运营并承担相应风险，政府承担政策、法律等风险。

（3）建立完全与项目产出绩效相挂钩的付费机制，不得通过降低考核标准等方式，提前锁定、固化政府支出责任。

（4）项目资本金符合国家规定比例，项目公司股东以自有资金按时足额缴纳资本金。

（5）政府方签约主体应为县级及县级以上人民政府或其授权的机关或事业单位。

（6）按规定纳入全国 PPP 综合信息平台项目库，及时充分披露项目信息，主动接受社会监督。

此外，对新上的政府付费项目，在满足上述条件的同时，原则上还应符合以下审慎要求。

（1）财政支出责任占比超过 5%的地区，不得新上政府付费项目。按照"实质重于形式"原则，污水、垃圾处理等依照收支两条线管理、表现为政府付费形式的 PPP 项目除外。

（2）采用公开招标、邀请招标、竞争性磋商、竞争性谈判等竞争性方式选择社会资本方。

（3）严格控制项目投资、建设、运营成本，加强跟踪审计。

（4）对于规避上述限制条件，将新上政府付费项目打捆、包装为少量使用者付费项目，项目内容无实质关联、使用者付费比例低于 10%的，不予入库。

2. 强化财政支出责任监管

确保每一年度本级全部 PPP 项目从一般公共预算列支的财政支出责任，不超过当年本级一般公共预算支出的 10%。新签约项目不得从政府性基金预算、国有资本经营预算安排 PPP 项目运营补贴支出。

建立 PPP 项目支出责任预警机制，对财政支出责任占比超过 7%的地区进行风险提示，对超过 10%的地区严禁新项目入库。

3. 加强项目规范管理

各地实施的 PPP 项目，不得出现以下行为。

（1）政府方或政府方出资代表向社会资本回购投资本金、承诺固定回报或保障最低收益。

（2）通过签订阴阳合同，或由政府方或政府方出资代表为项目融资提供各种形式的担保、还款承诺等方式，由政府实际兜底项目投资建设运营风险。

（3）本级政府所属的各类融资平台公司、融资平台公司参股并能对其经营活动构成实质性影响的国有企业作为社会资本参与本级 PPP 项目。

（4）社会资本方实际只承担项目建设、不承担项目运营责任，或政府支出事项与项目产出绩效脱钩。

（5）未按规定通过物有所值评价、财政承受能力论证或规避财政承受能力 10%红线，自行以 PPP 名义实施。

（6）以债务性资金充当项目资本金，虚假出资或出资不实。

（7）不规定及时充分披露项目信息或披露虚假项目信息，严重影响行使公众知情权和社会监督权。

4. 其他相关规定

（1）聚焦重点领域。优先支持基础设施补短板以及健康、养老、文化、体育、旅游等基本公共服务均等化领域有一定收益的公益性项目。

（2）加强信息披露。依托全国 PPP 综合信息平台，对 PPP 项目信息进行全流程公开披露、汇总统计和分析监测，完善项目库"能进能出"的动态调整机制，不以入库为项目合规"背书"，不以入库作为商业银行贷款条件。

（3）强化 PPP 咨询机构库和专家库管理。对于包装不规范 PPP 项目增加隐性债务风险、出具咨询意见违反相关政策规定、收费标准偏离市场合理水平、对 PPP 项目实施造成消极影响和严重后果的咨询机构和专家，要按照规定严肃追究责任。

二、发改投资规〔2019〕1098号文的相关规定

与财政部将政府财政支出责任、防控隐性债务风险作为主要关注点不一样，发改投资规〔2019〕1098号文则从加强PPP项目投资和建设管理、提高PPP项目投资决策科学性的角度，对PPP项目的规范发展进行了具体规定。

1. PPP项目的可行性论证和审查

（1）由于涉及公共资源配置和公众利益保障，PPP项目建设的必要性、可行性等重大事项应由政府研究认可。所有拟采用PPP模式的项目，均要开展可行性论证。通过可行性论证审查的项目，方可采用PPP模式建设实施。

（2）PPP项目可行性论证既要从经济社会发展需要、规划要求、技术和经济可行性、环境影响、投融资方案、资源综合利用以及是否有利于提升人民生活质量等方面，对项目可行性进行充分分析和论证，也要从政府投资必要性、政府投资方式比选、项目全生命周期成本、运营效率、风险管理以及是否有利于吸引社会资本参与等方面，对项目是否适宜采用PPP模式进行分析和论证。

（3）实行审批制管理的PPP项目，在可行性研究报告审批通过后，方可开展PPP实施方案审查、社会资本遴选等后续工作。实行核准制的PPP项目，应在核准的同时或单独开展可行性论证和审查。实行备案制的PPP项目，应单独开展可行性论证和审查。

2. PPP项目的决策程序

（1）PPP项目要严格执行《政府投资条例》《企业投资项目核准和备案管理条例》，依法依规履行审批、核准、备案程序。采取政府资本金注入方式的PPP项目，按照《政府投资条例》规定，实行审批制。列入《政府核准的投资项目目录》的企业投资项目，按照《企业投资项目核准和备案管理条例》规定，实行核准制。对于实行备案制的企业投资项目，拟采用PPP模式的，要严格论证项目可行性和PPP模式必要性。

（2）未依法依规履行审批、核准、备案及可行性论证和审查程序的PPP项目，为不规范项目，不得开工建设。不得以实施方案审查等任何形式规避或替代项目审批、核准、备案，以及可行性论证和审查程序。

（3）实施方案、招投标文件、合同的主要内容应与经批准的可行性研究报告、

核准文件、备案信息保持一致。当项目建设地点发生变化、项目建设规模和主要建设内容发生较大变化、项目建设标准发生较大变化，或项目投资规模超过批复投资的10%时，应当报请原审批、核准、备案机关重新履行项目审核备程序。

3. 严格实施方案审核，依法依规遴选社会资本

（1）加强对PPP项目实施方案的审核，通过实施方案审核的PPP项目，方可开展社会资本遴选。各级发展改革部门要严格审查实施方案主要内容是否与经批复的可行性研究报告、项目核准文件、备案信息相一致。对建设内容单一、投资规模较小、技术方案简单的PPP项目，可将实施方案纳入可行性研究报告一并审核。

（2）公开招标应作为遴选社会资本的主要方式。招标文件的主要内容应与经批准的PPP项目实施方案保持一致。

4. 严格执行关于固定资产投资项目资本金制度的各项规定

（1）各行业固定资产投资项目资本金必须满足国务院规定的最低比例要求，防止过度举债融资等问题。

（2）PPP项目的融资方式和资金来源应符合防范化解地方政府隐性债务风险的相关规定。不得通过约定回购投资本金、承诺保底收益等方式违法违规变相增加地方政府隐性债务，严防地方政府债务风险。

5. 依法依规将所有PPP项目纳入全国投资项目在线审批监管平台统一管理

（1）严格执行《政府投资条例》《企业投资项目核准和备案管理条例》，除涉密项目外，所有PPP项目须使用全国投资项目在线审批监管平台生成的项目代码分别办理各项审批手续。

（2）对于通过项目审批、核准或备案，以及可行性论证、实施方案审查的PPP项目，要通过《在线审批监管平台》公开项目信息，便于社会资本、金融机构等有关方面更好参与PPP项目。

三、对PPP项目投资管理的几点认识

在PPP项目投资经过几年大发展之后，财政部和国家发改委分别出台的财金〔2019〕10号文和发改投资规〔2019〕1098号文是对PPP项目进行规范管理的重要文件。根据这两份文件的规定，在策划、实施PPP项目的时候，需要注意以

下问题。

1. PPP 项目的可行性论证与立项

（1）PPP 项目的可行性研究报告中，项目可行性的论证内容包含了原来财政部规定的物有所值定量论证的部分内容。PPP 项目的可行性论证，既包括对常规投资项目可行性的分析和论证，也包括对项目是否适宜采用 PPP 模式进行的分析和论证。

（2）从程序上看，可研立项审批在前，实施方案审查等随后，可研报告是实施方案的编制基础。不得以实施方案审查等任何形式规避或替代项目审批、核准、备案以及可行性论证和审查程序。

（3）从内容上看，可研报告解决"做什么"，以及技术层面和投融资层面"怎么做"的问题；PPP 实施方案则是在前述工作基础上解决"谁来做"和"怎么管"，怎么分享收益和承担风险的问题。

（4）从权责上看，对 PPP 投资的立项，明确了"发改主导，财政参与"。PPP 项目的可研立项由发改部门审批，实施方案要建立联审制度。

（5）实施方案、招投标文件、合同的主要内容应与经批准的可行性研究报告、核准文件、备案信息保持一致。

（6）在项目立项环节，财政承受能力评价不是必要文件。但政府的财政承受能力计算与财政预算安排直接相关，由于预算的严肃性，相应地会要求对项目财务预测的准确性提高。

2. 与 PPP 项目有关的两个项目库

与 PPP 项目投资管理相关的有两个项目库，一个是发改委系统"全国投资项目在线审批监管平台"管理的固定资产投资项目库，另一个是财政部系统"政府和社会资本合作（PPP）综合信息平台"的 PPP 项目库。发改委系统的"在线审批监管平台"以对项目的建设期管理为主；财政部系统的"综合信息平台"则对 PPP 项目全生命周期内各阶段进行信息发布与监管。未来两个项目库将同时存在，各司其职。

（1）全国投资项目在线审批监管平台

全国投资项目在线审批监管平台（下称"在线平台"）是依托互联网和国家电子政务外网建设的固定资产投资项目综合管理服务平台。

按照《政府投资条例》(国务院令第712号)的规定,投资主管部门和依法对政府投资项目负有监督管理职责的其他部门应当采取在线监测、现场核查等方式,加强对政府投资项目实施情况的监督检查。项目单位应当通过在线平台如实报送政府投资项目开工建设、建设进度、竣工的基本信息。

在线平台由中央平台和地方平台组成。中央平台负责管理由国务院及其相关部门审批、核准和备案的项目。地方平台负责管理地方各级政府及其相关部门审批、核准和备案的项目。中央平台综合管理部门为国家发展改革委。履行地方平台综合管理职责的相关单位由地方政府指定。

各类建设项目实行统一代码制度。项目代码是项目整个建设周期的唯一身份标识,一项一码。项目代码由在线平台生成,项目办理信息、监管(处罚)信息,以及工程实施过程中的重要信息,统一汇集至项目代码。项目延期或调整的,项目代码保持不变;项目发生重大变化,需要重新审批、核准、备案的,应当重新赋码。

各级政府及其部门通过在线平台实现项目网上申报、并联审批、信息公开、协同监管。项目单位可凭项目代码查询项目办理过程及审批结果。

(2)全国PPP综合信息平台

全国PPP综合信息平台是指依据《关于规范政府和社会资本合作(PPP)综合信息平台运行的通知》(财金〔2015〕166号)由财政部建立的全国PPP综合信息管理和发布平台,包含项目库、机构库、资料库3部分。其中,项目库用于收集和管理全国各级PPP储备项目、执行项目和示范项目信息,包括项目全生命周期各环节的关键信息。

按照财政部《关于推进政府和社会资本合作规范发展的实施意见》(财金〔2019〕10号),规范的PPP项目应当按规定纳入全国PPP综合信息平台项目库,及时充分披露项目信息,主动接受社会监督。

财金〔2015〕166号文规定:未纳入综合信息平台项目库的项目,不得列入各地PPP项目目录,原则上不得通过财政预算安排支出责任。

3. 对项目风险防控的要求更严厉

(1)关于项目资本金

财金〔2019〕10号文和发改投资规〔2019〕1098号文均强调了关于项目资

本金的规定。

财金〔2019〕10号文重申：项目公司股东以自有资金按时足额缴纳资本金，并延续了此前"资本金穿透审查"的要求，禁止"以债务性资金充当项目资本金"。

发改投资规〔2019〕1098号文也再次规定，各行业固定资产投资项目资本金必须满足国务院规定的最低比例要求，防止过度举债融资等问题。

（2）关于风险防范

发改投资规〔2019〕1098号文规定，PPP项目的融资方式和资金来源应符合防范化解地方政府隐性债务风险的相关规定。不得通过约定回购投资本金、承诺保底收益等方式违法违规变相增加地方政府隐性债务，严防地方政府债务风险。

财金〔2019〕10号文则对风险防范更为重视，规定更细致。例如，从项目策划阶段就防止过度包装、堵漏洞，规定"使用者付费比例低于10%的，不予入库"。并重申了若干禁止性行为，包括：政府实际兜底、向社会资本回购投资本金、承诺固定回报或保障最低收益、签订阴阳合同、政府方提供融资担保或还款承诺等。

从相关文件的规定看，规范化是未来PPP项目管理的重要内容。

（3）绩效挂钩

财金〔2019〕10号文明确，"建立完全与项目产出绩效相挂钩的付费机制"。这一规定显示了上层领导扭转部分地方重投资建设、轻运营管理问题的决心，无疑将对PPP项目的顺利推进、产生良好社会效益产生较大影响。

第三节 PPP项目财务评价的工作内容

与常规投资项目的策划、决策过程一样，财务评价在PPP项目的运筹、操作过程中起了十分重要的作用。既然PPP模式以市场化的方式来运作政府投资项目，而市场化的一个很重要的原则就是"不做赔本的买卖"，那么市场行为的参与各方均需充分了解自己参与投资活动的所得与所失。因此，财务评价工作会直接影响PPP合作双方的投资决策。

1. PPP项目实施方案中涉及的财务评价

PPP项目实施方案是执行PPP项目的总纲，它在PPP项目中的地位与作用超过了一般投资项目中的可行性研究报告。项目实施方案中的以下几方面内容与项目财务评价密不可分。

（1）项目运作方式的选择

项目运作方式主要包括委托运营、管理合同、建设—运营—移交、建设—拥有—运营、转让—运营—移交、改建—运营—移交等。

项目具体运作方式的选择主要由收费定价机制、项目投资收益水平、风险分配基本框架、融资需求、改扩建需求和期满处置等因素决定。

（2）项目交易结构设计

交易结构主要包括项目投融资结构、回报机制和相关配套安排。

项目投融资结构主要说明项目资本性支出的资金来源、性质和用途，项目资产的形成和转移等。

项目回报机制主要说明社会资本取得投资回报的资金来源，包括使用者付费、可行性缺口补助和政府付费等支付方式。

相关配套安排主要说明由项目以外相关机构提供的土地、水、电、气、道路等配套设施和项目所需的上下游服务。

（3）项目合同体系

合同体系主要包括项目合同、股东合同、融资合同、工程承包合同、运营服务合同、原料供应合同、产品采购合同和保险合同等。PPP项目合同是其中最核心的法律文件。

项目边界条件是项目合同的核心内容，主要包括权利义务、交易条件、履约保障和调整衔接等边界。

权利义务边界主要明确项目资产权属、社会资本承担的公共责任、政府支付方式和风险分配结果等。

交易条件边界主要明确项目合同期限、项目回报机制、收费定价调整机制和产出说明等。

（4）项目的招标安排

实施方案需要对PPP项目的招标进行仔细规划，包括招标方式选择、对社会资本方的基本要求、招标文件中应设置的主要竞标点等。竞标点的合理设置关系到招标的成败，它需要对项目进行全面且较深入的模拟财务测算，在此基础上，对项目参与各方的责权利有清楚的了解。

归纳起来，对实施方案中主要内容的研究与确定，涉及项目财务评价中的融资、投资、产出、收入、成本、税收、收益、分配等各个方面。这些问题，或是涉及财务评价中所采用的计算条件，或是属于财务评价计算的结果。

2. PPP模式必要性论证中涉及的财务评价

发改投资规〔2019〕1098号文规定，在PPP项目立项时，既要按常规投资项目的要求对项目可行性进行充分分析和论证，也要从政府投资必要性、政府投资方式比选、项目全生命周期成本、运营效率、风险管理以及是否有利于吸引社会资本参与等方面，对项目是否适宜采用PPP模式进行分析和论证。这种要求与财政部相关文件中规定进行物有所值评价的要求实质上是一致的。

PPP模式必要性论证的重要内容之一是对项目全生命周期成本、运营效率等的投资方案比选评价，而进行这种方案比选评价是PPP项目财务评价的一个特殊研究领域。

3. PPP项目财政承受能力论证中涉及的财务评价

PPP项目的财政承受能力论证是指识别、测算PPP项目的各项财政支出责任，是科学评估项目实施对当前及今后年度财政支出的影响，为PPP项目财政管理提供依据的一项重要工作。

在PPP项目全生命周期中，政府的财政支出责任主要包括股权投资、运营补贴、风险承担、配套投入等。政府的这些财政支出责任，与PPP项目合同、对项目本身的营利性分析、社会投资人期望的投资回报等存在直接的关系。这些也是财务评价的重要内容。

4. 社会资本方对PPP项目的投资决策

以上几方面工作的责任主体主要是政府方实施机构。政府方实施机构需要在咨询公司的协助下，通过仔细的财务测算，明确有关投资、融资、项目收益、政府支付责任、社会投资人回报水平等诸多问题。

作为PPP项目的重要参与方，社会投资人也必须对是否参与PPP项目投资，以及在什么条件下参与投资进行决策。社会投资人进行决策所要考虑的核心问题是投资回报，而这就离不开对项目的财务评价。通过财务评价，可以充分考察分析项目的投入、融资的可能性、融资成本、PPP项目合作条件、项目直接产生的收益、项目直接发生的成本费用、在项目经营期内政府的补贴及条件、经营期内的价格调整机制、风险发生的可能性及损失大小等。

第四节　PPP项目财务评价的理论基础

由以上对PPP项目财务评价工作内容的讨论可见，PPP项目的财务评价与一般常规投资项目的财务评价具有很多相同或相似的地方。本书所谓的"常规"投资项目，是指投资人以营利为目的新建的市场化程度高、竞争性强的经营性投资项目。

当前，国内进行投资项目财务评价的权威性指导文件为国家发展改革委和原建设部于2006年发布的《建设项目经济评价方法与参数》（第三版）。该文件全面、系统地规定了进行常规投资项目经济评价的基本参数、基本方法、评价模型（财务报表）及评价指标。由于PPP项目与常规投资项目具有很多共性，该文件自然也将是本书讨论PPP项目财务评价的重要理论基础。

但是，PPP项目又是一类较特殊的投资项目，它在不少方面与常规投资项目存在差异。

（1）常规投资项目一般是收益性好、竞争性强的经营性项目；而PPP项目由于具有较强的公益性，盈利能力普遍不足，如果没有政府各种形式的补贴，一般难以生存。

（2）在常规投资项目中，各股东按同股同权原则分享责权利；而在PPP项目中，政府方股东一般不参与PPP项目公司的经营，社会资本方股东可通过PPP项目合同的相关规定，拥有对项目公司经营成果的实际支配权。

（3）常规投资项目的财务评价通常是一种较单纯的"投入—产出"分析，对项目公司经济活动的分析往往是一种"单向推演"，即在前端（投入）的条件相对较明确（或预先设定）的情况下，测算出未来可能会产生的结果（后端的"产出"）。即使会发生根据"产出"的结果对"投入"进行调整的情况，这种调整计算也较为简单。但在PPP项目的财务评价中，对项目公司经济活动的分析往往会是"双向推演"：既有根据双方都可接受的条款或条件，测算未来预期可以获得的结果，也有根据自己希望获得的投资回报水平，利用建立的财务评价模型，反算出希望对方提供的各种承诺或确定自己谈判时的底线。可以认为，PPP项目的财务测算模型、边界条件及计算参数会随合作双方的谈判进展而不断调整，在合作文件明确规定了各方的权利与义务之后，才会最终确定。

（4）PPP项目的财务评价应更多地关注风险，例如财政承受能力论证中的风险支出，以及交易结构设计中的风险分担等。

本书采用《建设项目经济评价方法与参数》（第三版）所规定的原则与方法对PPP项目进行财务评价，同时针对PPP项目中所出现的特殊问题，对该文件中的某些计算模型进行了适当修正，以适应PPP项目财务评价的具体情况。对该文件中计算模型的修正，在本书讲述的具体案例中均有相应的说明，请读者注意。

第十章
PPP 项目财务评价的特殊问题

PPP 项目是投资项目的一种特殊模式。对 PPP 项目的财务评价，自然必须遵循国家关于一般投资项目的相关规定，但也需要考虑这类项目因本身特点所导致的特殊问题。本章在上篇所讨论基本理论与方法的基础上介绍与 PPP 项目财务评价有关的特殊问题。

第一节　PPP 项目的总投资与政府付费基数

一、PPP 项目的总投资

在确定 PPP 项目的总投资时，以下问题值得注意。

（1）对 PPP 项目来说，除有新建项目外，还存在其他的投资形式，例如转让—运营—转让（TOT）、融资租赁等。无论投资形式如何多样变化，凡是因形成项目公司长期资产而发生的各类支付或投入（包括存量资产的作价转让、投资入股），均属 PPP 项目总投资的构成内容。

（2）关于特许经营权，社会资本方以付出对价（例如现金、投资建设固定资产）所获得的特许经营权，其对价可以作为项目总投资。但是，对于某些未付出对价而获得的特许经营权（例如政府向社会资本方授予垃圾收运服务的特许权，或对某些已建成设施的委托运营），不能将政府承诺的未来购买服务或财政支付（运营补贴）金额进行折现计入项目总投资。

（3）通常，仅经营期开始时的初始实质性投入才应被记为投资。与远期规划建设内容对应的计划投资额不能计入投资；经营开始之后的追加投资（包括设备更新、经营开始几年之后的后续投资）不能计入投资额。在追加投资发生时，应与政府另落实具体协议。

（4）建筑安装工程造价（亦称工程费用，包括建筑工程费、设备购置费和安装工程费）是项目总投资的最主要部分，它的确定与施工企业的利益密切相关。通常，在工程施工合同中，建筑安装工程费的确定方式有两种：①固定总价；②固定单价。在不同的建安费确定方式下，施工方可能得到的收益或可能承担的风险不同。在签订相关合同时需仔细斟酌并权衡。

二、政府付费或补贴的计算基数

在 PPP 项目中，当采用政府付费或使用者付费加可行性缺口补贴的付费模式时，需要确定政府付费或补贴的计算基数。政府付费或补贴计算基数的确定，也直接关系政府财政承受能力论证结果的正确性。在确定政府付费或补贴的计算基数时，以下问题值得注意。

（1）政府付费或补贴是社会资本方收回在 PPP 项目中的投入并获取合理回报的重要方式。政府付费或补贴的计算基数与项目总投资有直接关系。但是，政府付费或补贴的计算基数应与社会资本方在 PPP 项目中的投入对应。在政府方或政府出资代表不从项目公司获取任何收益（包括不享受项目公司分红）的 PPP 项目中，如果项目总投资中的部分支出由政府方承担（如征地拆迁费等前期费用），或在建设期内由政府以补助的形式支付给项目公司（如建设期利息、投资补助等），或 PPP 项目的建设获得了国家专项基金的支持，或政府在项目公司中有资本金投入，则社会资本方对 PPP 项目的投入会低于项目总投资。此时，在确定政府付费或补贴的计算基数时，应从项目总投资中将上述各项扣除。但是，如果 PPP 合同约定政府方的出资代表也按"同股同权"的原则从项目公司获得分红，那么在计算政府付费或补贴的基数时，政府方的出资资金应等同于社会资本方的出资，不应从总投资中扣除。相关讨论可见本书第十三章第五节。

（2）政府付费或补贴的计算基数除与项目总投资有直接关系外，还与 PPP 项目协议中约定的其他合作条件有关。例如，在 PPP 项目的招标文件中，对不同的项目可能会设置不同的竞标点（招标标的）。在实践中，竞标点的设置方式可能包括：项目全投资内部收益率、社会资本方的投资回报率（内部收益率）等。当以项目全投资内部收益率为投标竞价点时，一般需要根据项目静态总投资（不含建设期利息）计算每年的付费额或补贴额；在以社会资本方的投资回报率作为投标竞价点的项目中，一般应以项目总投资中由社会资本方所实际承担的出资资金为计算基数。

第二节　PPP项目公司的股权结构

一、PPP项目公司的股东构成

PPP项目公司，即SPV，是社会资本为实施PPP项目而专门成立的公司，通常独立于社会资本而运营，是依法设立、自主运营、自负盈亏、具有独立法人资格的经营实体。

PPP项目的参与方通常包括政府、社会资本方、融资方、承包商和分包商、设备与原材料供应商、专业运营商、保险公司及专业机构等。因此，PPP项目公司的股东通常包含希望参与项目建设和运营的承包商、设备与原材料供应商以及融资方等主体。

为了更直接地了解项目的运作及收益情况，政府也有可能通过直接参股项目公司的方式成为项目公司股东，以便更好地实现知情权。但政府通常并不控股和直接参与经营管理。

财政部在《PPP项目合同指南（试行）》中提出，政府在项目公司中的持股比例应当低于50%，且对项目公司不具有实际控制力及管理权。

根据项目公司股东国籍的不同，项目公司可能是内资企业，也可能是外商投资企业。

二、PPP项目公司股权变更的限制

在PPP项目中，虽然项目的直接实施主体是社会资本设立的项目公司，但项目的实施仍主要依赖于社会资本自身的资金和技术实力。项目公司自身或其母公司的股权结构发生变化，可能会导致不合适的主体成为PPP项目的投资人或实际控制人，进而有可能会影响项目的实施。因此，为了有效控制项目公司股权结构的变化，在PPP项目合同中一般会约定限制股权变更的条款。

（一）限制股权变更的考虑因素

对于项目公司股权变更问题，社会资本方和政府方的主要关注点完全不同。

1. 政府方关注点

对于政府方而言，限制项目公司自身或其母公司的股权结构变更的目的，主要是为了避免不合适的主体被引入项目的实施过程中。由于在项目合作方选择阶段，通常政府方是在对社会资本方的融资能力、技术能力和管理能力等资格条件进行系统评审后，才最终选定社会资本合作方。因此，如果在项目实施阶段，特别是建设阶段，社会资本将自身或项目公司的部分或全部股权转让给不符合上述资格条件的主体，将有可能直接导致项目无法按照既定目的或标准实施。

2. 社会资本方关注点

社会资本方常会希望通过以转让其直接或间接持有的部分或全部项目公司股权的方式，来吸引新的投资者或实现退出。保障其自由转让股权的权利，有利于增加资本灵活性和融资吸引力，进而有利于社会资本方更便利地实现资金价值。因此，社会资本方当然不希望其自由转让股份的权利受到限制。

因此，为了更好地平衡合作两方的不同关注点，PPP项目合同中需要设定一个适当的股权变更限制机制，在合理的期限和限度内有效地限制社会资本方不当变更股权。

（二）股权变更的限制

1. 锁定期

锁定期是指限制社会资本方转让其直接或间接持有的项目公司股权的期间。通常在PPP项目合同中会直接规定，在一定期间内，未经政府批准，项目公司及其母公司不得发生股权变更的情形。

锁定期的期限需要根据项目的具体情况进行设定，常见的锁定期是自合同生效日起至项目开始运营日后的一定期限（例如2年，通常至少至项目缺陷责任期届满）。这一规定的目的是确保在社会资本方履行完其全部出资义务之前不得轻易退出项目。

在锁定期内，如果发生以下特殊情形，可以允许发生股权变更。

（1）项目贷款人为履行本项目融资项下的担保而涉及的股权结构变更。

(2) 将项目公司及其母公司的股权转让给社会资本的关联公司。

(3) 如果政府参股了项目公司，则政府转让其在项目公司中的股权不受上述股权变更限制。

2. 其他限制

除锁定期外，在一些 PPP 项目合同中还可能会约定对受让方的要求和限制，例如约定受让方须具备相应的履约能力及资格，并继承转让方相应的权利义务等。在一些特定的项目中，政府方有可能不希望特定的主体参与到 PPP 项目中，因此可能直接在合同中约定禁止将项目公司的股权转让给特定的主体。

第三节 PPP 项目的收入

PPP 项目公司的收入是投资人收回投资并获得投资回报的最重要现金流来源。在常规的投资项目中，通过销售产品获得收入是最常见的盈利模式。但对于 PPP 项目来说，由于项目形式多样，项目的公益性及可经营性程度不一，因此其收入来源（收入方式）与收入金额也呈现出多样性。

在 PPP 项目的财务评价中，如果存在通过销售产品获得部分收入（使用者付费）的情况，那么在进行收入的估算时，对这部分收入也必须进行合理的预测。相关方法见第三章第一节。本节讨论与 PPP 项目收入相关的一些特殊问题。

一、PPP 项目的分类与回报机制

国家发展改革委《关于开展政府和社会资本合作的指导意见》（发改投资〔2014〕2724 号）根据项目是否有收益及收益是否实现投资成本的全覆盖，将 PPP 项目划分为经营性、准经营性和非经营性三类。

具体来说，经营性 PPP 项目一般都有收费机制，这类项目可以通过市场化运作的手段、采用"使用者付费"模式实现投资人的投资回报。所谓"使用者付费"，是指由最终消费用户直接付费购买公共产品和服务。项目公司直接从最终用户处收取费用，以回收项目的建设和运营成本并获得合理收益。

准经营性 PPP 项目一般具有很强的公益性，这类项目也能通过"使用者付费"获得一定收入，但通常使用者付费数额不足以满足项目公司成本回收和合理回报的实现，需要由政府通过优惠政策或适当的财政补贴等措施以维持其正常运行。

对于这部分 PPP 项目，投资人的投资回报一般通过"使用者付费"加政府的"可行性缺口补助"模式实现。

而非经营性 PPP 项目完全是公益性项目，不具备收费机制，这类项目一般直接采用"政府付费"的模式，即政府直接付费购买公共产品和服务，使投资人能收回投资并获取合理的回报。在具体操作中，"政府付费"模式又有多种方式或不同的名义，详见下文。

在 PPP 项目的交易结构中，投资人获得收益的方式，也称为 PPP 项目的"回报机制"。

二、经营性 PPP 项目的收入

经营性 PPP 项目具有明确的收费基础，并且经营收费能够完全覆盖投资成本。这类项目一般通过政府授予特许经营权，采用 BOT、BOOT（build-own-operate Transfer 的缩写，意为建设—拥有—运营—移交）等模式运作。这类项目中，典型的有高速公路、收费公路等。

经营性 PPP 项目的收入来源主要为使用者付费。项目公司直接从最终用户处收取费用，以回收项目的建设和运营成本并获得合理收益。在此类付费项目中，项目公司一般会承担全部或者大部分的项目市场需求风险。

以高速公路为例，

$$项目公司收入 = 使用者付费 = \sum 车流量 \times 车辆通行费率 \qquad (10.1)$$

在 PPP 项目的准备阶段，在编制实施方案和做财政承受能力论证时，政府方与社会资本方均需对未来项目公司的收入进行预测。车流量的预测基础之一是可行性研究报告中的相关研究结论；车辆通行费率的预测基础则是同类道路现行的车辆通行收费标准，以及未来的调价预期。

但是，既然是预测，就难免存在预测结果之外的风险，或超过当前预测结果的暴利。因此，在 PPP 项目合同中，合作各方往往对超过一定承受限度的风险，提出某些解决办法，或设计某些补偿措施；而对可能出现的超预期收益，则设计一些超额收益分享机制。

例如，政府在项目合同中向投资人提供最低车流量担保，一旦实际车流量低于担保的最低车流量时，政府按照车流量缺口（车流量缺口 = 担保最低车流量 −

实际车流量）向投资人支付补贴，从而将增加政府的财政支付数额。而当未来的车流量远超预期，致使投资人的收益率超过合理收益水平较多时，则政府按一定比例分享超额收益。

无论是项目公司未来的收入预测，还是最低车流量担保设置或超额收益分享机制的合理设计，所有这些均需通过项目的财务评价模型测算。当财务测算结果超过任一方的可接受度时，双方将重新修改测算条件，直至最后达成一致。财务测算条件也就是双方将在PPP项目合同中约定的合作条件。

在经营性PPP项目的财务评价中，营业收入、税金及附加、增值税的估算表格形式见附录2中的附表2.6。表中的增值税销项税可根据销售收入及增值税率计算，增值税进项税则需根据外购原材料（见附录2中的附表2.7.1）及外购燃料和动力（见附录2中的附表2.7.2）等所发生的支出计算。

需要说明的是，根据相关法规和政策规定，政府可能对于某些项目实行政府定价或者政府指导价，如果按照该政府定价或政府指导价无法保障项目公司回收投资成本并获得合理收益，则无法适用使用者付费机制，但可以考虑采用可行性缺口补贴机制。此时，经营性PPP项目就转变成为准经营性PPP项目。

三、准经营性PPP项目的收入

（一）准经营性PPP项目的特点

准经营性PPP项目具有部分经营性收入（使用者付费），但经营收费不足以覆盖投资成本并使投资人获得合理投资回报，需政府补助部分资金。这类项目一般也通过政府授予特许经营权，采用BOT、BOOT等模式运作。这类项目中，典型的有地铁、部分高速公路、兼有城镇供水职能的水库项目、城市自来水厂、污水处理厂、垃圾处理厂等。

与纯公益性或经营性PPP项目相比，准经营性PPP项目一般具有如下特点。

（1）项目具有比较明确的受益对象，具备收费条件，因而具有一定的经营性效益或财务效益，同时也具有较强的社会效益（或称外部效益）。

（2）项目多数为涉及民生的公共产品或服务领域，为平抑公共产品或服务的价格水平，保障民众的基本社会福利，政府通常会对特定产品或服务实行政府定价或政府指导价。如果该定价或指导价较低，将导致使用者付费无法覆盖项目的成本和合理收益。

（3）由于使用者付费不足以满足项目公司投资成本回收和合理回报，需要由政府给予项目公司一定的经济补助，以弥补使用者付费之外的缺口部分。这类补助称为可行性缺口补助。

可行性缺口补助的基本原则是"补缺口"，而不能使项目公司因此获得超额利润。

在我国PPP项目的实践中，可行性缺口补助的形式多种多样，包括土地划拨、投资入股、投资补助、优惠贷款、贷款贴息、放弃分红权、授予项目相关开发收益权和直接资金补助等中的一种或多种。简单归纳起来，对于准经营性PPP项目，可行性缺口补助的主要方式可分为：资源补偿、建设期补助及经营期补助。

（二）准经营性项目的资源补偿

所谓"资源补偿"，是指政府将具有盈利能力的另一独立项目与准经营性PPP项目搭配捆绑，使社会投资人通过算总账而获得合理的投资回报。

对于"资源补偿"的准经营性项目，在进行财务评价时，需先将被捆绑项目作为一个独立的市场化运作项目进行分析，分析方法与一般的常规投资项目无异。在通过财务分析得到净现金流之后，将其与PPP项目的净现金流合并，从整体上分析投资人的投资回报。调整资源补偿的内容，相应地也就调整了投资人的投资回报水平。

（三）准经营性项目的建设期补助

建设期补助也称投资补助。在项目建设投资较大，无法通过使用者付费完全覆盖时，政府可无偿提供部分项目建设资金，以缓解项目公司的前期资金压力，降低整体融资成本。投资补助的拨付通常不会与项目公司的绩效挂钩。

如果将社会投资人在经营期内赖以获取经营收益的资产称为"基础资产"，那么，"基础资产"应是建设期内形成的固定资产及/或无形资产。如果社会投资人享有全部"基础资产"所产生的收益，那么，在"基础资产"上投入的资金越少（其余资金由政府投入），其实现的收益率就越高。因此，政府在项目建设期的投入是对社会资本方参与准经营性PPP项目的一种补助措施。

政府在建设期补助的主要方式包括以下。

（1）投资补助。

（2）投资入股，但政府在一定条件下放弃分红权。

（3）政府自建一部分经营所需的基础设施，将其无偿或低价让与项目公司使用。

上面的第（1）、（2）种补助方式直接减少了社会资本方的资金投入；第（3）种方式的典型案例为北京地铁 4 号线 PPP 项目。

政府的建设期补助对社会资本方投资收益率的提升程度，应通过项目的财务测算模型确定。一般来说，政府的建设期补助越多，社会资本方的收益改善情况越好。相关内容的讨论详见本书第十三章第五节。

按照财政部 2017 年 5 月修订的《企业会计准则第 16 号——政府补助》(财会〔2017〕15 号)，政府对项目公司的投资补助为与资产相关的政府补助。在会计核算上，与资产相关的政府补助，应当冲减相关资产的账面价值或确认为递延收益。关于建设期补助会计核算的更细致讨论见第十四章。

（四）准经营性项目的运营期补助

政府对准经营性 PPP 项目的运营期补助，一般是直接的财政补助，即政府财政以"可行性缺口补助"的名义向项目公司直接补助。

政府对项目公司的运营期补助，构成项目公司的收入。此时，项目公司的收入由使用者付费与可行性缺口补助两部分组成。

$$项目公司收入 = 使用者付费 + 可行性缺口补助 \quad (10.2)$$

式（10.2）中的"使用者付费"，仍可采用与式（10.1）类似的公式预测计算。

由式（10.2）得

$$可行性缺口补助 = 项目公司收入 - 使用者付费 \quad (10.3)$$

当需要保证社会投资人在特许经营期内通过项目公司的收入来收回投资并获取合理回报时，式（10.2）中的"项目公司收入"应为分摊至经营期内各年的经营现金流入，它可根据项目建设投资额、经营成本、预定的收益率等推算出来，在减去经营期内的"使用者付费"之后，就可由式（10.3）确定"可行性缺口补助"数额。

计算"可行性缺口补助"需综合考虑以下因素，通过财务模型计算。

（1）社会资本方在建设期的投入。

（2）特许经营期的长短。

（3）项目公司的年运营成本。

（4）每年的使用者付费数额。

（5）经营期内的各项税费。

（6）经营期内的还本付息。

（7）社会资本方应该获得的合理投资回报水平。

计算运营期内可行性缺口补助的财务模型见本书第七章第四节的现金流量表。

需要作如下说明。

（1）常规投资项目的现金流量表，是根据已知的现金流入与流出，计算投资项目的财务内部收益率。当用现金流量表来计算 PPP 项目的可行性缺口补助时，则需采用"逆算法"，即根据预先确定的财务内部收益率，以及已知的建设投入、预测的使用者付费、年运营成本、还本付息和各项税费，反算政府应给予的财政补助。更多的讨论见本章第六节。

（2）由于财务内部收益率与项目全生命周期的净现金流量有关，因此，各年的可行性缺口补助数额可能需要经过对财务模型参数的多次反复试算调整才能确定。

（3）在 PPP 项目中，政府也可能作为使用者付费的主角。例如，在污水处理项目中，项目公司负责污水处理厂的投资、建设和运营，政府作为购买方统一采购项目公司的污水处理服务。污水处理的价格一般通过对社会投资人的招标确定。政府支付的"使用者付费"由实际污水处理量（或保底处理量）乘以污水处理价格确定。除"使用者付费"之外，政府还可能按上面的讨论另行向项目公司支付可行性缺口补助。

四、非经营性 PPP 项目的收入

（一）非经营性 PPP 项目的特点

非经营性 PPP 项目是指那些为社会公共利益服务、不以营利为目的，且不能或不宜通过市场化方式运作的政府投资项目。这类项目包括交通运输（公路、机场、港口等）、市政建设（城市道路、公共交通、广场、文体场馆、海绵城市、河湖堤防整治等水利工程、垃圾处理等），以及公共卫生、基础科研、义务教育、保障性安居工程等基本建设项目。当采用 PPP 模式运作时，项目的回报机制为政府付费。在特许经营期内，采用 BOO、BTO、DBFO、O&M（operation and maintenance 的缩写，意为委托运营）等市场化模式推进。

由于不具有向公众收费的基础，非经营性PPP项目的收入来源为"政府付费"，即政府直接付费购买公共产品和服务。

（二）政府付费的名义

在政府付费机制下，政府可以依据项目设施的可用性、产品或服务的使用量及质量向项目公司付费。这种政府付费并不需要什么特殊的理由，或以什么特殊的名义。但在PPP项目中，由于需要强调对项目公司的绩效考核，合作各方在PPP项目协议中一般会规定一些政府向项目公司付费的名义，比较典型的有可用性服务费和运营绩效服务费。

此外，还有主要用于道路、桥梁等交通设施的所谓"影子收费"（shadow tolling）。

1. 可用性服务费

所谓"可用性服务费"，是指政府依据项目公司所提供的项目设施或服务是否符合合同约定的标准和要求来付费。当以社会资本为主投资建设的项目设施竣工验收完毕，资产达到预定可使用状态时，政府将在此后的若干年内分年向项目公司支付费用，以便社会投资人收回其建设投资，并获得合理回报。

可用性付费通常与项目的设施容量或服务能力相关，而不考虑项目设施或服务的实际需求，因此项目公司一般不需要承担需求风险，只要所提供的设施或服务符合合同约定的性能标准即可获得付费。

大部分的社会公共服务类项目（例如学校、医院等）及部分公用设施和公共交通设施项目可以采用可用性付费。在一些PPP项目中，也可能会与按绩效付费搭配使用，即如果项目公司提供的设施或服务的质量没有达到合同约定的标准，则政府付费将按一定比例进行扣减。

在使用"可用性付费"这一付费名义时，需要建立一个判断是否达到"可用性"的标准。实际上，"可用性"标准，就应该也必须是项目的竣工验收标准。

项目竣工验收的依据，一般应是批准的设计任务书、初步设计或扩大初步设计、施工图和设备技术说明书、现行施工技术验收规范，以及主管部门有关审批、修改和调整文件等。项目竣工验收标准，应是已按设计要求建完，符合建设标准和规范并能满足预定使用要求。

在一些 PPP 项目中，项目竣工验收标准被称为"可用性考核指标"，并将其具体化为质量、工期、环境保护和安全生产四项指标。采用这样的"可用性考核指标"，实际上突出了对项目建设的非技术性要求，弱化了对项目的功能性要求。

2. 运营绩效服务费

所谓"运营绩效服务费"，是指政府购买项目公司为维持项目可用性所从事的运营维护服务（符合绩效要求的公共服务）而支付的费用。通常会与可用性付费或者使用量付费搭配使用。

在PPP项目的基础设施建成之后，在社会资本方收回其投资的特许经营期内，项目公司有责任使所建成的设施始终处于良好状态，维持项目的"可用性"，使社会公众能享受优质的服务。为此，项目公司需为此付出代价（发生运营维护成本支出），而政府也将以支付"运营绩效服务费"的方式对项目公司进行补偿。政府支付"运营绩效服务费"的前提是，项目公司的运营服务水平达到运营维护绩效考核指标。如果项目公司未能达到约定的绩效标准，则会扣减相应的付费。

从提出"运营绩效服务费"的初衷考虑，项目运营维护绩效考核指标的设计应基于以下两方面的要求。

①保持各项设施完好的行业技术标准。

②项目公司的服务质量标准。

以河道流域环境治理项目为例，根据项目建设中涉及的分项工程内容，在设计运营绩效考核指标时，需考虑以下分项工程的行业技术标准。

①道路。

②桥梁。

③河道和水库塘坝。

④排水泵站。

⑤排水管道设施。

⑥园林绿化。

⑦污水处理等。

除行业技术标准外，对以上各分项工程，还可根据对其使用期间的外观、状况、效能等各层级的要求，细化考核指标，制定计分或扣分标准，使绩效考核结果量化。

而项目公司的服务质量标准则可从以下几方面设计。

①管理制度。

②安全生产。

③设备管理、环境管理、人员管理。

④公众满意度等。

上述各项服务质量标准，也可进一步细化。

需要说明的是，PPP 项目中的这些政府付费名义，并不是 PPP 项目交易结构设计必需的，而只是合作双方关于付费程序的一种约定，也体现了 PPP 项目中的激励与制约。对不同的项目，可以提出不同的考核办法与指标。但是，考核系统定得越复杂，考核指标越多，未来的管理成本也就越大。

3. 影子收费

"影子收费"是主要用于道路、桥梁等交通设施的一种政府付费名义。

在影子收费模式中，项目公司并不需要直接向过往车辆收取车辆通行费，而是按计量的车辆实际通行量，根据事先测算的一种"影子价格"，由政府用财政资金对项目公司进行支付。

"影子价格"（shadow price）根据社会投资人对项目的建设投入、运营维护支出、正常情况下的平均车流量和投资人合理的收益率等因素，通过财务分析模型测算。

为了保障社会资本方的收益，但又兼顾政府的财政承受能力并抑制暴利，在影子收费模式中，通常需设置一个保底车流量（对应政府的最小支付额，保障社会资本方的基本收益），同时设置一个饱和车流量（对应政府的最高支付额，抑制社会资本方可能获取的暴利）。

但是，车辆通行量的高低受宏观经济的影响极大，与项目公司对设施进行运营维护质量的好坏相关性较弱。因此，这种名义的政府付费模式，在对项目公司的激励与制约方面具有一定的局限性。

（三）政府付费的金额

在非经营性 PPP 项目中，决定政府付费金额的因素与准经营性项目中计算可行性缺口补助的因素基本一样，只是需将其中的"使用者付费"取为 0。因此，非经营性项目中政府付费金额由以下因素决定。

①社会资本方在建设期的投入。

②特许经营期的长短。

③项目公司的年运营维护成本。

④经营期内的各项税费。

⑤经营期内的还本付息。

⑥社会资本方应获得的合理投资回报水平。

在上述各项确定之后，可利用财务评价模型中的现金流量表计算政府付费金额。

如果锁定社会资本方应获得的投资收益水平，要计算政府该支付多少钱时，需利用现金流量表进行倒算，即根据预先确定的财务内部收益率，以及已知的建设投入和年运营成本等，反算政府应给予的财政支付。

但是，在非经营性 PPP 项目的投资人采购中，政府方往往也会将政府财政在项目全周期内的支付总额作为招标条件之一，给出一个最高限价，由社会投资人在投标文件中报价。在这种情况下，投资人就应根据政府支付金额、经营期长短和可能发生的年运营维护成本等，按常规项目的计算方法，计算自己在不同的报价水平下可能获得的收益率。

计算非经营性 PPP 项目政府付费的现金流量模型见本书第七章第四节。

（四）政府付费的调价机制

在长达 20~30 年的 PPP 项目生命周期中，市场环境的波动会直接引起项目运营成本的变化，进而影响项目公司的收益情况。设置合理的价格调整机制，可以将政府付费金额维持在合理范围，防止过高或过低付费导致项目公司亏损或获得超额利润。

在 PPP 项目合同签订之时，合作双方会商定某些价格调整公式，又称"调整模型"，来建立服务价格或政府付费数额与某些特定系数之间的联动关系，以反映成本变动等因素对政府付费的影响。当特定系数变动导致根据价格调整公式测算的结果达到约定的调价条件时，将触发调价程序，按约定的幅度自动调整定价或政府付费。常见的影响调价的系数包括消费者物价指数、生产者物价指数、劳动力市场指数、利率变动、汇率变动等。

PPP 项目中常见的几种调整模型，见本书第十五章。

第四节　PPP 项目的成本

第三章第二节关于常规投资项目成本的讨论同样适用于 PPP 项目。本节仅补充对两类 PPP 项目总成本结构的说明。

在项目建成之后，按照经营期内是否有实体性的产出物，可将 PPP 项目分为两类：生产型项目与服务型项目。前者如污水处理，后者如高速公路等。这两类项目在经营期内的成本结构具有完全不同的形式。

一、生产型 PPP 项目的总成本结构

在 PPP 项目中，典型的生产型项目为给水项目和污水处理项目。下面以这两类项目为例介绍生产型 PPP 项目的总成本结构。

在给水项目中，项目总成本费用包括以下各项。

①水资源费。

②药剂费，药剂包括混凝剂、助凝剂、消毒剂等。

③动力费，指水泵及厂内用电设备的电费。

④工资福利费。

⑤设备折旧费。

⑥摊销费。

⑦设备维修费。

⑧财务费用。

⑨管理费用。

污水处理项目的总成本费用主要包括以下各项。

①燃料动力费（水、电）。

②药剂费（如絮凝剂、氯化钠、冰醋酸、阴离子 PAM 等）。

③污泥处置费。

④污泥运输费。

⑤化验药品费。

⑥MBR（membrane bio reactor 的简称，膜—生物反应器）膜更换费（仅 MBR 工艺）。

⑦工资福利费。
⑧设备维修费。
⑨财务费用。
⑩管理费用。

将生产型项目经营过程中各环节发生的费用加以归类汇集后，就可以得到以下的总成本结构形式。

$$总成本 = 生产成本 + 销售费用 + 管理费用 + 财务费用 \quad (10.4)$$

式（10.4）中，生产成本是指生产过程中发生的各项生产费用，包括直接材料、直接工资、制造费用等。

直接材料指构成产品实体或有助于产品形成的各项原材料和外购半成品。

直接工资指为制造产品的生产工人工资。按规定支付的生产工人的退休养老等项基金、保险福利费用和国家的各项补贴，也包括在直接工资项目之内。

制造费用指企业各生产车间和工厂管理部门为组织和管理生产所发生的各项费用，一般包括工资（包括职工的退休养老等项基金、保险福利费用和国家的各项补贴）、折旧费、物料消耗、低值易耗品摊销、劳动保护费、水电费、办公费、差旅费、运输费、保险费、租赁费（不包括融资租赁费）、环境保护费（包括排污费、绿化费等）。

销售费用是指企业在销售产品、自制半成品和工业性劳务等过程中发生的各项费用。对 PPP 项目来说，销售费用即使产生，其在总成本中所占比例也很小。

管理费用是指工厂管理费用和一般管理费用，包括公司经费、工会经费、董事会费、顾问费、诉讼费、交际应酬费、税金、技术转让费、无形资产摊销、坏账损失、职工培训费、研究发展费等。

财务费用是指企业为进行资金的筹集等活动而发生的各项费用，包括利息支出（减利息收入）、汇兑损失（减汇兑收益）和金融机构手续费等。利息支出是指企业在生产经营期间偿还的，以企业名义向金融机构借款发生的利息费用，包括流动资金贷款利息、短期贷款利息等。

二、服务型 PPP 项目的总成本结构

PPP 项目中的大多数项目为服务型项目。在项目建成之后，项目公司在特许经营期内的主要职责是运营并维护所建成的设施，向公众提供满意的服务。

服务型项目的总成本结构与生产型项目的总成本结构有很大差异，且不同类型的服务企业，其成本构成会因所提供的服务内容不同而大相径庭。

例如，某珍稀植物园 PPP 项目，其运营期总成本包括以下各项。

1. 景观、生态环境维护类成本

①运营维护和植物养管：含不同类别人员费用、所需生物材料、生产资料费用等。

②植物、花卉更换：含后台圃地管理、人工、物料、资材等。

2. 能源消耗及设备维护类成本

①室内生态环境（温度、湿度、通风等）能耗费用。

②环境照明等。

③设备维护等。

3. 园区后勤、物业管理类成本

4. 企业管理类成本

①策划、广告、营销。

②工资福利费。

5. 其他

①展项更新、调整。

②固定设施调整、完善。

6. 财务费用

又如，某海底隧道项目的运营期成本费用由以下各项成本组成。

①隧道外包业务费用（保安、消防、绿化、保洁等）。

②隧道电力消耗费。

③隧道及配套设施维护费（日常维修、大修理）。

④设备折旧费。

⑤设施折旧费（建筑物、构筑物）。

⑥摊销费。

⑦财产保险费。

⑧房产税、土地使用税等。

⑨工资福利费。

⑩财务费用。

⑪管理费用。

不论什么样的服务型企业,将项目经营过程中各环节发生的费用加以归类汇集后,就可以得到以下的总成本结构形式。

$$总成本 = 直接运营成本 + 管理费用 + 财务费用$$

其中,直接运营成本是指与运营维护活动直接相关的各项成本费用;管理费用一般是指各项间接费用,以及管理层为组织管理企业经营所发生的各项费用;财务费用是指企业因进行融资活动所发生的各项支出。管理费用与财务费用的具体构成内容可参见上述生产型项目的说明。

第五节 PPP项目公司的利润分配

一、项目公司的利润分配

按照国家的相关法规,公司股东从公司合法取得的收益应是公司税后分配的利润。在常规的以营利为目的的公司中,各股东一般同股同权,按股权比例对公司的净利润进行分配。

但是,在准经营性或非经营性的PPP项目中,假如政府或政府指定的实施机构是项目公司的股东,如果政府方股东也要求在项目公司的利润分配上与社会资本同股同权,则将大大增加政府的财政支付数额。其原因有以下。

(1)对大多数PPP项目来说,尤其是准经营性或非经营性的PPP项目,政府的财政支付是项目公司能产生利润的重要原因。

(2)在需要政府补助的PPP项目中,由于所得税率的影响,公司如果想要产生1元的税后利润,那么政府的财政支付数额将超过1元,即,所得税率对政府的财政支付有放大作用。

(3)所得税属中央与地方共享税,项目公司所交的所得税,仅有不足一半能作为税收分成回到地方财政。

由于以上原因,为了在PPP项目中优先保证社会资本方收回投资并获得合理回报,并尽可能减少地方政府的财政支付,在大多数PPP项目合同中一般都约定,当项目公司的净利润未达到某一水平时，政府方股东不参与 PPP 项目公司的利润分配。但是，在经营性 PPP 项目中，为了抑制可能出现的暴利，PPP 项目合同也将约定，当项目公司的净利润超过某一水平时，政府方股东将享受超额收益分成。

政府方股东参与利润分配的"门槛"值和分成比例应通过项目的财务评价模型测算，以体现激励与抑制的平衡。同时，由于财务测算在数据预测方面的局限性，在 PPP 项目合同中也常将财务测算与合同法律条款结合，以便于平衡公司股东之间的利益。

二、政府方的超额收益分成

本章第三节中讲到，在投资决策阶段，对项目公司未来收入的预测往往很难准确。为抑制社会资本方可能获得的"暴利"，在很多 PPP 项目的实施方案中都会提出或设计一些超额收益分享机制。但很遗憾的是，在实务中，几乎没有多少 PPP 项目实施方案提出了"超额收益分享机制"的具体实施办法。有的仅提出"政府方参与超额收入分成"。对此，本书有如下看法与建议。

（1）PPP 项目公司是一个独立的会计核算与纳税主体。如果它与其他主体之间没有签订明确的合同或协议，则无法实现与其他主体之间的"收入分成"。因此，"政府方参与超额收入分成"这种提法不具有专业性，实务中务必避免。

（2）如果政府方是 PPP 项目公司的股东，那么作为股东，它只能通过分红的方式获取收益。此时，就需要在股东协议或公司章程中对分红的比例或方法进行具体规定。在这种情况下，进行详细的财务测算是必不可少的要求。

第六节　PPP 项目财务评价特点

一、PPP 项目财务分析的计算过程

PPP 项目，是投资方式比较特殊的一类项目，与常规的投资项目相比，两者的财务分析有很多共同的地方，但也存在不少差异。下面首先对常规投资项目的财务分析过程进行说明，然后再对比讨论 PPP 项目的财务分析特点与计算过程。

1. 常规项目的财务分析计算过程

常规投资项目的财务分析，是项目可行性研究的重要组成部分。它是根据既定的初步设计方案、融资方案、生产规模、市场预测等，计算项目投资效益，分

析投资项目在财务上的可行性。

反映投资效益的指标包括：IRR（内部收益率）、NPV（净现值）、投资回收期等。其中使用最普遍的指标是 IRR，包括项目全投资财务内部收益率和资本金财务内部收益率，详见第一章第四节与第七章第四节的讨论。

常规投资项目的财务测算过程如图 10-1 所示。其中，总投资估算与分年投资计划、初步筹资计划、收入、成本、税金等均是进行现金流分析的预设条件。它们分别由建设方案（包括规划方案、工艺技术方案、设计方案等）、融资方案、市场调查结果、国家或地区的财税规定等决定。财务测算的目标是投资效益指标，主要是 IRR 指标。把按照财务分析模型和根据前述预设条件计算出的 IRR，与投资人期望的收益率进行比较，来判断该投资项目从财务的观点看是可行还是不可行。若测算结果表明投资项目在财务上不可行（不能达到盈利预期），则需对工程建设方案（工艺技术方案、规划建设方案、投资方案等）、融资方案、生产规模、产品价格等进行调整，使项目的可行性得到改善。

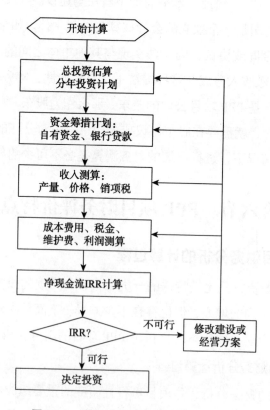

图 10-1　常规投资项目的财务测算过程

2. PPP 项目的财务分析计算过程

PPP 项目的财务测算模型，与常规投资项目的现金流模型完全一样。但是，二者进行财务测算的目的和计算过程有所不同。

对常规投资项目来说，财务测算的目的是判断投资项目的可行性，并通过财务分析，对项目投资方案进行优化；而对 PPP 项目来说，由于其项目是政府与社会资本双方合作的产物，财务测算的主要目的则是确定双方的合作条件。PPP 项目的这一特点，使其财务计算过程与常规项目相比有很大的不同。

在常规投资项目的财务测算中，预设条件是项目总投资、融资、收入、成本费用等，它们由可行性研究报告中设定的方案决定，测算的目标是 IRR，其财务测算过程已在上文讨论。而在 PPP 项目中，项目的边界清楚，包括建设方案、生产方案、产出目标等基本上均是既定的，一般不需再作调整或改变，但根据 PPP 项目类型的不同，其测算的目标不相同，财务测算的过程也会有差异。

对于 PPP 项目中的经营性项目，其财务测算过程与常规投资项目基本相同，即根据既定的项目条件（包括建设方案、生产方案、产出目标等），测算项目投资的 IRR。但与常规投资项目不同的是，当测算得出的 IRR 值偏低时，政府方可能提出某些让利措施（例如不参与分红等），以使社会资本方能获得合理回报；当测算出的 IRR 超过某一水平时，为抑制社会资本方可能获得的暴利，必要时，需要设定政府方获取超额收益分成的方案，测算政府方可能获得的分成收益，以便确定 PPP 项目的合作条件。

对于 PPP 项目中的非经营性与准经营性项目，政府付费与政府财政补贴一般是项目的唯一来源或主要来源。对这类 PPP 项目的财务测算来说，项目收入中所含的政府付费与政府财政补贴往往是未知的，需要根据项目边界条件和 IRR 指标（为投资方期望的收益率，或双方均可接受的收益率），通过财务模型决定。对这类 PPP 项目来说，投资效益指标 IRR 一般是预先设定的，其财务测算过程如图 10-2 所示。

与图 10-1 的测算过程相比，在非经营性与准经营性 PPP 项目的财务测算中，预先设定了一个期望的 IRR，而政府财政支付（包括政府付费与政府补贴）是测算的目标，属项目收入。因此，与常规投资项目的财务测算过程（如图 10-1 所示）相比，非经营性与准经营性 PPP 项目的财务测算可以认为是一种"逆算"过程，即由 IRR 的预期目标值"反向"决定财务模型中的收入值。按这种方式确定的政府财政支付，才能真正反映政府在 PPP 项目中的财政支付责任。

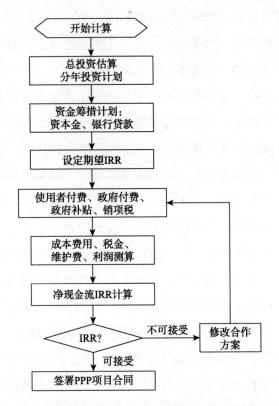

图 10-2　非经营性与准经营性 PPP 项目的财务测算过程

二、PPP 项目财务评价特点

在所有投资项目的可行性研究中，财务评价活动的实质是以 Excel 等分析软件为工具，建立能反映投资项目所有内外部条件及盈利模式的分析模型，对项目在未来相当长一段时间的经济活动（包括经营活动、投资活动和筹资活动）进行的一场"推演"。从这种意义上讲，PPP 项目的财务评价与一般常规项目的财务评价并无根本性的区别。但由于项目自身的特殊性，PPP 项目的财务评价又具有与一般常规投资项目不一样的特点。

1. PPP 项目的财务评价过程较长

常规投资项目的财务评价通常是一种较单纯的"投入—产出"分析，对项目公司经济活动的推演也往往是一种"单向推演"，即在前端（投入）的条件相对较明确（或预先设定）的情况下，测算出未来可能产生的结果（后端的"产出"）。即使也会发生根据"产出"的结果对"投入"进行调整的情况，但这种调整计算较为简单。

但对 PPP 项目来说，由于 PPP 项目是政府与社会资本合作关系的产物，合作协议签订之前的"讨价还价"在所难免。在这种情况下，对项目公司经济活动的推演往往会是"双向推演"：既有根据双方都可接受的条款或条件，测算未来预期可以获得的结果；也有根据自己希望获得的投资收益率，利用建立的财务评价模型，反算出希望对方提供的各种承诺或确定自己谈判时的底线。可以认为，PPP 项目的财务测算模型、边界条件及计算参数会随合作协议的谈判进展不断调整，在合作文件明确规定了各方的权利与义务之后，才能最终加以确定。

2. 对建立财务模型的要求较高

（1）财务评价模型要充分反映合作各方的诉求，这就要求模型中所要考虑的"边界条件"较多。

（2）由于需要进行"双向推演"，因此模型应具备自动重算功能，尽量避免对计算模型进行人工干预的情况发生。

（3）PPP 项目有 BOT、TOT、BOO 等多种形式，在构建分析模型时涉及的问题各不相同，与常规投资项目的财务评价模型相比，要考虑的问题也相对较多，因此对模型"量身定做"的要求会较高。

（4）PPP 项目合同中常会规定，政府根据项目执行的实际情况，提供财政补贴、贷款贴息、价格调整及关于服务价格或购买服务数量的相关承诺等。一个好的财务评价模型应该全面地反映这类承诺及其触发条件。

3. PPP 项目的财务评价应注意"换位思考"

PPP 项目是多方合作开展的项目。要使合作成功，达到共赢，各参与方应有"换位思考"意识，"设身处地"地站在对方的角度对问题进行分析，避免一厢情愿。对于可能达成的交易条件，应从多角度进行比较全面的财务测算，以平衡各方利益。

4. PPP 项目财务评价是招投标的重要基础性工作之一

招投标是选择 PPP 项目社会资本方的重要方式。除相关资质条件要求外，招标文件中一般均会设置若干投标竞价点（招标标的）。招标人在招标文件中对招标标的的正确选择和限值设置，必须以项目财务测算为基础。同样，投标人也只有在进行翔实的财务测算后，才能权衡利弊决定自己的投标报价策略。

5. PPP 项目的财务评价应更多地关注风险

在涉及特许经营权的 PPP 项目中，财务评价的计算期往往较长，项目的不确定性也相应地增大，因此，对风险的关注和反映是财务评价的一项重要任务。

第七节 项目风险分析与风险承担成本估算

一、概述

在涉及风险问题的研究中，风险的定义大致可分为两类：第一类定义强调风险的不确定性；第二类定义强调风险损失的不确定性。严格地说，风险和不确定性是有区别的。风险是指事前可以知道所有可能的后果，以及每种后果的概率。不确定性是指事前不知道所有可能的后果，或者虽然知道可能的后果但不知道它们出现的概率。但在面对实际问题时，两者很难区分。因此，在实务领域对风险和不确定性不做区分，都视为"风险"，且把风险理解为可测定概率的不确定性。

工程项目是一极其复杂的系统工程，在项目实施过程中，不可避免地会受到不确定性因素的影响，存在发生损失的各种可能性，也就是说，存在各种风险。对可能发生的风险进行有效分析是工程建设项目风险管理的核心和基础。

对一个工程项目进行风险分析的过程可以分为三个阶段：风险识别、风险估计和风险评价。

（1）风险识别是风险管理的第一步，是对工程项目所面临的和潜在的风险加以分析、判断、归类的过程。通过风险识别，要弄清风险存在于什么环节，发生的条件和原因是什么，发生的可能性有多大，发生后的损失又是如何；项目中哪些风险是主要的；各风险变量之间是否相关。

（2）风险估计是在风险识别的基础上，估计和预测风险发生的概率大小和风险概率分布情况，是对风险的定量化分析。

（3）风险评价是在风险识别和风险估计的基础上，对风险发生的概率、损失程度和其他因素进行综合考虑，评价风险因素（指能增加或发生损失频率和损失幅度的要素）间的因果关系，确定项目整体风险水平。

风险分析的这三个部分是一个完整的整体，相辅相成，不可分割。

PPP项目是政府与社会资本合作进行的一类特殊的建设项目，PPP项目的风险分析除具有一般建设项目风险分析的要求外，还具有自身的一些特殊要求。首先，由于PPP项目是政府与社会资本合作的产物，因此，其风险因素就与单一建设主体的项目有所不同。其次，为使PPP项目的执行更有效率，各类风险的承担责任在两合作主体之间的合理分配也是需要考虑的重要问题。此外，在推行PPP的相关政策文件中，有关部门明确要求在项目的物有所值评价和财政承受能力论证中对政府方承担的风险责任予以量化。这些都使PPP项目的风险分析更为重要，更具特色。

本节针对PPP项目的上述特点，重点讨论PPP项目中的风险识别、风险责任分配，以及政府方在PPP项目中的风险承担成本量化估算。

二、风险识别

风险识别是有效进行风险管理的基础，在此阶段的主要分析内容包括以下。

①在投入和产出过程中有哪些风险应当考虑？

②引起这些风险的主要因素是什么？

③这些风险的后果及其严重程度如何？

分析识别过程通常由风险分析人员与工程的规划、设计人员及有关专家一同进行。主要通过调查、分解、讨论等方法提出所有可能存在的风险因素，并分析和筛除那些影响微弱、作用不大的因素，然后研究主要因素之间的关系。

常用的风险识别方法主要有：核查表法、情景分析法和专家调查法等。

1. 核查表法

核查表是风险管理中用来记录和整理数据的常用工具。人们经常会根据自身或他人先前的工程项目实践，总结出项目成功的经验或失败的教训，归纳出工程项目中可能出现的风险因素。这种方法称为核查表法。核查表中所列都是过去类似项目曾发生过的风险，是项目风险管理经验的结晶，对项目管理人员具有开阔思路、启发联想、抛砖引玉的作用。用核查表进行风险识别时，将当前工程项目的建设情况与归纳总结出的参照项目的经验与教训逐一进行比较，分析当前项目可能出现的风险。

2. 情景分析法

情景分析法又称为过程跟踪分析法，是识别风险最简单也是最实用的方法，其操作过程是，召开一个全体成员会议，把项目的商务模式和运作流程图画出来，让大家跟踪流程的每一个环节，集思广益，展开充分讨论，分析哪方面可能发生风险，可能发生什么样的风险。

3. 专家调查法

专家调查法主要包括专家个人判断法、头脑风暴法和德尔菲法等多种方法。其中，头脑风暴法和德尔菲法是用途较广且具有代表性的两种方法。

头脑风暴法一般采用专家小组会议的形式进行，参加的人数不会太多，一般五个人，多则十来人。大家就某一具体问题发表个人意见，畅所欲言，做到集思广益。该方法通过专家之间的相互交流，进行智力碰撞，产生新的火花，使专家的论点不断集中和精化。头脑风暴法作为一种创造性的思维方法在风险分析中得到了广泛应用。

德尔菲法以匿名方式通过几轮函询征求专家们的意见，然后对每一轮意见都汇总整理，作为参考资料再发给各专家，供他们分析判断，提出新的论证。如此多次反复，专家的意见渐趋一致，使最终结论的可靠性越来越高。德尔菲法能够对未来发展中各种可能出现和期待出现的前景做出概率估计，因此可为决策者提供多种方案选择的可能性，而用其他方法都很难获得这样重要的、以概率表示的明确结论。

三、风险估计与评价

风险估计与评价是指应用各种管理科学技术，采用定性与定量相结合的方式，最终定量地估计风险大小，找出主要的风险源，并评价风险的可能影响，以便以此为依据，对风险采取相应的对策。

调查和专家打分法是一种最常用、最简单且易于应用的风险估计方法。其实施过程是：首先通过风险识别将工程项目所有风险列出，设计风险调查表，然后利用专家经验，对各风险因素的重要性进行评估，再综合成整个项目风险。具体步骤如下。

（1）确定每个风险因素的权重，以表征其一旦发生则可能对项目产生影响的程度。

（2）确定每个风险因素的等级值，例如按风险发生的可能性大小，按较小、稍大、中等、较大、很大 5 个级别，分别以 0.2、0.4、0.6、0.8、1.0 打分。

（3）将每个风险因素的权重与等级值相乘，求出该风险因素的得分，再将各风险因素得分求和，求出工程项目整个过程风险的总分。总分越高，说明风险越大。

为规范这种方法，可根据专家的经验、专家对所评价项目的了解程度及知识领域等，对专家评分的权威性确定一个权重值。最后的风险度值为，每位专家评定的风险总分乘以各自的权重值，所得之积合计后再除以全部专家权重值的和。

这种方法适用于项目决策前期，这个时期往往缺乏具体的数据资料，主要依据专家经验和决策者的意向，得出的结论也只是一种大致的程度值。它只能作为进一步分析参考的基础。

四、PPP 项目的常见风险分类

从风险管理需要出发，可将项目风险分为项目外风险和项目内风险。

1. 项目外风险

项目外风险即由工程项目建设环境（或条件）的不确定性而引起的风险，包括如下六类。

（1）自然风险。例如，恶劣的气象条件导致施工困难或损失，恶劣的施工现场条件，地震等不可抗力。

（2）经济风险。例如，宏观经济形势不利，通货膨胀，融资条件恶化导致资金筹措困难等。

（3）政治风险。例如，工程建设体制与政策法规等发生变化，政府换届，政府违约，法律或税制发生变化等。

（4）管理风险。例如，审批延误，规划变更等。

（5）法律风险。例如，合同文件冲突，劳工争端，第三方违约等。

（6）其他。例如，项目唯一性风险（排他性风险），指政府或其他投资人新建或改建其他项目，导致对该项目形成实质性的商业竞争而产生的风险。

2. 项目内风险

项目内风险指由项目自身缺陷或项目对市场变化估计不足而引起的风险，包括如下五类。

（1）技术风险。例如，因基础数据不完整、分析模型不合理、预测结果不准确等导致的可行性研究结论不可靠，设计不当或缺陷（设计内容不全、脱离实际、规范选择不当等），施工技术和方案不合理，工艺流程不合理，工程质量未达标等。

（2）非技术风险。例如，项目组织管理不当、进度计划延误、土地或其他配套设施无保障、施工安全措施不当、工程质量事故或缺陷、建设成本超支等。

（3）财务风险。例如，融资失败、融资成本超过预期、利率及汇率变化、项目公司破产等。

（4）运营风险。例如，设施设备故障或缺陷、运营维护成本超支、服务质量不达标、运营商违约/提前终止、安全管理出现问题、环境保护不达标等。

（5）收入风险。例如，市场收益不足（项目运营后的收益不能满足收回投资或达到预定的收益）、最低需求风险/市场需求变化（市场预测与实际需求之间出现差异）、收费变更风险（指项目产品或服务收费价格过高、过低，或收费调整不弹性、不自由，导致项目公司的运营收入不如预期）、财政补贴/注资变动（政府的补贴承诺未及时到位）。

除上述列举的风险因素外，针对不同类型的工程项目，可按照上面介绍的风险识别方法对可能的风险因素进行补充。

五、PPP 项目中的风险分配

PPP 模式下，政府与社会资本需要根据双方各自的特点与优势，通过风险避免、风险转移、风险自留和风险共担的不同策略，对经识别的风险进行合理分配，实现整体风险的最小化。

在风险分配方面，原则上，政府承担法律、政策和最低需求等风险，社会资本承担设计、建造、财务和运营等风险，政府和社会资本合理共担不可抗力等风险。在实践中，每个 PPP 项目面临的风险情况各不相同，且政府与项目实施机构、社会资本的具体能力也不尽一致，因此应根据项目实际情况来合理规划和分配风险。

1. 风险分配原则

PPP 项目中的风险分配通常遵循以下原则。

（1）最优风险分配原则。风险应分配给能够以最小成本对风险进行最有效管理的一方承担。

（2）风险收益对等原则。既关注社会资本对于风险管理成本和风险损失的承担，又尊重其获得与承担风险相匹配的收益水平的权利。

（3）风险可控原则。应按项目参与方的财务实力、技术能力和管理能力等因素设定风险损失承担上限，不能由任何一方单独承担超过其承受能力的风险，以保证双方合作关系的长期持续稳定。

具体 PPP 项目的风险分配需要根据项目实际情况，以及各方的风险承受能力，在谈判过程中确定，在实践中不同 PPP 项目合同中的风险分配安排可能完全不同。

2. 风险分配框架

遵循以上三项风险分配基本原则，PPP 项目常见风险因素的分配框架如表 10-1 所示。

表 10-1 PPP 项目的一般风险分配

	风险类别		政府承担	项目公司及/或社会资本承担
项目外风险	自然风险	恶劣的气象条件	√	√
		恶劣的施工现场条件		√
		地震等不可抗力	√	√
	经济风险	宏观经济形势不利	√	
		通货膨胀	√	
		资金筹措困难		√
	政治风险	工程建设体制/政策变化	√	
		政府换届/政府违约	√	
		法律或税制变化	√	
	管理风险	审批延误	√	
		规划变更	√	
	法律风险	合同文件冲突	√	√
		劳工争端		√
		第三方违约		√
	其他	项目唯一性	√	

续表

风险类别			政府承担	项目公司及/或社会资本承担
项目内风险	技术风险	可行性研究结果不可靠		√
		设计不当或缺陷		√
		施工技术和方案不合理		√
		工艺流程不合理		√
		工程质量未达标		√
	非技术风险	项目组织管理不当		√
		进度计划延误		√
		土地或其他配套设施无保障	√	
		施工安全措施不当		√
		工程质量事故或缺陷		√
		建设成本超支		√
	财务风险	融资失败		√
		融资成本		√
		利率及/或汇率变化	√	√
		项目公司破产	√	
	运营风险	设施设备故障或缺陷		√
		运营维护成本超支		√
		服务质量不达标		√
	运营风险	运营商违约/提前终止		√
		安全管理		√
		环境保护不达标		√
	收入风险	市场收益不足	√	
		最低需求风险/市场需求变化	√	
		收费变更风险	√	
		财政补贴/注资变动	√	

（1）融资、建设和运营维护等商业风险，主要由项目公司及/或社会资本承担。

（2）政策、法律变更、土地获取、项目审批和项目公司的最低需求风险等，主要由政府承担。

（3）不可抗力风险等，由政府和项目公司及/或社会资本合理共担。

3. 几点说明

（1）表 10-1 中的风险分配只是一种示例情况，任何一个 PPP 项目均有其自身特有的风险，且根据交易结构安排的不同，各类风险在政府与社会资本方之间的分配结果也会不一样，在编制 PPP 实施方案时切不可照搬照抄。例如，在上述风险分配表中，技术风险内的"可行性研究结果不可靠"和"设计不当或缺陷"两项风险是由项目公司及/或社会资本承担的，这其中隐含的假设是，项目可行性研究和设计均是由项目公司（或社会资本方）自身或委托他人完成的。如果项目可行性研究和设计全部是由政府方委托他人完成的，并且社会资本方没有对设计的优化权，那么，这两部分风险就不该由社会资本方承担。在项目实施方案中设计风险分配时，务必注意要具体情况具体分析，因为这直接关系到合作双方的责权利。

（2）表 10-1 中，风险承担方只列出了"政府"与"项目公司及/或社会资本"，未单独将"社会资本方"列为风险承担方。其中隐含的意思是，项目公司是由社会资本方控股（主导），因此，项目公司所承担的责任也就是社会资本方应承担的责任。但在 PPP 项目实践中也发现，部分人士认为，如果政府在项目公司中占有股份，那么项目公司所承担的风险也使政府受牵连。从法律意义上讲，这种担心不无道理。由于 PPP 项目操作中的某些环节（例如融资）必须以项目公司的名义进行，而融资失败的责任承担者只能是社会资本方。类似的情况在别的风险因素中也会存在。由于实施方案不同于具有法律约束力的合同协议，要进行如此细致的规定似乎也无必要。建议在进行风险分配时可说明：项目公司所承担的责任原则上也是社会资本方的责任，详细规定另见 PPP 合同或协议。

六、项目风险成本与风险量化

1. 风险成本

项目风险成本，一般是指风险活动或事件引起的损失或减少的收益，以及为防止风险活动或事件发生而采取措施所支付的费用。风险成本包括有形成本、无形成本及风险管理所需的费用。

风险有形成本包括风险活动或事件造成的直接损失和间接损失。直接损失，指发生在风险活动或事件现场的财产损失或伤亡的价值；间接损失，指发生在风险活动或事件现场以外的损失及造成收益的减少。

风险无形成本也称隐形成本,是指风险主体因风险活动或事件发生而付出的代价,具体表现包括:减少了获利的机会、导致生产率降低、引起资源配置不合理、引起社会不稳定等。

风险管理费用包括工程项目风险识别、风险分析、风险预防和风险控制等发生的费用,如向保险公司投保、购买必要的预防或减损设备和对相关人员的教育培训等。

2. 风险量化

风险量化,是指确定风险发生的概率和风险后果的财务影响强度,继而运用概率论和数理统计等工具,计算出风险的预期值,即风险成本。

在政府方进行的 PPP 项目风险定量评价模型中,一般应考虑可转移风险承担成本和自留风险承担成本。

可转移风险承担成本,是指在风险分配框架下,政府方为向社会资本方转移风险所付出的成本,包括拟由社会资本单方承担的风险,以及双方共担风险中拟由社会资本方承担的部分。

自留风险承担成本,是指在风险分配框架下政府方为自留风险所承担的成本,包括拟由政府单方承担的风险,以及双方共担风险中政府方承担的部分。

风险量化的计算可以基于公式或蒙特卡洛模拟方法。

(1)基于公式的风险定量分析

这种计算的基本原理是,风险值等于风险后果与发生概率的乘积。

假定通过风险识别,辨识出在 PPP 项目中存在 N 个风险,其中第 i 个风险 ($i=1,2,\cdots,N$) 可能产生的后果有 M_i 种。则风险值的计算公式如下。

$$第\,i\,个风险的承担成本 = \sum_{j=1}^{M_i} 风险的某后果 \times 该后果的发生概率_j + (不可预见费)_i$$

$$整体风险承担成本 = \sum_{i=1}^{N} 第\,i\,个风险的承担成本 \qquad (10.5)$$

式(10.5)中,风险后果、发生概率以及不可预见费等均需通过专家调查法等进行估算。

风险量化计算可采用如表 10-2 的表格形式进行。

表 10-2　风险量化计算表

序号	风险因素	后果	估计风险损失	概率	不可预见支出	风险承担成本
1	风险因素 1	后果 1	预计损失	发生概率		
		后果 2	预计损失	发生概率		
		后果 3	预计损失	发生概率		
		……	……	……		
2	风险因素 2	后果 1	预计损失	发生概率		
		后果 2	预计损失	发生概率		
		后果 3	预计损失	发生概率		
		……	……	……		
3	风险因素 3	后果 1	预计损失	发生概率		
		后果 2	预计损失	发生概率		
		后果 3	预计损失	发生概率		
		……	……	……		
	……	……	……	……		
合计						

（2）基于蒙特卡洛模拟方法的风险定量分析

蒙特卡洛模拟方法又称随机抽样或者统计模拟方法，其基本原理是通过蒙特卡洛模拟产生一个项目成本可能的结果及其发生概率的样本集，再用该样本集来确定成本的分布与范围，最后根据所需要的置信度水平，选择风险值的可接受范围。

计算方法简单归纳如下。

①确定风险因素，构造或者描述风险概率过程。

②对识别的风险因素，从已知概率分布中抽样。

③进行样本分析，获得风险损失的估计量。

关于蒙特卡洛模拟的更详细说明见本书下篇第十八章。

蒙特卡洛模拟方法比较适用于能以计算模型来描述的问题。对于风险承担成本的估算，每一单个风险的成本计算模型可能各不相同，若要获得整体风险承担成本，则需要建立的模型数量会较多。此外，即使是采用蒙特卡洛模拟，也需要对若干参数进行主观估算。也就是说，从计算的准确性上来说，蒙特卡洛模拟并不一定就比基于公式的风险定量分析好。因此，从分析计算的有效性考虑，基于公式的定量分析可能要比蒙特卡洛模拟方法有更好的适用性。

第十一章
与快速决策相关的初步估算方法

第一节　问题的提出

如前所述，在理想状态下，对 PPP 项目的财务评价需要以财务分析模型为基础，对项目在未来相当长一段时间内的经济活动（包括经营活动、投资活动和筹资活动）进行"推演"，得出投资者赖以进行决策的投资效益指标或投资方案。要做到这一点，决策方需要拥有一个针对该投资项目的可行性研究财务分析模型，同时要对财务分析模型的具体结构、假设条件和计算过程充分了解。但在很多情况中，PPP 项目的某一参与方（例如政府方）并不拥有拟投资项目的可行性研究财务分析模型，其能掌握的可能只有一份可行性研究报告文本。但在与社会资本方的接触中，他们会了解到社会资本方可能提出的合作条件，例如政府补贴的内容、金额与时间等。在这种时候，政府方需要在仅有项目投资可行性研究报告的情况下，采用某种估算方法，对社会资本方提出的合作条件进行评价，分析其合理性，并快速做出初步决策。

本节以某一 PPP 项目为例，说明如何以投资项目的可行性研究报告为基础，在一些假定条件下，通过对某些财务估算表的数据进行调整，从而对 PPP 项目在某些限定条件下的投资效益指标进行估算，以快速做出初步的决策。

第二节 案 例

一、项目概况

某高速公路项目,总投资 64.763 亿元。可行性研究报告中的筹资方案为:国内银行贷款占总投资的 75%,资本金占 25%。建设期内各年的项目筹资计划如表 11-1 所示。

表 11-1 项目筹措计划

筹资	1 年	2 年	3 年	合计	比例
国内银行贷款	14.572 亿元	19.429 亿元	14.572 亿元	48.572 亿元	75%
资本金	6.476 亿元	4.857 亿元	4.857 亿元	16.191 亿元	25%
合计	21.048 亿元	24.286 亿元	19.429 亿元	64.763 亿元	100%

长期借款利率为 6.15%,借款期 24 年,其中宽限期 3 年。

根据可行性研究报告,在项目的财务评价期内,在收费 30 年的情况下,本项目所得税前及所得税后项目投资财务内部收益率分别为 7.34%和 6.14%,处于较低水平。资本金财务内部收益率为 7.03%,可行性研究报告中列出的其测算过程如表 11-2 所示。

某地方政府拟将该项目按 PPP 模式运作,项目建设期 3 年,特许经营期 30 年,全部投资拟由社会资本方承担。由于收益率偏低,对社会资本的吸引力不足,需要政府补贴部分资金或资源。

在与本项目潜在的社会资本方初步接触的过程中,社会资本方提出如下要求。

(1)项目所涉及的土地征用及拆迁、青苗补偿与安置补助费用,由政府承担,初步计算共计 3.37 亿元。

(2)在项目建设期内,政府对社会资本方的 16.191 亿元资本金以 8%的年息逐年进行补贴。

(3)根据可行性研究报告的测算,项目运营期前 6 年为亏损,累计亏损额为 7.35 亿元,由政府进行补贴。补贴方法是将亏损总额平均分配,每年 1.225 亿元,从运营期第一年开始补贴。

针对社会资本方提出的上述要求，政府方需要判断其合理性，并确定自己的谈判底线。

二、测算基础与测算方法

如上所述，政府方需要针对社会资本方提出的补贴要求，分析其合理性。但政府手中并不掌握可行性研究报告的财务分析计算模型，唯一可利用的资料就是一本可行性研究报告，此时应该怎么分析评价？

由于社会资本方要求政府进行补贴的目的无非是提高项目的资本金财务内部收益率，而可行性研究报告中计算资本金财务内部收益率的现金流量表如表 11-2 所示，因此，我们只要确定社会资本方提出的上述要求对表 11-2 中各项数据的影响，就能得出经调整的现金流量表，从而计算出社会资本方所能获得的财务内部收益率。具体说明如下。

1. 政府承担土地征用及拆迁等费用 3.37 亿元

当政府承担土地征用等费用 3.37 亿元时，项目公司借款本金将减少 3.37 亿元，债务资金减少比例为 6.94%。在初步估算中，假定借款利息支出亦按同样的比例减少。此外，由于借款利息减少，所得税将相应增加。偿还的借款本金及借款利息减少将导致净现金流增加，而所得税增加将导致净现金流减少。根据上述分析，对表 11-2 中第 12 行净现金流量进行调整，就能计算政府承担征地费后的各年净现金流量，进而计算出调整后的资本金财务内部收益率。调整计算过程如表 11-3 所示。经上述调整计算，资本金财务内部收益率为 7.87%，与原来的 7.03% 相比增幅达 12%。

需要说明的是，以上调整计算只是一种估算，其中的所得税调整增加项只考虑了在原先有所得税发生的年份因借款利息减少而引起的所得税增加，未考虑在此年份之前因借款利息减少而可能增加的所得税；也未考虑因借款利息减少而对亏损弥补可能产生的影响。进一步的分析表明，在估算中采取的这种近似处理对资本金财务内部收益率影响轻微，因此具有相当好的可信度。此外，如果要进行更精确的计算，就需要一套完整的可行性研究计算表，包括利润与利润分配表等，而相关资料的缺乏也使这种近似处理成为一种可接受的方法。

2. 政府对社会资本方的 16.191 亿元资本金以 8% 的年息逐年进行补贴

政府对社会资本方的资本金进行补贴，将直接减少社会资本方的资本金投入。若假定在3年建设期内，政府每年给社会资本方12 952.8万元的补贴，则对表11-2中第12行净现金流量进行调整计算的过程如表11-4所示。经上述调整计算，资本金财务内部收益率为8.36%，与原来的7.03%相比增幅达19%。

3. 若政府同时承担土地征用费并在建设期逐年补贴

若政府同时接受社会资本方提出的前两项要求，即承担土地征用及拆迁等费用3.37亿元，并在3年建设期内对社会资本方逐年补贴。采用上述类似的估算方法，将以上两调整计算表综合，社会资本方的财务内部收益率将达到9.37%，与该项目原资本金财务内部收益率7.03%相比增幅达33%。

由于在接受社会资本方前两项要求的情况下，社会资本方的资本金财务内部收益率可达9.37%，对PPP项目而言，该收益率已属合理，在此情况下，社会资本方再行提出由政府财政对运营期前6年出现的亏损进行补贴的诉求难以得到支持。此外，按照PPP项目的惯例，对于在经营期前几年中发生的经营亏损，政府可以对因车流量未达到预测水平而导致的收入不足进行补贴，即对最低车流量的差额进行补贴，而不是对经营亏损进行补贴。因此，政府对社会资本方的第3项要求可不予考虑。

第三节　几点说明

（1）以上案例只是将政府摆在社会投资人的角度分析问题，考察各种合作条件对社会资本方投资回报的影响。对政府自身来说，还需从物有所值及财政承受能力方面进一步分析项目的可行性。

（2）这种估算方法是基于对原可行性研究报告中相关计算表内数据的调整，估算结果的可靠性在很大程度上取决于原可行性研究报告中数据的可信度。

（3）快速简化的分析方法能否奏效，还取决于分析者对投资项目财务分析模型是否有较深刻的理解，以及是否具有灵活运用的能力。

（4）特别需要说明的是，本章案例对建设期内政府补助的处理方法，是对于特殊情况的一种特殊处理方法。在第十三章第五节内另外介绍了在一般情况下对于政府建设期补助的处理方法。两相比较，尽管都是针对政府建设期补助的处理，但由于情况不同，条件各异，两处的处理方法是截然不同的。

第十一章 与快速决策相关的初步估算方法

表 11-2 原可研报告中的资本金财务内部收益率计算表

(单位:万元)

序号	项目\年份	2015	2016	2017	2018	2019	2020	2021	2022	2023	2024	2025
1	现金流入	—	—	—	33 772	36 998	40 533	43 685	47 083	50 747	54 696	58 953
2	营业收入	—	—	—	33 772	36 998	40 533	43 685	47 083	50 747	54 696	58 953
3	现金流出	48 572	64 763	48 572	33 772	36 998	40 533	43 685	47 083	50 747	54 696	56 078
4	项目资本金	48 572	64 763	48 572								
5	借款本金偿还				—	476	3 816	6 989	10 594	14 674	19 279	21 588
6	借款利息支付				27 480	30 019	29 990	29 755	29 325	28 674	27 771	26 586
7	长期借款利息				27 480	30 019	29 990	29 755	29 325	28 674	27 771	26 586
8	短期借款利息				—	—	—	—	—	—	—	—
9	经营成本				5 157	5 260	5 366	5 473	5 582	5 694	5 808	5 924
10	营业税金及附加				1 135	1 243	1 362	1 468	1 582	1 705	1 838	1 981
11	所得税				—	—	—	—	—	—	—	—
12	净现金流量	-48 572	-64 763	-48 572								2 875

239

续表

序号	项目\年份	2026	2027	2028	2029	2030	2031	2032	2033	2034	2035	2036
1	现金流入	62 524	66 313	69 475	73 690	78 162	81 141	84 233	87 445	90 779	94 241	97 836
2	营业收入	62 524	66 313	69 475	73 690	78 162	81 141	84 233	87 445	90 779	94 241	97 836
3	现金流出	54 989	66 313	54 437	53 377	58 786	58 708	58 664	81 205	87 465	90 450	93 538
4	项目资本金											
5	借款本金偿还	21 588	—	21 588	21 588	21 588	21 588	21 588	44 139	51 413	55 710	60 271
6	借款利息支付	25 258	19 086	24 228	22 901	21 573	20 245	18 918	17 590	14 876	11 714	8 287
7	长期借款利息	25 258	19 086	24 228	22 901	21 573	20 245	18 918	17 590	14 876	11 714	8 287
8	短期借款利息	—	—	—	—	—	—	—	—	—	—	—
9	经营成本	6 042	44 999	6 287	6 412	6 541	6 671	6 805	6 941	7 080	7 221	7 366
10	营业税金及附加	2 101	2 228	2 334	2 476	2 626	2 726	2 830	2 938	3 050	3 167	3 287
11	所得税	—	—	—	—	6 459	7 477	8 523	9 597	11 046	12 638	14 327
12	净现金流量	7 535	—	15 038	20 313	19 376	22 432	25 570	6 240	3 314	3 791	4 298

第十一章 与快速决策相关的初步估算方法

续表

序号	年份 项目	2037	2038	2039	2040	2041	2042	2043	2044	2045	2046	2047
1	现金流入	99 273	99 510	100 974	102 460	103 968	105 498	107 052	108 629	110 229	111 854	113 503
2	营业收入	99 273	99 510	100 974	102 460	103 968	105 498	107 052	108 629	110 229	111 854	113 503
3	现金流出	98 155	72 540	28 254	28 780	29 314	29 858	30 410	30 970	31 540	32 119	75 989
4	项目资本金											
5	借款本金偿还	31 656	42 829	—	—	—	—	—	—	—	—	—
6	借款利息支付	4 581	2 634	—	—	—	—	—	—	—	—	—
7	长期借款利息	4 581	2 634	—	—	—	—	—	—	—	—	—
8	短期借款利息	—	—	—	—	—	—	—	—	—	—	—
9	经营成本	54 854	7 663	7 817	7 973	8 132	8 295	8 461	8 630	8 803	8 979	66 866
10	营业税金及附加	3 336	3 344	3 393	3 443	3 493	3 545	3 597	3 650	3 704	3 758	3 814
11	所得税	3 729	16 070	17 044	17 364	17 689	18 018	18 352	18 690	19 034	19 382	5 309
12	净现金流量	1 119	26 970	72 720	73 680	74 653	75 641	76 643	77 658	78 689	79 734	37 514

表 11-3　政府承担土地征用费 3.37 亿元后的资本金财务内部收益率调整计算表

（单位：万元）

序号	项目\年份	2015	2016	2017	2018	2019	2020	2021	2022	2023	2024	2025
1	原净现金流量	-48 572	-64 763	-48 572	—	—	—	—	—	—	—	2 875
2	调整增加项					33	265	485	735	1 018	1 338	1 498
	借款本金偿还减少				1 907	2 083	2 081	2 064	2 035	1 989	1 927	1 845
	长期借款利息减少											
3	调整减少项											
	所得税增加											
4	调整后净现金流	-48 572	-64 763	-48 572	1 907	2 116	2 345	2 549	2 770	3 008	3 264	6 217

序号	项目\年份	2026	2027	2028	2029	2030	2031	2032	2033	2034	2035	2036
1	原净现金流量	7 535	—	15 038	20 313	19 376	22 432	25 570	6 240	3 314	3 791	4 298
2	调整增加项	1 498	0	1 498	1 498	1 498	1 498	1 498	3 062	3 567	3 865	4 182
	借款本金偿还减少	1 752	1 324	1 681	1 589	1 497	1 405	1 313	1 220	1 032	813	575
	长期借款利息减少											
3	调整减少项				374	351	328	305	258	203	144	
	所得税增加											
4	调整后净现金流	10 786	1 324	18 217	23 400	21 996	24 984	28 052	10 217	7 655	8 266	8 911

序号	项目\年份	2037	2038	2039	2040	2041	2042	2043	2044	2045	2046	2047
1	原净现金流量	1 119	26 970	72 720	73 680	74 653	75 641	76 643	77 658	78 689	79 734	37 514
2	调整增加项	2 196	2 972	0	0	0	0	0	0	0	0	0
	借款本金偿还减少	318	183									
	长期借款利息减少											
3	调整减少项	79	46									
	所得税增加											
4	调整后净现金流	3 553	30 079	72 720	73 680	74 653	75 641	76 643	77 658	78 689	79 734	37 514

表 11-4　政府在三年建设期内进行补贴后的资本金财务内部收益率调整计算表

（单位：万元）

序号	年份项目	2015	2016	2017	2018	2019	2020	2021	2022	2023	2024	2025
1	原净现金流量	-48 572	-64 763	-48 572	—	—	—	—	—	—	—	2 875
2	调整增加项											
3	项目资本金减少	12 953	12 953	12 953								
	调整后净现金流	-35 619	-51 810	-35 619	—	—	—	—	—	—	—	2 875

序号	年份项目	2026	2027	2028	2029	2030	2031	2032	2033	2034	2035	2036
1	原净现金流量	7 535	—	15 038	20 313	19 376	22 432	25 570	6 240	3 314	3 791	4 298
2	调整增加项											
3	项目资本金减少											
	调整后净现金流	7 535	—	15 038	20 313	19 376	22 432	25 570	6 240	3 314	3 791	4 298

序号	年份项目	2037	2038	2039	2040	2041	2042	2043	2044	2045	2046	2047
1	原净现金流量	1 119	26 970	72 720	73 680	74 653	75 641	76 643	77 658	78 689	79 734	37 514
2	调整增加项											
3	项目资本金减少											
	调整后净现金流	1 119	26 970	72 720	73 680	74 653	75 641	76 643	77 658	78 689	79 734	37 514

第十二章
资产评估与投资项目财务评价

第一节 资产评估概述

资产评估是对资产在某一时点的价值进行估计的行为或过程。具体地讲，资产评估是指由专业机构和人员按照国家法律、法规以及资产评估准则，根据特定目的，依照相关程序，选择适当的价值类型，运用科学方法，按照规定的程序和标准，对资产价值进行定量的分析评定与估算。

按照《国有资产评估管理办法》（国务院第 91 号令）（以下简称《办法》），国有资产占有单位有下列情形之一的，应当进行资产评估。

（1）资产拍卖、转让。

（2）企业兼并、出售、联营、股份经营。

（3）与外国公司、企业和其他经济组织或者个人开办中外合资经营企业或者中外合作经营企业。

（4）企业清算。

（5）依照国家有关规定需要进行资产评估的其他情形。

为规范企业国有资产交易行为，加强企业国有资产交易监督管理，防止国有资产流失，2016 年 7 月，国资委、财政部发布《企业国有资产交易监督管理办法》（国务院国资委、财政部令第 32 号）（以下简称《办法》）。《办法》将资产交易行为作了如下界定。

（1）履行出资人职责的机构、国有及国有控股企业、国有实际控制企业的产权转让行为。

（2）国有及国有控股企业、国有实际控制企业的企业增资行为。

（3）国有及国有控股企业、国有实际控制企业的重大资产转让行为。

《办法》同时有如下规定。

（1）企业国有资产交易标的应当权属清晰，不存在法律法规禁止或限制交易的情形。

（2）对按照有关法律法规要求必须进行资产评估的产权转让事项，转让方应当委托具有相应资质的评估机构对转让标的进行资产评估，产权转让价格应以经核准或备案的评估结果为基础确定。

（3）产权转让原则上通过产权市场公开进行。

（4）产权转让原则上不得针对受让方设置资格条件。

（5）交易价款原则上应当自合同生效之日起5个工作日内一次付清。金额较大、一次付清确有困难的，可以采取分期付款方式。采用分期付款方式的，首期付款不得低于总价款的30%，并在合同生效之日起5个工作日内支付；其余款项应当提供转让方认可的合法有效担保，并按同期银行贷款利率支付延期付款期间的利息，付款期限不得超过1年。

PPP项目中有不少存量项目，这些项目中涉及的资产基本属国有资产，因此当发生产权转移时，必须按照相关规定进行资产评估。

第二节　资产评估方法简述

一、评估方法分类

按照《国有资产评估管理办法》（国务院第91号令），国有资产评估方法包括如下5种。

（1）收益现值法。

（2）重置成本法。

（3）现行市价法。

（4）清算价格法。

（5）国务院国有资产管理行政主管部门规定的其他评估方法。

用收益现值法进行资产评估的，应当根据被评估资产合理的预期获利能力和适当的折现率，计算出资产的现值，并以此评定重估价值。

用重置成本法进行资产评估的，应当根据该项资产在全新情况下的重置成本，减去按重置成本计算的已使用年限的累积折旧额，并考虑资产功能变化、成新率等因素，评定重估价值；或者根据资产的使用期限，考虑资产功能变化等因素重新确定成新率，评定重估价值。

用现行市价法进行资产评估的，应当参照相同或者类似资产的市场价格，评定重估价值。

用清算价格法进行资产评估的，应当根据企业清算时其资产可变现的价值，评定重估价值。

2019年12月，中国资产评估协会发布了《资产评估执业准则——资产评估方法》（中评协〔2019〕35号），提出资产评估方法主要包括市场法、收益法和成本法3种基本方法及其衍生方法。该准则并规定了各种评估方法应用的前提条件。应该说，除取消了清算价格法外，中评协〔2019〕35号文中提出的评估方法与国务院第91号令中所诉方法并无本质上的差异。由于国务院第91号令的法规层级较高，且至今并未宣布废止，本书以下仍采用国务院第91号令中的提法进行讨论。

二、PPP项目中资产评估方法的适用性

1. 清算价格法与现行市价法的适用性

当存量项目按PPP模式运作时，很显然清算价格法不能适用。

现行市价法也称为市场比较法，是指通过将评估对象与可比参照物进行比较，以可比参照物的市场价格为基础确定评估对象价值的评估方法的总称。

现行市价法常用于企业整体价值的评估。现行市价法用于评估的适用条件是：在公开市场上存在为数不少的与评估对象可进行比较的交易案例（企业的买卖、收购及合并），这些可比性企业应当与被评估企业属于同一行业，或者受相同经济因素的影响，并且它们的经营状况和财务数据是可以获得的，以便于分析评估对象与交易案例的差异因素对价值的影响。通过分析、比较被评估企业和参照系企业的重要指标，在此基础上，修正、调整参照系企业的市场价值，最后确定被评估企业的价值。

现行市价法中常用的两种具体方法是参考企业比较法和并购案例比较法。

采用现行市价法进行企业价值评估需要满足三个基本的前提条件。

（1）要有一个活跃的公开市场，这个市场上的交易价格代表了交易资产的行情，即可以认为是市场的公允价格。

（2）在这个市场上要有与评估对象相同或者相似的参考企业或者交易案例。

（3）能够收集到与评估相关的信息资料，同时这些信息资料应具有代表性、合理性和有效性。

运用现行市价法评估企业价值存在一定的局限性，主要是评估对象和参考企业所面临的风险和不确定性往往不尽相同，因而要找到与评估对象绝对相同或者类似的可比企业，难度较大。

显然，在目前情况下，市场上可比交易案例数量极为有限，现行市价法难于应用在存量项目的价值评估上。

2. 收益现值法的适用性

收益现值法（又称现金流量折现法）是根据企业未来预期收益，按适当的折现率将其换算成现值，并以此收益现值作为企业评估值的一种方法。收益现值法应用的前提条件有如下三个。

（1）评估对象的未来收益可以合理预期并用货币计量。

（2）预期收益所对应的风险能够度量。

（3）收益期限能够确定或者合理预期。

目前在国内外文献中，收益现值法中的收益多采用所谓"自由现金流量"。

企业整体价值评估中的自由现金流量是企业通过经营活动与资本性支出活动所产生的净现金流，即

企业自由现金流量 = EBIT × (1 − 所得税税率) + 折旧 − 资本性支出 − 追加运营资本　（12.1）

式（12.1）中，EBIT 为息税前利润。

企业自由现金流量未纳入任何与筹资有关的现金流量，如利息费用等，其结果与企业的融资方式无关。

企业股东全部权益价值评估中的自由现金流量是指归属于全体股东的净现金流量，即

股东自由现金流量 = 企业税后净利润 + 折旧 − 资本性支出 − 运营资本追加额 − 偿还债务本金 + 发行新债进款　（12.2）

根据资金时间价值原理，对未来现金流的折现计算公式为

$$P = \frac{F}{(1+i)^n} \quad (12.3)$$

式（12.3）中：P 为现值；F 为将来值；i 为折现率；n 为现在至将来某时的期数。

在对未来现金流量的折现过程中，被折现的现金流量（分子）的性质应与采用的折现率（分母中的 i）的性质相一致。具体来说，若现金流量是属于股东的现金流量，折现率就应当是股东的期望投资报酬率（包括无风险收益率和风险补偿率）；若现金流量是属于企业的现金流量，折现率至少应是企业的加权平均资本成本。

通常，处于成熟期的企业可用收益现值法评估其价值。

有以下特点的企业不适合用收益现值法进行价值评估。

（1）处于困境中的企业。

（2）收益具有周期性特点的企业。

（3）拥有较多闲置资产的企业。

（4）经营状况不稳定及风险问题难以合理衡量的私营企业。

对于处在成长期的企业，它现时的现金流量通常是负数，即使将来会获得高利润，预测其今后一定时期的业绩也将有一定风险。而且，折现率的确定十分复杂且困难。

对于经营已处于均衡状态，其未来收益具有充分稳定性和可预测性的企业，可将其收益进行年金化处理，然后再把已年金化的企业预期收益进行折现，从而估算企业的价值。

对于不需要政府补贴的常规的经营性项目，评估师常常根据企业未来经营模式、资本结构、资产使用状况及未来收益的发展趋势等，选择现金流折现模型进行企业价值评估。因为对于常规的经营性项目，未来的现金流比较容易预测，其不确定性较小。

但是，对于需要接受政府补贴才能维持经营的准公益性项目，未来现金流的预测受政府补贴水平的影响，存在很大的不确定性。未来收益的不确定性将使收益现值法的应用基础发生动摇。

3. 重置成本法的适用性

无论对于什么样的问题，重置成本法都是可以考虑的方法之一，并且往往是价值评估中使用的主要方法。

重置成本法是指按照重建或者重置被评估对象的思路，将重建或者重置成本作为确定评估对象价值的基础，扣除相关贬值，以此确定评估对象价值的评估方法。

企业价值评估中的重置成本法通常又称为资产加和法。重置成本法在评估企业价值时的假设是，企业整体价值等于资产负债表上所有有形资产和无形资产的重置成本之和。从资产重置成本相加的总和所得到的企业整体价值中，减去确认的各项负债之和，则得到股东权益价值。

重置成本法重视被评估资产在形成阶段的历史投入，也通过成新率、技术性贬值等扣减因素，充分考虑其在现实情况下的可用价值。

但是，重置成本法在评估中很难考虑那些未在财务报表上出现的项目，如企业的管理效率、自创商誉和销售网络等，同时也很难衡量企业各个单项资产间可能产生出来的整合协同效应，因而在持续经营的假设前提下，不宜单独运用重置成本法进行价值评估。

此外，对于自身盈利能力较差，需接受政府补贴的市政基础设施类项目，按重置成本法确定的企业价值将高于企业的实际价值。

重置成本法应用的前提条件有如下三个。

（1）评估对象能正常使用或者在用。

（2）评估对象能够通过重置途径获得。

（3）评估对象的重置成本以及相关贬值能够合理估算。

第三节　资产评估与投资项目财务评价之间的区别与联系

收益现值法又称为现金流量折现法，是资产评估中最常用的方法。该方法与投资项目财务评价的现金流量法（见本书第七章）具有十分密切的关系。

考虑图 12-1 所示的现金流，如果从投资人的视角来看这一现金流分布，那么第 1 年初的现金流出 P 就是项目起始时点的一次性投入，此后各年的净现金流出 NCF_1、NCF_2……就是项目的产出。根据各年的净现金流就可以算出该项目的内部收益率 IRR。项目的计算逻辑是：$(P+NCF_i) \to IRR$。本书中这样的计算逻辑被称为"正算"。当初始投入 P 值一定时，各年的净现金流出 NCF_1、NCF_2……越大，则内部收益率 IRR 越高。

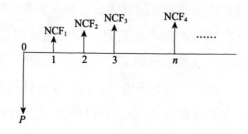

图 12-1　项目净现金流

如果从资产评估师的视角来看这一现金流分布，该资产各年可以产出的净现金流为 NCF_1、NCF_2……，若将各年净现金流 NCF_1、NCF_2……以某一公允的收益率 i 为折现率向第一年初折现并求和，则折现值 P 就是资产评估师认为的资产价值。估值的计算逻辑是：$(NCF_i + I) \to P$。本书中这样的计算逻辑被称为"逆算"。当然，如果从投资人的角度来看这一交易，结果会有些不一样。当各年的产出 NCF_1、NCF_2……一定时，若投资人期望获得的收益率（折现率）i 越大，则投资人认可的资产价值（投资人愿意支付的购买价款）P 就越小。因此，在资产评估中，折现率的取值对估值结果影响很大。

由以上讨论可见，投资人进行投资效益分析的项目全投资现金流模型与本章资产评估中企业价值评估的现金流折现模型只不过是从两个不同的视角来对同一交易事件进行的分析。它们之间存在如下异同。

1. 数学模型

由以上讨论可以发现，进行投资效益分析的项目全投资现金流模型与资产评估中的现金流折现模型是完全相似的财务模型，它们具有一样的数学结构。其差异在于：资产评估的现金流计算模型中无建设期。

2. 现金流

由资产评估理论中关于"自由现金流"的定义可以发现：资产评估中的所谓自由现金流，实际上就是项目全投资现金流分析中项目经营期的净现金流（所得税后）。正是由于这两种现金流的构成内容一样，才使得投资效益分析的项目全投资现金流模型与资产评估的现金流折现模型具有一样的数学结构。

3. 计算目标

在资产转让分析中，对交易的出售方来讲，是将未来的预期净现金流折现，确定可能被接受的交易价格；而对交易的购入方来讲，则是根据所付出的购买价款（交易价款）和未来可能发生的预期净现金流，通过计算项目全投资财务内部收益率，来评价投资效益。

4. 计算方法

在资产评估中利用现金流模型确定交易价格（购买人的投资支出），是根据预测的未来净现金流和预先设定的折现率进行"逆算"；而在投资人的投资效益分析中，初始投入就是交易价款（无建设期），投资人利用现金流模型确定项目投资财务内部收益率的计算，则是根据初始投入（交易价款）和预测的未来净现金流进行"正算"。

5. 计算参数

通过以上比较不难发现，从经济意义上讲，资产评估中的折现率应与投资效益分析中的项目投资财务内部收益率（所得税后）对应。因此，只要对企业未来的预期净现金流一致，预测期相同，那么投资人的项目全投资财务内部收益率（所得税后）就应是资产评估计算模型中的折现率。当将资产评估中的折现率取为在当时市场情况下交易双方均可接受的投资收益率时，得出的资产评估值也就是交易双方均可接受的交易价格。

第四节 几类常见资产或权益的价值评估

一、特许经营权

特许经营权的转让一般均会约定转让后的特许经营期。若以 n 表示特许经营期，则在图 12-1 中将第 n 期之后的现金流去掉，就得到特许经营权评估的现金流图示。

根据资产评估的相关规定和论著，在采用收益现值法时，特许经营权的价值可按式（12.4）的现金流折现模型计算。

$$V_1 = \sum_{t=1}^{n} \frac{\text{NCF}_t}{(1+k)^t} \tag{12.4}$$

式（12.4）中，n 为特许经营期；NCF_t 为特许经营期内各年的预测净现金流，称为自由现金流；k 为折现率。根据以上讨论，在以式（12.4）计算特许经营权转让价格时，各期净现金流 NCF_t 可按本书第七章的全投资财务分析模型取为项目全投资净现金流（所得税后）。

折现率 k 的取值对价值评估结果的影响很大。在相当多的价值评估论著中，折现率 k 常被取为所谓加权平均资本成本，并与包括资本资产定价模型（CAPM）有关的众多参数相联系。由于加权平均资本成本的确定不易，因此在很多人的眼中，这类价值评估理论和方法十分"高大上"，难以理解和实际操作。在上一段讨论中我们已说明，资产评估中的折现率应与投资效益分析中的项目投资财务内部收益率（所得税后）对应。按照《政府和社会资本合作项目财政管理暂行办法》（财金〔2016〕92号）中"参照市场同类标准"的精神，在评估特许经营权转让价值时，式（12.4）中的折现率 k 可按目前国内已签约的同类 PPP 项目的项目全投资财务内部收益率（所得税后）确定。以这种方式确定特许经营权转让价格，可以避免采用以加权平均资本成本法确定折现率时的主观随意性，交易价格更能反映所转让资产的市场价值，容易被交易双方接受。

二、企业整体价值

企业整体价值的计算公式与式（12.4）类似，但需要考虑在计算期 n 结束时资产尚存的盈利能力，即在图 12-1 中，假定在第 n 年后，企业永续存在，持续产生现金流。

在资产评估理论中，如果企业符合持续经营条件，则整体资产转让价格的计算公式为

$$V_2 = \sum_{t=1}^{n} \frac{NCF_t}{(1+k)^t} + \frac{NCF_{n+1}/(k-g)}{(1+k)^n} \qquad (12.5)$$

式（12.5）中，g 为企业第 n 年后净现金流 NCF 的成长率，其他符号的意义与式（12.4）的相同。

式（12.5）右端第一项比较好理解，它与式（12.4）相同，表示计算期 n 之内各净现金流的折现值之和。对式（12.5）右端第二项，我们将其数学证明简要说明如下。

（1）当企业成长率为 g 时，第 n 年后各年的净现金流序列为

$$\text{NCF}_{n+1}, \text{NCF}_{n+1}(1+g), \text{NCF}_{n+1}(1+g)^2 \cdots\cdots$$

（2）将第 n 年后各年的净现金流以 k 为折现率向第 n 年年末折现，得如下数字序列。

$$\frac{\text{NCF}_{n+1}}{(1+k)}, \frac{\text{NCF}_{n+1}(1+g)}{(1+k)^2}, \frac{\text{NCF}_{n+1}(1+g)^2}{(1+k)^3}\cdots\cdots$$

即

$$\frac{\text{NCF}_{n+1}}{(1+k)}, \frac{\text{NCF}_{n+1}}{(1+k)}\left(\frac{1+g}{1+k}\right), \frac{\text{NCF}_{n+1}}{(1+k)}\left(\frac{1+g}{1+k}\right)^2\cdots\cdots$$

以上数字序列构成一个等比数列，其公比为 $(1+g)/(1+k)$。通常企业成长率 g 小于折现率 k，因此

$$\left(\frac{1+g}{1+k}\right)<1$$

当企业存续期趋于无限大时，第 n 年后各年净现金流折现值构成一个无穷递减数列，其各项和为

$$\frac{\text{NCF}_{n+1}}{(1+k)}\frac{1}{\left(1-\frac{1+g}{1+k}\right)}$$

将以上结果简化，即得到式（12.5）右端第二项的分子 $\text{NCF}_{n+1}/(k-g)$。

将式（12.5）右端第二项的分子 $\text{NCF}_{n+1}/(k-g)$ 与本书第一章第二节永续年金现值的公式（1.27）比较可见，第 n 年后各净现金流的现值之和，在数值上等于以 NCF_{n+1} 为各年等值净现金流、以 $k-g$ 为折现率的年金现值。即净现金流的增长率 g 抵减了折现率 k。

（3）将第 n 年后各年净现金流折现至第 n 年年末时的现值 $\text{NCF}_{n+1}/(k-g)$ 再向计算期初（$t=0$）折现，就得到式（12.5）右端的第二项。

需要注意的是，对于 PPP 项目的资产评估来说，"持续经营"的假设不再成立。在资产评估时，需要考虑特许经营期结束时，合作双方关于资产移交的相关约定。不同的约定，会对资产转让价格产生不同的影响。

对于具体的 PPP 项目，若特许经营合同约定：在特许经营期结束时，项目公司向政府无偿移交所有资产，则在式（12.5）右边不会出现第二项。此时，整体

资产转让价格与特许经营权转让价格相同。当特许经营合同约定：在特许经营期结束时，项目公司向政府有偿移交所有资产，则应将式（12.5）右边第二项分子上的计算式以政府向社会资本方支付的补偿价款替代。

三、企业股权价值

按照资产评估理论，在企业持续经营的条件下，企业股权转让价格的计算公式在形式上与式（12.5）一样，只是应将其中的净现金流 NCF_t 取为股权自由现金流，k 取为权益资本成本。这里所说的"股权自由现金流"就是本书第七章资本金现金流分析模型中的净现金流，"权益资本成本"（折现率 k）则与资本金财务内部收益率对应。

但是，如果按照"股权现金流量模型"计算股权价值，则需预测计算期内的"债权现金流量"并予以折现。这在实践中几乎无法操作。因此，通常采用的另一计算办法是，在以企业自由现金流（项目全投资净现金流）计算出企业价值 V_2 后，从中减去评估时点企业负债的市场价值，就间接得到企业股权的转让价格。以 L 表示评估时点的企业负债市场价值，则由式（12.5）得到股权转让价格。

$$V_3 = \sum_{t=1}^{n} \frac{NCF_t}{(1+k)^t} + \frac{NCF_{n+1}/(k-g)}{(1+k)^n} - L \quad (12.6)$$

式（12.6）中各符号的意义见式（12.4）与式（12.5）的说明。

式（12.6）即为《建设项目经济评价方法与参数》（第三版）中对被兼并企业股权价值的计算公式。

对 PPP 项目来说，式（12.6）右边第二项的具体形式与特许经营期结束时交易双方关于企业股权的处置方式有关。按照财政部在《政府和社会资本合作项目财政管理暂行办法》（财金〔2016〕92 号）中的规定：PPP 项目执行过程中形成的负债，属于项目公司的债务，由项目公司独立承担偿付义务。项目期满移交时，项目公司的债务不得移交给政府。因此，项目期满时的股权移交，也就等同于整体资产移交。如果在特许经营期结束时社会资本方向政府无偿移交，则式（12.6）右边第二项为零；如果特许经营合同约定，在特许经营期结束时社会资本股东向政府平价转让项目公司股权，则应将式（12.6）右边第二项分子上的计算式以股权转让价款 V_3 替代。此时，股权转让价格 V_3 则为

$$V_3 = \left[\sum_{t=1}^{n} \frac{\mathrm{NCF}_t}{(1+k)^t} - L\right] \times \frac{(1+k)^n}{(1+k)^n - 1}$$

四、注意事项

（1）目前关于价值评估的相关规定均是"营改增"之前的结果。在全面实行"营改增"之后，被评估资产的价值中是不包含增值税的。但资产转让作为一种交易行为，受让方在交易时除应支付资产价款外，还应支付增值税进项税（对资产转出方来说，则为增值税销项税）。按照本段上面的讨论，"营改增"之后价值评估的现金流折现模型应与本书第七章表 7-13 的项目全投资现金流模型具有完全相似的数学结构。但仔细分析之后可以发现，在采用这样的数学模型时，资产评估的待求目标（资产价值加增值税）与计算条件之一（缴纳增值税）之间存在关联关系，这将使 Excel 计算中出现"循环引用"，导致现金流折现计算无法进行。为避免"循环引用"的发生，可采用迭代计算办法，本书对此不予深入介绍。

（2）以上讨论内容为本书作者对价值评估理论与方法的认识。关于"营改增"之后应如何采用现金流折现模型计算资产及各种权益的评估价值，尚待相关部门发布业务指引予以规范。

（3）本节对特许经营权价值评估的讨论，对其他类型资产的价值评估同样适用，在相关讨论中不再重复。

第五节　PPP 项目中存量资产的价值评估

一、存量 PPP 项目评估中可能存在的问题

国务院在《关于创新重点领域投融资机制鼓励社会投资指导意见》（国发〔2014〕60 号）中提出，要进一步鼓励社会投资，盘活存量、用好增量，增加公共产品有效供给。政府可采用委托经营或 TOT 等方式，将已经建成的市政基础设施项目转交给社会资本运营管理。

按照这一指导意见，在各地推出的 PPP 项目中，出现了不少将已建成项目（即存量项目）与拟建项目（即新建项目）打包，合并后按 PPP 模式运作；或将存量项目直接转为 PPP 项目。与单纯的新建项目相比，这种混合打包项目或转变经营模式的存量项目有一些特殊问题需要慎重对待。

（1）首先，已建成的公益性市政基础设施项目，在产权上一般属于国有资产。按照《中华人民共和国企业国有资产法》（主席令第五号），此类企业如果改按 PPP 模式运作，在性质上应属于企业改制。企业改制应当制订改制方案，同时还应按照规定进行清产核资、财务审计、资产评估，准确界定和核实资产，客观、公正地确定资产的价值。

（2）已建成的市政基础设施项目，由于承担了较多的公益性职能，自身的盈利能力较差，历史上一般均长期接受政府补贴，这种财政补贴在采用了 PPP 模式之后如何处理需要具体分析。

（3）存量项目与新建项目打包，改按 PPP 模式运作后，以社会资本为主要股东的项目公司将按 PPP 合同的约定，在特许经营期内接受政府财政的补贴。

（4）盘活国有资产可选择的方式较多，如股权转让、以原企业股权或资产作为出资的合资合作和资产出售等。因此，从评估的对象来区分，广义的资产评估包括单项资产价值评估、企业整体资产价值评估和股权价值评估。在盘活国有资产的各种方式中，股权或资产的价值应该如何评估？过去或未来所接受的政府补贴对资产评估价值有何影响？

本节试图对 PPP 项目实务中与存量项目资产价值评估相关的问题进行初步讨论。

二、关于 PPP 项目中选择评估方法的建议

1. 捆绑补偿措施的重置成本法

除上一段介绍的需慎重对待的问题外，影响存量项目价值评估的，还有以下因素。

（1）存量项目的价值评估只是 PPP 项目整个交易结构设计中的一个环节。

（2）对存量项目进行收购的资金支出，是社会资本方在 PPP 项目中资金投入的一部分内容。一般说来，社会资本方在 PPP 项目中的全部资金支出应包括收购存量项目的资金支出、新建项目的资金支出、各类经营性支出及运营维护费用等。

（3）对于盈利能力不足的 PPP 项目，政府补贴是对社会资本进行补偿的重要方式。政府补贴的数额由社会资本的投入额、未来经营收益、社会资本期望的投资回报率等决定。在将存量项目与拟建项目打包组成的 PPP 项目中，如果在存量项目的收购环节发生了"溢价"，那么这种溢价可在后来的特许经营期内通过政

府补贴予以补偿；如果在存量项目的收购环节发生了"折价"，政府相关部门恐怕将遭受造成国有资产流失的指责。

基于上述考虑，作为对选择评估方法的建议之一，笔者认为，在 PPP 项目中，对存量项目的价值评估可考虑采用捆绑补偿措施的重置成本法。

如前所述，对于盈利能力不佳的市政基础设施项目，按重置成本法确定的企业价值将高于企业的实际价值。由于这一原因，按重置成本法进行价值评估的存量项目可能难以吸引社会投资人的兴趣。为避免出现转让不能成交的情况，政府可考虑将未来对项目公司的补偿措施与存量项目的转让交易捆绑，使社会资本方通过"算总账"的方式达到合理的投资回报水平。

采用这种方法的好处如下。

（1）交易结构清晰，可将存量资产收购与特许经营期的协议安排区分开来。

（2）价值评估基础好，根据评估时点的资产负债表就可进行相关评估工作。

（3）便于区分资产价值与股权价值。

对于需要通过公开招标方式确定社会投资人的 PPP 项目，政府方可以在财务测算的基础上，将需要捆绑的补偿措施作为招标条件之一，由社会投资人进行报价，以实现公平竞争，并尽可能地减少政府的财政支出责任。

2. 事先约定补贴水平的收益现值法

如前所述，对于需要接受政府补贴才能维持经营的准公益性项目，未来现金流的预测受政府补贴水平的影响，存在很大的不确定性。因此，收益现值法的应用基础产生动摇。但是，如果能根据项目的实际情况，减少不确定因素，也可采用收益现值法来进行存量项目的价值评估。

按照《企业国有产权转让管理暂行办法》（国务院国资委、财政部令第 3 号）的规定，企业国有产权转让应当在依法设立的产权交易机构中公开进行，转让方式包括拍卖、招投标和协议转让等。为进行公开挂牌交易，需明确挂牌交易价，并按"价高者得"的原则选择受让方。为此，政府方可在以下假定条件下，采用收益现值法确定自己的转让底价。

（1）明确规定特许经营期。

（2）根据对未来项目改建扩建的设想，估算生产规模、产品价格及其调整机制、经营成本、资本性支出数额等，测算期望收益。

（3）依据政府过去历年的补贴水平，以及政府财政承受情况，设定本项目未来的财政补贴水平限值。

（4）考虑社会资本方可能接受的收益率水平或范围。

根据以上设定条件，政府可以以收益现值法测算在资产转让、股权转让和特许经营权授予等多种方式下的转让底价，并将其作为在公开市场上挂牌竞价的基础。明确政府未来对项目的补贴是以对社会资本方所提供的公共服务水平的绩效评价结果为支付依据。

以上价格的确定，考虑了企业的历史运营数据，政府历年的补贴水平，企业未来的发展规划，未来PPP项目将要采取的风险分担和利益分配机制，既明确了转让价格，又设定了双方合作的条件。政府在与社会资本方进行转让价格谈判的过程中，双方也同时就未来的风险分配与监管等PPP项目中较为核心的问题基本达成共识。这种处理问题的方法，避开了传统评估方法的一些限制，不失为一种值得采用的方法。

同样，对于需要通过公开招标方式确定社会投资人的PPP项目，政府方可以在财务测算的基础上，将需要提供的补贴水平作为招标条件之一，由社会投资人进行报价，以实现公平竞争。

第十三章
项目全周期内影响财务评价的若干问题

第一节 概　　述

在投资项目决策阶段，投资人通过可行性研究，优化工程技术与建设方案，力图使项目的投资效益达到最优。按照可行性研究的传统思路，只要项目设计合理，建设方案最优，那么项目的投资效益就会最好。也就是说，将项目优化的考虑因素全都集中在项目的设计与建设阶段，且主要关注的是工程与技术因素。但在项目实践中我们发现，除项目建设阶段的工程与技术因素外，还有很多其他因素也会影响项目的投资效益，但这些影响因素一直未得到重视。并且，当出现了会对项目投资效益产生较大影响的情况时，不少人也不清楚应该如何构建财务模型来进行分析。因为在迄今为止的部门规章与论著中，尚未见有相关规定发布或发表。

根据在本书上篇中讲述的基本理论，判定项目投资效益的最直接指标是通过现金流分析得出的各类内部收益率。在第一章第五节中重点强调，对于一个持续期为 N 年的投资项目，需要对其全周期的现金流"算总账"才能算出项目的内部收益率，进而确定该项目是否值得投资。所谓"全周期"，既包括建设期，也包括经营期。建设期的现金流对项目的内部收益率影响最大，但经营期现金流的影响也不可忽视。此外，投资人对项目可以进行直接投资，也可通过设立子公司的方式进行间接投资。在这两种模式中，投资人的现金流会因所得税以及计算模型的影响而不同，投资人的投资效益也会不同。再如，按照《企业会计准则解释第

14号》(财会〔2021〕1号)的规定,在 BOT 模式的 PPP 项目中,项目公司的资产可以按金融资产确认,也可按无形资产确认。经营期内项目公司会计核算方法的不同选择将直接影响项目公司的收入、成本与所得税,并最终影响经营期内的现金流。凡此种种的影响因素都是我们在投资决策阶段需要考虑的。

本章讨论项目全周期内影响财务评价的若干问题,包括项目的交易结构、政府对项目的建设期补助、项目建设模式与资产权属、经营期的会计核算方法等。

第二节 交易结构对投资项目财务评价的影响

本节我们通过对具体案例的解析来讨论这一问题。

一、案例

某国有企业(下称"国投集团")发现了一个投资机会。该项目包含三个业务板块,分别是房地产开发、影视娱乐和商贸。为了进行专业化运营,拟设立三个子公司(下称"项目公司")分别运作这三项业务。为了解决资金不足和缺乏专业人员的问题,同时为了分散投资风险,国投集团拟与某房地产公司(下称"房地开发")和某民营企业(下称"民投公司")合作。初步商定的合作模式如图 13-1 所示。现在,国投集团希望对其在这种交易模式下的投资效益进行财务评价。

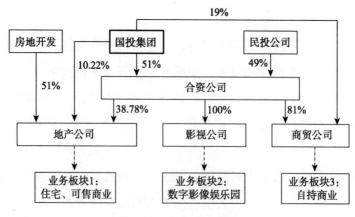

图 13-1 项目交易结构

在这个案例中，国投集团的投资效益是财务评价目标。国投集团的对外投资方式是股权投资。直接进行项目投资的是地产公司、影视公司和商贸公司三家项目公司。按照图 13-1 的交易结构，国投集团直接持有地产公司和商贸公司的部分股份，但还通过合资公司间接持有地产公司、影视公司、商贸公司这三家项目公司的股份。在这样的交易结构中，对国投集团投资效益的评价就不能简单搬用本书上篇基础理论部分所介绍的现金流分析模型，包括项目全投资现金流分析、资本金现金流分析，以及投资各方的现金流分析。因为这几种财务模型只适用于对交易结构简单的项目投资模式的分析（项目全投资现金流分析、资本金现金流分析），以及对项目公司直接股东的投资效益分析（投资各方的现金流分析）。

二、交易结构对投资项目财务评价的影响

首先假定国投集团采用图 13-2 所示的两种简单的投资模式进行投资。按图 13-2(a)中的模式，国投集团直接进行项目投资。此时对国投集团投资效益的分析可以采用项目全投资现金流分析模型和资本金现金流分析模型。按图 13-2(b)中的模式，国投集团对子公司进行股权投资，子公司再进行项目投资。此时对国投集团投资效益的分析就须采用本书基础理论部分介绍的投资各方现金流分析模型。这些财务分析模型的标准格式在《建设项目经济评价方法与参数》（第三版）中均有规定，也在本书上篇中有详细介绍，此处不详述。

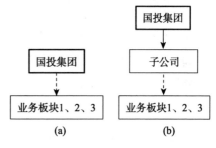

图 13-2　两种简单的投资模式

在项目投资实务中，出于资金不足、专业能力不足、管理效率以及分散投资风险等诸多考虑，投资人往往不得不采用比较复杂的交易结构来进行项目投资。此时，在对投资人进行投资效益分析时，就不能简单搬用本书上篇基础理论部分所介绍的基本分析模型，而必须考虑交易结构对投资及收益的影响，根据具体情况对财务分析模型进行调整。

对处于交易结构上层的投资人（通常为集团公司）来说，交易结构对其投资效益分析的影响主要表现在如下方面。

1. 交易结构对财务评价方法的影响

处于交易结构上层的投资人,他们的对外投资方式为股权投资。按照投入产出分析的基本思路,其"投入"是投向各级各类子公司的资本金,而"产出"则是从各子公司获得的利润分配。因此,其投资效益分析模型与本书基础理论部分介绍的投资各方现金流分析模型类似,但需考虑的因素更多,情况也更为复杂。

2. 交易结构对投资人现金流的影响

在复杂交易结构中,处于交易结构上层的投资人,他们对处于底层的项目公司来说往往兼有直接投资人和间接投资人的身份。现行的所得税政策对其现金流会有较大影响。

以图 13-1 所示的交易结构为例,处于交易结构上层的国投集团是一个独立的纳税主体,它从被投资公司地产公司、合资公司、商贸公司获得的投资收益(分红)是其收入的一部分,在计算缴纳企业所得税时,这些投资收益应按不同的来源,区分是否应计入应纳税所得额。

按照图 13-1 所示的交易结构,国投公司是地产公司和商贸公司的直接股东之一,同时又通过合资公司成为地产公司、影视公司和商贸公司的间接股东。按照现行的《企业所得税法》,国投集团以直接投资人身份从地产公司和商贸公司获得的投资收益(税后利润)不再计入国投集团的应纳税所得额计算缴纳企业所得税。假定合资公司没有其他收入,国投集团按持股比例从合资公司获得的分红源于交易结构底层的三个项目公司(地产公司、影视公司、商贸公司)。对于以底层项目公司的间接股东身份获得的这部分投资收益,国投公司无法享受企业所得税的免税待遇,应并入公司的应纳税所得额,与公司的其他收入一起一并汇算清缴企业所得税。

三、在复杂交易结构下进行财务评价的方法

对底层项目公司投资效益的财务评价完全可以采用本书上篇中介绍的各类现金流分析模型。

通常,如果底层项目公司的项目投资财务评价指标超过预期,即项目具有较好的盈利性,那么处于交易结构上层的投资人也可据此进行投资决策。但是,对

处于交易结构上层的投资人（集团公司）来说，对底层项目公司的财务评价只能提供拟投资项目是否值得进行投资的定性评价结果，无法提供定量的投资收益率水平。如果上层投资人需要知道预期能实现的收益率是多少，以及该收益率受何种因素的影响最大，还得借助于现金流分析模型进行定量计算。

尽管处理简单交易结构的财务评价模型并不适合用来进行复杂交易结构下的财务效益评价，但它是处理复杂情况的基础。以下针对图 13-1 中的交易结构，讨论对国投集团进行定量投资效益分析的基本方法。

在以下讨论中，我们有如下假定。

（1）所有收入和成本均发生在底层的三个项目公司。

（2）国投集团对各子公司的责任只是资本金出资。合资公司对三个项目公司的资本金出资也源于国投集团和另一股东民投公司。

（3）除资本金外，三个项目公司的其他资金需求均各自通过银行贷款解决。

（4）合资公司只是一个中间平台，向下传递资本金出资，向上传递从项目公司处获得的投资收益。

对国投集团投资效益的财务评价可按如下步骤和方法进行。

（1）按本书上篇中介绍的基本方法确定三个项目公司各自的总投资、资本金、融资需求、建设期、投资与筹资进度计划、收入与成本等财务分析的基础数据。

（2）构建三个项目公司各自的利润与利润分配表、财务计划现金流量表、借款还本付息表。

（3）按项目投资现金流模型和资本金现金流模型计算各项目公司的投资收益率 IRR，判断各投资项目自身的盈利性和投资价值。

（4）根据图 13-1 交易结构中的股权结构，计算国投集团的出资责任。按各项目公司的筹资计划确定国投集团的资本金出资计划（现金流出）。

（5）综合各项目公司的利润分配计划，合资公司按国投集团和民投公司的持股比例，向各股东分配投资收益。

（6）国投集团的收益包含两部分：第一部分是作为直接投资人按持股比例从地产公司和商贸公司获得的分红；第二部分是从合资公司传递过来的投资收益。对于第二部分收益，国投集团需计算缴纳所得税。将根据所得税政策调整后的两部分收益相加，就得到国投集团各年的净现金流入。

（7）根据按以上程序计算确定的各年净现金流，就可计算国投集团的投资财务内部收益率 IRR。

四、讨论交易结构对投资效益影响的重要意义

对处于交易结构上层的集团公司进行投资效益评价不仅具有理论意义，也具有重要的实际意义。

对集团公司来说，其职责一般不是进行具体投资项目的实施操作，而是统筹规划、战略指导、监督协调。本节以上讨论的交易结构对投资的影响，可以在以下方面对集团公司有益。

在传统的项目投资可行性研究中，一般要求对投资方案进行优化比选，以提高项目的投资效益。这种优化比选的着眼点仅局限于项目公司，并且一般仅关注工程与技术方案等具体实施层面上的优化。但对集团公司来说，在投资管理过程中，通过上述对投资效益的定量评价，可以从更高的层面上就项目策划、战略规划、业务组合、交易结构、持股比例（包括直接投资与间接投资的比例）、投资重点等管理决策方面的问题进行方案比选与优化，提高集团公司整体的投资效益。相关问题具有较大难度，也少有人尝试。本书不赘述。

第三节 联合体协议对投资项目财务评价的影响

一、联合体投标概述

在很多建设项目的招标中，为了吸引更多的投资人参与投标，常允许联合体投标。所谓联合体投标，是指两个以上法人或者其他组织组成一个联合体，以一个投标人的身份共同投标的行为。联合体投标是招投标活动中一种特殊的投标人形式，常见于一些大型复杂、技术要求全面、资金需求量大的项目。这些项目，若靠单一投资人的能力一般不可能完成，往往由一些各具优势的投资人组成联合体进行投标，以增强投标综合竞争力。

在联合体投标中，投标联合体内各参与方的优势与资源各异，各方的诉求也不一样。因此，联合体内部各参与方，对各自权利、义务、责任的承担等问题，需要事先明确约定，即各方需要订立联合体协议。

联合体协议内容可能涉及：各方的股权比例、出资方式与时间、因支付巨额

履约保证金而产生的资金负担、融资与建设施工的责任分配、建设期内施工方对金融机构合作方付息的支持、合作各方之间的股权转让等。所有这些问题，都可能导致合作各方之间的权利与义务不完全对等。因此，在项目总体财务评价的基础上，为平衡各方利益，项目参与各方还应根据项目实施中可能发生的各方自身现金流情况（一般由具体的合作条件确定），进行较仔细的现金流分析，确定相互之间合作的具体条款，使各方的收益与承担的风险基本匹配。

二、联合体投标财务评价方法与案例

（一）联合体投标财务评价方法

本书上篇第七章第四节介绍了进行投资效益分析的三类现金流量表，它们分别以项目、项目公司全体股东、项目公司某一股东为分析对象。对联合体投标来说，针对项目和全体股东的前两类现金流量表可以直接运用。但是，针对项目公司某一股东的"投资各方现金流量表"，它的计算项目中只考虑了该股东与项目公司之间发生的现金流关系，没有考虑项目公司各股东之间根据联合体协议而可能发生的现金流关系。因此，第七章第四节中介绍的"投资各方现金流量表"不能简单地直接用于对联合体中某一股东进行投资效益分析。

进行投资效益分析的基本方法是投入产出分析法。无论是多么复杂的交易结构安排，只要我们以分析对象为中心，关注围绕它所发生的现金流入与流出，就能得到关于该分析对象的投资效益分析结果。

按照以上思路，在对某一联合体股东进行投资效益分析时，我们不仅要考虑项目公司与股东之间的责权利关系，还必须考虑联合体内部各股东之间可能存在的各项约定。即，对联合体各方进行现金流分析的方法与本书第七章第四节中介绍的投资各方现金流分析方法类似，但需根据联合体协议中的具体条款约定，对计算项目进行调整补充。下面以一个具体案例为例说明。该案例的项目全投资现金流和资本金现金流的模型与计算方法与常规项目相同，我们不再予以介绍，只关注联合体协议条款对投资各方现金流分析的影响。

（二）联合体投标财务评价案例

1. 项目概要

（1）建设内容

某开发区道路及配套工程。

（2）实施方案要点

①项目静态总投资：14.37亿元（不含建设期利息）。

②PPP合作模式：扩建—运营—移交（ROT）。

③资产所有权：政府。

④项目合作期：建设期1年，运营期10年。

⑤投资回报机制：政府付费。

⑥各年政府付费额＝社会资本的资金投入总额/10＋各年初未返还资金余额×6.37%。

⑦社会资本独资成立项目公司，资本金为总投资20%。

⑧公开招标，允许联合体投标；社会投资人、施工总承包方一次性招标。

⑨项目质保金为总投入的5%，于项目结束后2年内支付。

（3）项目执行情况

①A工程公司与B信托公司的联合体中标，中标金额13.78亿元。

②SPV项目公司注册资金5 000万元；A工程公司占股25%，B信托公司占股75%。

③B信托公司提供部分股东贷款。

④A工程公司负责工程总承包。

（4）股东间合作条件

①在资金方面，A工程公司只负责项目公司25%注册资金的出资；B信托公司通过契约式基金向SPV项目公司出75%注册资金，以及不超过5亿元的股东贷款；其余资金缺口由B信托公司找C商业银行提供贷款。

②A工程公司在建设期结束时一次性向B信托公司让渡部分施工利润，总额为工程建设投资的3.5%。B信托公司将利用获得的部分资金偿付信托计划投资人的收益。

③A工程公司负责SPV项目公司的运营，每年向信托计划偿付债务本息，各年还本付息额＝建设时投入的债务资金总额/10＋各年初债务资金余额×6.8%。

④其他：信托计划投资者预期的收益率为6.20%/年。

2. 项目交易结构

项目交易结构如图13-3所示。

第十三章 项目全周期内影响财务评价的若干问题

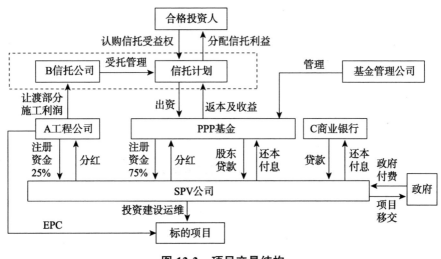

图 13-3 项目交易结构

3. B 信托公司的现金流计算模型

B 信托公司是信托计划的募集人，也是 SPV 项目公司的投资人，它的现金流模型计算项目如表 13-1 所示。

表 13-1 B 信托公司现金流模型的计算项目 （单位：万元）

序号	项目	1	2	……	备注
1	现金流入				
1.1	信托计划募集资金				募集资金＝注册资金＋股东贷款
1.2	项目公司利润分配				由项目公司利润分配决定
1.3	项目公司返还债务本金				按联合体协议
1.4	项目公司支付债务利息				
1.5	A 公司施工利润让渡		3 979		施工利润返还额为工程建设费用的 3.5%
1.6	股权投资处置收益				与期末项目公司股权的处置方式有关
2	现金流出				
2.1	注册资本金	3 750			注册资金的 75%
2.2	向项目公司提供股东贷款				不超过 5 亿元
2.3	偿还信托投资人本金				由信托计划中约定的对投资人的偿还计划决定
3.1	偿付信托投资人收益				
2.4	缴纳增值税				若有
2.5	税金及附加				若有
2.6	其他现金流出				支付基金公司管理费等
3	净现金流				

根据该模型计算得出的各年净现金流，就可计算 B 信托公司进行该项目投资的财务内部收益率。

4. A 工程公司的现金流计算模型

A 工程公司负责工程总承包及 SPV 项目公司的运营，它的现金流模型计算项目如表 13-2 所示。

表 13-2　A 工程公司现金流模型的计算项目　　（单位：万元）

序号	项目	1	2	……	备注
1	现金流入				
1.1	营业收入（不含税）				政府付费（扣 5%质保金）
1.2	增值税销项税				建筑业增值税税率 9%
1.3	质保金返还				质保金为工程建设投资的 5%
1.4	股权投资处置收益				与期末项目公司股权的处置方式有关
2	现金流出				
2.1	注册资金	1 250			注册资金的 25%
2.2	向 B 信托公司让渡施工利润		3 979		工程建设投资的 3.5%
2.3	偿付各类贷款本金				偿付对象：B 信托公司及 C 贷款银行
2.4	偿付各类贷款利息				
2.5	运维成本				
2.6	向 B 信托公司支付红利				按项目公司利润分配政策
2.7	增值税进项税（经营期）				
2.8	缴纳增值税				
2.9	税金及附加				
2.10	所得税				
2.11	其他现金流出				各类履约担保
3	净现金流				

根据该模型计算得出的各年净现金流，就可计算 A 工程公司进行该项目投资的财务内部收益率。需要注意的是，按照表 13-2 中的计算项目，A 工程公司的净现金流包含施工利润。

第四节　招投标"降造率"对项目财务评价的影响

所谓降造，就是降低工程造价所节余的费用。

在建设工程招标中，工程降造费是指由招标单位（建设单位）和中标单位双方，在施工或设备材料采购合同中约定的合同额与批准的设计概算对应部分的差额。通常，根据工程承包合同是单价合同或总价合同的不同，工程降造可使建设单位降低成本，或使施工单位增加利润。降造的措施，一般包括在施工过程中实施严格的成本控制，以及加强物资管理等。

但是，PPP项目中所说的降造，与一般工程建设项目中通过加强成本管理等措施实现降造的初衷有所不同。

现在，由于PPP项目的特许经营方，一般也是项目设施的工程施工方，而单纯的工程施工也会有一定的利润空间。当有意参与PPP项目竞标的社会资本方不少时，政府通常会考虑在招标中将降造率（在招标文件中通常也称为"下浮率"）设定为一个竞标点，其目的是挤压社会资本方的盈利空间，降低政府的财政支付。

如果将最高投标限价取为初步设计概算价，那么中标人的中标降造率为

$$\text{中标降造率} = \frac{\text{中标降造额}}{\text{最高投标限价}} = \frac{\text{最高投标限价} - \text{投标报价总额}}{\text{最高投标限价}} \quad (13.1)$$

对于将降造率设定为一个投标竞标点的项目，其现金流分析应按不同的对象分别考虑。

1. 政府方的项目全投资现金流分析

政府方需要进行项目全投资现金流分析，以决定政府的财政支付责任。

在政府的全投资现金流分析模型中，"建设投资"计算项的合计数须取为降造后的中标合同价。同时，需要预设政府方可接受的（或双方可商定的）项目财务内部收益率，由现金流模型"反算"出政府在经营期内的财政支付（包括政府付费及财政补贴）。

2. 社会资本方的现金流分析

社会资本方的现金流分析比较复杂，需要进行两次计算：一次是模拟政府方的现金流分析，计算政府的财政支付；第二次是自身的投资效益分析，计算自有

资金内部收益率。

社会资本方必须模拟政府方的现金流分析。如上一段所述，在模拟现金流分析中，应以降造后的中标合同价为建设投资，设定双方可接受的项目财务内部收益率（也可能是招投标中的一个竞标点），"反算"政府在经营期的财政支付。由此计算出的政府财政支付，是社会资本方在进行投资效益分析时的经营期收入。

对社会资本方来说，招投标时报出的工程造价并不等于实际会发生的工程支出，其中会含有部分施工利润。当政府将降造率设定为一个招标指标时，社会资本方的施工利润空间会受到挤压。社会资本方在进行其投资效益的现金流分析中，需要考虑自身技术、管理等多方面因素，将实施该项工程建设所实际可能发生的工程支出作为建设投入，以模拟政府方现金流分析中算出的政府财政支付为经营期收入，再结合经营成本、税金等其他因素，计算自己可实现的收益率水平。这一过程即所谓的"正算"。

社会资本方在投标之前，需要将自己拟报出的投标值设定为现金流模型的计算参数，经过以上两次计算，结合项目的竞争形势，才能确定自己的投标报价策略。

第五节 有建设期补助的项目财务评价

一、概述

建设期补助也称为投资补助。此处所谓的"有建设期补助项目"，是指项目建设所需的资金除来自于投资人和提供贷款的金融机构之外，还来自于"资助者"。所谓"资助者"并非投资人，他们无偿地向建设项目提供资金，不要求获取回报。这类项目一般是收益性较差的准公益性项目。由于收益性较差，作为负有公益性产品提供责任的政府为了吸引社会投资人，往往承诺无偿向项目建设提供部分资金，以减少项目公司的项目建设投入，提高其投资收益水平。

此外，对于某些投资额较大的基础设施建设项目，政府也可能将工程建设分为两个相对独立的部分，政府承担其中某一部分的投资建设责任，项目公司承担剩余部分的投资建设责任，以及项目整体的运营维护。在项目全部建成后，项目公司以租赁（有偿使用）的形式获得政府所承建部分的经营权。这类项目的典型案例是北京地铁 4 号线工程。

北京地铁 4 号线工程投资建设分为 A、B 两个相对独立的部分：A 部分为洞体、车站等土建工程，投资额约为 107 亿元，约占项目总投资的 70%，由北京市政府国有独资企业京投公司成立的全资子公司（下称"4 号线公司"）负责；B 部分为车辆、信号等设备部分，投资额约为 46 亿元，约占项目总投资的 30%，由 PPP 项目公司北京京港地铁有限公司（简称"京港地铁"）负责。京港地铁是由京投公司、香港地铁公司和首创集团按 2∶49∶49 的出资比例组建。

北京地铁 4 号线项目竣工验收后，京港地铁通过租赁取得 4 号线公司的 A 部分资产的使用权。同时，京港地铁负责 4 号线的运营管理、全部设施（包括 A 和 B 两部分）的维护、除洞体外的资产更新，以及地铁站内的商业经营，通过地铁票款收入及站内商业经营收入回收投资并获得合理投资收益。

30 年特许经营期结束后，京港地铁将 B 部分项目设施完好、无偿地移交给市政府指定部门，将 A 部分项目设施归还给 4 号线公司。

为了叙述方便，在本节内，无论是无偿享受建设期补助，还是有偿使用政府建成的部分项目工程（项目配套设施），我们将这两类项目统称为"有建设期补助项目"，并将政府提供的建设期补助与项目配套设施均统称为"建设期补助"，并称政府为项目资助人。这两类投资项目的财务评价模型基本相同，唯一的差别是，在有偿使用的情况下，有偿使用费必须计入项目公司运营期的运营维护成本。

本节讨论的政府资助，仅指政府对项目的建设期补助，不包括政府对项目提供的运营期补贴。在项目财务评价中，政府提供的运营期补贴属项目公司的收入之一。

二、有特定对象的政府补助

首先以北京地铁 4 号线为例讨论。北京地铁 4 号线的项目资产由两部分构成，其中资产包 A 由政府投资，资产包 B 由项目公司投资。本节内，我们将由资产包 A 和资产包 B 组成的项目称为"全项目"，把由资产包 B 构成的项目称为"企业投资项目"，如图 13-4 所示。很显然，这两个项目的范围是不一样的。在进行项目投资财务分析时，必须特别注意并说明"项目"的范围与构成。

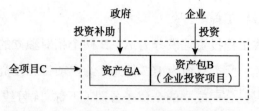

图 13-4　北京地铁 4 号线的项目构成

在进行受政府补助项目的财务评价时,需要特别注意所说的"项目"的范围,并注意区分"全项目财务分析"和"企业投资项目财务分析"。

任何一个建设项目都可以看作是一个投入产出系统。在对一个投入产出系统进行财务分析时,只要你的投入不涉及银行贷款(或不考虑建设资金的来源),那么这个分析就是"全投资"分析,这个投入产出"系统"就是一个"项目"。

因此,在讨论项目的财务评价时,我们需要注意区分"全项目"与"全投资"。"全项目"是针对项目的构成范围来说的,"全投资"是针对建设资金来源说的。

对于图 13-4 的项目构成,可以从"全项目"的角度进行财务分析,也可以从"企业投资项目"的角度进行财务分析。对于"企业投资项目"(资产包 B),还可以根据资金来源,区分"项目全投资现金流"分析和"资本金现金流"分析。

下面,我们首先从"全项目"的角度,分析"全项目"的"全投资现金流"。

若以 c 表示项目静态总投资,a 表示政府对资产包 A 的静态投资,b 表示投资人对资产包 B 的静态投资,则在进行项目全投资分析时

$$c = a + b \tag{13.2}$$

按照《建设项目经济评价方法与参数》(第三版)中的项目投资现金流量表,从纯"项目"(全项目)的角度看的项目投资现金流量表具有如表 13-3 所示结构。

通过"全项目"的全投资现金流分析,可以得项目本身(资产包 A + 资产包 B)的盈利性。

如果从企业的角度看,则要考虑扣除政府建设期补助之后的项目(图 13-4 中的"企业投资项目")的总投资,由式(13.2),

$$\text{企业投资项目的总投资 } b = \text{全项目总投资 } c - \text{政府建设期补助 } a \tag{13.3}$$

式(13.3)是从"项目范围"的角度对项目的总投资进行了划分。

如果"企业投资项目"所需的建设资金全部由自有资金提供,不涉及银行贷款(或完全不考虑建设资金的来源渠道和属性),那么相关的财务分析就是"全

投资"分析。按照《建设项目经济评价方法与参数》(第三版)中的项目投资现金流量表,"企业投资项目"的全投资现金流量表具有如表 13-4 所示的结构。

表 13-3　全项目的项目投资现金流量表计算项目

序号	项目
1	现金流入
1.1	营业收入
1.2	补贴收入
1.3	回收固定资产余值
1.4	回收流动资金
2	现金流出
2.1	建设投资（$c=a+b$）
	其中：资产包 A
	资产包 B
2.2	流动资金
2.3	经营成本
2.4	营业税金及附加
2.5	维持运营投资
3	所得税前净现金流量（1-2）
4	累计所得税前净现金流量
5	调整所得税
6	所得税后净现金流量（3-5）
7	累计所得税后净现金流量

表 13-4　企业投资项目的项目投资现金流量表计算项目

序号	项目
1	现金流入
1.1	营业收入
1.2	补贴收入
1.3	回收固定资产余值
1.4	回收流动资金
2	现金流出
2.1	建设投资（资产包 B）
2.2	流动资金
2.3	经营成本
2.4	营业税金及附加
2.5	维持运营投资
3	所得税前净现金流量（1-2）
4	累计所得税前净现金流量
5	调整所得税
6	所得税后净现金流量（3-5）
7	累计所得税后净现金流量

表 13-4 中的"建设投资"为从"全项目"总投资中扣除政府建设期补助之后的、与企业责任相对应的资产包 B 的建设投资部分。

比较表 13-3 与表 13-4 的现金流量表计算项目可以发现,如果在表 13-3 的现金流入中增加一项"政府建设期补助 a",并将其与现金流出中的资产包 A 建设支出抵消,就得到表 13-4。表 13-4 就是从企业角度看的项目全投资现金流量表。

在上面的例子中,企业进行资产包 B 的建设投资,其资金来源一般应包括资本金与银行贷款两部分,因此,对"企业投资项目"还可以进一步做资本金现金流分析。

下面介绍一个与此类似的案例。

某污水收集与处理工程,项目建设内容包括污水处理站工程、人工湿地及管网工程。项目总投资 14 627.15 万元,其中管网工程投资 12 753.26 万元。

该项目按 PPP 模式运作,由社会资本全资组建项目公司,负责工程建设、污水处理及管网维护。项目回报机制为政府付费方式,政府付费由污水处理服务费、可用性服务费和运维绩效服务费 3 部分组成。项目合作期为 15 年,其中建设期为 12 个月。

在项目总投资 14 627.15 万元中,政府补助 12 753.26 万元(即管网工程投资),其余 1 873.89 万元由项目公司筹集。项目公司资本金比例为 20%,即 374.78 万元,其余 1 499.11 万元通过银行贷款筹集。项目总投资与资金来源如表 13-5 所示。

表 13-5　污水项目的总投资与资金来源　　　　(单位:万元)

序号	建设内容	总投资	建设资金		项目公司资金来源	
			政府补助额	项目公司筹集	资本金	银行贷款
1	污水处理站工程	1 399.31	—	1 399.31	374.78	1 499.11
2	人工湿地	474.58	—	474.58		
3	管网工程	12 753.26	12 753.26	—		—
4	合计	14 627.15	12 753.26	1 873.89	374.78	1 499.11

在这个案例中,我们称总投资为 14 627.15 万元的项目为"全项目",它包括 3 部分工程内容;总投资为 1 873.89 万元的项目为"企业投资项目",它仅包括污水处理站和人工湿地两部分工程建设的支出。相应地,以 1 873.89 万元为建设支出的现金流分析为企业的项目全投资财务分析,以 374.78 万元为资本金支出的现金流分析为企业的资本金现金流分析。从这两种分析可分别得到企业的项目财务内部收益率和资本金财务内部收益率。

三、无特定对象的政府补助

以上是以北京地铁 4 号线和某污水处理项目为例进行的讨论。在这些案例中,政府的投资补助有明确的资产(例如北京地铁 4 号线中的资产包 A)相对应。因此,项目的"范围"具有比较明确的"边界"。

但是，在很多建设项目中，政府提供的建设期补助并不针对具体的某部分资产，而是纯粹地提供一笔补助资金，由企业自行决定如何使用。在这种情况下，项目内部的范围"边界"不再存在，也就是说，我们不能从"物理上"对项目建设内容进行分割，不能如图 13-4 所示那样明确界定所谓"企业投资项目"。尽管如此，对于这种情况，我们仍可借用上面介绍的概念和方法，从企业的角度，对项目进行全投资财务评价和资本金财务评价。

当存在无特定对象的政府建设期补助时，按第七章第四节进行投资项目财务评价的思路，在第七章表 7-7 "项目全投资现金流量表"的现金流入部分补充"政府建设期补助"一项，就得到对企业来说的项目全投资现金流分析模型。在此模型的基础上，从现金流入中将"政府建设期补助"项去除，同时从现金流出的"建设投资"项中扣除政府建设期补助金额，这种处理并不影响项目各期的净现金流。由此得到的项目投资现金流分析模型与表 13-4 所示类似。此时，现金流出中的"建设投资"是项目总投资中扣除政府补助之后的剩余部分，即仅由企业负责筹集建设资金（资本金+银行贷款）的部分。

此外，对从总投资中扣除政府建设期补助之后的项目，也可以进行资本金现金流分析。相关分析方法和结论与上面介绍的污水处理案例相同。

四、说明

需要说明的是，本书第十一章"与快速决策相关的初步估算方法"中也讨论了项目接受政府建设期补助之后的项目财务分析案例。虽然两处的案例都是处理政府建设期补助，但由于项目的计算条件不一样，因此处理问题的思路和方法截然不同。在第十一章的案例中，项目的范围和总投资并没有改变，而是根据项目的具体情况，在项目原财务分析的基础上，将政府建设期补助按减少项目公司贷款或减少资本金投入的方法处理。这种针对项目不同情况采取不同处理方法的思路，建议读者仔细比较并细细品味。

第六节　经营期会计核算方式对项目投资效益的影响

在项目实践中我们发现，除项目建设阶段的工程与技术因素会影响项目的投资效益外，经营期内由于项目公司会计核算方法的不同选择，将导致对收入、成本与所得税的不同确认结果，进而影响经营期内的现金流，最终影响通过各期净现金流计算得出的内部收益率。

按照相关规定，我国 PPP 项目的运作方式可以有以下 6 种形式：委托运营（O&M）、管理合同（MC）、建设—运营—移交（BOT）、建设—拥有—运营（BOO）、转让—运营—移交（TOT）、改建—运营—移交（ROT）。其中，BOT 在以上 6 种形式中应用最为普遍，以下我们针对 BOT 业务进行讨论。

按照《企业会计准则解释第 14 号》（财会〔2021〕1 号）的规定，BOT 业务所建造基础设施不应作为项目公司的固定资产。在 BOT 业务的建造期间，项目公司对于所提供的建造服务或发包给其他方等，应当按照《企业会计准则第 14 号——收入》（财会〔2017〕22 号）进行会计处理，确认合同资产。在项目运营期间，项目公司应根据 PPP 项目合同约定，在 PPP 项目资产达到预定可使用状态时，将相关 PPP 项目资产的对价金额或确认的建造收入金额分别确认为无形资产或金融资产。

在 PPP 项目实务中，对于在 BOT 方式下项目公司支付的工程建设支出，有确认为无形资产、金融资产的，还有确认为固定资产的。至于为什么要确认为无形资产或金融资产，估计绝大多数人并不清楚，而只是凭着某种感觉做决定。

本节中我们不讨论将工程支出确认为固定资产的情况，也不去讨论若按无形资产或金融资产确认时分别需要满足什么样的条件，只讨论按无形资产或金融资产确认时会对投资项目的财务内部收益率产生什么影响。

一、基本假定

（1）建设投资所形成的实物资产产权归属于政府。

（2）项目公司通过外包的方式进行基础设施的建设。

①在外包模式下，项目公司在建设期无收入，不用缴纳企业所得税。

②建造过程中如发生借款利息，符合条件的应予以资本化。借款费用的进项税额不能抵扣。

（3）项目公司在运营期内的收入全额来自于政府付费。政府付费的金额由 PPP 项目协议确定，与项目公司所采用的会计核算方式无关。

（4）运营期内政府的付费是对项目公司在建设期内支出的工程建设投资本金与收益的返还，不包含与运营服务相关的收益。

（5）在金融资产核算模式下，在基础设施建成后的运营期内，项目公司可以无条件地自合同授予方（政府方）收取确定金额的货币资金或其他金融资产。

（6）在无形资产核算模式下，在基础设施建成后的运营期内，项目公司不能无条件地自合同授予方（政府方）收取确定金额的货币资金或其他金融资产。

上述假定中的后两条是《企业会计准则解释第 14 号》中的相关规定。

二、项目建设期的会计核算

项目建设阶段的会计核算方法与项目建成后的资产类型确认方式无关，但它与工程完工后资产价值的初始确认有关，本节简要列示如下。

在外包模式下，当建成后的资产归属于政府时，项目公司的会计核算方法如下。

（1）项目公司与分包商进行工程结算

借：在建工程

  应交税费——应交增值税（进项税额）

 贷：银行存款

（2）对于全部或部分设备、材料、动力由工程发包方自行采购的建筑工程（甲供工程），项目公司采购设备、材料等

借：原材料、设备等

  应交税费——应交增值税（进项税额）

 贷：银行存款

（3）项目公司向承包方提供甲供工程材料、设备等

借：在建工程

 贷：原材料、设备等

三、工程完工后，资产价值的初始确认

1. 金融资产模式

当工程完工，结转金融资产时所要解决的主要问题是，确定金融资产的初始计量价值。在这方面，目前尚无明确具体的相关规定。

参照财政部 PPP 中心编著的《政府和社会资本合作项目会计核算案例》（中

国商务出版社，2014）中的案例三，金融资产初始计量的价值只包含建设期发生的固定资产建设支出（含税）。在"营改增"全面实施之后，其会计分录如下。

借：长期应收款

贷：在建工程（工程结算）

应交税费——应交增值税

财政部PPP中心编著《政府和社会资本合作项目会计核算案例》（中国商务出版社，2014）时，尚未全面实施"营改增"。在上面的会计分录中，我们补充了"应交税费——应交增值税"一项，是基于如下考虑。

（1）项目设施建设完成，经政府方验收确认合格后，就确定了政府方的付费义务，以及项目公司获得政府付费的权利。项目公司为此所做的所有投入，构成无条件收取政府付费的对价。因此，金融资产应该以含税建设投资金额进行确认。

（2）在运营期，政府付费金额的大部分属项目公司投资本金的回收（减少金融资产的账面价值即长期应收款），仅少部分被计入利息收入（伴随着发生增值税销项税），按照税费与收入的对应关系，也应将建设期发生的增值税进项税计入金融资产（长期应收款），而不应在运营期内抵扣。

（3）将建成后的项目设施交予政府，并获政府未来付费权利（项目公司确认为金融资产）的交易安排，在税务上应按"视同销售"行为进行处理，在会计核算中，需记录增值税销项税，且增值税销项税额应与建设期内发生的所有进项税额合计数相等。

与财政部PPP中心编著的《政府和社会资本合作项目会计核算案例》（中国商务出版社，2014）中的处理方式不同，有文献或微信公众号文章采用类似于租赁会计核算的方法，在金融资产初始计量时引入"未实现融资收益"一项。

借：长期应收款

贷：在建工程

未实现融资收益

这种会计核算方法没有明确增值税的处理方式，同时由于增加了"未实现融资收益"，因此虚增了资产与负债。本书认为这种处理方法欠妥。

关于应采用何种会计核算方式，除财政部PPP中心编著的《政府和社会资本合作项目会计核算案例》外，目前尚未见到有更权威与明确的规定。

2. 无形资产模式

工程完工，按无形资产方式对项目资产进行确认的会计处理相对来说比较清楚明确，其会计分录如下（见本书第十四章第二节）。

借：无形资产——特许经营权

　　贷：在建工程

需要注意如下问题。

（1）所确认的无形资产为不含增值税的建设成本。建设期内发生的增值税进项税，可在经营期内抵扣。

（2）按照《政府会计准则第 10 号——政府和社会资本合作项目合同》（财会〔2019〕23 号），由社会资本方投资建造的 PPP 项目资产，政府方应当在 PPP 项目资产验收合格交付使用时予以确认。社会资本方投资建造形成的 PPP 项目资产，其成本包括该项资产至验收合格交付使用前所发生的全部必要支出，包括建筑安装工程投资、设备投资、待摊投资、其他投资等支出。按此准则确认的 PPP 项目资产，仅为建造固定资产时所发生的工程建设支出（不含税），不包含相关的增值税税额。

四、金融资产模式下运营期内政府付费的会计处理

运营期内项目公司收到的政府付费，既包括投资本金的回收，也包括融资利息的收取。以下采用财政部 PPP 中心编著的《政府和社会资本合作项目会计核算案例》中案例三——生活垃圾卫生填埋场项目来进行讨论。以下讨论中的基础数据源自该案例，但本书根据"营改增"的税收政策变化对其略做调整，且不考虑除投资本金回收及融资利息收取之外的其他运营服务收入。

1. 案例

（1）特许经营期 10 年，其中建设期 2 年，运营期 8 年。

（2）两年建设期内的建设投入（含税）分别为 5 300 万元和 5 618 万元。建设期结束后，结转的金融资产（长期应收款）初始金额为 10 918 万元。

（3）在 8 年运营期内，政府每年向项目公司支付 1 758 万元，包括投资本金的回收，以及融资利息。

2. 会计核算

（1）首先，根据政府对项目公司在建造服务中发生的投资支出的偿还条件，确定内含的融资利率。在这里，计算内含融资利率的财务模型与计算内部收益率 IRR 的项目投资现金流模型完全一样。

表 13-6　金融资产初始确认金额与政府付费　　（单位：万元）

项目	0	1	2	3	4	5	6	7	8
政府付费		1 758	1 758	1 758	1 758	1 758	1 758	1 758	1 758
金融资产初始计量成本	10 918								
净现金流	−10 918	1 758	1 758	1 758	1 758	1 758	1 758	1 758	1 758
内含利率（IRR）	6.00%								

（2）利用确定的内含融资利率（6%），将政府每年的付费 1 758 万元拆分为投资本金回收与融资利息收入两部分。

表 13-7　各年的投资本金回收与融资利息收入　　（单位：万元）

运营期	1	2	3	4	5
期初金融资产	10 918.00	9 814.78	8 645.40	7 405.89	6 092.04
本期政府付费	1 758.00	1 758.00	1 758.00	1 758.00	1 758.00
其中：本期利息收入（含税）	654.78	588.62	518.49	444.15	365.36
本期本金偿还	1 103.22	1 169.38	1 239.51	1 313.85	1 392.64
期末金融资产	9 814.78	8 645.40	7 405.89	6 092.04	4 699.39

运营期	6	7	8	合计
期初金融资产	4 699.39	3 223.23	1 658.53	
本期政府付费	1 758.00	1 758.00	1 758.00	14 064.00
其中：本期利息收入（含税）	281.83	193.31	99.47	3 146.00
本期本金偿还	1 476.17	1 564.69	1 658.53	10 918.00
期末金融资产	3 223.23	1 658.53	0.00	

以上确定的利息收入中含增值税（税率 6%），应将其进一步拆分为不含税收入与增值税，如表 13-8 所示。

表 13-8　各年的不含税收入与增值税　　　　　（单位：万元）

运营期	1	2	3	4	5	6	7	8	合计
本期利息收入（含税）	654.78	588.62	518.49	444.15	365.36	281.83	193.31	99.47	3 146.00
其中：不含税利息收入	617.72	555.30	489.14	419.01	344.68	265.88	182.36	93.84	2 967.92
增值税	37.06	33.32	29.35	25.14	20.68	15.95	10.94	5.63	178.08

3. 会计核算分录

（1）金融资产的初始计量

借：长期应收款　　　　　　　　　　　　　　　　　10 918.00 万元

　　贷：在建工程（工程结算）　　　　　　　　　　10 016.51 万元

　　　　应交税费——应交增值税　　　　　　　　　　901.49 万元

在以上会计分录中，建设期内工程服务的增值税率取为 9%。在进行实际项目的会计核算时，"在建工程"的金额可根据工程结算的金额确定，"应交税费——应交增值税"可根据建设期内实际发生的所有增值税进项税额确定。

根据表 13-7、表 13-8 中对政府各年付费的拆分结果（按金融服务取增值税率为 6%），运营期内各年的会计分录如下。

（2）运营期第 1 年的会计处理（各会计分录中的数据见表 13-7、表 13-8，下同）

A）确认应收金融资产的利息收入

借：长期应收款　　　　　　　　　　　　　　　　　654.78 万元

　　贷：财务费用——利息收入　　　　　　　　　　617.72 万元

　　　　应交税费——应交增值税（销项税）　　　　37.06 万元

B）确认金融资产的偿还与利息的收取

借：银行存款　　　　　　　　　　　　　　　　　　1 758.00 万元

　　贷：长期应收款　　　　　　　　　　　　　　　1 758.00 万元

（3）运营期第 2 年的会计处理

A）确认应收金融资产的利息收入

借：长期应收款　　　　　　　　　　　　　　　　　588.62 万元

　　贷：财务费用——利息收入　　　　　　　　　　555.30 万元

　　　　应交税费——应交增值税（销项税）　　　　33.32 万元

B）确认金融资产的偿还与利息的收取

借：银行存款　　　　　　　　　　　　　　　　1 758.00 万元

　　贷：长期应收款　　　　　　　　　　　　　　1 758.00 万元

（4）运营期内其他各年的会计处理

（与以上类似，略）

五、无形资产模式下运营期内政府付费的会计处理

在无形资产模式下，运营期内收到的政府付费应全额计入项目公司的收入，项目公司确认的无形资产在运营期内分期摊销，计入经营成本。

值得注意的是，政府付费金额是在 PPP 项目合同中约定的，它不受项目公司所采用的会计核算方法的影响。因此，为便于与金融资产模式中的会计核算方式及结果进行比较，以下分析中采用的基础数据与前面金融资产模式案例中的相同，即建设期内发生的含税投资支出为 10 918 万元。取工程服务的增值税率为 9%，则不含税的建设投资支出为 10 016.51 万元。此外，在 8 年运营期内，政府每年向项目公司支付 1 758 万元（含税），并取运营期内的增值税税率为 6%，因此，各年项目公司取得的不含税收入为 1 658.49 万元，增值税销项税 99.51 万元。

会计核算分录如下。

（1）无形资产的初始计量

借：无形资产——特许经营权　　　　　　　　　10 016.51 万元

　　贷：在建工程（工程结算）　　　　　　　　　10 016.51 万元

（2）各年政府付费 1 758 万元（含税），项目公司确认收入

借：应收账款　　　　　　　　　　　　　　　　1 758.00 万元

　　贷：主营业务收入　　　　　　　　　　　　　1 658.49 万元

　　　　应交税金——增值税（销项税）　　　　　　99.51 万元

借：银行存款　　　　　　　　　　　　　　　　1 758.00 万元

　　贷：应收账款　　　　　　　　　　　　　　　1 758.00 万元

（3）项目公司各年结转成本（无形资产按 8 年摊销，期末无残值）

借：主营业务成本　　　　　　　　　　　　　　1 252.06 万元

　　贷：无形资产——无形资产摊销　　　　　　　1 252.06 万元

六、运营期内两种会计核算方式的比较

（1）金融资产模式下，项目公司在运营期内仅确认利息收入，不需要就全部政府付费金额缴税。即项目公司销项税额的计算基数变小了，但是同样也没有建设期所发生的进项税的抵扣。

（2）在金融资产模式下是以实际利率法将政府付费进行拆分，分为投资本金回收和利息收入两部分，利息收入呈现前高后低的分布状况，因此同样使得利润呈现前高后低的情形，所得税的缴纳也呈现前高后低的特征。

（3）按国际会计准则，在金融资产模式下建设期的贷款利息应费用化。在上面的案例中，未采用这样的处理方法，而是将截至建设期末发生的所有投资支出作为政府付费的对价。这种处理方法上的细微差异不会对分析结论产生重大影响。

（4）在无形资产模式下，项目公司就全部政府付费金额计算增值税销项税，建设期的进项税可抵扣。

（5）无形资产模式下，当各期政府付费金额相同时，项目公司各期的收入、利润、所得税等呈均匀分布。

七、两种会计核算方式的项目财务内部收益率

1. 假定条件

（1）无论是采用金融资产模式还是无形资产模式，政府付费金额都是相同的。

（2）现金流测算的基本数据取自上面介绍的案例。

（3）假定运营期内不发生其他收入与成本，政府付费是唯一的现金流入来源。

（4）取城市维护建设税税率为7%，教育费附加征收率为3%。

2. 金融资产模式

金融资产模式下的所得税计算与项目投资现金流计算见表13-9、表13-10。

表13-9　金融资产模式下的所得税计算表　　　　　　　（单位：万元）

年	运营期							
	3	4	5	6	7	8	9	10
利息收入（不含税）	617.72	555.30	489.14	419.01	344.68	265.88	182.36	93.84
所得税（税率25%）	154.43	138.83	122.28	104.75	86.17	66.47	45.59	23.46

表 13-10　金融资产模式下的项目投资现金流计算表　　（单位：万元）

年	建设期		运营期							
	1	2	3	4	5	6	7	8	9	10
现金流入			1 758.00	1 758.00	1 758.00	1 758.00	1 758.00	1 758.00	1 758.00	1 758.00
金融资产回收			1 103.22	1 169.38	1 239.51	1 313.85	1 392.64	1 476.17	1 564.69	1 658.53
营业收入（不含税）			617.72	555.30	489.14	419.01	344.68	265.88	182.36	93.84
增值税销项税			37.06	33.32	29.35	25.14	20.68	15.95	10.94	5.63
现金流出	5 300.00	5 618.00	195.20	175.47	154.57	132.41	108.92	84.02	57.63	29.65
建设投资(不含税)	4 862.39	5 154.13								
建设期增值税进项税（不可抵扣）	437.61	463.87								
缴纳增值税			37.06	33.32	29.35	25.14	20.68	15.95	10.94	5.63
税金及附加			3.71	3.33	2.93	2.51	2.07	1.60	1.09	0.56
所得税			154.43	138.83	122.28	104.75	86.17	66.47	45.59	23.46
净现金流	−5 300.00	−5 618.00	1 562.80	1 582.53	1 603.43	1 625.59	1 649.08	1 673.98	1 700.37	1 728.35
IRR	3.78%									

注：在金融资产模式下，建设期内发生的增值税进项税不可抵扣，因此，运营期内发生的增值税销项税须缴纳增值税。

3. 无形资产模式

无形资产模式下的所得税计算与项目投资现金流计算见表 13-11、表 13-12。

表 13-11　无形资产模式下的所得税计算表　　（单位：万元）

年	运营期							
	3	4	5	6	7	8	9	10
收入（政府付费）	1 658.49	1 658.49	1 658.49	1 658.49	1 658.49	1 658.49	1 658.49	1 658.49
成本（无形资产摊销）	1 252.06	1 252.06	1 252.06	1 252.06	1 252.06	1 252.06	1 252.06	1 252.06
利润	406.43	406.43	406.43	406.43	406.43	406.43	406.43	406.43
所得税（税率25%）	101.61	101.61	101.61	101.61	101.61	101.61	101.61	101.61

表 13-12 无形资产模式下项目投资现金流计算表 （单位：万元）

年	建设期		运营期							
	1	2	3	4	5	6	7	8	9	10
现金流入			1 758.00	1 758.00	1 758.00	1 758.00	1 758.00	1 758.00	1 758.00	1 758.00
营业收入（不含税）			1 658.49	1 658.49	1 658.49	1 658.49	1 658.49	1 658.49	1 658.49	1 658.49
增值税销项税			99.51	99.51	99.51	99.51	99.51	99.51	99.51	99.51
现金流出	5 300.00	5 618.00	101.61	101.61	101.61	101.61	101.61	101.61	101.61	101.61
建设投资（不含税）	4 862.39	5 154.13								
增值税进项税	437.61	463.87								
缴纳增值税										
税金及附加										
所得税			101.61	101.61	101.61	101.61	101.61	101.61	101.61	101.61
净现金流	-5 300.00	-5 618.00	1 656.39	1 656.39	1 656.39	1 656.39	1 656.39	1 656.39	1 656.39	1 656.39
IRR	4.04%									

注：在无形资产模式下，建设期内发生的增值税进项税可在运营期内抵扣，由于运营期内增值税税率为6%，低于建设期内的税率9%，因此，在运营期内实际无须缴纳增值税。

4. 投资收益率比较

以上现金流测算结果表明，在前面所述的条件下，按无形资产模式测算的项目投资财务内部收益率(4.04%)高于按金融资产模式测算的内部收益率(3.78%)。因此对项目公司来说，在运营期内采用无形资产模式进行核算更为有利。

八、注意事项

以上是在某些假定条件下对两种资产确认模式进行的财务分析与测算。

采用金融资产核算还是无形资产核算，建议关注对增值税如何处理，既包括建设期形成的增值税进项税是否计入政府的付费基数（即两种方法下，政府付费金额是否一样），能否抵扣，还包括税务机关对政府付费的征税方法（全额、差额）。对这些问题，缺乏具体的相关规定，目前有很多模糊不清的地方。各地税务机关也可能会有自己关于征税办法的理解和自由处置权，即税务机关的征税数额可能会根据对交易业务的性质认定而不同。建议在与当地税务机关就相关问题明确之后，进行比较仔细的财务测算，结合财政部关于绩效付费的相关规定，再决定采用对项目公司更有利的会计核算方法。

第十四章
PPP 项目全周期中的主要财税问题

第一节 概 述

一、PPP 项目实务现状与问题

目前,我国各级政府机构和行政管理部门,都在基础设施建设和公共服务领域大力推行 PPP 模式,且有将其作为一项长期国策的趋势。但由于 PPP 这种模式引入我国的时间还不长,国家层面密集出台相关政策更是在 2014 年之后,不少制度、规定还不健全,尤其是在涉及财务会计、税务处理等方面的政策、制度有些还很空缺,实践中出现了不少需要重视并亟待解决的问题。

(1) 由于 PPP 项目参与方多、利益诉求不一,交易结构复杂、环节众多,投资规模巨大、回收周期长等,所以 PPP 项目在其全生命周期内涉及的财税问题要比一般企业经营活动中遇到的财税问题复杂得多。

(2) PPP 项目中的交易结构设计、政府付费安排、税收安排和筹划对于项目成本效益核算、投资人收益水平等将产生重要影响。但由于缺乏相关法规的明确规定,PPP 项目参与各方对于 PPP 业务的涉税问题普遍重视不够。

(3) 由于政府一般是 PPP 项目中税负的最终承担方,因此在项目前期准备过程中,社会资本方缺乏足够的动机与政府全面沟通项目实际税收负担,加之部分咨询机构也缺乏这方面的专业能力,因此导致了 PPP 项目前期准备中财务测算不够准确。前期财务测算的不全面和不准确,将对各方作投资决策和谈判合作条件产生误导,并直接导致物有所值定量测算、财政承受能力论证的不准确,甚至会影响项目后续的顺利实施。

（4）不少项目参与方仍将传统项目中的投融资概念用于 PPP 项目的分析，而不考虑 PPP 项目的实际情况，以及自身在 PPP 项目中的角色转变。例如：政府方仍以"资金成本"（资金占用费）作为政府对社会资本进行财政支付水平的估计；而一些金融机构没有注意到自己在 PPP 项目中的间接股东身份，仍以债权人的眼光谈融资成本，接受政府方提出的以资金成本为计算基础的合作方案；相当多的实施方案或招标公告笼统地提投资收益率，而不区分项目全投资财务内部收益率或资本金财务内部收益率，这也为以后双方的合作埋下了隐患。

本章将对 PPP 项目全周期各环节中涉及的相关财务与税务问题进行讨论，使项目参与各方根据自己在 PPP 项目中的角色，了解相关的财务与税务问题，正确地做出投资决策。

二、PPP 项目的资产权属与计量

讨论 PPP 项目财税问题的重要基础之一，是确定 PPP 项目中相关资产的权属。

在我国的 PPP 项目实践中，PPP 项目资产的权属曾有各种不同的处理方式，相关部门的文件规定也存在一些不一致的地方。尤其是对于采用建设—运营—移交（BOT）模式运作的 PPP 项目，情况更是如此。2019 年 12 月，财政部发布了《政府会计准则第 10 号——政府和社会资本合作项目合同》（财会〔2019〕23 号），并于 2020 年 12 月发布了《政府会计准则第 10 号——政府和社会资本合作项目合同》应用指南（财会〔2020〕19 号）。这两份文件主要规范了政府方对 PPP 项目合同的确认、计量和相关信息的列报，从政府方的角度，明确了 PPP 项目资产的权属应该如何界定，相关资产权属应于何时确认，以及对 PPP 项目资产的计量方法与披露要求。

（一）政府方对 PPP 项目资产权属的确认与计量

1. 确认条件

按照《政府会计准则第 10 号——政府和社会资本合作项目合同》（财会〔2019〕23 号）的规定，自 2021 年 1 月 1 日起，凡是同时具有如下"双特征"且同时满足如下"双控制"标准的 PPP 项目合同所形成的 PPP 项目资产，应当由政府方确认为固定资产。所谓"双特征"是指：

（1）社会资本方在合同约定的运营期间内代表政府方使用 PPP 项目资产提

供公共产品和服务；

（2）社会资本方在合同约定的期间内就其提供的公共产品和服务获得补偿。

所谓"双控制"标准是指：

（1）政府方控制或管制社会资本方使用PPP项目资产必须提供的公共产品和服务的类型、对象和价格；

（2）PPP项目合同终止时，政府方通过所有权、收益权或其他形式控制PPP项目资产的重大剩余权益。

按照上述要求，采用建设—运营—移交（BOT）、转让—运营—移交（TOT）、改建—运营—移交（ROT）方式运作的PPP项目合同，通常情况下同时满足"双特征"与"双控制"标准。因此，按这些模式运作的PPP项目，所形成的PPP项目资产应当由政府方确认为固定资产。但对于采用建设—拥有—运营（BOO）与转让—拥有—运营（TOO）方式的PPP项目合同，社会资本方拥有项目资产所有权，且政府方未控制项目资产的重大剩余权益，不满足"双控制"标准。按这些模式运作的PPP项目，所形成的PPP项目资产应当由项目公司确认为固定资产。

2. 确认时间

关于PPP项目资产的确认时间，《政府会计准则第10号——政府和社会资本合作项目合同》（财会〔2019〕23号）第七条有如下规定。

（1）由社会资本方投资建造或从第三方购买形成的PPP项目资产，政府方应当在PPP项目资产验收合格交付使用时予以确认。

（2）使用社会资本方现有资产形成的PPP项目资产，政府方应当在PPP项目开始运营日予以确认。

（3）政府方使用其现有资产形成PPP项目资产的，应当在PPP项目开始运营日将其现有资产重分类为PPP项目资产。

（4）社会资本方对政府方现有资产进行改建、扩建形成的PPP项目资产，政府方应当在PPP项目资产验收合格交付使用时予以确认，同时终止确认现有资产。

3. PPP项目资产价值的初始计量

按照《政府会计准则第10号——政府和社会资本合作项目合同》（财会〔2019〕23号）的规定：政府方在取得PPP项目资产时一般应当按照成本进行初始计量；按规定需要进行资产评估的，应当按照评估价值进行初始计量。

（1）社会资本方投资建造形成的PPP项目资产，其成本包括该项资产至验收合格交付使用前所发生的全部必要支出，包括建筑安装工程投资、设备投资、待摊投资、其他投资等支出。已交付使用但尚未办理竣工财务决算手续的PPP项目资产，应当按照估计价值入账，待办理竣工财务决算后再按照实际成本调整原来的暂估价值。

（2）社会资本方从第三方购买形成的PPP项目资产，其成本包括购买价款、相关税费以及验收合格交付使用前发生的可归属于该项资产的运输费、装卸费、安装费和专业人员服务费等。

（3）使用社会资本方现有资产形成的PPP项目资产，其成本按规定以该项资产的评估价值确定。

（4）政府方使用其现有资产形成的PPP项目资产，其成本按照PPP项目开始运营日该资产的账面价值确定；按照相关规定对现有资产进行资产评估的，其成本按照评估价值确定，资产评估价值与评估前资产账面价值的差额计入当期收入或当期费用。

（5）社会资本方对政府方现有资产进行改建、扩建形成的PPP项目资产，其成本按照该资产改建、扩建前的账面价值加上改建、扩建发生的支出，再扣除该资产被替换部分账面价值后的金额确定。

由于本书主要关注的是投资人对拟投资项目的财务评价，因此，关于政府方对PPP项目资产的后续计量与披露要求不再介绍。

（二）项目公司对PPP项目相关资产权属的确认与计量

在PPP项目中，政府方与项目公司是一对互相对应的会计主体。政府方对PPP项目建成资产的确认处理原则、资产类型、确认时间、计量方法将直接影响项目公司对其自身资产的确认与计量。

为了科学、准确、完整地核算和反映PPP项目合同中的权利义务关系，社会资本方的会计处理应当与政府方的会计处理保持对称，即"镜像互补"原则，以确保PPP项目资产确认在两方不重复、不遗漏。

根据"镜像互补"原则，《政府会计准则第10号——政府和社会资本合作项目合同》（财会〔2019〕23号）中关于政府方对PPP项目资产权属的确认与计量规定，也间接规定了项目公司关于PPP项目资产权属的确认与会计核算方法。在

PPP 项目合同中，当相关基础设施同时满足"双特征"与"双控制"标准时，应当由政府方确认为固定资产，而社会资本方按照"镜像互补"原则确认对应的无形资产或金融资产。以按 BOT 模式所建造基础设施为例，无论 PPP 项目公司是以自建还是外包方式进行项目建设，在完成基础设施的建造之后，所建成资产的产权均应归属政府，项目公司在其会计核算中，应将基础设施建造支出确认为公司的金融资产或无形资产。

2021 年 1 月，财政部发布了《企业会计准则解释第 14 号》(财会〔2021〕1 号)，对企业关于 PPP 项目合同的会计处理进行了规范。该文件可以认为是上述"镜像互补"原则的具体化，规定了项目公司方面关于 PPP 项目资产的权属、PPP 项目资产的确认时间以及所确认资产的价值计量。

按照《企业会计准则解释第 14 号》(财会〔2021〕1 号)，当 PPP 项目合同具有前述"双特征"且同时满足"双控制"标准时，社会资本方不应将 PPP 项目资产确认为其固定资产。

（1）如果社会资本方根据 PPP 项目合同约定，在项目运营期间，有权向获取公共服务的对象收取费用，但收费金额不确定的，该权利不构成一项无条件收取现金的权利，应当在 PPP 项目资产达到预定可使用状态时，将相关 PPP 项目资产的对价金额或确认的建造收入金额确认为无形资产。

（2）如果社会资本方根据 PPP 项目合同约定，在项目运营期间，满足有权收取固定或可确定金额的现金（或其他金融资产）条件的，应当在社会资本方拥有收取该对价的权利时确认为金融资产。社会资本方应当在 PPP 项目资产达到预定可使用状态时，将相关 PPP 项目资产的对价金额或确认的建造收入金额，超过有权收取固定或可确定金额的现金（或其他金融资产）的差额，确认为无形资产。

值得注意的是，按照财政部 2019 年 3 月发布的《关于推进政府和社会资本合作规范发展的实施意见》(财金〔2019〕10 号)，规范的 PPP 项目应当建立完全与项目产出绩效相挂钩的付费机制。这种"完全与项目产出绩效相挂钩"的规定可能会对社会资本方收取"固定或可确定金额的现金"的要求产生较大影响。根据这一规定，在以 BOT 模式运作的 PPP 项目中，在完成基础设施的建造之后，所建成资产的产权应归属政府，如果项目公司在其会计核算中将基础设施建造支出确认为金融资产，可能会受到一定质疑。

三、几点说明

（1）PPP项目经济活动与交易中涉及的税种包括土地使用税、契税、印花税、增值税、所得税等，其中土地使用税、契税、印花税等的税务处理与常规项目类似。本章仅结合PPP项目特点，重点讨论与常规项目差异较大的增值税与所得税的涉税问题。

（2）讨论税务问题离不开会计核算。但本章所讨论的会计核算，仅局限于与PPP项目公司纳税相关的会计处理，而不是PPP项目公司全部业务的会计核算方法。

（3）在前面的相关章节（例如关于责权利、风险分配与承担等）中，并未特别区分社会资本方与项目公司，但在涉及会计核算与纳税时，则需严格地加以区分，因为它们是不同的会计核算主体与纳税主体。

（4）对PPP模式运作过程中可能涉及的税务问题，目前还没有统一的税收法律法规或文件作出明确的规定。此外，由于法律法规在不断演变，各地税务机关对相关法律法规的理解与解释也不尽相同。因此，PPP项目的参与方在作出任何与纳税相关的决定或投资决策之前，与当地税务机关进行良好的沟通是十分必要的。

（5）本章讨论的问题主要针对PPP项目，但本章介绍的处理原则和方法，对常规投资项目同样适用，恕不一一予以特别声明。

第二节　PPP项目全周期的主要经济事项与相关财税问题

按照财政部的相关规定，PPP项目的全周期包括项目识别、项目准备、项目采购、项目执行和项目移交等5个阶段。对项目全周期的这种划分，是从对PPP项目的策划、推进、落地、执行，直至结束的全过程来考虑的。但从投资项目财务评价实务的角度说，我们更应该关注的是从PPP项目公司成立起至清算止的全过程，即项目公司成立、项目建设、项目运营、经营期结束时项目终止。本章即按这种划分方法讨论PPP项目全周期中的相关经济事项与财税问题。

一、项目公司组建

（一）PPP项目公司的典型投融资结构

1. 概述

在PPP项目实践中，无论是社会资本方出于规避投资风险的角度考虑，还是政府方出于方便管理、增加税收的角度考虑，PPP 项目合同都会约定成立 PPP 项目公司（SPV 公司）。在 PPP 项目公司组建过程中，最重要的关系就是投融资关系，其涉及的内容包括：股东构成、各自持股比例、出资方式、各股东的责权利、债务资金的来源与构成等。

由于 PPP 项目涉及的行业众多，参与主体的情况和诉求也各不相同，PPP 项目公司的投融资结构也呈现出多样性。为了概括说明 PPP 项目实践中与财税相关的主要问题，本章以图 14-1 所示的典型投融资结构为例进行讨论。

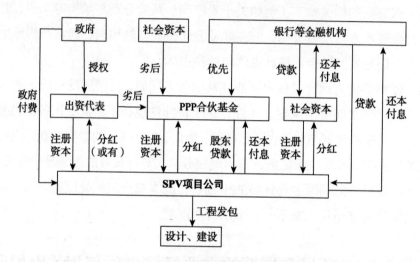

图 14-1　PPP 项目交易结构的典型投融资关系

图 14-1 展示了 PPP 项目交易结构中的一种典型的投融资关系。SPV 项目公司的股东有政府方的出资代表、中标的社会资本（包括联合体）以及 PPP 基金。PPP 基金并不是 PPP 项目公司股东的必要组成部分，它的存在只是各投资方为了更好地参与 PPP 项目所做的一种交易安排。相关内容见本段后续讨论。

项目公司各股东按照 PPP 项目合同的约定和项目公司章程对 SPV 项目公司出资，并从项目公司获得分红。对于政府付费的非经营性 PPP 项目，以及需要政府提供可行性缺口补助的准经营性项目，为了使政府的财政支付最小，一般均会约定政府方股东不参与项目公司分红。

在传统的投融资模式下，商业银行参与投资项目一般以债权形式获取固定的利息收入，而在图 14-1 所示的投融资结构中，商业银行以同时发放贷款加上股权投资的方式参与 PPP 项目。在这种模式下，商业银行既发放了贷款成为 PPP 项目公司的债权人，也动用了投行资金参与，成为 PPP 项目公司的股东。这样一来，商业银行除了获得固定的利息收入之外，还可以享受股息红利。但商业银行参与 PPP 项目所采用的这种投贷模式，一般适用于需要金融机构参与管理监督的经营类项目，要求项目具有一定的成长性和盈利性，在获取较多收益的同时也会产生一定的经营风险。

在图 14-1 的投融资结构中，PPP 基金作为项目公司的股东对项目公司进行股权投资。在不少项目中，PPP 基金除进行股权投资外，还同时对项目公司进行债权投资，即向项目公司提供股东贷款。下面先对 PPP 基金进行简单介绍，关于股东贷款的说明见本段后续的讨论。

2. PPP 基金

组建 PPP 基金是商业银行等金融机构以股权投资方式参与 PPP 项目的重要途径，也是政府以少量引导资金撬动大量社会资金投资于 PPP 项目的一种交易安排。

与通常的基金一样，从组织模式上进行分类，可将 PPP 基金分为 3 种：公司型基金、契约型基金以及合伙型基金。

公司型基金，是指该基金本身是具有法人资格的股份有限公司，基金的投资人即是股东，公司型基金投资人之间要签订股东协议并通过公司章程。

契约型基金涉及投资人、管理人和托管人三方当事人，是通过签订基金契约的形式发行受益凭证而设立的一种基金，基金不具有法人地位，在投资企业或项目中无法作为真正的股东。

合伙型基金，通常指的是有限合伙型基金。它由有限合伙人（LP）和普通合伙人（GP）共同成立有限合伙企业（基金），合伙型基金投资人之间要签订合伙协议。有限合伙人（LP）不参与合伙企业的运作，不对外代表组织（基金），只按合伙协议所规定的比例享受利润分配，以其出资额为限对合伙的债务承担清偿责任。普通合伙人（GP）参与合伙事务的管理，分享合伙收益，每个普通合伙人都对合伙债务负无限责任或者连带责任。本章所讨论的合伙型基金指的就是有限合伙基金。

合伙型基金通常采用结构化的融资方式，出资人分为优先级投资人和劣后级投资人。劣后级投资人承担"兜底"风险，优先级投资人享受固定收益，承担"有限"风险。在项目遭受损失时,劣后级投资人的财产用于向优先级投资人补偿;取得盈利时,优先级投资人按事先约定比例适当参与分红。基金收益超过优先级出资人固定收益的剩余部分,在其他出资人之间进行分配,也可作为浮动收益在优先级、劣后级出资人之间进行分配。

合伙型基金的出资人也可是另一合伙型基金,称之为"母基金"。在这种双层母子基金的模式中,先成立母基金,在确定了拟投资的 PPP 标的公司后,由母基金作为发起人,再次采用结构性融资的方式成立子基金,由子基金对标的 PPP 项目公司进行投资。在政府产业基金中,这种母子基金的投融资模式较多见。

3. 股东贷款

所谓股东贷款,是指公司股东除对公司投入资本金进行股权投资外,还同时以债权人身份向公司提供债务性资金,属关联性企业间的债权性融资。由于符合规定的债务性资金所发生的贷款利息在计算应纳税所得额时可在税前扣除,因此,合理利用股东贷款可减少企业的税收支出。这种通过加大借款(债权性投资)而减少股权性投资比例的方式增加税前扣除,以降低企业税负的行为也被称为"资本弱化",是国际上一种普遍存在的避税方式。

由于资本弱化事实上削弱了国家的税基,因此,各国纷纷采取各种手段反对(限制)资本弱化。在我国,除对外商投资企业实行资本金管理外,针对关联企业间的债权性融资,财政部和国家税务总局出台了《关于企业关联方利息支出税前扣除标准有关税收政策问题的通知》(财税〔2008〕121号)。根据该文件及其他相关文件的规定,企业在发生股东借款时应注意以下限制与规定。

(1)非金融企业向非金融企业借款的利息支出,不超过按照金融企业同期同类贷款利率计算的数额的部分,准予税前扣除。

(2)在计算应纳税所得额时,企业实际支付给关联方的利息支出,不超过规定比例(债资比)和税法及其实施条例有关规定的部分,准予扣除,超过的部分不得在发生当期和以后年度扣除。规定的债资比:金融企业为 5∶1,其他企业为 2∶1。

(3)企业如果能够按照税法及其实施条例的有关规定提供相关资料,并证明相关交易活动符合独立交易原则的;或者该企业的实际税负不高于境内关联方的,其实际支付给境内关联方的利息支出,在计算应纳税所得额时准予扣除,可不受关联企业债资比的限制。

对 PPP 项目来说,项目公司的实际税负不会高于提供股东贷款的关联方,上面第(3)条中所说的条件可以满足,此时 PPP 项目公司获得的股东借款数额就可以不受关联企业债资比的限制。

(二)PPP 项目公司的成立方式

股东以现金出资,缴足注册资本,依法进行工商登记,新设项目公司,是 PPP 项目公司成立的主要方式。这种方式适用于新建项目,但并不是 PPP 项目公司成立的唯一方式。

在 PPP 项目中,有不少项目是以存量项目的形式出现。这类存量项目的特点是:①已有政府的平台公司在进行建设或运营;②已完成了大部分或全部投资;③在这些项目上相应地也背负了不少债务;④一些项目有独立的公司在运作。政府希望通过采用 PPP 模式,将项目建设所形成的资产连同相关债务一道转移出去,其目的在于:化解政府存量债务,提高项目建设与运营管理水平等。对于这类存量项目,现有项目公司的股东向社会资本方转让股权,或对现有项目公司增资扩股(重组),使社会资本方成为公司股东,变更工商注册登记,将现有项目公司改造为 PPP 项目公司,也是一种常被选择的 PPP 运作方案。但是,这种方式对拟转让股权或重组的现存项目公司的要求较高,一般要求进行资产评估和产权交易。当现存项目还不是按独立公司运作时,还会涉及公司的分立,操作较复杂。

股权转让或企业重组并不是存量项目转按 PPP 模式操作的唯一方式。当在资产的产权归属上存在瑕疵,相关负债不易清楚准确界定,或有其他影响产权转让的因素存在时,将存量项目的经营权转移就成为按 PPP 模式处理存量项目的解决方案。此时,社会资本方必须先以现金出资注册成立项目公司,然后再通过相关协议,由政府向新成立的 PPP 项目公司授予特许经营权,项目公司向政府支付相应的对价。

关于政府将存量项目作价转让的相关讨论见下文。

(三)股东的出资方式与相关财税问题

对于新建项目来说,现金出资是 PPP 项目公司成立时股东的主要出资方式。考虑到 PPP 模式本身所承载的融资功能,PPP 项目的招标文件及相关合同中一般也规定,现金是社会资本方股东向 PPP 项目公司出资的唯一方式。

按照《公司法》和《公司登记管理条例》的规定，除货币资金之外，项目公司成立时股东用于出资的资产可以包括房屋、机器设备、土地使用权、无形资产等非货币性资产。需要注意的是，项目收益权及与之相关的特许经营权不能用于项目公司的出资。

当政府方在 PPP 项目公司中占有股份时，政府方的出资代表可以选择以现金出资，也可以将实物资产或土地使用权作价，用于对项目公司的出资。按照国有资产监督管理条例的相关规定，政府方用于出资的实物资产或土地使用权，须进行资产评估。

当股东以现金方式出资时，出资方不涉及增值税和企业所得税的税务处理。按规定发生的印花税列入税金及附加科目（"营改增"之前为管理费用科目）。对项目公司来说，在收到以现金方式出资的股本金时，不涉及相关税务处理。

当股东以实物资产或无形资产对项目公司出资时，其经济活动的实质是以非货币性资产（实物资产或无形资产）交换项目公司的股权。《中华人民共和国企业所得税法实施条例》第二十五条规定："企业发生非货币性资产交换，以及将货物、财产、劳务用于捐赠、偿债、赞助、集资、广告、样品、职工福利或者利润分配等用途的，应当视同销售货物、转让财产或者提供劳务，但国务院财政、税务主管部门另有规定的除外。"按此规定，企业以实物资产或无形资产对外投资时，应在资产转移环节按税法规定的"视同销售"处理，依法缴纳增值税及附加、印花税、所得税等。增值税按照该项资产作价的出资金额与销售资产的适用税率计算缴纳，如销售材料适用的税率一般为 13%；销售不动产与土地使用权的适用税率为 9%；销售无形资产（不含土地使用权）的适用税率为 6%。

如果资产作价高于资产的摊余价值，则出资方还应将高出部分计入企业自身的应纳税所得额，计算缴纳企业所得税。

2014 年，财政部、国家税务总局针对居民企业以非货币性资产出资设立新的居民企业，或将非货币性资产注入现存的居民企业，发布了《关于非货币性资产投资企业所得税政策问题的通知》（财税〔2014〕116 号）。该文件明确了如下内容。

（1）所谓非货币性资产，是指现金、银行存款、应收账款、应收票据以及准备持有至到期的债券投资等货币性资产以外的资产。

（2）企业以非货币性资产对外投资，应对非货币性资产进行评估并按评估后的公允价值扣除计税基础后的余额，计算确认非货币性资产转让所得。

上述规定中的所谓资产"计税基础"，是指企业收回资产账面价值过程中，计算应纳税所得额时按照税法规定可以自应税经济利益中抵扣的金额，即某项资产在未来期间计税时可以税前扣除的金额。

（3）居民企业以非货币性资产对外投资确认的非货币性资产转让所得，可在不超过 5 年期限内，分期均匀计入相应年度的应纳税所得额，按规定计算缴纳企业所得税。

（4）企业在对外投资 5 年内转让上述股权或投资收回的，应停止执行递延纳税政策，并就递延期内尚未确认的非货币性资产转让所得，在转让股权或投资收回当年的企业所得税年度汇算清缴时，一次性计算缴纳企业所得税。

（5）企业以非货币性资产对外投资而取得被投资企业的股权，应以非货币性资产的原计税成本为计税基础，加上每年确认的非货币性资产转让所得，逐年进行调整。

被投资企业（项目公司）取得非货币性资产的计税基础，应按非货币性资产的公允价值确定。

出资方如果以房屋或土地出资，还可能需要缴纳土地增值税，同时，产权承受方即项目公司还可能需要缴纳契税、城镇土地使用税。

（四）政府方将存量项目作价转让

1. 存量项目作价转让的方式

在 TOT 或 ROT 类 PPP 项目（例如污水处理）中，政府将存量项目有偿转让给社会资本或项目公司，并由其负责运营、维护和用户服务。根据项目的具体情况，转让的方式包括存量项目所属企业的股权转让、整体资产转让或特许经营权转让。

当经营存量项目的公司，其资产与负债能清楚界定，不存在任何权属争议时，可以采取股权转让方式；当公司存在某些潜在的负债且不易剥离，但资产的产权清晰时，可选择进行整体资产转让；当企业整体资产具有不完整的产权或产权不清晰时，可考虑进行经营权转让。

2. 存量项目转让价格的确定

按照《国有资产评估管理办法》（国务院令第 91 号），转让国有存量项目时必须进行资产评估，评估方法包括收益现值法、重置成本法、现行市价法、清算价格法。本书第十二章简要介绍了各种评估方法的基本原理及适用条件。本节直接引用第十二章中的相关结果来对存量项目转让作价进行讨论。

存量项目不同的转让方式会有不同的转让价格。在缺乏可参考的市场交易价格的情况下，转让的交易价格常按收益现值法确定。

收益现值法是将拟投资企业（项目）的未来收益换算成现值的各种评估方法的总称，是在某些假定前提下，将目标企业（项目）未来预测的净现金流量进行折现，计算目标企业（项目）的价值，并以此为基础确定目标企业（项目）的转让价格。

（1）特许经营权转让价格

按照《政府和社会资本合作项目财政管理暂行办法》（财金〔2016〕92号）第三十一条的规定：PPP项目中涉及特许经营权授予或转让的，应由项目实施机构根据特许经营权未来带来的收入状况，参照市场同类标准，通过竞争性程序确定特许经营权的价值，以合理价值折价入股、授予或转让。注意：这里所说的"折价入股"，似乎与《公司注册资本登记管理规定》（国家工商行政管理总局令第64号）第五条中"股东或者发起人不得以劳务、信用、自然人姓名、商誉、特许经营权或者设定担保的财产等作价出资"的规定相悖。但本书对此不予置评。

根据第十二章第四节的讨论，在采用收益现值法时，特许经营权的价值可按以下现金流折现模型计算。

$$V_1 = \sum_{t=1}^{n} \frac{\text{NCF}_t}{(1+k)^t} \quad (14.1)$$

其中，n为特许经营期；NCF_t为特许经营期内各年的预测净现金流；k为折现率。

折现率k的取值对资产转让价格的影响很大。在相当多的价值评估论著和资产评估报告中，折现率k常被取为所谓加权平均资本成本，并与包括资本资产定价模型（CAPM）有关的众多参数相联系。但加权平均资本成本的确定不易，实践中较难理解和操作。根据第十二章中的讨论，资产评估中的折现率应与投资效益分析中的项目投资财务内部收益率（所得税后）对应，因此，按照财金〔2016〕92号文中"参照市场同类标准"的精神，在评估特许经营权转让价值时，式（14.1）

中的折现率 k 可按目前国内已签约的同类 PPP 项目的项目全投资财务内部收益率（所得税后）确定。以这种方式确定特许经营权转让价格，可以避免采用以加权平均资本成本法确定折现率时的主观随意性，交易价格更能反映所转让资产的市场价值，容易被交易双方接受。

（2）整体资产转让价格

整体资产转让价格的计算公式与式（14.1）类似，但需要考虑在特许经营期结束时资产尚存的盈利能力。

根据第十二章第四节的讨论，如果企业符合持续经营条件，则整体资产转让价格的计算公式为

$$V_2 = \sum_{t=1}^{n} \frac{\text{NCF}_t}{(1+k)^t} + \frac{\text{NCF}_{n+1}/(k-g)}{(1+k)^n} \quad (14.2)$$

式（14.2）中，g 为企业第 n 年后净现金流 NCF 的成长率，其他符号的意义与式（14.1）的相同。

对于 PPP 项目的资产评估来说，"持续经营"的假设不再成立。在资产评估时，需要考虑特许经营期结束时，合作双方关于资产移交的相关约定。不同的约定，会对资产转让价格产生不同的影响。

对于具体的 PPP 项目，若特许经营合同约定：在特许经营期结束时，项目公司向政府无偿移交所有资产，则在式（14.2）右边不会出现第二项。此时，整体资产转让价格与特许经营权转让价格相同。当特许经营合同约定：在特许经营期结束时，项目公司向政府有偿移交所有资产，则应将式（14.2）右边第二项分子上的计算式以政府向社会资本方支付的补偿价款替代。

（3）股权转让价格

根据第十二章第四节的讨论，在企业持续经营的条件下，企业股权转让的计算公式为

$$V_3 = \sum_{t=1}^{n} \frac{\text{NCF}_t}{(1+k)^t} + \frac{\text{NCF}_{n+1}/(k-g)}{(1+k)^n} - L \quad (14.3)$$

式（14.3）中 L 表示评估时点的企业负债市场价值，其余各符号的意义见式（14.1）与式（14.2）的说明。

对 PPP 项目来说，式（14.3）右边第二项的具体形式与特许经营期结束时交

易双方关于企业股权的处置方式有关。按照财政部在《政府和社会资本合作项目财政管理暂行办法》(财金〔2016〕92号)中的规定:PPP项目执行过程中形成的负债,属于项目公司的债务,由项目公司独立承担偿付义务。项目期满移交时,项目公司的债务不得移交给政府。因此,项目期满时的股权移交,也就等同于整体资产移交。如果在特许经营期结束时社会资本方向政府无偿移交,则式(14.3)右边第二项为零;如果特许经营合同约定,在特许经营期结束时社会资本股东向政府平价转让项目公司股权,则应将式(14.3)右边第二项分子上的计算式以股权转让价款 V_3 替代。此时,股权转让价格 V_3 则为

$$V_3 = \left[\sum_{t=1}^{n} \frac{\text{NCF}_t}{(1+k)^t} - L \right] \times \frac{(1+k)^n}{(1+k)^n - 1} \quad (14.4)$$

3. 存量项目转让交易的涉税问题

(1)股权转让

转让股权的交易涉及三个独立主体:被转让企业的股东(转让方)、被转让企业(目标企业)和受让企业(社会资本方);可能涉及的主要税种包括:增值税、所得税、土地增值税。

①增值税

根据《国家税务总局关于转让企业全部产权不征收增值税问题的批复》(国税函〔2002〕420号),"转让企业全部产权是整体转让企业资产、债权、债务及劳动力的行为,因此,转让企业全部产权涉及的应税货物的转让,不属于增值税的征税范围,不征收增值税。"

②企业所得税

对于转让方来说,当股权转让方是法人时,发生的股权转让所得应计入当期的应税所得额;股权转让损失可以在税前扣除,但每一纳税年度扣除的股权转让损失,不得超过当年实现的股权投资收益和投资转让所得,超过部分可无限期向以后纳税年度结转扣除。

前文已提到,对于存量项目的股权转让,社会资本方一般会采用直接支付对价购买股权,或以增资扩股的方式成为项目公司股东,将现有企业改造为PPP项目公司。无论采用哪种方式,被转让企业(目标企业)均不会解散,购买方(社会资本方)不涉及任何纳税事项,所有的纳税事项均由被转让企业(目标企业)延续。

③土地增值税

根据《关于土地增值税一些具体问题规定的通知》(财税〔1995〕48号),"在企业兼并中,对被兼并企业将房地产转让到兼并企业中的,暂免征收土地增值税。"

(2)资产转让

转让资产仅涉及两个独立主体:转让资产的企业(转让方)与受让资产的企业(购买方),与转让资产企业的股东没有直接关系。

①增值税

对于所转让的资产,资产转出方应分别依存货、固定资产、无形资产等不同的资产类别,以资产转让作价为销售额,按不同的税率和计税办法计算缴纳增值税。由于按收益现值法得出的是企业整体资产价格,因此,各类资产的转让价格应以整体资产评估价格为基础进行合理划分。

②企业所得税

由于资产转让的主体是企业,因此资产转让产生的所得或损失应并入转让企业的应税所得额或在税前扣除。

③土地增值税

如果转让的是国有土地使用权、地上建筑物及其附着物,转让方还应就其所取得的增值额缴纳土地增值税。

(3)特许经营权转让

特许经营权转让属无形资产转让,应考虑缴纳增值税。但在PPP项目中,特许经营权通常由政府向PPP项目公司授出。按照《政府非税收入管理办法》(财税〔2016〕33号),政府收取的特许经营费属非税收入。

二、项目建设期

(一)PPP项目资产

项目建设期内,项目公司的主要经济活动是按照PPP项目合同的约定,足额筹集项目建设所需资金,以自建或外包的方式进行项目的工程建设,形成PPP项目资产。

本章第一节分别从政府方与项目公司的角度,讨论了PPP项目的资产权属与计量。相关讨论此处不再重复,仅引用主要结论。

1. 建成后的资产归属于政府

按照《政府会计准则第 10 号——政府和社会资本合作项目合同》（财会〔2019〕23 号），在以 BOT 模式运作的 PPP 项目中，由社会资本方投资建造或从第三方购买形成的 PPP 项目资产，其产权应归属于政府，政府方应当在 PPP 项目资产验收合格交付使用时予以确认。此项规定明确了 BOT 模式中，建成后资产的产权归属，以及产权的确认时间。

按照《企业会计准则解释第 14 号》（财会〔2021〕1 号），社会资本方提供建造服务（含建设和改扩建）或发包给其他方等，应当按照《企业会计准则第 14 号——收入》确定其身份是主要责任人还是代理人，并进行会计处理，确认合同资产。

按照《企业会计准则第 14 号——收入》（财会〔2017〕22 号），企业应当在履行了合同中的履约义务，即在客户取得相关商品控制权时确认收入。取得相关商品控制权，是指能够主导该商品的使用并从中获得几乎全部的经济利益。

同样，按照《企业会计准则解释第 14 号》（财会〔2021〕1 号），社会资本方根据 PPP 项目合同约定，在项目运营期间，有权向获取公共服务的对象收取费用，但收费金额不确定的，该权利不构成一项无条件收取现金的权利，应当在 PPP 项目资产达到预定可使用状态时，将相关 PPP 项目资产的对价金额或确认的建造收入金额确认为无形资产，并按照《企业会计准则第 6 号——无形资产》的规定进行会计处理。当社会资本方根据 PPP 项目合同约定，在项目运营期间有权收取固定或可确定金额的现金（或其他金融资产）时，项目公司则将拥有收取该对价的权利时确认为金融资产。

综合以上各项规定，对于以 BOT 模式运作的 PPP 项目，我们不难有以下结论。

（1）在以 BOT 模式运作的 PPP 项目中，建成后资产的产权归属于政府。

（2）对项目公司来说，无论是以自建或外包的方式进行 PPP 项目设施的建设，在项目建设期内，项目公司均不会确认任何收入，相应地，也不会产生所得税纳税义务。

（3）在 PPP 项目设施建设完成，PPP 项目资产达到预定可使用状态时，项目公司将项目设施移交政府方，政府方确认项目资产的产权。项目公司则依据具体情况将相关 PPP 项目资产的对价金额确认为无形资产或金融资产。

根据项目公司将相关PPP项目资产的对价金额确认为无形资产或金融资产的不同情况，在项目建设期内形成的增值税进项税会面临不同的处理方法，详见第十三章第六节的讨论。

2. 建成后的资产归属于项目公司

按照《企业会计准则解释第14号》（财会〔2021〕1号），对于不同时符合"双控制"和"双特征"（见本章第一节介绍）的PPP项目合同（例如以BOO模式运作的PPP项目），社会资本方应当根据其业务性质按照相关企业会计准则进行会计处理。

因此，对于以BOO模式运作的PPP项目，项目公司在项目设施建设期间，不会确认任何收入，因此也不会产生所得税纳税义务。

在项目设施建设完工之后，PPP项目设施应结转固定资产。固定资产的初始确认金额为不包含增值税进项税的工程建设支出。项目建设期内形成的增值税进项税将在项目运营期内抵扣。

（二）政府建设期补助

政府建设期补助对项目公司投资效益的影响见第十三章第五节。本段讨论对政府建设期补助的会计核算方法与纳税。

按照《企业会计准则第16号——政府补助》（财会〔2017〕15号），本段讨论的政府补助，是指项目公司从政府无偿取得货币性资产或非货币性资产。在PPP项目中，如果政府以投资者身份向项目公司投入资本，享有相应的所有者权益，则以下讨论结论不适用。

1. 政府建设期补助的方式

政府建设期补助常出现在准经营性PPP项目中。在项目建设投资较大，无法通过使用者付费完全覆盖时，政府可能无偿提供部分项目建设资金，以缓解项目公司的前期资金压力。

按广义概念，政府建设期补助的方式主要包括：

（1）投资补助；

（2）投资入股，但政府在一定条件下放弃分红权；

（3）政府自建一部分经营所需的基础设施，将其无偿或低价让与项目公司使用。

通常所说的建设期补助，是指上面第（1）项，为非股权性现金补助。

政府建设期补助一般具有无偿性或优惠性，它对提升社会资本方股东投资收益率具有较大的杠杆作用。政府建设期补助对社会资本方投资收益率的提升程度，应通过项目的财务测算模型确定。一般来说，政府的建设期补助越多，社会资本方的收益改善情况越好。

在 PPP 项目的政府财政支出责任中，"股权投资"和"配套投入"属于建设期内的支出。在政府不参股的 PPP 项目公司中，政府没有股权投资支出。但根据项目的具体情况，社会资本方可能会提出由政府在建设期内提供除配套投入之外的投资补助。

这种在建设期内的政府财政资金支出（股权投资、配套投入、投资补助），会降低社会资本方的融资压力，使未来项目公司在经营期内针对债务资金的还本付息数额减少，相应地也会在一定程度上减少政府在经营期内对社会资本方的补贴支出。

2. 项目公司对政府建设期补助的会计核算与纳税

按照财政部 2017 年 5 月修订的《企业会计准则第 16 号——政府补助》（财会〔2017〕15 号），政府对项目公司的投资补助为与资产相关的政府补助。在项目公司的会计核算上，与资产相关的政府补助，应当冲减相关资产的账面价值或确认为递延收益。

当项目公司按冲减资产账面价值的方式进行会计账务处理时，在收到政府投资补助时，不涉及增值税纳税问题；而对确认为递延收益的投资补助，由于其性质不属于企业经营收入，当在相关资产使用寿命内将其分期计入损益时，在会计核算上一般计入"营业外收入"，不应当征收流转税即增值税。

上述问题也可以从另一个角度考虑。会计核算方法的不同选择，不应使企业的经营损益及纳税情况产生任何差异。冲减资产账面价值的会计账务处理方法（仅影响资产负债表项目）不涉及增值税纳税问题，因此，以递延收益方式确认的政府补助，同样也不应涉及征收增值税的问题。

虽然政府的建设期补助不涉及增值税的纳税问题，但它对项目公司运营期的所得税会有影响。当按冲减相关资产的账面价值进行会计处理时，由于资产原值减少，运营期内的资产折旧额会相应减少，从而导致应纳税所得额增加；当将建设期补助以递延收益方式进行会计处理时，由于收入增加，同样会增加运营期内各期的应纳税所得额。因此，政府对项目的建设期补助，会在经营期内缴纳所得税。

（三）建成资产的转移与特许经营权授予

如果根据相关法规和 PPP 项目合同的约定，建成的资产归属于政府，则在项目竣工并通过验收之后，政府方与项目公司应各自进行会计账务处理，确认相关资产，不需要再有其他的资产交接手续和税费。

政府取得的固定资产，为向项目公司授出特许经营权的对价，固定资产的原值中不含增值税。

按照本章第一节的讨论，社会资本方应在其会计核算中借记"无形资产——特许经营权"科目，贷记"在建工程"科目（或"工程结算"科目）。在建工程成本或工程结算金额为项目公司取得特许经营权的对价，其中均不含增值税。

对有产权凭证的资产，资产接受方还应缴纳契税，获取产权凭证书据。

三、项目运营期

（一）政府付费

在非经营性项目中，政府付费是项目公司的主营业务收入，按照增值税的相关规定，企业的经营性收入属增值税应税收入，需征收增值税。

在涉及所得税的缴纳方面，政府向项目公司的财政支付，除应计算缴纳增值税外，还应计入应纳税所得额，计算缴纳企业所得税。

（二）政府财政补贴

在很多 PPP 项目中，运营期内项目公司从政府方获得的财政支付，既有"政府付费"的名义，也有"政府财政补贴"的名义。对于以"政府财政补贴"的名义获得的政府财政支付是否应征收增值税，在实务中常存在很多争议。

《国家税务总局关于中央财政补贴增值税有关问题的公告》（国家税务总局公告 2013 年第 3 号）中明确指出："按照增值税现行政策，纳税人取得的中央财政补贴，不属于增值税应税收入，不征收增值税。"

在大多数 PPP 项目中，项目公司取得的财政补贴并不是出自中央财政，而是出自地方财政。对这类地方财政补贴是否应征收增值税，不应该从政府支付的"名义"上考虑，而应考虑这类支付行为的实质。

财政部 2021 年 1 月发布的《企业会计准则解释第 14 号》（财会〔2021〕1 号）

明确："社会资本方根据 PPP 项目合同，自政府方取得其他资产，该资产构成政府方应付合同对价的一部分的，社会资本方应当按照《企业会计准则第 14 号——收入》的规定进行会计处理，不作为政府补助。"根据这一规定，如果项目公司从政府方获得的财政支付不具有无偿性，而是由 PPP 项目合同确定的政府方应付合同对价的一部分，那么这种政府财政支付即使具有"政府财政补贴"的名义，也应征收增值税。

在 PPP 项目的特许经营期内，项目公司收到的政府财政补贴是否应计算缴纳所得税？

《中华人民共和国企业所得税法》第七条规定，企业收入总额中的下列收入为不征税收入。

（1）财政拨款。

（2）依法收取并纳入财政管理的行政事业性收费、政府性基金。

（3）国务院规定的其他不征税收入。

《中华人民共和国企业所得税法实施条例》第二十六条对上述各项收入进行了解释。

（1）财政拨款，是指各级人民政府对纳入预算管理的事业单位、社会团体等组织拨付的财政资金，但国务院和国务院财政、税务主管部门另有规定的除外。

（2）行政事业性收费，是指依照法律法规等有关规定，按照国务院规定程序批准，在实施社会公共管理，以及在向公民、法人或者其他组织提供特定公共服务过程中，向特定对象收取并纳入财政管理的费用；政府性基金，是指企业依照法律、行政法规等有关规定，代政府收取的具有专项用途的财政资金。

（3）国务院规定的其他不征税收入，是指企业取得的，由国务院财政、税务主管部门规定专项用途并经国务院批准的财政性资金。

国际上很多国家出台了专门针对 PPP 项目的税收优惠办法，据悉我国相关部委也正对此进行研究。但是，在国家税务总局尚未出台针对 PPP 项目中政府补贴的相关规定的情况下，按照《中华人民共和国企业所得税法》及财政部、国家税务总局的上述规定，PPP 项目公司取得的政府财政补贴收入不属于不征税收入。项目公司应在收到财政补贴的年度将其计入应纳税所得额，计算缴纳企业所得税。

（三）项目公司支付债权类融资利息

1. 银行贷款

在 PPP 项目实践中，除资本金之外，项目公司筹集项目建设资金的主要方式为银行贷款，且贷款金额一般非常巨大，所支付的贷款利息也很大。在支付贷款利息的同时，项目公司还须向提供贷款的金融机构按 6% 的税率支付增值税进项税。

按照《营业税改征增值税试点实施办法》第二十七条，纳税人取得贷款服务的进项税不得从销项税额中抵扣。所谓贷款服务，是指将资金贷与他人使用而取得利息收入的业务活动。

此外，依据《营业税改征增值税试点有关事项的规定》：纳税人接受贷款服务向贷款方支付的与该笔贷款直接相关的投融资顾问费、手续费、咨询费等费用，其进项税额不得从销项税额中抵扣。

所以，项目公司接受贷款服务所支付的利息及与该笔贷款直接相关的投融资顾问费、手续费、咨询费等费用，其进项税均不得抵扣。

在计算缴纳企业所得税时，项目公司向银行等金融机构支付的债权类融资利息可在计算应纳税所得额时扣除。

2. 股东贷款

对于获得的股东贷款，项目公司在支付贷款利息的同时，也须向提供贷款的股东按 6% 的税率支付增值税进项税，但所支付的增值税进项税不得抵扣。

为了防范与控制不合理避税行为，国家税务总局对股东贷款的利率和金额做出了限制。

《国家税务总局关于企业所得税若干问题的公告》（2011 年第 34 号）规定：非金融企业向非金融企业借款的利息支出，不超过按照金融企业同期同类贷款利率计算的数额的部分，准予税前扣除。在计算企业所得税时，项目公司对于取得的股东借款，需要按照该公告的规定考虑所支付利息的利率是否超过同期同类贷款利率。

此外，根据财政部和国家税务总局《关于企业关联方利息支出税前扣除标准有关税收政策问题的通知》（财税〔2008〕121 号）的规定，在计算应纳税所得额时，项目公司接受的股东贷款与股东资本金的比例不得超过 2∶1，当超过该比例时，超过部分的利息支出不得在发生当期和以后年度扣除；除非企业能够按照税法及其实施条例的有关规定提供相关资料，证明相关交易活动符合独立交易原则，或者该企业的实际税负不高于境内关联方的税负。对 PPP 项目来说，项目公司的实际税负不会高于提供股东贷款的关联方，因此，一般说来，PPP 项目公司获得的股东借款数额可以不受关联企业债资比的限制。

（四）项目公司分红

一般说来，股东收到项目公司的分红不涉及增值税，但与企业所得税有关。但是，如果投资人取得的股息红利为固定收益（投资协议约定按固定利润或保底利润获取收益），则应按照贷款服务缴纳增值税。

为了讨论与 PPP 项目公司分红有关的企业所得税，下面以图 14-2 所示的 PPP 项目公司股利分配图为例进行说明。该股利分配图与图 14-1 PPP 项目的投融资关系对应，但更清楚地反映了投资人对项目公司的直接与间接投资关系。在图 14-2 所显示的关系中，公司制法人 A 与 PPP 子基金是 PPP 项目公司的直接投资人，公司制法人 B、PPP 母基金、自然人 1、公司制法人 C 和自然人 2 是 PPP 项目公司的间接投资人。其中，公司制法人 B 和公司制法人 C 包括银行等金融机构、公司制基金管理人等。

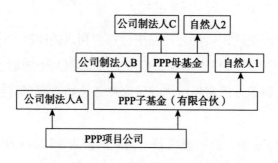

图 14-2　PPP 项目公司股利分配图

1. 项目公司对直接投资人的分红

（1）公司制法人

按照《企业所得税法》第二十六条规定的税收优惠，符合条件的居民企业之间的股息、红利等权益性投资收益为免税收入。根据《企业所得税法实施条例》，所谓"符合条件的居民企业之间的股息、红利等权益性投资收益"，是指居民企业直接投资于其他居民企业取得的投资收益。因此，在图 14-2 中的公司制法人 A

（包括公司型基金）从项目公司获得的税后利润分红，不用再计入应纳税所得额计算缴纳企业所得税。

（2）有限合伙基金

在图14-2的股利分配图中，PPP子基金（有限合伙）也是PPP项目公司的直接投资人（股东）。

根据《财政部、国家税务总局关于合伙企业合伙人所得税问题的通知》（财税〔2008〕159号），有限合伙企业为非独立纳税实体，遵循"先分后税"原则，合伙企业以每一个合伙人为纳税义务人。当PPP项目公司将税后利润分配给作为项目公司股东的PPP子基金时，它会将获得的项目公司分红（股息）根据合伙企业章程按合伙份额直接分配给PPP子基金的各投资方（公司制法人B、PPP母基金、自然人1），由各投资方自行进行税务处理。

2. 间接投资人获得的项目公司的分红

间接投资人无法直接从PPP项目公司获得分红。在图14-2的股利分配图中，间接投资人公司制法人B、PPP母基金、自然人1从PPP子基金按持有的基金份额获得分配，并根据自己身份的不同，分别缴纳所得税。

公司制法人B由于是通过PPP子基金间接获得PPP项目公司的分红，无法享受企业所得税的免税待遇。它所获得的税后利润分红应并入公司的应纳税所得额，与公司的其他收入一起一并汇算清缴企业所得税。

PPP母基金不是独立的纳税实体，它在收到PPP子基金分配的收益后，同样需采取"先分后税"的原则进行处理，向其投资人公司制法人C和自然人2进行分配，由公司制法人C和自然人2自行进行所得税纳税申报。

自然人1与自然人2在取得分配的收益后，应按《个人所得税法》计算缴纳个人所得税。

四、项目移交

（一）概述

在特许经营期届满时，社会资本方与政府方需要按PPP项目合同的约定终止双方之间的合作关系。虽然合作关系终止，但向社会提供公益性服务的职能不应停止，这涉及在特许经营期结束时的项目移交。

通常，项目移交的内容由 PPP 项目的操作模式、相关权益归属等所决定，而项目移交的方式则在很大程度上受移交时可能发生的税负的影响。

在 BOO 模式下，项目公司拥有项目所有权，一般不涉及运营期满的所有权移交，但社会资本方需考虑与政府方就相关经营权延续问题进行协商。

在管理合同、委托经营、租赁—运营—移交（LOT）等模式下，项目公司只拥有项目资产的运营权，不涉及运营期满的所有权移交。

除 BOO 模式的 PPP 项目外，在 PPP 项目运营阶段结束后，项目公司需要将 PPP 项目的权益移交给政府或政府指定的代表机构。移交的内容取决于相关权益的归属。

如果根据相关法规或 PPP 项目合同的约定，PPP 项目公司的资产归属于政府，项目公司只拥有资产经营权（无形资产），那么在特许经营期结束时，资产经营权（无形资产）已摊销完毕，此时不存在资产产权移交的问题，但需要考虑实物资产的核查、功能检查与验收，以保证后续经营正常进行。

对于按 PPP 项目合同的约定归属于项目公司的资产，在特许经营期结束时，需要考虑这些资产的产权移交（产权转让），以使后续的经营不受影响。对于需要移交产权的资产，双方需要在 PPP 项目合同中约定移交发生时的经济补偿措施。

当项目资产归属于项目公司时，实现项目资产移交的另一方式是项目公司股权转让，即社会资本方将自己在项目公司中的股权转让给政府方指定的代表机构，由代表机构成为项目公司的唯一股东，从而达到项目移交的效果。当采取这种方式移交时，需要考虑项目公司负债的处理、股权转让的价格等。

在项目移交时，是采用资产移交方式还是股权转让方式，主要的考虑因素是移交时可能发生的税负。

（二）资产移交的涉税问题

当项目公司的资产产权归属于政府时，在资产实物移交时，由于资产所有权属在形式上和实质上均不发生改变，因此无须作任何税务处理。

对于原产权归属于项目公司的资产，在项目公司结束时，政府方根据 PPP 项目合同的约定，有偿或无偿取得项目公司的资产。资产移交的主体是项目公司，客体是项目公司的资产。这种资产移交也称为资产转让。

1. 资产有偿转让

当项目公司将资产有偿转让给政府方时，可能产生增值税、土地增值税、企业所得税等纳税义务。

对于转让的固定资产，项目公司应按固定资产清理进行会计处理。在收到政府方的补偿款时，可按简易办法依照3%征收率缴纳增值税。

如果房地产所有权发生转移，还可能涉及土地增值税和契税。

由于资产转让的主体是企业，因此资产转让产生的所得或损失应并入项目公司的应税所得额或在税前扣除。

对于资产的接受方来说，需按照接受资产的公允价值减去支付的补偿款之差确认应税收入，计算缴纳企业所得税。

2. 资产无偿转让

《营业税改征增值税试点实施办法》（财税〔2016〕36号）第十四条规定："下列情况视同销售服务、无形资产或不动产：……（二）单位或者个人向其他单位或者个人无偿转让无形资产或者不动产，但用于公益事业或者以社会公众为对象的除外。"

对于非经营性及准经营性的PPP项目，由于项目一般符合"用于公益事业或者以社会公众为对象"，因此，在特许经营期结束时的资产无偿转移不应被认定为"视同销售"，无需缴纳增值税。但对于经营性的PPP项目（例如收费公路或污水处理等），要将其认定为"用于公益事业或者以社会公众为对象"，恐怕有些困难。

对于非经营性及准经营性的PPP项目，由于不按视同销售确认资产转让收入，项目公司资产的无偿转让也不发生所得税。

对于资产的接受方来说，无偿划转资产应被视同接受捐赠，资产接受方需按照接受资产的公允价值确认应税收入，计算缴纳企业所得税。

3. 项目公司清算

当采用资产移交方式时，在实物资产移交完毕后，项目公司进入清算。

项目公司清算时，不再符合持续经营假设。会计核算时应将长期待摊费用的账面余额一次性核销，减少清算所得，将预提费用和预计负债的余额一次性核销，增加清算所得。

如果项目公司清算时，公司账面上仍有增值税留抵税额（增值税进项税），按照《财政部、国家税务总局关于增值税若干政策的通知》（财税〔2005〕165号）第六条规定："一般纳税人注销……其留抵税额也不予以退税。"因此，在资产移交方式下，企业清算时，未抵扣完的进项税计入清算损益。

当项目公司提前终止特许经营，进行无偿移交，无形资产尚未摊销完毕时，尚未摊销完毕的无形资产应确认为当期损益。

当项目公司提前终止特许经营，进行有偿移交，收到的对价可能大于或小于无形资产的账面价值，收到的对价与账面价值的差额计入当期损益。

（三）股权转让的涉税问题

与 PPP 项目公司设立时股权转让的税务处理类似，移交时，股权转让的税务处理应分别股权的购买方、股权的转让方、被转让股权的企业（目标企业）进行分析。在这里，目标企业就是 PPP 项目公司，被转让的标的是项目公司的全部股权，转让可以是有偿或无偿。

《国家税务总局关于转让企业全部产权不征收增值税问题的批复》（国税函〔2002〕420号）规定，"转让企业全部产权是整体转让企业资产、债权、债务及劳动力的行为，因此，转让企业全部产权涉及的应税货物的转让，不属于增值税的征税范围，不征收增值税。"

关于股权转让涉及的所得税及其他财税问题，说明如下。

1. 被转让股权的企业（PPP 项目公司）

在社会资本方股东向政府指定机构（收购方企业）转移项目公司股权后，项目公司可以解散，也可以不解散。

如果项目公司不解散，项目公司作为法人的地位没有改变，所有的纳税事项均自然延续，股权转让交易不会使项目公司产生纳税事项。

如果项目公司解散，则项目公司清算注销。

2. 股权购买方（政府指定的企业或机构）

如果项目公司不解散，股权购买方不涉及任何纳税事项。

如果项目公司解散，则股权转让的交易，实际上就是收购方吸收合并项目公司，项目公司所有的资产与负债，都纳入收购方企业的账上。由于此时的企业合并属于非同一控制下的吸收合并，按照财政部与国家税务总局《关于企业重组业务企业所得税处理若干问题的通知》（财税〔2009〕59号），在会计核算上，收购方应按资产与负债的评估价值（公允价值）入账；在税收上，应将资产计税基础确定为评估价值（应税合并）。

3. 转让方（项目公司股东）

转让方（项目公司股东）应根据股权转让的对价计算股权转让的损益。股权转让收入扣除为取得该股权所发生的成本后，为股权转让所得。转让方（项目公司股东）发生的股权转让所得，应计入当期的应税所得额；股权转让损失可以在税前扣除，但每一纳税年度扣除的股权转让损失，不得超过当年实现的股权投资收益和投资转让所得，超过部分可无限期向以后纳税年度结转扣除。

（四）项目移交方式的问题

通常，股权移交的优点是不涉及资产所有权的转移，规避了增值税和土地增值税等。但不利的是，股权受让方需要承担转让方以前的债务和劳动关系。为了规避政府方在股权转让方式中可能遇到的风险，财政部在《政府和社会资本合作项目财政管理暂行办法》（财金〔2016〕92号）中规定：PPP项目执行过程中形成的负债，属于项目公司的债务，由项目公司独立承担偿付义务。项目期满移交时，项目公司的债务不得移交给政府。

通常，在众多PPP项目协议中，政府的财政支出责任主要涉及项目建设期与运营期。在特许经营期快结束时的项目移交阶段，一般都约定社会资本方将项目公司的资产或权益"无偿"移交给政府方。

但是，在针对实际PPP项目，尤其是无经营收入的政府付费类PPP项目的财务测算中，我们发现：如果在PPP项目的交易安排中，将运营期末的"无偿"移交改为"有偿"移交，即在特许经营期快结束前的一段时间内，政府按"平价"收购社会资本方在项目公司中的股权，而在项目经营期内政府适当减少财政支付，那么，在使社会资本方获得相同投资回报的条件下，政府总的财政支出责任会有较大幅度的降低。其原因在于，社会资本方按"平价"向政府方"转让"股权，在会计核算上属于投资本金的回收，不涉及任何所得税纳税事项。但是，如果社会资本方在运营期末将项目公司权益"无偿"移交给政府方，那么社会资本方的股权投资回报全都应来自于运营期内的所得税后分红，因此，为使社会资本方获得相同水平的投资回报，政府方在经营期内的财政支出会有较大幅度的增加。

需要强调的是，政府按"平价"收购社会资本方在项目公司中股权的这种交易安排，应理解为PPP项目合作双方的一种约定，仅是出于减少政府财政支出的目的，并不是真实意义上的股权转让或收购，不牵涉股权变更与工商登记，但需要进行一些会计账务处理。当然，如果在特许经营期末，政府与社会资本方之间发生实际的股权转让，也是可以的，只不过需要完成工商登记，增加了操作上的工作量。

在《政府和社会资本合作项目财政管理暂行办法》（财金〔2016〕92号）中规定，"政府与社会资本合资设立项目公司的，应按照《公司法》等法律规定以及PPP项目合同约定规范运作，不得在股东协议中约定由政府股东或政府指定的其他机构对社会资本方股东的股权进行回购安排。"本书认为，这样的规定是为了防止出现社会资本方不承担任何风险的假PPP。但是，在对社会资本方的激励与考核机制合理有效的情况下，在经营期结束时由政府"平价"收购项目公司股权，并不违背财金〔2016〕92号文件的精神。尤其是考虑到目前很多PPP项目的社会资本方是大型国有企业，而国有企业在PPP项目公司中的股权投资属国有资产。如果在PPP项目结束时，这些国有股权被无偿转移，那么这种资产处置方式明显与国有资产监督管理的相关法规违背。

根据以上的讨论，我们建议，对于具体的PPP项目，尤其是无经营收入的政府付费类PPP项目，政府与社会资本方不妨在项目建设期、运营期及项目移交阶段多设计几种交易安排方案，通过财务评价模型的详细测算，确定一种既能使社会资本方取得合理投资回报，又能降低政府财政支出责任，同时还符合国有资产监督管理规定的交易安排方案，以达到PPP项目合作各方"共赢"的效果。

第三节 与PPP项目交易结构设计相关的涉税问题

一、特许经营期内经营模式选择对纳税的影响

按照PPP项目的交易结构安排，社会资本方将在特许经营期内承担PPP项目的经营责任。在很多情况下，社会资本方在PPP项目的工程建设方面具有很强的实力，但对PPP项目的经营并不擅长，因此，他们不愿意在期限较长的特许经营期内将精力花在自己不熟悉或不擅长的项目经营方面。在这种情况下，与专业公

司的合作，就是一种必然的选择。但与专业公司的合作，究竟采取什么样的方式为宜呢？

例如，某一城市轨道交通项目拟按 PPP 模式运作，SPV 项目公司的控股股东是社会资本方 A。A 具有很强的工程设计与建设实力，但不擅长也不愿意进行城市轨道交通的经营。为此，A 考虑将轨道交通的经营转移至一家专业运营公司 B。可考虑的方案有几种。

（1）SPV 公司将项目资产（轨道交通线路与运营车辆）租赁给专业运营公司 B，由 B 向 SPV 公司按期支付租赁费。

（2）SPV 公司委托 B 公司进行城市轨道交通运营，所有运营收益归 SPV 公司，SPV 公司按期向 B 公司支付受托经营服务费。

（3）SPV 公司将项目资产和经营权发包给 B 公司，由 B 公司以 SPV 公司的名义对外经营。

现在 A 公司需要在以上几种方案中进行选择。

在方案（1）中，A 公司将经营活动"剥离"得干干净净，但对于收到的租赁费，SPV 公司必须按 13% 的税率计算缴纳增值税，公司可抵扣的进项税有限，缴纳增值税的压力很大。

方案（2）与方案（3）本质上是一回事，SPV 公司仍然承担着轨道交通的经营责任。按照财政部、国家税务总局《关于全面推开营业税改征增值税试点的通知》（财税〔2016〕36 号）中的规定，SPV 公司可选择按简易计税办法以 3% 的征收率计算缴纳增值税，但不可抵扣进项税。

经过综合比较，SPV 公司认为选择委托经营或承包的方式比选择租赁方式对公司更为有利。

二、PPP 项目特许经营模式选择的涉税问题

在《基础设施和公用事业特许经营管理办法》第五条中规定，基础设施和公用事业特许经营可以采取以下方式。

（1）在一定期限内，政府授予特许经营者投资新建或改扩建、运营基础设施和公用事业，期限届满移交政府。

（2）在一定期限内，政府授予特许经营者投资新建或改扩建、拥有并运营基础设施和公用事业，期限届满移交政府。

（3）特许经营者投资新建或改扩建基础设施和公用事业并移交政府后，由政府授予其在一定期限内运营。

如果不考虑改扩建，上述第（1）种方式即通常所说的 BOT，第（2）种方式即 BOOT，第（3）种方式即 BTO。

在以上几种特许经营模式中，从表面上看，SPV 项目公司的运营方式似乎没有什么差异，但从公司的财务管理、会计核算、涉税处理等方面看，差异显著。

在 BTO 模式下，SPV 项目公司（特许经营者）在投资建设并形成项目资产之后，将项目资产移交给政府，政府再按特许经营合同的约定，授予项目公司特许经营权。在特许经营期内，社会资本方享有通过项目运营收回投资并获取合理回报的权利。在这种模式下，项目公司不享有建设期内投资建设形成的项目资产（固定资产），项目公司的工程建设投资支出，成为获取特许经营权的对价。在财务会计上，项目公司获得的特许经营权应作为无形资产核算。无形资产原值，依据工程竣工后按 PPP 合同约定的项目总投资额（不含税）确定，在特许经营期内逐年摊销。在特许经营期结束时，所有无形资产的价值全部摊销完毕，不会发生任何资产移交及涉税处理。

按照《政府会计准则第 10 号——政府和社会资本合作项目合同》（财会〔2019〕23 号）的规定，BOT 业务所建造基础设施不应作为项目公司的固定资产，而应确认为项目公司的金融资产或无形资产。但在发改委等六部委 2015 年发布的第 25 号令即《基础设施和公用事业特许经营管理办法》中，以 BOT 方式建造的基础设施是在特许经营期届满时才移交政府。在 PPP 项目实践中，在项目公司"拥有"及/或"运营"项目资产的特许经营期内，这些资产可能以固定资产或无形资产的方式在项目公司财务账上反映。如果 BOT 模式中的资产移交在经营期届满时发生，那么与 BTO 模式相比，BOT 与 BOOT 模式可能存在以下几个弱点。

（1）项目公司的财务核算无疑比 BTO 的情况要复杂。

（2）为及时获取合理的投资回报，社会资本方总希望在特许经营期内将折旧与摊销计提完毕。但是，当项目资产以固定资产入账时，如果固定资产的折旧年限与特许经营期限不一致，则可能发生的纳税调整事项将影响现金流，进而影响社会资本方的投资回报。

（3）在特许经营期结束时的资产移交会远比工程竣工时的移交复杂得多，涉及的问题会更多,其中也包括涉税处理。

需要说明的是,虽然从财务管理、会计核算和涉税处理等方面看,BTO 模式可能比 BOT 和 BOOT 模式简单,但由于在项目公司的财务报表上,项目建设的所有投资支出"换回"的只是一项无形资产,因此,当项目公司在向银行等金融机构申请贷款时,风险控制管理比较严格的金融机构可能比较难以认同这类无形资产的抵押、质押价值。在这种情况下,政府、社会资本与贷款银行三方之间的沟通与协调工作将必不可少。

第十五章
特许经营合同中的调整模型

第一节 概 述

一、问题的提出

按照国家的相关规定，PPP 项目的特许经营期一般不得少于 10 年。由于合作期限较长，在特许经营期间，通货膨胀、银行贷款利率变动等问题对合作各方权益的影响不可忽视。因此，为了防范和规避 PPP 项目长期合作中的收益与成本波动风险，合作双方往往在特许经营合同中规定一些与收益、成本和政府财政支付等有关的动态调整公式，以及调整周期。在特许经营期内某一调整周期，当特定参数的变动达到或超过约定的条件时，将触发关于价格、成本或政府补贴的调整程序，以使合作双方的权益得到保障。

本书第十九章根据数学模型从理论上讨论了通货膨胀对投资项目财务评价的影响，本章将从 PPP 项目实务的角度，讨论特许经营合同中与通货膨胀有关的调整模型。

在 PPP 项目的财务评价中，因通货膨胀而需予以考虑调整的量主要包括总投资、成本、价格及政府付费等。

二、表征通货膨胀的宏观统计参数

通货膨胀，是指纸币的发行量超过商品流通中所需要的货币量而引起的货币贬值、物价上涨的状况，是纸币流通条件下特有的一种社会经济现象。

在经济学上，对通货膨胀进行定量描述的指标是通货膨胀率。通货膨胀率是货币超发部分与实际需要的货币量之比，用以反映通货膨胀和货币贬值的程度。该指标反映了物价平均水平的上升速度；或者说，通货膨胀率为货币购买力的下降速度。若以 P_0 表示去年的物价平均水平（称为基期物价水平），以 P_1 表示现今的物价平均水平（称为当期物价水平），则年度通货膨胀率为

$$通货膨胀率 = \frac{P_1 - P_0}{P_0} \quad (15.1)$$

由于价格指数是反映价格变动趋势和程度的相对数，在实际中，通货膨胀率一般通过价格指数的增长率来间接表示。由于消费者价格是反映商品经过流通各环节后所形成的最终价格，它最全面地反映了商品流通对货币的需要量。因此，消费者价格指数是最能充分、全面反映通货膨胀率的价格指数。世界各国基本上均用消费者价格指数（我国称居民消费价格指数，CPI）来反映通货膨胀的程度。

居民消费价格指数是进行经济分析和决策、价格总水平监测和调控，以及国民经济核算的重要指标。其变动率在一定程度上反映了通货膨胀或通货紧缩的程度。CPI 的计算公式为

$$\text{CPI} = \frac{一组固定商品按当期价格计算的价值}{一组固定商品按基期价格计算的价值} \times 100\% \quad (15.2)$$

若普通家庭去年每个月购买一组商品的费用为 800 元，而今年购买这一组商品的费用为 896 元，那么今年的消费价格指数为

$$\text{CPI} = \frac{896}{800} \times 100\% = 112\%$$

CPI 的高低可以在一定水平上说明通货膨胀的严重程度，在上面的例子中，物价上涨的幅度为（CPI－1）＝12%。

如果用居民消费价格指数 CPI 来衡量价格水平，则通货膨胀率就是不同时期的 CPI 变动的百分比，即

$$通货膨胀率 = \frac{\text{CPI}_1 - \text{CPI}_0}{\text{CPI}_0} = \frac{\text{CPI}_1}{\text{CPI}_0} - 1 \quad (15.3)$$

式（15.3）表明，通货膨胀率和 CPI 是两个不同但相关的概念。

现今中国的 CPI 指数是以上年为基期（100%）计算得出的，而并非以历史上某一确定时点作为基期。因此，年通货膨胀率与当年 CPI 指数之间具有以下关系。

年通货膨胀率 = CPI - 1

三、特许经营合同中可能涉及的调整模型

在 PPP 项目的特许经营合同中，因考虑通货膨胀而需约定的调整模型主要包含以下几类。

（1）项目建设总投资。

（2）对于一些基础设施类项目，作为政府付费计算基础之一的运营维护成本。

（3）对于有实体性产出物的 PPP 项目（例如污水处理），产出物的价格。

（4）在需要保障投资人基本收益率的情况下，政府的财政支付金额。

此外，当银行贷款利率变动时，如果不对政府的财政支付金额进行相应调整，那么合作双方的权益会受到影响。因此，根据银行贷款利率变动对政府财政支付金额进行调整，也常是特许经营合同中需约定的重要事项之一。

以下各节将分别对上述情况下的调整模型进行讨论。这些调整模型尽管针对的情况不同，但它们的导出过程有很多相似之处。

四、调整模型的注意事项

PPP 项目中涉及的调整模型一般在特许经营合同的谈判阶段就须事先约定。合作双方在商定调整模型时，需注意以下问题。

（1）各调整模型都是针对具体交易条件和项目的具体情况设计的，只有对项目的交易结构、各方责权利有较深入的了解，所设计的动态调整模型才会具有合理性和实际价值。

（2）本书介绍的调整模型，并不涵盖 PPP 项目特许经营合同中可能出现的动态调整模型的全部，且各调整模型都有各自的适用情景和条件，不可随便简单套用。但是，对于具体的 PPP 项目，读者可借鉴本书所介绍的基本思路和方法，构建适合自己项目所需的调整模型。

（3）PPP 项目特许经营合同的谈判过程，实质上就是合作各方责权利的协调与平衡过程。在谈判阶段所达成的合作条件（对各方责权利的约定），可能在未来项目执行过程中因通货膨胀而"失衡"。在特许经营合同中设定调整模型，其目的就是按商定的合作条件对"失衡"状态进行"纠偏"或"补偿"，是维护合作双方权益的措施。但是，在设计调整模型时需注意，PPP 项目的一大特点是具

有合理的风险分担机制。因此，对"失衡"状态的"纠偏"或"补偿"，必须符合 PPP 特许经营合同中规定的风险分担机制。对于需由一方承担的风险，不可在调整模型中转嫁至另一方。

（4）通货膨胀是经济活动中的常见现象。在 PPP 项目的执行过程中，我们既要考虑对因通货膨胀而产生的"失衡"状态的调整，同时也要考虑尽量降低操作成本。因此，在 PPP 项目特许经营合同中往往约定，以 N（一般 $N>1$）年为周期，对通货膨胀产生的影响进行定期调整。

假定以 3 年为价格调整周期（$N=3$），以 P_0 表示特许经营合同签订年某类商品的价格（该价格也应是特许经营前 3 年中的执行价格），以 CPI_1、CPI_2、CPI_3 分别表示特许经营期前 3 年的居民消费价格指数，则在从第 4 年起的 3 年周期中，该类商品的执行价格 P_3 应按式（15.4）调整。

$$P_3 = P_0 \times CPI_1 \times CPI_2 \times CPI_3 \quad (15.4)$$

因此，在第 1 个价格调整年，该类商品的物价之比（调价系数）为

$$\frac{P_3}{P_0} = CPI_1 \times CPI_2 \times CPI_3 \quad (15.5)$$

在第 K 个价格调整年（$K=1$、2、3…），该类商品的调价系数为

$$\frac{P_{3K}}{P_{3K-3}} = CPI_{3K-2} \times CPI_{3K-1} \times CPI_{3K} \quad (15.6)$$

在本书后面介绍的调整模型中，我们不再对调价周期予以特别强调，对于涉及 CPI 的价格调整系数，请按式（15.6）理解。

（5）以下各节针对不同的情况给出了调整计算的原则和调整模型，但是，这些模型毕竟是理论推导的结果，至于何时使用、如何使用，这些问题均需在特许经营合同谈判时，由合作双方根据项目情况仔细"推演"，落实具体操作细节，由此达成的 PPP 项目合作条款才会更具有可操作性。

第二节 项目总投资控制与调整模型

一、对项目总投资进行控制与调整的必要性

在 PPP 项目中，工程建设总投资是工程建设需要控制的核心指标之一。工程总投资是进行项目融资安排、投资人收益测算和政府财政支出测算的重要基础数

据，是政府与社会资本方在 PPP 项目合同谈判中须重点明确的项目边界之一。

在绝大多数基础设施建设类 PPP 项目中，社会资本方既是 PPP 项目公司的股东，也是项目建设的总承包人。通过施工总承包赚取施工利润，是社会资本方的另一重要获利来源。出于自身利益的考虑，担任工程总承包的社会资本方，一般会希望通过提高建设标准等方式加大工程造价。但对政府方而言，工程造价提高的最直接结果，就是政府财政支出责任加大，财政承受能力受到考验。如果建设总投资增加太多，那么原先所做的财政承受能力论证可能就会"推倒重来"。因此，政府方势必要对项目总投资进行严格的限制。

通常，PPP 项目合同都会约定以初步设计阶段的概算批复数为项目总投资控制数。但是对于一些建设工期较长的大型工程建设项目，原材料价格和人工成本等在建设期内上涨的概率较大，从而导致工程完工时的造价比初步设计概算批复的项目总投资高出不少。由于这类总投资"超标"并不是社会投资人有意而为，为了保护 PPP 项目合作双方的利益，在 PPP 项目合同中约定关于工程建设总投资控制数的调整模型是很有必要的。

根据第二章的讨论，

$$项目总投资 = 工程建设投资 + 建设期利息 + 流动资金$$

其中，工程建设投资又称为工程造价，它由三部分构成。

$$工程建设投资 = 工程费用 + 工程建设其他费用 + 预备费$$

此处的工程费用，是直接用于工程建造、设备购置及其安装的费用，又称为建安工程造价。

$$工程费用 = 建筑工程费 + 设备购置和安装工程费$$

显然，在项目总投资的构成中，容易受到原材料和人工成本上涨影响的主要是建安工程造价。因此，控制总投资的主要任务就是控制建安工程造价。

本节下面的叙述中，不严格区分总投资调整与建安工程造价调整，仅按业内习惯笼统地称为工程造价调整，但其实质是建安工程造价调整，请读者注意。

二、工程造价的调整模型

记 P_0 为初步设计概算批复的项目总投资控制数，A_0、B_0、C_0、D_0……为初步设计概算中的各项成本费用（如人工费、钢材费、水泥费、运输费……），则

$$P_0 = A_0 + B_0 + C_0 + D_0 + \cdots \tag{15.7}$$

记 α_1、α_2、α_3、$\alpha_4\cdots$为各项成本费用在概算批复总投资 P_0 中所占比重，即

$$\begin{aligned}\alpha_1 &= \frac{A_0}{P_0} \\ \alpha_2 &= \frac{B_0}{P_0} \\ \alpha_3 &= \frac{C_0}{P_0} \\ \alpha_4 &= \frac{D_0}{P_0} \\ &\vdots\end{aligned} \quad (15.8)$$

由式（15.7）与式（15.8）可以得出

$$\alpha_1 + \alpha_2 + \alpha_3 + \alpha_4 + \cdots = 1 \quad (15.9)$$

记 P 为考虑原材料等各项成本要素价格上涨后，工程建设完工后的项目总投资控制数，A、B、C、D 等为工程完工时与 A_0、B_0、C_0、D_0 等对应的各项成本费用，则

$$P = A + B + C + D + \cdots \quad (15.10)$$

式（15.10）中的 A、B、C、D 等与式（15.7）中的 A_0、B_0、C_0、D_0 等对应，为工程完工后工程总造价中各成本要素的成本值。

由于

$$\alpha_1 \frac{A}{A_0} = \frac{A_0}{P_0} \times \frac{A}{A_0} = \frac{A}{P_0}$$

即

$$A = P_0 \alpha_1 \frac{A}{A_0}$$

同理

$$B = P_0 \alpha_2 \frac{B}{B_0}$$

$$C = P_0 \alpha_3 \frac{C}{C_0}$$

$$D = P_0 \alpha_4 \frac{D}{D_0}$$

因此，在工程完工后项目总投资的控制数 P 可表示为

$$P = P_0\left(\alpha_1 \frac{A}{A_0} + \alpha_2 \frac{B}{B_0} + \alpha_3 \frac{C}{C_0} + \alpha_4 \frac{D}{D_0} + \cdots\right) \quad (15.11)$$

由于初步设计概算中确定的各分部或分项工程的工程量一般不会发生变化，因此，式（15.11）中的 $\frac{A}{A_0}$、$\frac{B}{B_0}$、$\frac{C}{C_0}$、$\frac{D}{D_0}$ 等即为工程总造价中各成本要素项目的价格比或价格指数比。式（15.11）右边括号内的各项之和就是考虑价格上涨后的工程总造价调整系数 K，该系数也可作为工程静态总投资控制数的调整系数。

$$K = \alpha_1 \frac{A}{A_0} + \alpha_2 \frac{B}{B_0} + \alpha_3 \frac{C}{C_0} + \alpha_4 \frac{D}{D_0} + \cdots \quad (15.12)$$

于是

$$P = P_0 K \quad (15.13)$$

需要作如下说明。

（1）为避免调整计算过于复杂，可将一些用量小、价值量低、价格变化幅度不大的工程建设成本项目按固定成本考虑，以简化计算，而只对用量大、价格高且有代表性的一些典型人工费和材料费进行调整计算，并以它们的价格指数变化来综合代表成本费用值的变化。

（2）假定 A 为工程建设成本中不随通货膨胀变化的固定成本，或者如果 PPP 项目合同中约定与建设成本 A 相关的涨价风险由社会资本方承担，则调整系数 K 成为

$$K = \alpha_1 + \alpha_2 \frac{B}{B_0} + \alpha_3 \frac{C}{C_0} + \alpha_4 \frac{D}{D_0} + \cdots \quad (15.14)$$

（3）如果在 PPP 项目合同中约定项目建设期内通货膨胀风险完全由社会资本方承担，则式（15.12）中各成本要素项目的价格比或价格指数比 $\frac{A}{A_0}$、$\frac{B}{B_0}$、$\frac{C}{C_0}$、$\frac{D}{D_0}$ 等均应取值为 1，在考虑式（15.9）后可得调整系数 $K=1$，于是式（15.13）成为 $P = P_0$，即项目总投资控制数无须调整。

（4）如果在 PPP 项目合同中约定项目建设期内通货膨胀风险由政府方和社会资本方共同承担，那么在式（15.12）右边还应增加一个风险承担因子 k（$0 \leq k \leq 1$），即项目总投资控制数的调整系数为

$$K = (1-k) + k\left(\alpha_1 \frac{A}{A_0} + \alpha_2 \frac{B}{B_0} + \alpha_3 \frac{C}{C_0} + \alpha_4 \frac{D}{D_0} + \cdots\right) \quad (15.15)$$

式（15.15）中，风险承担因子 k 的值由 PPP 项目合同中商定的合作各方的风险责任分担确定。当 $k=0$ 时，政府方不承担建设期内通货膨胀所导致的项目总投资上涨的风险；由式（15.15）得 $K=1$，项目总投资控制数无须调整；当 $k=1$ 时，相应的风险则完全由政府方承担，此时式（15.15）退化为式（15.12）。

（5）工程造价中的成本项目须考虑完全，即系数 α_1、α_2、α_3、α_4……须满足式（15.9）。

第三节　运营维护成本调整模型

一、问题的提出

在不少 PPP 项目的特许经营合同中，对成本类指标的控制与调整往往是合作双方的关注点之一。例如，一些桥梁、隧道等基础设施类 PPP 项目，在特许经营期内，项目并没有额外的实体性产出物，社会资本方的责任是维护好所建基础设施，保证其完好运营。这类非经营性 PPP 项目，需要政府以财政资金向项目公司进行支付。为了使政府的财政支出责任最小，政府方往往会在进行社会资本公开招标时，要求各投资人在投标文件中对项目运营期内各年度的年均运营维护成本进行报价。在中标之后，合作双方会商定一个初始年均运营维护成本。商定的年均运营维护成本，将是决定政府付费金额（例如运营绩效服务费及可用性付费等）的重要基础。同时，考虑到特许经营期内成本上涨等因素，合作双方也会在特许经营合同中，商定对初始年均运营维护成本的调整模型与调整周期。在这种情况下，考虑通货膨胀的运营维护成本调整模型就应是特许经营合同中的必备内容。

二、调整模型中应考虑的运营维护成本要素

第十章第四节在讨论 PPP 项目成本时，曾谈到某海底隧道项目的运营期成本费用由以下各项组成。

（1）隧道外包业务费用（保安、消防、绿化、保洁等）。

（2）隧道电力消耗费。

（3）隧道及配套设施维护费（日常维修、大修理）。

（4）设备折旧费。

（5）设施折旧费（建筑物、构筑物）。

（6）摊销费。

（7）财产保险费。

（8）房产税、土地使用税等。

（9）工资福利费。

（10）财务费用。

（11）管理费用。

包含以上各项要素的成本为总成本，是项目公司会计核算中应予以考虑的成本费用项目，其中既包含付现的经营成本，也包含不付现的折旧与摊销，以及计提的偿还贷款的财务费用。运营期内计提折旧与摊销，是回收前期建设投资的一种手段。

需要特别注意的是，对非经营性PPP项目来说，运营维护成本调整模型中所说的成本，并不是项目公司会计核算中所用的运营维护总成本，只应是会计核算运营维护总成本中的付现成本部分，即经营成本。

第十章第三节讨论PPP项目收入时曾谈到，非经营性PPP项目的收入来源为政府付费。政府付费由两部分组成：可用性服务费和运营绩效服务费。其中的"可用性服务费"，是指政府在经营期内的若干年中，分年向项目公司支付的费用，以便社会投资人收回其建设期投资，并获得合理回报。而"运营绩效服务费"，是指政府购买项目公司为维持项目可用性所从事的运营维护服务而支付的费用。按照这样的付费方式，项目公司收取的可用性服务费，是对前期建设投资的回收，其性质与总成本中的折旧和摊销一样。运营绩效服务费则是对项目公司运营期内发生的付现成本（即经营成本）的补偿。

因此，对于非经营性PPP项目来说，运营维护成本调整模型中应考虑的成本要素是项目公司经营期内发生的经营成本的构成要素，但不包括折旧、摊销与财务费用。

三、运营维护成本调整模型

由于工程造价属资本性支出，运营维护成本属经营性支出，它们具有类似的属性（即"支出"属性），因此，运营维护成本调整模型的导出过程与上一节工程总投资调整模型的推导过程几乎完全一样。两种调整的差别在于，对项目工程总投资只需进行一次调整，但对运营维护成本的调整则需在每一约定的调整周期到来时进行。

记 G_0 为特许经营合同签订时（称为"基年"）或前一成本调整年的运营维护成本（称为"基本成本"），根据成本核算，基本成本 G_0 由年均耗用的各成本要素的成本值确定，可记为

$$G_0 = A_0 + B_0 + C_0 + D_0 + \cdots \tag{15.16}$$

式（15.16）中，A_0、B_0、C_0、D_0……为年均耗用的各成本要素的成本值。

通常，政府在招标文件中要求投资人报价的运营维护成本，将是决定政府给项目公司支付运营绩效服务费数额的计算基数。因此，招标文件中所说的运营维护成本，应是不含折旧与摊销的付现成本，即式（15.16）的成本要素中不包含非付现的折旧与摊销，也不包含财务费用，G_0 为付现的运营维护费。

记 α_1、α_2、α_3、α_4……为年均耗用的各成本要素的成本值在基本成本 G_0 中所占比重，即

$$\begin{aligned}\alpha_1 &= \frac{A_0}{G_0} \\ \alpha_2 &= \frac{B_0}{G_0} \\ \alpha_3 &= \frac{C_0}{G_0} \\ \alpha_4 &= \frac{D_0}{G_0} \\ &\vdots \end{aligned} \tag{15.17}$$

由式（15.16）与式（15.17）有

$$\alpha_1 + \alpha_2 + \alpha_3 + \alpha_4 + \cdots = 1 \tag{15.18}$$

记 G 为本次运营维护成本调整后的基本成本。与式（15.16）类似，调整后的基本成本 G 同样由年均耗用的各成本要素的成本值确定，可记为

$$G = A + B + C + D + \cdots \tag{15.19}$$

式（15.19）中的 A、B、C、D 等与式（15.16）中的 A_0、B_0、C_0、D_0 等相对应，为在成本调整年所耗用的各成本要素的成本值。

按照与上一节中关于工程造价调整模型的类似推导，在成本调整年的运营维护基本成本 G 可表示为

$$G = G_0 \left(\alpha_1 \frac{A}{A_0} + \alpha_2 \frac{B}{B_0} + \alpha_3 \frac{C}{C_0} + \alpha_4 \frac{D}{D_0} + \cdots \right) \quad (15.20)$$

当基年（或前一价格调整年）与本次成本调整年年均耗用的各成本要素的数量一致时，式（15.20）中的 $\frac{A}{A_0}$、$\frac{B}{B_0}$、$\frac{C}{C_0}$、$\frac{D}{D_0}$ 等即为各成本要素项目的价格比或价格指数比。式（15.20）右边括号内的各项之和就是成本调价系数 K。

$$K = \alpha_1 \frac{A}{A_0} + \alpha_2 \frac{B}{B_0} + \alpha_3 \frac{C}{C_0} + \alpha_4 \frac{D}{D_0} + \cdots \quad (15.21)$$

于是

$$G = G_0 K \quad (15.22)$$

四、几点说明

（1）不论在何种情况下应用式（15.20），都必须仔细分析成本的构成。例如，在桥梁、隧道等基础设施类项目中，运营维护成本的构成要素可能包括人工费用（工资福利保险等）、电费、直接维护费（大中修等）、间接费用（保险费、管理费等），但不包括非付现的成本（设备折旧费）。

（2）运营维护成本中的成本要素必须考虑齐全，各成本要素值在总成本中所占比例之和应满足式（15.18）。

（3）对各成本要素是否进行调整，需要考虑 PPP 项目合同中的风险分配条款。如果按照风险分配条款，某项成本要素的价格变动风险由社会资本方承担，则式（15.21）中该项成本要素的调价期与基期的成本数额或价格指数之比应取值为 1（注意：并非为 0）。

（4）如果假定各成本要素（A、B、C、$\cdots$）的价格比与 CPI 指数水平接近，那么式（15.21）的调价系数 K 可用 CPI 指数近似表示。

假定成本调价周期为 3 年，以 CPI_1、CPI_2、CPI_3 分别表示调价周期内连续 3 年的 CPI 指数，在上述假定条件下，利用式（15.5）可得

$$\frac{A}{A_0} = \frac{B}{B_0} = \frac{C}{C_0} = \cdots = CPI_1 \times CPI_2 \times CPI_3$$

于是式（15.21）的调价系数可近似表达为

$$K = \text{CPI}_1 \times \text{CPI}_2 \times \text{CPI}_3 \quad (15.23)$$

此时式（15.22）成为

$$G = G_0 \times \text{CPI}_1 \times \text{CPI}_2 \times \text{CPI}_3 \quad (15.24)$$

第四节 价格调整模型

一、问题的提出

由于 PPP 项目通常执行时间很长，在涉及政府付费或向公众收费的 PPP 项目中，最初谈妥的收费价格往往在一段时间之后就会过时，但在 PPP 项目谈判之初，又不可能对未来的情况有准确的预测，因此，也就不可能在谈判时就对未来应执行的价格在数值上进行明确的规定。在这种情况下，政府与社会资本双方就未来的价格调整原则、时间、条件等达成共识就很重要。也就是说，在特许经营合同中，对未来特许经营期内的动态调价机制进行明确的约定，对避免纠纷、保护合作各方的利益，具有十分重要的意义。

此外，PPP 项目实施方案中的定价和调价机制通常与居民消费物价指数、劳动力市场指数、银行贷款利率等因素挂钩，会直接影响政府财政对 PPP 项目的运营补贴支出责任。在可行性缺口补助模式下，运营补贴支出责任受到使用者付费数额的影响，而使用者付费的多少随定价和调价机制的变化而变化。因此，在计算运营补贴支出数额时，也应充分考虑定价和调价机制的影响。

目前，适于采用 PPP 模式进行建设及特许经营的项目多种多样，有的项目在特许经营期内具有实体性的产出物（例如污水处理等），这类项目通过产出物的生产及销售，获得经营性收入，投资者因此获得投资回报。但大量的基础设施建设类项目，由于具有很强的公益性，在特许经营期内没有实体性的产出物，社会投资人只能通过政府付费及政府财政补贴的方式收回投资并获取合理回报。对于这两类不同的项目，特许经营期内的价格调整或政府付费调整具有不同的方式。

对于生产型企业或污水处理等有实体性产出物的项目，价格调整的动因主要在于原材料、劳动力成本等的上涨所导致的生产成本增加；而对于没有实体性产出物的项目，政府财政所支付的金额，则主要受 PPP 项目合同中有关政府付费的约定及银行贷款利率调整的影响。

针对在特许经营期内有实体性产出物的项目，本节以成本加成法为理论基础，讨论特许经营期内动态调价机制的设计方法，并对应予以考虑的主要问题进行探讨。

二、成本加成法简介

成本加成定价法是按产品单位成本加上一定比例的利润制定产品价格的方法，其计算公式为

$$产品出厂价格 = 单位产品生产成本 + 单位产品应负担的期间费用 \\ + 单位税金及附加 + 单位产品销售利润 \quad (15.25)$$

式（15.25）中，期间费用包括管理费用、财务费用和销售费用；税金及附加是指企业经营活动发生的消费税、城市维护建设税、资源税、教育费附加及房产税、土地使用税、车船使用税、印花税等相关税费；销售利润可以是行业的平均利润，也可以是企业的目标利润。

由于

$$单位税金及附加 = 产品出厂价格 \times 税金及附加率 \quad (15.26)$$

$$单位产品应负担的期间费用 = 产品出厂价格 \times 期间费用率 \quad (15.27)$$

式（15.27）中的期间费用率为期间费用与产品销售收入的比率，既可以用行业水平，也可以用本企业基期利润表的数据确定；式（15.26）中的税金及附加率是产品在销售环节应交纳的消费税、城建税及教育费附加等的综合税率。

需要说明的是，在税金及附加中，城建税及教育费附加与实缴的增值税有关，与销售收入并无直接关系。但实缴的增值税与销售收入、增值税税率、增值税进项税金等的综合影响相联系。通过与成本分析的结合，最终可将税金及附加与销售收入之间建立间接的比例关系，其比例系数就是式（15.26）中的"税金及附加率"。

将以上关系代入式（15.25），并移项后得

$$产品出厂价格 = \frac{单位产品生产成本 + 单位产品销售利润}{1 - 期间费用率 - 税金及附加率}$$

记

$$成本利润率 = \frac{单位产品销售利润}{单位产品生产成本}$$

成本利润率是销售利润与生产成本的比率,即成本加成定价法中的加成比例。于是

$$产品出厂价格 = \frac{单位产品生产成本 \times (1+成本利润率)}{1-期间费用率-税金及附加率}$$

记

$$综合加成比率 = \frac{1+成本利润率}{1-期间费用率-税金及附加率} \qquad (15.28)$$

则

$$产品出厂价格 = 单位产品生产成本 \times 综合加成比率$$

记基年(即特许经营合同签订时)的产品价格为 P_0,单位产品生产成本为 G_0,综合加成比率为 R_0,则

$$P_0 = G_0 R_0 \qquad (15.29)$$

综合加成比率 R_0 可以根据式(15.28)计算,也可以根据特许经营合同签订时双方认可的产品价格 P_0 及会计核算的单位产品生产成本 G_0 按式(15.29)反推确定。

由以上计算公式可见,在成本加成法中,单位产品生产成本是确定产品价格的基础。因此,成本调整公式也是价格调整模型的最重要基础。

三、成本调整公式

本节的成本调整公式与上一节的运营维护成本调整模型具有完全相同的推导过程。

记 G_0 为特许经营合同签订时(称为"基年")或前一价格调整年的单位产出物基本成本,根据成本核算,基本成本 G_0 由单位产出物所耗用(包括计提的折旧与摊销费等,下同)的各成本要素的成本值确定,可记为

$$G_0 = A_0 + B_0 + C_0 + D_0 + \cdots \qquad (15.30)$$

式中,A_0、B_0、C_0、D_0 等为单位产出物所耗用的各成本要素的成本值。

记 α_1、α_2、α_3、α_4 等为单位产出物中各成本要素的成本值在基本成本 G_0 中所占比重,并称其为品种系数,即

$$\alpha_1 = \frac{A_0}{G_0}$$

$$\alpha_2 = \frac{B_0}{G_0}$$

$$\alpha_3 = \frac{C_0}{G_0} \quad (15.31)$$

$$\alpha_4 = \frac{D_0}{G_0}$$

$$\vdots$$

由式（15.30）与式（15.31）有

$$\alpha_1 + \alpha_2 + \alpha_3 + \alpha_4 + \cdots = 1 \quad (15.32)$$

记 G 为本次价格调整后的单位产出物基本成本。与式（15.30）类似，调整后的基本成本 G 同样由单位产出物所耗用的各成本要素的成本值确定，可记为

$$G = A + B + C + D + \cdots$$

其中，A、B、C、D 等与式（15.30）中的 A_0、B_0、C_0、D_0 等对应，为在价格调整年单位产出物所耗用的各成本要素的成本值。

按照与上两节中关于调整模型的类似推导，在价格调整年的单位产出物基本成本 G 可表示为

$$G = G_0 \left(\alpha_1 \frac{A}{A_0} + \alpha_2 \frac{B}{B_0} + \alpha_3 \frac{C}{C_0} + \alpha_4 \frac{D}{D_0} + \cdots \right) \quad (15.33)$$

当基年（或前一价格调整年）与本次价格调整年单位产出物所耗用的各成本要素的数量一致时，式（15.33）中的 $\frac{A}{A_0}$、$\frac{B}{B_0}$、$\frac{C}{C_0}$、$\frac{D}{D_0}$ 等即为各成本要素项目的价格比或价格指数比。式（15.33）右边括号内的各项之和就是成本调价系数 K。

$$K = \alpha_1 \frac{A}{A_0} + \alpha_2 \frac{B}{B_0} + \alpha_3 \frac{C}{C_0} + \alpha_4 \frac{D}{D_0} + \cdots \quad (15.34)$$

于是

$$G = G_0 K \quad (15.35)$$

四、价格调整公式

以 P 与 G 分别表示在价格调整年的产品价格与单位产品生产成本，R 表示综

合加成比率，按照上面类似的推导，在价格调整年，产品价格 P 与单位产品生产成本 G 之间同样具有式（15.31）的关系，即

$$P = GR \tag{15.36}$$

1. 综合加成比率不变时的价格调整公式

当特许经营期内各年综合加成比率 R 不变时，

$$R = R_0 \tag{15.37}$$

将式（15.35）代入式（15.36），并根据式（15.29）与式（15.37），则

$$P = G_0 K R_0 = P_0 K \tag{15.38}$$

其中的 K 为成本调价系数，见式（15.34）。

通常，生产成本包括各项直接支出和制造费用。直接支出包括直接材料（原材料、辅助材料、备品备件、燃料及动力等）、直接工资（生产人员的工资、补贴）和其他直接支出（如福利费）；制造费用是指企业内的分厂、车间为组织和管理生产所发生的各项费用，包括分厂、车间管理人员工资、折旧费、维修费、修理费及其他制造费用（办公费、差旅费、劳保费等）。所有这些成本费用项目可按材料费、人工费、其他费用及折旧摊销等进行归类，其中，计入成本的折旧与摊销属非付现的成本项目，是对前期资本化支出项目的成本计提。

若将单位产出物所耗用的材料费、人工费、其他费用及计提的折旧等成本要素的成本值分别以 M、L、E、D 表示，则式（15.38）可具体化为

$$P = P_0 \left(\alpha_1' \frac{M}{M_0} + \alpha_2' \frac{L}{L_0} + \alpha_3' \frac{E}{E_0} + \alpha_4' \frac{D}{D_0} \right) \tag{15.39}$$

式中 α_1'、α_2'、α_3'、α_4' 为单位产出物中各成本要素（M、L、E、D）的成本值在基本成本 G_0 中所占比重，且

$$\alpha_1' + \alpha_2' + \alpha_3' + \alpha_4' = 1$$

2. 综合加成比率变化时的价格调整公式

以 C_0、F_0、S_0 分别表示基期的成本利润率、期间费用率和税金及附加率，则按式（15.28），基期的综合加成比率 R_0 为

$$R_0 = \frac{1 + C_0}{1 - F_0 - S_0} \tag{15.40}$$

相应地，价格调整期的综合加成比率 R 为

$$R = \frac{1+C}{1-F-S} \quad (15.41)$$

在特许经营期内，通常有

$$C = C_0 \quad S = S_0 \quad (15.42)$$

但是，由于期间费用中包含银行贷款等债务融资的财务费用，随着经营期的增加，贷款余额（计息本金数）会逐渐减少，此外，随着宏观经济形势的变化，贷款利率调整也是一个大概率事件。因此，价格调整期的期间费用率 F 常与基期的 F_0 不相等。当 F 与 F_0 相差较大时，价格调整期的综合加成比率 R 也会与基期的 R_0 差异明显。

将式（15.42）代入式（15.41），

$$R = \frac{1+C_0}{1-F-S_0} \quad (15.43)$$

即 R 是 F 的一元函数。

记

$$\Delta F = F - F_0$$
$$R = R_0 + \Delta R \quad (15.44)$$

由式（15.43），利用一元函数的求导公式可得

$$\Delta R = \frac{\mathrm{d}R}{\mathrm{d}F}\Delta F = \frac{1+C_0}{(1-F_0-S_0)^2}\Delta F \quad (15.45)$$

利用式（15.40）、式（15.44）、式（15.45），

$$\frac{R}{R_0} = 1 + \frac{\Delta R}{R_0} = 1 + \frac{\Delta F}{1-F_0-S_0} \quad (15.46)$$

利用式（15.46），价格调整公式（15.36）式可改写为

$$P = GR = GR_0 \frac{R}{R_0} = GR_0\left(1 + \frac{\Delta F}{1-F_0-S_0}\right) \quad (15.47)$$

将成本调价公式（15.35）代入上式，并利用式（15.29），则综合加成比率变化时的价格调整公式为

$$P = P_0 K\left(1 + \frac{\Delta F}{1-F_0-S_0}\right) \quad (15.48)$$

其中，K 为成本调价系数，见式（15.34）；ΔF 为价格调整期与基期的期间费用率变化幅度，当贷款利率变化及贷款余额减少时，其值是可以确定的。

当期间费用率不变时，$\Delta F = 0$，式（15.48）退化为式（15.38）。

当将成本要素按材料费、人工费、其他费用及计提的折旧等分类后，式（15.48）也可具体化为与式（15.39）类似的形式，此处不再赘述。

五、调价系数的确定

式（15.39）右边括号内的表达式，是将成本要素按材料费、人工费、其他费用及折旧等分类后成本调价系数 K 的具体形式，式（15.39）中的 $\dfrac{M}{M_0}$、$\dfrac{L}{L_0}$、$\dfrac{E}{E_0}$、$\dfrac{D}{D_0}$ 可根据价格调整年与基年（或上一价格调整年）的相关价格参数或价格指数确定。例如，$\dfrac{M}{M_0}$ 可由材料的市场价格指数之比确定，$\dfrac{L}{L_0}$ 可由行业基本工资水平之比确定，$\dfrac{E}{E_0}$ 可由 CPI 指数确定，见式（15.5）和式（15.6），而 $\dfrac{D}{D_0}$ 则取值为 1。

六、几点说明

（1）当生产所耗用的材料（包括燃料、动力等）的种类较多，且不同种类材料的市场价格涨幅相差较大时，可将材料费 M 分为 M_1、M_2 等不同类别，分别作为单独的成本要素项目处理。

（2）不同类型的项目，材料费 M 具有不同的构成内容，例如，对于污水处理项目，M 的构成内容中就包含有电力、化学药剂等。

（3）为避免调价计算过于复杂，计入 M 与 L 中的成本项目，一般可选择用量大、价格高且具有代表性的一些典型材料费和人工费，而对用量小、价值量低的材料与人工成本，可一并计入期间费用（进而计入期间费用率 F 内），以简化计算。

（4）成本中非付现的折旧与摊销，其系数 $\dfrac{D}{D_0}$ 须取值为 1。

（5）注意，产品的成本项目须考虑完全，即品种系数 α_1、α_2、α_3、α_4……

须满足式（15.32）。

（6）如果按照 PPP 项目合同的风险分配条款，某项成本要素（例如 L）的价格变动风险由社会资本方承担时，则式（15.39）中该项成本要素的调价期与基期的成本数额之比（例如 $\dfrac{L}{L_0}$）应取值为 1（注意：并非为 0）。

第五节 因通货膨胀导致的政府付费调整模型

如果 PPP 项目的招标文件中要求投资人对收益率（项目投资财务内部收益率，或投资人的财务内部收益率）进行报价，那么在 PPP 项目合同中，各方将约定投资人可获得的基本收益率。由于特许经营期内的通货膨胀会影响项目的现金流，从而影响投资人可获得的实际收益率，因此，为保障投资人的基本收益率，PPP 项目合同中往往需要设置在通货膨胀情况下关于政府财政支付金额的调整模型。

为简明起见，本节以无第三方收入（使用者付费）的基础设施类 PPP 项目为例进行讨论。如果对模型推导过程稍加改动，本节得出的调整模型也可用于有第三方收入（使用者付费）的情况。

按照定义，内部收益率（IRR）是使下式成立的折现率 I，

$$\sum_{i=0}^{N} \frac{\mathrm{NCF}_i}{(1+I)^i} = 0$$

其中：NCF_i 为第 i 年的净现金流量；I 为折现率；N 为项目全周期的年数。

本书第一章的讨论中已提到，IRR 具有不同的类型，例如项目全投资内部收益率、资本金内部收益率等。对于不同的 IRR，净现金流量 NCF 的构成内容也不同。下面以投资人的财务内部收益率为例进行讨论。

记

A——项目收入（政府支付的运营绩效服务费及可用性付费）

B——政府补贴

C——经营成本

D——折旧等非付现成本费用

E——借款本金偿还

F——借款利息支付

G——税金及附加

H——运营维护支出

L——所得税

则特许经营期内各年的净现金流表达式如下。

$$\text{NCF} = A + B - C - E - F - G - H - L \quad (15.49)$$

在"营改增"之后,税金及附加 G 与实缴的增值税有关,与项目收入 A 并无直接关系。但实缴的增值税与项目收入 A、增值税税率、增值税进项税金等的综合影响相关。通过与成本分析的结合,最终可将税金及附加 G 与项目收入 A 之间建立间接的相关关系。以 t 表示税金及附加 G 与项目收入 A 之间的比例关系(此处亦称为"税金及附加率"),即

$$G = t \times A$$

于是

$$\text{NCF} = (1-t)A + B - C - E - F - H - L \quad (15.50)$$

现金流中的 $(A+B)$ 为政府财政支付总额,记其为 P,

$$P = A + B \quad (15.51)$$

若引入 t^*,使其满足以下关系。

$$(1-t)A + B = (1-t^*)(A+B)$$

即

$$(1-t)A + B = (1-t^*)P$$

则可证明税金及附加 G 与项目收入 A 和政府财政支付总额 P 之间存在以下关系。

$$G = t \times A = t^* \times P \quad (15.52)$$

式(15.52)中的 t^* 可称为折算的税金及附加率。

以 T 表示所得税率,则所得税 L 为

$$L = (A + B - C - D - F - G - H) \times T$$

将式(15.51)与式(15.52)代入上式可得

$$L = [(1-t^*)P - C - D - F - H] \times T$$

于是，特许经营期内各年的净现金流式（15.49）成为

$$NCF = (1-T)[(1-t^*)P - C - F - H] - E + D \times T \quad (15.53)$$

以 Δ 表示因通货膨胀而引起的 NCF 表达式中各项的变化量，假定银行贷款利率不变，且借款本金偿还 E 及折旧计提 D 不受通货膨胀影响，于是

$$\Delta NCF = (1-T)(1-t^*)\Delta P - (\Delta C + \Delta H)(1-T) \quad (15.54)$$

如果要使在通货膨胀发生时投资人的基本收益率不变，则要求 $\Delta NCF = 0$，于是由式（15.54）得

$$\Delta P = \frac{\Delta C + \Delta H}{1-t^*} \quad (15.55)$$

即政府财政支付总额 P 应按式（15.55）进行调整。式（15.55）右边分子上的 ΔC、ΔH 为发生通货膨胀时经营成本与运营维护成本费用的变化值，它们可以分别按以上各节中讨论的调整模型计算确定，此处不再赘述。

式（15.55）左边为项目的收入（政府财政支付）调整数，右边的分子为项目的成本费用变化数。该式所表达的意思是，为使投资人的收益情况不因通货膨胀而受影响，那么，在特许经营期内，因通货膨胀导致的成本增加，需由政府财政支付数额的调整来弥补。

如果以 3 年为一个调整周期，以 C_0、H_0 表示基期（或上一调整周期）的经营成本与运营维护成本，以 CPI 表示通货膨胀程度，并假定经营成本和运营维护成本的涨幅均按 CPI 而变化，利用式（15.5）和式（15.6），那么政府财政支付总额的调整数应按下式确定。

$$\Delta P = \frac{C_0 + H_0}{1-t^*} \times (CPI_1 \times CPI_2 \times CPI_3 - 1) \quad (15.56)$$

如果在 PPP 项目合同中约定通货膨胀的风险由政府方和社会资本方共同承担，那么在式（15.56）右边还应增加一个风险承担因子 k（$0 \leq k \leq 1$），即一般情况下的政府财政支付总额的调整值按下式确定。

$$\Delta P = k \times \frac{C_0 + H_0}{1-t^*} \times (CPI_1 \times CPI_2 \times CPI_3 - 1) \quad (15.57)$$

风险承担因子 k 的值由 PPP 项目合同中商定的合作各方的风险责任分担确定。当 $k = 0$ 时，政府方不承担通货膨胀的风险；当 $k = 1$ 时，通货膨胀的风险则完全由政府方承担。

第六节 因银行贷款利率变化导致的政府付费调整模型

在非经营性与准经营性的 PPP 项目中,影响政府付费金额的另一主要因素是银行贷款利率调整。

对于准经营性和公益性 PPP 项目,政府一般都会通过与社会资本方的合作协议,承诺对社会资本方进行财政补贴,以保证社会投资人收回投资并获得合理的投资回报。在这种模式下,投资人的财务内部收益率受政府付费(包括政府财政补贴,下同)的影响极大。财务内部收益率需要通过现金流量表来计算。

通常,在特许经营合同签订之前,政府方与社会资本方已经根据财务测算模型,对政府在特许经营期内各年的政府付费方案(包括付费金额、付费进度等)达成了一致意见。但是,当银行贷款利率调整时,如果政府的付费数额不相应地进行调整,那么就会对社会资本方可能实现的收益率产生影响。

与上一节关于通货膨胀调整模型的推导相同,记

A——项目收入(政府支付的运营绩效服务费及可用性服务费)

B——政府补贴

C——经营成本

D——折旧等非付现成本费用

E——借款本金偿还

F——借款利息支付

G——税金及附加

H——运营维护支出

L——所得税

则特许经营期内各年的净现金流表达式如下。

$$\mathrm{NCF} = A + B - C - E - F - G - H - L$$

按照与上一节中同样的推导方法与过程,以 P 表示政府财政支付总额,即

$$P = A + B$$

以 t 表示税金及附加率,以 t^* 表示折算的税金及附加率,则

$$G = t \times A = t^* \times P$$

以 T 表示所得税率，丁是，特许经营期内各年的净现金流为

$$NCF = (1-T)[(1-t^*)P - C - F - H] - E + D \times T \quad (15.58)$$

假定各税率不变，即 T 与 t^* 不变。当贷款利率调整时，式（15.58）中，支付的借款利息 F 会随之变化，但经营成本 C、折旧与摊销 D、借款本金偿还额 E 及运营维护支出 H 不会因贷款利率调整而变化。在式（15.58）中，净现金流 NCF 与政府付费 P 是否变化及如何变化则取决于 PPP 项目合同的相关约定。

假定 PPP 项目合同约定，贷款利率变化的风险完全由政府方承担，即社会投资人的投资回报不因贷款利率调整而受到影响，那么，式（15.58）左边的净现金流 NCF 应不随贷款利率的调整而变。在这种限制条件下，式（15.58）中能随贷款利率变化而变化的项仅为政府付费 P 与借款利息支付 F 两项。

记 ΔF 为贷款利率变化时贷款付息额的变化值，ΔP 为政府付费额的变化值，由式（15.58），为使净现金流 NCF 不变，政府付费额的变化值 ΔP 与贷款付息额的变化值 ΔF 之间应满足以下关系。

$$\Delta P = \Delta F \frac{1}{1-t^*} \quad (15.59)$$

式（15.59）的实质是，通过对政府付费数额的调整，来补足社会资本方因贷款利率变化而导致的利息支付金额变化。

式（15.59）中的贷款付息额变化值 ΔF，与贷款利率变化前后的利率差、贷款余额及应予以考虑的贷款结算周期有关，应根据项目实际情况确定。

如果在 PPP 项目合同中约定贷款利率变化的风险由政府方和社会资本方共同承担，那么在式（15.59）右边还应增加一个风险承担因子 k（$0 \leq k \leq 1$），即一般情况下的政府付费调整额按式（15.60）确定。

$$\Delta P = k \frac{\Delta F}{1-t^*} \quad (15.60)$$

即

$$\text{政府付费额变化值} = \text{风险承担因子} \times \frac{\text{贷款付息额变化值}}{1-\text{折算的税金及附加率}}$$

记 $\Delta F/F$ 为贷款利率的变化率，$\Delta P/P$ 为政府付费的调整率，由式（15.59）可得

$$\frac{\Delta P}{P} = \frac{1}{1-t^*} \cdot \frac{F}{P} \cdot \frac{\Delta F}{F} \quad (15.61)$$

其中，F/P 为财务测算模型各期现金流中贷款利息支付额与政府付费数之比。

如果在 PPP 项目合同中约定贷款利率变化的风险由政府方和社会资本方共同承担，那么在式（15.61）右边同样还应增加一个风险承担因子 k（$0 \leqslant k \leqslant 1$），即一般情况下的政府付费调整率按式（15.62）确定。

$$\frac{\Delta P}{P} = \frac{k}{1-t^*} \cdot \frac{F}{P} \cdot \frac{\Delta F}{F} \quad (15.62)$$

当特许经营期内发生银行贷款利率调整时，按式（15.62）就可确定为达到特许经营合同中商定的社会资本方的投资回报，应该对政府付费进行调整的调整率。

式（15.60）和式（15.62）中，风险承担因子 k 的值由 PPP 项目合同中商定的合作各方的风险责任分担确定。当 $k=0$ 时，政府方不承担贷款利率变化的风险；当 $k=1$ 时，贷款利率变化的风险则完全由政府方承担。

下篇

案例与专题篇

第十六章
"鸟巢"PPP项目的投标财务分析

第一节 概 述

一、项目概况与案例说明

国家体育场(鸟巢)是我国第一个采用PPP模式进行建设的大型体育场项目。从2002年8月至2003年7月,北京市政府对鸟巢项目进行了以BOT模式建设、运营的项目法人招标。中国中信集团公司联合北京城建集团、美国金州控股集团组成中信投标联合体参加了项目投标。经过两轮投标及多次谈判,中信联合体最终中标,分别与北京市人民政府、北京奥组委和北京市国有资产经营管理有限责任公司签署了《特许权协议》《国家体育场协议》和《合作经营合同》,与北京市国有资产经营管理有限公司共同组建了项目公司——国家体育场有限责任公司。按照特许权协议,中信联合体通过国家体育场有限责任公司拥有"鸟巢"30年的特许经营权,在30年的特许经营期内,"鸟巢"如果有盈利,政府不参与分红;如果出现亏损,政府也不补贴;30年特许经营期满后,中信联合体要保证把一个设施完好、能够举办国际A级赛事的体育场移交给政府。

本案例是基于中信投标联合体投标文件中可行性研究的财务分析部分而编写的。

需要作以下说明。

(1)本案例是中信投标联合体作为"鸟巢"PPP项目的意向投资方,对"鸟巢"项目的财务评价,其目的是从财务的角度分析该项目的盈利状况。根据此分析所建立的财务模型，也是为投标之后与政府方的进一步谈判活动奠定基础。PPP项目合作协议最终达成之前，合作各方往往会经历较长时间的"讨价还价"式谈判，谈判各方对合作协议中"责、权、利"的诉求，都应以计算方法选择和计算参数设定等方式在财务评价模型中体现。因此，聪明的谈判者都很重视投资项目的财务评价模型，通过对财务评价模型中相关参数的调整试算，可以明确未来自己的谈判底线。

（2）"鸟巢"项目是经营性的PPP项目，根据项目本身的特点，其财务分析仍是按常规投资项目财务分析的方法进行。对于在非经营性及准经营性PPP项目财务评价中可能碰到的特殊问题，在本案例中不可能得到充分体现，相关的内容请见本书第十章。

（3）"鸟巢"项目的招投标活动发生于2003年。本书按照国家发展改革委和原建设部于2006年发布的《建设项目经济评价方法与参数》（第三版）的相关规定，对部分财务测算表的格式略作了调整。此外，本案例财务模型中涉及的税种、税率及税收优惠均遵从当时的相关规定，可能与当前的一些规定不一致。

（4）本案例财务测算模型中采用的相关参数，是截至投标文件送出日，投标方对招标文件的理解和响应，以及对整个项目运作的预期和期望，与中标后项目的实际执行情况并不完全一致。例如，通过投标之后的竞争性谈判，在中信联合体最终与政府签订的相关协议中，政府方面的出资比例为58%，与本案例中的计算参数并不一致，请予以注意。

二、财务分析模型编制依据

（1）政府在招标文件中提出的要求或做出的承诺。

（2）国家相关法律与法规。

（3）原国家计委发布的可行性研究指南。

（4）《企业会计制度》（财会字〔2000〕25号）。

"鸟巢"投标文件中，财务分析报告的编制依据主要是项目招标公告中提出的各种要求与投标方的相应承诺，在所建立的财务分析模型中，招标要求及投标方的响应以各种参数选取或计算公式选择的方式反映。关于部分招标要求，详见下文对财务分析模型的相关说明。

三、项目计算期

本项目建设期 3 年（2004—2006 年），从 2007 年起有 2 年试运营期（2007 年和 2008 年）。在试运营期的第 2 年（2008 年）第 3 季度，"鸟巢"将交由国际奥委会举办奥运会。从 2009 年起，中信联合体将拥有"鸟巢"30 年的特许经营权。因此，本项目的计算期取为 35 年，即从项目开始建设起至特许经营期结束止。

第二节 财务分析模型说明

一、投资估算与资金使用计划

1. 工程建设投资

本项目的工程建设投资及分年投资计划根据初步设计概算和工程建设进度计划确定。工程建设投资总额为 335 220.6 万元，其中机器设备 84 707.0 万元，建筑物 250 513.6 万元。部分投资发生在奥运会结束后的 2008 年第 4 季度。分年投资计划如表 16-1 所示。

2. 建设期利息

本项目将 2009 年之前发生的所有借款利息均计入建设期利息。

建设期内各期发生的借款利息均在当期支付，支付借款利息所需资金也通过借款方式解决。各期的建设期利息借款按式（16.1）至式（16.4）确定。

$$本期建设期利息贷款 = 当期应付利息 \quad (16.1)$$

$$当期应付利息 = \begin{pmatrix} 期初贷款余额 + 本期工程建设贷款 \\ + 本期建设期利息贷款 \end{pmatrix} \times 贷款利率 \quad (16.2)$$

于是，

$$本期建设期利息贷款 = \begin{pmatrix} 期初贷款余额 + 本期工程建设贷款 \\ + 本期建设期利息贷款 \end{pmatrix} \times 贷款利率 \quad (16.3)$$

即

$$本期建设期利息贷款 = \frac{(期初贷款余额 + 本期工程建设贷款) \times 贷款利率}{1 - 贷款利率} \quad (16.4)$$

根据项目的资金筹措计划及借款的还本付息安排，建设期利息合计为 9 894.5 万元。项目的资金筹措计划及还本付息安排分别如表 16-1 和表 16-2 所示。

表 16-1 投资计划与资金筹措表

(单位：万元)

序号	项目	2004年				2005年				2006年			
		1季度	2季度	3季度	4季度	1季度	2季度	3季度	4季度	1季度	2季度	3季度	4季度
1	总投资	15,623.9	12,223.9	12,223.9	12,223.9	30,459.8	30,459.8	30,569.8	30,698.4	18,620.7	18,701.3	59,651.4	59,848.3
1.1	工程建设投资—机器设备	—	—	—	—	—	—	—	—	—	—	40,698.5	40,698.5
1.2	工程建设投资—建筑物	12,157.2	12,157.2	12,157.2	12,157.2	30,393.1	30,393.1	30,393.1	30,393.1	18,235.9	18,235.9	18,235.9	18,235.9
1.3	建设期利息	—	—	—	—	—	—	110.0	238.6	318.2	398.8	650.4	847.3
1.4	建设期须保持的现金余额	3,400.0	—	—	—	—	—	—	—	—	—	—	—
1.5	开办费	66.7	66.7	66.7	66.7	66.7	66.7	66.7	66.7	66.7	66.7	66.7	66.7
2	资金筹措	15,623.9	12,223.9	12,223.9	12,223.9	30,459.8	30,459.8	30,569.8	30,698.4	18,620.7	18,701.3	59,651.4	59,848.3
2.1	权益类资金	15,623.9	12,223.9	12,223.9	12,223.9	30,459.8	30,459.8	22,081.2	20,773.6	12,482.3	12,482.3	40,238.7	44,657.3
	注册资金—政府	10,655.5	8,336.7	8,336.7	8,336.7	20,773.6	20,773.6	2,804.4	—	—	—	—	—
	注册资金—投标方	4,968.4	3,887.2	3,887.2	3,887.2	9,686.2	9,686.2	1,307.6	—	—	—	—	—
	政府超注册资金的投入	—	—	—	—	—	—	17,969.1	20,773.6	12,482.3	12,482.3	40,238.7	44,657.3
2.2	项目公司贷款	—	—	—	—	—	—	8,488.6	9,924.8	6,138.4	6,219.0	19,412.7	15,191.0
	工程建设贷款	—	—	—	—	—	—	8,378.6	9,686.2	5,820.2	5,820.2	18,762.3	14,343.8
	建设期利息贷款	—	—	—	—	—	—	110.0	238.6	318.2	398.8	650.4	847.3

(续表)

序号	项目	2007年				2008年				合计
		1季度	2季度	3季度	4季度	1季度	2季度	3季度	4季度	
1	总投资	858.4	869.6	881.1	892.6	904.4	916.2	928.3	11,759.5	349,315.1
1.1	工程建设投资—机器设备	—	—	—	—	—	—	—	3,310.0	84,707.0
1.2	工程建设投资—建筑物	—	—	—	—	—	—	—	7,368.8	250,513.6
1.3	建设期利息	858.4	869.6	881.1	892.6	904.4	916.2	928.3	1,080.7	9,894.5
1.4	建设期须保持的现金余额									3,400.0
1.5	开办费									800.0
2	资金筹措	858.4	869.6	881.1	892.6	904.4	916.2	928.3	11,759.5	349,315.1
2.1	权益类资金	—	—	—	—	—	—	—	—	265,930.5
	注册资金—政府	—	—	—	—	—	—	—	—	80,017.2
	注册资金—投标方	—	—	—	—	—	—	—	—	37,310.1
	政府超注册资金的投入									148,603.3
2.2	项目公司贷款	858.4	869.6	881.1	892.6	904.4	916.2	928.3	11,759.5	83,384.6
	工程建设贷款	—	—	—	—	—	—	—	10,678.8	73,490.1
	建设期利息贷款	858.4	869.6	881.1	892.6	904.4	916.2	928.3	1,080.7	9,894.5

表 16-2　借款还本付息表

(单位：万元)

序号	项目	2005年 1季度	2季度	3季度	4季度	2006年 1季度	2季度	3季度	4季度	2007年 1季度	2季度	3季度	4季度
1	期初贷款余额	-	-	-	8 489	18 413	24 552	30 771	50 184	65 375	66 233	67 103	67 984
2	本期贷款	-	-	8 489	9 925	6 138	6 219	19 413	15 191	858	870	881	893
2.1	工程建设贷款	-	-	8 379	9 686	5 820	5 820	18 762	14 344	-	-	-	-
2.2	建设期利息贷款	-	-	110	239	318	399	650	847	858	870	881	893
3	当期应付利息	-	-	110	239	318	399	650	847	858	870	881	893
4	支付建设期/运营期利息	-	-	-	-	-	-	-	-	858	870	881	893
5	偿还贷款	-	-	-	-	-	-	-	-	-	-	-	-
6	期末贷款余额	-	-	8 489	18 413	24 552	30 771	50 184	65 375	66 233	67 103	67 984	68 876

序号	项目	2008年 1季度	2季度	3季度	4季度	2009年	2010年	2011年	2012年	2013年	2014年	2015年	2016年	2017年	2018年	2019年
1	期初贷款余额	68 876	69 781	70 697	71 625	83 385	83 385	75 046	66 708	59 179	52 209	44 425	36 086	27 748	19 409	11 071
2	本期贷款	904	916	928	11 759	-	-	-	-	-	-	-	-	-	-	-
2.1	工程建设贷款	-	-	-	10 679	-	-	-	-	-	-	-	-	-	-	-
2.2	建设期利息贷款	904	916	928	1 081	-	-	-	-	-	-	-	-	-	-	-
3	当期应付利息	904	916	928	1 081	4 323	4 323	3 890	3 458	3 068	2 707	2 303	1 871	1 438	1 006	574
4	支付建设期/运营期利息	904	916	928	1 081	4 323	4 323	3 890	3 458	3 068	2 707	2 303	1 871	1 438	1 006	574
5	偿还贷款	-	-	-	-	-	8 338	8 338	7 529	6 970	7 784	8 338	8 338	8 338	8 338	11 071
6	期末贷款余额	69 781	70 697	71 625	83 385	83 385	75 046	66 708	59 179	52 209	44 425	36 086	27 748	19 409	11 071	-

3. 流动资金

本项目的流动资金包括两部分：①开办费 800 万元；②建设期内须保持的现金余额（备用金）3 400 万元。开办费在 2004—2006 年分季度平均支出，备用金在建设期初一次性备足。

4. 总投资

本项目将 2009 年之前发生的所有投资支出均计入总投资。在考虑上述各项支出后，项目的总投资为 349 315.13 万元，其构成如表 16-3 所示，其中，机器设备与建筑物中均计入了应分摊的建设期（2004—2006 年）贷款利息。

表 16-3　项目总投资构成

类　别	金额（万元）	比　例
机器设备	85 354.76	24.4%
建筑物	252 429.12	72.3%
备用金	3 400.00	1.0%
开办费	800.00	0.2%
试运营期的贷款利息支出	7 331.25	2.1%
合计	349 315.13	100.0%

项目总投资 349 315.13 万元与工程建设投资（静态投资）总额 335 220.6 万元之间的差额为建设期利息、试运营期的贷款利息、备用金和开办费。

二、资金筹措与筹资计划

1. 总的融资安排

财务分析模型中反映的融资方案如下。

（1）政府只按持股比例承担部分工程建设投资（不含建设期利息及流动资金）。

（2）中信联合体承担工程建设投资的其余部分，并承担全部建设期利息及流动资金。

（3）对中信联合体来说，超过注册资本（在本项目中即为实收资本）的建设投资、所承担的建设期利息及流动资金，均以向银行借款的方式取得。

2. 注册资金与股权比例

招标文件规定，项目公司的注册资本不得低于本项目总投资的 1/3。

在投标方案中，注册资金取为工程建设投资的 35%，即 117 327.22 万元。在注册资金中，北京市政府与中信联合体的出资比例为 68.2%：31.8%。

对于超过注册资金的工程建设投资，双方也按在注册资金中的出资比例分担。

3. 其余资金

根据相关融资安排，在全部工程建设投资中，北京市政府与中信联合体按股权比例承担相应的出资义务。政府超过注册资金的出资将计入项目公司的资本公积，中信联合体超过注册资金的出资将通过银行贷款方式获得。项目工程建设部分的资金来源如表 16-4 所示。

表 16-4　与工程建设投资对应的资金来源　　（单位：万元）

出资方	注册资金	超注册资金投入	银行贷款	合计	各方出资比例
北京市政府	80 017.16	148 603.30		228 620.46	68.20%
中信联合体	37 310.05		69 290.10	106 600.16	31.80%
合计	117 327.22	148 603.30	69 290.10	335 220.62	100.00%
各类资金比例	35.00%	65.00%		100.00%	

4. 筹资计划

为了减少建设期利息，降低总投资，在工程建设的前期，优先安排使用项目公司的注册资金。政府与中信联合体根据工程建设的资金使用计划和双方的出资比例，分期、同步地投入资金。注册资金投足之后，政府和中信联合体则按股权比例分期、同步分别投入其余政府拨款和银行贷款。政府的出资在 2006 年年底前全部到位，此后的所有资金需求均由中信联合体通过银行贷款方式解决。分年的出资计划如表 16-1 所示。

在注册资金中，北京市政府与中信联合体的出资比例为 68.2%：31.8%（如表 16-4 所示）。但在全部总投资中（如表 16-3 所示），工程建设投资之外的其余投资支出均由中信联合体筹措。于是，在全部总投资中，北京市政府的出资比例为 65.4%，中信联合体为 34.6%，详细情况如表 16-5 所示。

表 16-5　各方在全部总投资中的出资比例

出资方	出资额（万元）	比例
北京市政府	228 620.5	65.4%
中信联合体	120 694.7	34.6%
合计	349 315.1	100.0%

三、收入、成本费用、折旧与税金

1. 收入

在投标文件的财务分析中，"鸟巢"在经营期的收入来源主要包括：体育赛事的电视转播、广告、赞助，与演出相关的收入，展览、餐饮、商业超市、贵宾休息室、各类座席和旅游门票等。该项收入预测由国外顾问公司提供，此处直接引用其结果，详见表 16-6 所示中的"总收入"一项。

2. 成本费用

在投标文件的财务分析中，"鸟巢"在经营期内的成本费用预测同样由国外顾问公司提供。成本费用包括与演出相关的费用，水电、工资、办公费、保险和维修费等经营性费用，房产税，开办费摊销，财务费用和折旧费等，此处也直接引用相关结果。除折旧、摊销、财务费用之外的其他费用，详见表 16-6 中的"其他经营费用"一项。

由于本项目的建筑物投资支出占总投资的 70% 以上，资产原值超过 25 亿元，因此，随着经营时间的延续，因提取折旧而沉淀在企业内的现金会是相当大的数额，相应地，存款利息收入也会随经营时间延长而增多，这一点不可忽视。在财务评价中，企业现金存量按年利率 1.62% 计算利息收入，并将其作为财务费用的减项。

3. 折旧

本项目的折旧从试运营期开始计算。折旧计算方法为直线法。机器设备的折旧年限为 10 年。由于特许经营期为 30 年，加上 2 年的试运营期后，建筑物的折旧年限取为 32 年，残值率均取为 5%。

由于机器设备主要为与体育竞赛相关的设备，因此在提足折旧之后，不考虑对设备进行更新。

折旧计算见表 16-7。

表16-6 利润与利润分配表

（单位：万元）

序号	项目	2007年				2008年				2009年	2010年	2011年	2012年	2013年	2014年
		1季度	2季度	3季度	4季度	1季度	2季度	3季度	4季度						
1	总收入	2 277	2 277	2 277	2 277	3 083	3 083	—	3 083	19 922	20 289	19 802	20 282	21 053	21 630
2	营业税金及附加	125	125	125	125	170	170	—	170	1 096	1 116	1 089	1 115	1 158	1 190
3	总成本费用	6 650	6 654	6 659	6 664	6 722	6 725	5 786	6 879	29 522	29 477	29 140	28 819	28 529	28 259
	折旧费	3 767	3 767	3 767	3 767	3 767	3 767	3 767	3 767	15 603	15 603	15 603	15 603	15 603	15 603
	开办费摊销	200	200	200	200	—	—	—	—	—	—	—	—	—	—
	财务费用	845	855	865	875	885	894	902	1 059	4 221	4 142	3 758	3 377	3 013	2 651
	其他经营费用	1 838	1 833	1 827	1 822	2 070	2 064	1 117	2 053	9 699	9 733	9 779	9 839	9 913	10 004
4	利润总额	-4 499	-4 503	-4 508	-4 512	-3 809	-3 812	-5 786	-3 966	-10 696	-10 304	-10 427	-9 652	-8 633	-7 818
5	所得税	—	—	—	—	—	—	—	—	—	—	—	—	—	—
6	净利润	-4 499	-4 503	-4 508	-4 512	-3 809	-3 812	-5 786	-3 966	-10 696	-10 304	-10 427	-9 652	-8 633	-7 818
7	期初未分配利润	—	-4 499	-9 002	-13 509	-18 022	-21 831	-25 643	-31 428	-35 395	-46 091	-56 395	-66 822	-76 474	-85 107
8	可供分配的利润	-4 499	-9 002	-13 509	-18 022	-21 831	-25 643	-31 428	-35 395	-46 091	-56 395	-66 822	-76 474	-85 107	-92 926
9	提取三项基金	—	—	—	—	—	—	—	—	—	—	—	—	—	—
10	可供股东分配的利润	-4 499	-9 002	-13 509	-18 022	-21 831	-25 643	-31 428	-35 395	-46 091	-56 395	-66 822	-76 474	-85 107	-92 926
11	股东分红	—	—	—	—	—	—	—	—	—	—	—	—	—	—
12	期末未分配利润	-4 499	-9 002	-13 509	-18 022	-21 831	-25 643	-31 428	-35 395	-46 091	-56 395	-66 822	-76 474	-85 107	-92 926

(续表)

序号	项目	2015年	2016年	2017年	2018年	2019年	2020年	2021年	2022年	2023年	2024年	2025年
1	总收入	24 275	25 291	25 977	26 683	29 101	29 958	30 772	31 608	32 469	33 355	34 343
2	营业税金及附加	1 335	1 391	1 429	1 468	1 601	1 648	1 692	1 738	1 786	1 835	1 889
3	总成本费用	29 572	29 296	21 150	20 854	20 232	19 795	19 739	19 678	19 610	19 536	19 454
	折旧费	15 603	15 603	7 809	7 809	7 494	7 494	7 494	7 494	7 494	7 494	7 494
	开办费摊销	—	—	—	—	—	—	—	—	—	—	—
	财务费用	2 248	1 805	1 276	798	301	-333	-592	-865	-1 152	-1 452	-1 768
	其他经营费用	11 722	11 888	12 065	12 247	12 437	12 634	12 838	13 049	13 268	13 494	13 728
4	利润总额	-6 632	-5 396	3 399	4 361	7 268	8 516	9 340	10 192	11 073	11 985	13 000
5	所得税	—	—	—	—	—	—	—	—	—	—	—
6	净利润	-6 632	-5 396	3 399	4 361	7 268	8 516	9 340	10 192	11 073	11 985	13 000
7	期初未分配利润	-92 926	-99 558	-104 954	-101 555	-97 194	-89 926	-81 410	-72 070	-61 878	-50 804	-38 820
8	可供分配的利润	-99 558	-104 954	-101 555	-97 194	-89 926	-81 410	-72 070	-61 878	-50 804	-38 820	-25 819
9	提取三项基金	—	—	—	—	—	—	—	—	—	—	—
10	可供股东分配的利润	-99 558	-104 954	-101 555	-97 194	-89 926	-81 410	-72 070	-61 878	-50 804	-38 820	-25 819
11	股东分红	—	—	—	—	—	—	—	—	—	—	—
12	期末未分配利润	-99 558	-104 954	-101 555	-97 194	-89 926	-81 410	-72 070	-61 878	-50 804	-38 820	-25 819

(续表)

序号	项目	2026年	2027年	2028年	2029年	2030年	2031年	2032年	2033年	2034年	2035年	2036年	2037年	2038年
1	总收入	35 283	36 250	37 245	38 354	39 410	40 497	41 616	42 957	44 148	45 375	46 637	47 938	49 277
2	营业税金及附加	1 941	1 994	2 048	2 109	2 168	2 227	2 289	2 363	2 428	2 496	2 565	2 637	2 710
3	总成本费用	19 365	19 268	19 210	19 340	19 514	19 749	19 994	20 247	20 509	20 780	21 061	21 351	21 651
	折旧费	7 494	7 494	7 494	7 494	7 494	7 494	7 494	7 494	7 494	7 494	7 494	7 494	7 494
	开办费摊销	—	—	—	—	—	—	—	—	—	—	—	—	—
	财务费用	-2 100	-2 448	-2 765	-2 903	-3 043	-3 184	-3 325	-3 468	-3 611	-3 756	-3 901	-4 048	-4 195
	其他经营费用	13 971	14 222	14 481	14 749	15 063	15 439	15 825	16 221	16 626	17 042	17 468	17 905	18 352
4	利润总额	13 978	14 988	15 986	16 905	17 729	18 521	19 334	20 348	21 211	22 099	23 012	23 950	24 916
5	所得税	—	1 038	5 275	5 579	5 851	6 112	6 380	6 715	7 000	7 292	7 594	7 903	8 222
6	净利润	13 978	13 950	10 710	11 326	11 878	12 409	12 953	13 633	14 211	14 806	15 417	16 046	16 693
7	期初未分配利润	-25 819	-11 842	-0	—	—	—	—	—	—	—	—	—	—
8	可供分配的利润	-11 842	2 108	10 710	11 326	11 878	12 409	12 953	13 633	14 211	14 806	15 417	16 046	16 693
9	提取三项基金	—	211	1 071	1 133	1 188	1 241	1 295	1 363	1 421	1 481	1 542	1 605	1 669
10	可供股东分配的利润	-11 842	1 897	9 639	10 194	10 691	11 168	11 658	12 270	12 790	13 325	13 876	14 442	15 024
11	股东分红	—	1 897	9 639	10 194	10 691	11 168	11 658	12 270	12 790	13 325	13 876	14 442	15 024
12	期末未分配利润	-11 842	-0	—	—	—	—	—	—	—	—	—	—	—

第十六章 "鸟巢"PPP项目的投标财务分析

表16-7 折旧计算表

(单位：万元)

序号	项目		2007年				2008年				2009年	2010年	2011年	2012年	2013年	2014年
			1季度	2季度	3季度	4季度	1季度	2季度	3季度	4季度						
1	建筑物															
		原值	245 065	245 065	245 065	245 065	245 065	245 065	245 065	245 065	252 429	252 429	252 429	252 429	252 429	252 429
		当期折旧费	1 819	1 819	1 819	1 819	1 819	1 819	1 819	1 819	7 494	7 494	7 494	7 494	7 494	7 494
		净值	243 246	241 427	239 609	237 790	235 971	234 152	232 333	230 514	230 384	222 890	215 396	207 902	200 408	192 914
2	机器设备															
		原值	82 040	82 040	82 040	82 040	82 040	82 040	82 040	82 040	85 355	85 355	85 355	85 355	85 355	85 355
		当期折旧费	1 948	1 948	1 948	1 948	1 948	1 948	1 948	1 948	8 109	8 109	8 109	8 109	8 109	8 109
		净值	80 091	78 143	76 195	74 246	72 298	70 349	68 401	66 452	61 658	53 550	45 441	37 332	29 224	21 115
3	合计															
		原值	327 105	327 105	327 105	327 105	327 105	327 105	327 105	327 105	337 784	337 784	337 784	337 784	337 784	337 784
		当期折旧费	3 767	3 767	3 767	3 767	3 767	3 767	3 767	3 767	15 603	15 603	15 603	15 603	15 603	15 603
		净值	323 338	319 570	315 803	312 036	308 269	304 501	300 734	296 967	292 043	276 440	260 837	245 235	229 632	214 029

(续表)

序号	项目		2015年	2016年	2017年	2018年	2019年	2020年	2021年	2022年	2023年	2024年	2025年	2026年
1	建筑物	原值	252 429	252 429	252 429	252 429	252 429	252 429	252 429	252 429	252 429	252 429	252 429	252 429
		当期折旧费	7 494	7 494	7 494	7 494	7 494	7 494	7 494	7 494	7 494	7 494	7 494	7 494
		净值	185 420	177 926	170 432	162 938	155 444	147 951	140 457	132 963	125 469	117 975	110 481	102 987
2	机器设备	原值	85 355	85 355	3 315	3 315								
		当期折旧费	8 109	8 109	315	315								
		净值	13 006	796	481	166								
3	合计		337 784	337 784	255 744	255 744	252 429	252 429	252 429	252 429	252 429	252 429	252 429	252 429
			15 603	15 603	7 809	7 809	7 494	7 494	7 494	7 494	7 494	7 494	7 494	7 494
			198 427	178 722	170 913	163 104	155 444	147 951	140 457	132 963	125 469	117 975	110 481	102 987

序号	项目		2027年	2028年	2029年	2030年	2031年	2032年	2033年	2034年	2035年	2036年	2037年	2038年
1	建筑物	原值	252 429	252 429	252 429	252 429	252 429	252 429	252 429	252 429	252 429	252 429	252 429	252 429
		当期折旧费	7 494	7 494	7 494	7 494	7 494	7 494	7 494	7 494	7 494	7 494	7 494	7 494
		净值	95 493	87 999	80 505	73 011	65 517	58 023	50 529	43 035	35 541	28 047	20 553	13 059
2	机器设备	原值												
		当期折旧费												
		净值												
3	合计		252 429	252 429	252 429	252 429	252 429	252 429	252 429	252 429	252 429	252 429	252 429	252 429
			7 494	7 494	7 494	7 494	7 494	7 494	7 494	7 494	7 494	7 494	7 494	7 494
			95 493	87 999	80 505	73 011	65 517	58 023	50 529	43 035	35 541	28 047	20 553	13 059

4. 税金

本项目的营业税及附加税率取为5.5%，所得税税率取为33%。

四、借款还本付息

本项目的银行贷款及还本付息条件如下。

（1）贷款期限：18年（含6年宽限期）。

（2）利率：5.184%（以中国人民银行公布的人民币长期贷款利率为基准下浮10%计）。

（3）根据工程建设的进度，从2004年1月开始首次提款，至2006年12月完成一期工程的全部用款，2008年9—12月提取二期工程的用款。

（4）宽限期：6年。

（5）建设期贷款利息分期计算，并在各期末偿还，还款资金也通过借款方式解决。

（6）各期的借款（无论是工程建设借款还是建设期利息借款）均发生在期初。

项目的借款还本付息测算见表16-2。测算表明，由于政府和中信联合体合计投入的自有资金累计高达26.6亿元，因此试运营期末的最高贷款余额不超过8.4亿元。

各期还款额按以下方式确定。

（1）在宽限期内，不还款。

（2）在还款期内的还款额按式（16.5）确定。

本期还款额 = min（年均还款额、前期期末贷款余额、本期可动用现金）（16.5）

即，各期还款额为式（16.5）括弧内3项中数量最小者；式（16.5）中，"本期可动用现金"为企业库存现金扣除备用金后的余额。

（3）如果已到还款期最后一年，则将贷款余额全部还清。

表 16-8　计划现金流量表

（单位：万元）

序号	项目	2004年				2005年				2006年				2007年			
		1季度	2季度	3季度	4季度	1季度	2季度	3季度	4季度	1季度	2季度	3季度	4季度	1季度	2季度	3季度	4季度
1	经营活动净现金流量													327	334	341	348
1.1	现金流入													2 290	2 292	2 293	2 294
	营业收入													2 277	2 277	2 277	2 277
	其他流入													14	15	16	18
1.2	现金流出													1 963	1 958	1 952	1 947
	经营成本													1 838	1 833	1 827	1 822
	营业税金及附加													125	125	125	125
	所得税													—	—	—	—
2	投资活动净现金流量	-12 224	-12 224	-12 224	-12 224	-30 460	-30 460	-30 570	-30 698	-18 621	-18 701	-59 651	-59 848	—	—	—	—
2.1	现金流入													—	—	—	—
2.2	现金流出	12 224	12 224	12 224	12 224	30 460	30 460	30 570	30 698	18 621	18 701	59 651	59 848	—	—	—	—
	固定资产投资-机器设备																
	固定资产投资-建筑物																
	在建工程投资	12 157	12 157	12 157	12 157	30 393	30 393	30 503	30 632	18 554	18 635	59 585	59 782				
	无形资产投资-开办费	67	67	67	67	67	67	67	67	67	67	67	67				
3	筹资活动净现金流量	15 624	12 224	12 224	12 224	30 460	30 460	30 570	30 698	18 621	18 701	59 651	59 848	858	870	881	893
3.1	现金流入	15 624	12 224	12 224	12 224	30 460	30 460	30 570	30 698	18 621	18 701	59 651	59 848	—	—	—	—
	项目资本金投入									12 482	12 482	40 239	44 657	858	870	881	893
	工程建设贷款	—	—	—	—	22 081	20 774	8 379	9 686	5 820	5 820	18 762	14 344				
	建设期利息贷款							110	239	318	399	650	847				
3.2	现金流出	—	—	—	—	—	—	—	—	—	—	—	—	858	870	881	893
	各种利息支出													858	870	881	893
	偿还债务本金																
	股利分配																
4	净现金流量	3 400	—	—	—	—	—	—	—	—	—	—	—	327	334	341	348
5	累计盈余资金	3 400	3 400	3 400	3 400	3 400	3 400	3 400	3 400	3 400	3 400	3 400	3 400	3 727	4 061	4 402	4 749

(续表)

序号	项目	2008年 1季度	2季度	3季度	4季度	2009年	2010年	2011年	2012年	2013年	2014年	2015年	2016年	2017年	2018年	2019年	2020年	2021年
1	经营活动净现金流量	863	872	−1 090	882	9 229	9 621	9 066	9 408	10 037	10 491	11 274	16 179	12 646	13 342	15 336	16 010	16 834
1.1	现金流入	3 102	3 105	26	3 105	20 024	20 470	19 934	20 362	21 108	21 685	24 331	29 458	26 139	27 057	29 374	30 291	31 364
	营业收入	3 083	3 083	—	3 083	19 922	20 289	19 802	20 282	21 053	21 630	24 275	25 291	25 977	26 683	29 101	29 958	30 772
	其他流入	19	23	26	22	102	181	132	81	55	55	55	4 167	162	374	273	333	592
1.2	现金流出	2 239	2 234	1 117	2 223	10 794	10 849	10 868	10 954	11 071	11 194	13 057	13 279	13 493	13 715	14 038	14 281	14 530
	经营成本	2 070	2 064	1 117	2 053	9 699	9 733	9 779	9 839	9 913	10 004	11 722	11 888	12 065	12 247	12 437	12 634	12 838
	营业税金及附加	170	170	—	170	1 096	1 116	1 089	1 115	1 158	1 190	1 335	1 391	1 429	1 468	1 601	1 648	1 692
	所得税	—	—	—	—	—	—	—	—	—	—	—	—	—	—	—	—	—
2	投资活动净现金流量	—	—	—	−10 679	—	—	—	—	—	—	—	—	—	—	—	—	—
2.1	现金流入	—	—	—	—	—	—	—	—	—	—	—	—	—	—	—	—	—
2.2	现金流出	—	—	—	10 679	—	—	—	—	—	—	—	—	—	—	—	—	—
	固定资产投资-机器设备	—	—	—	3 310	—	—	—	—	—	—	—	—	—	—	—	—	—
	固定资产投资-建筑物	—	—	—	7 369	—	—	—	—	—	—	—	—	—	—	—	—	—
	在建工程投资	—	—	—	—	—	—	—	—	—	—	—	—	—	—	—	—	—
	无形资产投资-开办费	—	—	—	—	—	—	—	—	—	—	—	—	—	—	—	—	—
3	筹资活动净现金流量	—	—	10 679	—	−4 323	−12 661	−12 229	−10 987	−10 037	−10 491	−10 641	−10 209	−9 777	−9 345	−11 645	—	—
3.1	现金流入	904	916	928	11 759	—	—	—	—	—	—	—	—	—	—	—	—	—
	项目资本金投入	—	—	—	1 081	—	—	—	—	—	—	—	—	—	—	—	—	—
	工程建设贷款	—	—	—	10 679	—	—	—	—	—	—	—	—	—	—	—	—	—
	建设期利息贷款	904	916	928	1 081	4 323	—	—	—	—	—	—	—	—	—	—	—	—
3.2	现金流出	904	916	928	1 081	4 323	12 661	12 229	10 987	10 037	10 491	10 641	10 209	9 777	9 345	11 645	—	—
	各种利息支出	—	—	—	—	4 323	4 323	3 890	3 458	3 068	2 707	2 303	1 871	1 438	1 006	574	—	—
	偿还债务本金	—	—	—	—	—	8 338	8 338	7 529	6 970	7 784	8 338	8 338	8 338	8 338	11 071	—	—
	股利分配	—	—	—	—	—	—	—	−1 579	—	—	—	—	—	—	—	—	—
4	净现金流量	863	872	−1 090	882	4 907	−3 040	−3 163	3 400	—	3 400	632	5 970	2 869	3 998	3 691	16 010	16 834
5	累计盈余资金	5 612	6 483	5 393	6 275	11 181	8 142	4 979	3 400	—	3 400	4 032	10 002	12 871	16 869	20 560	36 570	53 404

(续表)

序号	项目	2022年	2023年	2024年	2025年	2026年	2027年	2028年	2029年	2030年	2031年	2032年	2033年	2034年	2035年	2036年	2037年	2038年
1	经营活动净现金流量	17 686	18 567	19 479	20 494	21 472	21 444	18 204	18 820	19 372	19 903	20 447	21 127	21 705	22 300	22 911	23 540	24 187
1.1	现金流入	32 473	33 621	34 807	36 111	37 383	38 698	40 009	41 257	42 453	43 681	44 942	46 425	47 759	49 130	50 538	51 985	53 472
	营业收入	31 608	32 469	33 355	34 343	35 283	36 250	37 245	38 354	39 410	40 497	41 616	42 957	44 148	45 375	46 637	47 938	49 277
	其他流入	865	1 152	1 452	1 768	2 100	2 448	2 765	2 903	3 043	3 184	3 325	3 468	3 611	3 755	3 901	4 047	4 195
1.2	现金流出	14 787	15 053	15 328	15 617	15 911	17 254	21 805	22 437	23 081	23 778	24 494	25 298	26 054	26 830	27 627	28 445	29 285
	经营成本	13 049	13 268	13 494	13 728	13 971	14 222	14 481	14 749	15 063	15 439	15 825	16 221	16 626	17 042	17 468	17 905	18 352
	营业税金及附加	1 738	1 786	1 835	1 889	1 941	1 994	2 048	2 109	2 168	2 227	2 289	2 363	2 428	2 496	2 565	2 637	2 710
	所得税	—	—	—	—	—	1 038	5 275	5 579	5 851	6 112	6 380	6 715	7 000	7 292	7 594	7 903	8 222
2	投资活动净现金流量	—	—	—	—	—	—	—	—	—	—	—	—	—	—	—	—	—
2.1	现金流入	—	—	—	—	—	—	—	—	—	—	—	—	—	—	—	—	—
2.2	现金流出	—	—	—	—	—	—	—	—	—	—	—	—	—	—	—	—	—
	固定资产投资-机器设备	—	—	—	—	—	—	—	—	—	—	—	—	—	—	—	—	—
	固定资产投资-建筑物	—	—	—	—	—	—	—	—	—	—	—	—	—	—	—	—	—
	在建工程投资	—	—	—	—	—	—	—	—	—	—	—	—	—	—	—	—	—
	无形资产投资-开办费	—	—	—	—	—	—	—	—	—	—	—	—	—	—	—	—	—
3	筹资活动净现金流量	—	—	—	—	—	−1 897	−9 639	−10 194	−10 691	−11 168	−11 658	−12 270	−12 790	−13 325	−13 876	−14 442	−15 024
3.1	现金流入	—	—	—	—	—	—	—	—	—	—	—	—	—	—	—	—	—
	项目资本金投入	—	—	—	—	—	—	—	—	—	—	—	—	—	—	—	—	—
	工程建设贷款	—	—	—	—	—	—	—	—	—	—	—	—	—	—	—	—	—
	建设期利息贷款	—	—	—	—	—	—	—	—	—	—	—	—	—	—	—	—	—
3.2	现金流出	—	—	—	—	—	1 897	9 639	10 194	10 691	11 168	11 658	12 270	12 790	13 325	13 876	14 442	15 024
	各种利息支出	—	—	—	—	—	1 897	9 639	10 194	10 691	11 168	11 658	12 270	12 790	13 325	13 876	14 442	15 024
	偿还债务本金	—	—	—	—	21 472	19 547	8 565	8 627	8 682	8 735	8 789	8 857	8 915	8 975	9 036	9 099	9 163
	股利分配	17 686	18 567	19 479	20 494	21 472	19 547	8 565	8 627	8 682	8 735	8 789	8 857	8 915	8 975	9 036	9 099	9 163
4	净现金流量	17 686	18 567	19 479	20 494	21 472	19 547	8 565	8 627	8 682	8 735	8 789	8 857	8 915	8 975	9 036	9 099	9 163
5	累计盈余资金	71 090	89 658	109 136	129 631	151 102	170 649	179 214	187 840	196 522	205 257	214 046	222 904	231 819	240 793	249 829	258 928	268 091

第三节 财务分析结果

一、投标财务分析结果

1. 利润与利润分配

项目公司的利润与利润分配情况如表 16-6 所示。测算中有如下假定。

（1）开办费按《企业会计制度》的规定，在开始经营的第一年计入损益。

（2）财务费用中已扣除存款利息收入。

（3）按招标文件规定，联合体可按中外合作企业享受在税前收回投资的优惠。

（4）项目公司按中外合作企业的有关规定提取"三项基金"，当"三项基金"累计提取数达注册资本的 50%时不再提取。

（5）当期有可供分配的利润时，在偿还完借款本息之后，由联合体各股东全额进行分配。在特许经营期内，政府持有的股份不参与利润分配。

2. 现金流

项目的计划现金流量表如表 16-8 所示。其中，经营现金流入中的"其他流入"一项包括现金存款利息和回收机器设备残值。投资活动现金流出中的"在建工程"一项包含建设期贷款利息。

"联合体股东现金流量表"如表 16-9 所示。其中，"经营期结束时现金收益"一项，为特许经营期结束时，联合体股东取走的企业现金扣除初始出资额后（投资增值）的税后剩余。

根据联合体股东现金流量表计算得出的股东收益率为 7.24%。

3. 资产负债表

综合以上测算结果，计算期内的"资产负债表"如表 16-10 所示。

由于本项目中股东自有资金投入的比例较高，因此在整个经营期内项目公司的资产负债率都较低。

在还本付息期结束之后，因计提折旧而沉积在企业内的现金数额越来越大。

表 16-9　联合体股东现金流量表

（单位：万元）

序号	项目	2004年	2005年	2006~2026	2027年	2028年	2029年	2030年	2031年	2032年	2033年	2034年	2035年	2036年	2037年	2038年
1	现金流入	-	-		1,897	9,639	10,194	10,691	11,168	11,658	12,270	12,790	13,325	13,876	14,442	206,957
	股东分红				1,897	9,639	10,194	10,691	11,168	11,658	12,270	12,790	13,325	13,876	14,442	15,024
	经营期结束时现金收益															191,933
2	现金流出	16,630	20,680		-	-	-	-	-	-	-	-	-	-	-	-
	股东出资	16,630	20,680		-	-	-	-	-	-	-	-	-	-	-	-
3	净现金流量	-16,630	-20,680		1,897	9,639	10,194	10,691	11,168	11,658	12,270	12,790	13,325	13,876	14,442	206,957
4	累计净现金流量	-16,630	-37,310	-37,310	-35,413	-25,774	-15,580	-4,889	6,278	17,936	30,206	42,996	56,321	70,197	84,639	291,596

第十六章 "鸟巢"PPP项目的投标财务分析

表16-10 资产负债表

(单位：万元)

序号	项目	2004年	2005年	2006年	2007年	2008年	2009年	2010年	2011年	2012年	2013年	2014年	2015年
一	资产												
1	流动资产												
	现金	3,400	3,400	3,400	4,749	6,275	11,181	8,142	4,979	3,400	3,400	3,400	4,032
	其他流动资产	—	—	—	—	—	—	—	—	—	—	—	—
	流动资产合计	3,400	3,400	3,400	4,749	6,275	11,181	8,142	4,979	3,400	3,400	3,400	4,032
2	长期资产												
2.1	固定资产—机器设备	—	—	—	82,040	85,355	85,355	85,355	85,355	85,355	85,355	85,355	85,355
	累计折旧	—	—	—	7,794	15,588	23,696	31,805	39,914	48,022	56,131	64,240	72,348
2.2	固定资产—建筑物	—	—	—	245,065	252,429	252,429	252,429	252,429	252,429	252,429	252,429	252,429
	累计折旧	—	—	—	7,275	14,551	22,045	29,539	37,033	44,527	52,021	59,515	67,009
2.3	在建工程	48,629	170,550	327,105	—	—	—	—	—	—	—	—	—
2.4	无形资产—开办费	267	533	800	—	—	—	—	—	—	—	—	—
	长期资产合计	48,896	171,083	327,905	312,036	307,646	292,043	276,440	260,837	245,235	229,632	214,029	198,427
3	总资产	52,296	174,483	331,305	316,785	313,920	303,224	284,582	265,816	248,635	233,032	217,429	202,459
二	负债与所有者权益												
1	负债												
	长期贷款	—	18,413	65,375	68,876	83,385	83,385	75,046	66,708	59,179	52,209	44,425	36,086
	总负债	—	18,413	65,375	68,876	83,385	83,385	75,046	66,708	59,179	52,209	44,425	36,086
2	所有者权益												
2.1	实收资本—政府投入	35,666	80,017	80,017	80,017	80,017	80,017	80,017	80,017	80,017	80,017	80,017	80,017
	实收资本—联合体投入	16,630	37,310	37,310	37,310	37,310	37,310	37,310	37,310	37,310	37,310	37,310	37,310
2.2	资本公积—政府拨款	—	—	148,603	148,603	148,603	148,603	148,603	148,603	148,603	148,603	148,603	148,603
2.3	三金	—	—	—	—	—	—	—	—	—	—	—	—
2.4	未分配利润	—	—	—	−18,022	−35,395	−46,091	−56,395	−66,822	−76,474	−85,107	−92,926	−99,558
	所有者权益合计	52,296	156,070	265,931	247,909	230,536	219,840	209,536	199,109	189,456	180,823	173,005	166,373
3	负债与所有者权益合计	52,296	174,483	331,305	316,785	313,920	303,224	284,582	265,816	248,635	233,032	217,429	202,459

（续表）

序号	项目	2016年	2017年	2018年	2019年	2020年	2021年	2022年	2023年	2024年	2025年
一	资产										
1	流动资产										
	现金	10,002	12,871	16,869	20,560	36,570	53,404	71,090	89,658	109,136	129,631
	其他流动资产	—	—	—	—	—	—	—	—	—	—
	流动资产合计	10,002	12,871	16,869	20,560	36,570	53,404	71,090	89,658	109,136	129,631
2	长期资产										
2.1	固定资产—机器设备	3,315	3,315	—	—	—	—	—	—	—	—
	累计折旧	2,519	2,834	—	—	—	—	—	—	—	—
2.2	固定资产—建筑物	252,429	252,429	252,429	252,429	252,429	252,429	252,429	252,429	252,429	252,429
	累计折旧	74,503	81,997	89,491	96,985	104,479	111,973	119,467	126,961	134,455	141,949
2.3	在建工程	—	—	—	—	—	—	—	—	—	—
2.4	无形资产—开办费	—	—	—	—	—	—	—	—	—	—
	长期资产合计	178,722	170,913	162,938	155,444	147,951	140,457	132,963	125,469	117,975	110,481
3	总资产	188,724	183,784	179,807	176,005	184,521	193,861	204,053	215,126	227,111	240,111
二	负债与所有者权益										
1	负债										
	长期贷款	27,748	19,409	11,071	—	—	—	—	—	—	—
2	总负债	27,748	19,409	11,071	—	—	—	—	—	—	—
2	所有者权益										
2.1	实收资本—政府投入	80,017	80,017	80,017	80,017	80,017	80,017	80,017	80,017	80,017	80,017
	实收资本—联合体投入	37,310	37,310	37,310	37,310	37,310	37,310	37,310	37,310	37,310	37,310
2.2	资本公积—政府拨款	148,603	148,603	148,603	148,603	148,603	148,603	148,603	148,603	148,603	148,603
2.3	三金	—	—	—	—	—	—	—	—	—	—
2.4	未分配利润	-104,954	-101,555	-97,194	-89,926	-81,410	-72,070	-61,878	-50,804	-38,820	-25,819
	所有者权益合计	160,976	164,375	168,736	176,005	184,521	193,861	204,053	215,126	227,111	240,111
3	负债与所有者权益合计	188,724	183,784	179,807	176,005	184,521	193,861	204,053	215,126	227,111	240,111

(续表)

序号	项目	2026年	2027年	2028年	2029年	2030年	2031年	2032年	2033年	2034年	2035年	2036年	2037年	2038年
一	资产													
1	流动资产													
	现金	151,102	170,649	179,214	187,840	196,522	205,257	214,046	222,904	231,819	240,793	249,829	258,928	268,091
	其他流动资产	—	—	—	—	—	—	—	—	—	—	—	—	—
	流动资产合计	151,102	170,649	179,214	187,840	196,522	205,257	214,046	222,904	231,819	240,793	249,829	258,928	268,091
2	长期资产													
2.1	固定资产—机器设备	—	—	—	—	—	—	—	—	—	—	—	—	—
2.2	固定资产—建筑物	252,429	252,429	252,429	252,429	252,429	252,429	252,429	252,429	252,429	252,429	252,429	252,429	252,429
	累计折旧	149,443	156,937	164,431	171,925	179,419	186,913	194,406	201,900	209,394	216,888	224,382	231,876	239,370
2.3	在建工程	—	—	—	—	—	—	—	—	—	—	—	—	—
2.4	无形资产—开办费	—	—	—	—	—	—	—	—	—	—	—	—	—
	长期资产合计	102,987	95,493	87,999	80,505	73,011	65,517	58,023	50,529	43,035	35,541	28,047	20,553	13,059
3	总资产	254,089	266,141	267,212	268,345	269,533	270,774	272,069	273,432	274,853	276,334	277,876	279,480	281,150
二	负债与所有者权益													
1	负债													
	长期贷款	—	—	—	—	—	—	—	—	—	—	—	—	—
	总负债	—	—	—	—	—	—	—	—	—	—	—	—	—
2	所有者权益													
2.1	实收资本—政府投入	80,017	80,017	80,017	80,017	80,017	80,017	80,017	80,017	80,017	80,017	80,017	80,017	80,017
	实收资本—联合体投入	37,310	37,310	37,310	37,310	37,310	37,310	37,310	37,310	37,310	37,310	37,310	37,310	37,310
2.2	资本公积—政府拨款	148,603	148,603	148,603	148,603	148,603	148,603	148,603	148,603	148,603	148,603	148,603	148,603	148,603
2.3	三金	—	211	1,282	2,414	3,602	4,843	6,139	7,502	8,923	10,403	11,945	13,550	15,219
2.4	未分配利润	−11,842	−0	—	—	—	—	—	—	—	—	—	—	—
	所有者权益合计	254,089	266,141	267,212	268,345	269,533	270,774	272,069	273,432	274,853	276,334	277,876	279,480	281,150
3	负债与所有者权益合计	254,089	266,141	267,212	268,345	269,533	270,774	272,069	273,432	274,853	276,334	277,876	279,480	281,150

二、中标调整后的投标方股东收益率

在投标文件中，中信联合体提出的项目公司股权结构为：北京市政府与中信联合体的出资比例为 68.2%：31.8%。通过投标之后的竞争性谈判，在中信联合体最终与政府签订的相关协议中，政府方在项目公司中的出资比例为 58%，大大低于中信联合体在投标文件中希望的政府方出资比例。这就意味着，中信联合体将在项目中有更多的资本金投入，以及更多的银行贷款。因此，中信联合体在"鸟巢"PPP 项目中的股东收益率也将大大降低。

测算表明，当政府在项目公司中的出资比例由 68.2%降至 58%时，投标联合体的股东收益率由 7.24%降至 5.83%，降幅达 19%。

第四节 "鸟巢"案例对 PPP 项目财务评价的启示

一、对财务分析结果的讨论

按照以上投标财务分析结果，"鸟巢"投标联合体的股东收益率为 7.24%。作为社会资本与政府合作的 PPP 项目，社会资本方是否可以在与政府的谈判中提出某些合理的主张与要求，尽可能地提高自己的投资收益水平呢？

"鸟巢"项目最大的特点是总投资额很大，因此，在特许经营期内，通过计提折旧而沉积在企业内的现金数额也很大。按照以上财务分析结果，在 2016 年时企业的累积盈余资金已超过 1 亿元，到 2024 年时将接近 11 亿元。在经营期结束时累积盈余资金将超过 26 亿元。在以上财务分析中，这些巨额资金只是按银行活期存款年利率 1.62%计算利息收入，在特许经营期结束时才按税后现金收益计入投标方的现金流入。如果在 PPP 项目的谈判中，投标方能在保证企业正常经营的条件下，获得可动用闲置的富余资金进行其他操作的权利，那么就可以大大提高自己的投资收益水平。

测算表明，如果能在 PPP 项目合同中约定，在保证企业正常经营的条件下，社会资本方可以合理地动用企业闲置的富余资金，那么社会资本方的股东收益率就会有较大的提高。

（1）对于投标文件中设定的出资比例，投标联合体的股东收益率将从 7.24%提高至 10.27%，增幅达 42%。

（2）对于中标后商定的出资比例，投标联合体的股东收益率将从 5.83%提高至 7.41%，增幅达 27%。

在不同的计算条件下，投标方股东收益率的测算汇总比较结果如表 16-11 所示。其中，"投标"是指按投标文件中设定的项目公司股权结构测算的结果；"中标调整"是根据中标后确定的项目公司股权结构测算的结果。表中序号为 2 的一行，是严格响应招标文件的要求所得到的投标方股东收益率 IRR 的测算结果；序号为 3 的一行是假定社会资本方股东可动用项目公司闲置资金时 IRR 的测算结果。

表 16-11 投标方股东收益率的测算汇总比较

序号	项目	投标	中标调整	增减比例
1	中信联合体股权比例	31.8%	42.0%	32.1%
2	按招标要求测算的投标方股东内部收益率 IRR	7.24%	5.83%	−19.4%
3	动用闲置资金后调整的投标方股东内部收益率 IRR	10.27%	7.41%	−27.9%
4	动用闲置资金导致的 IRR 增加率	41.9%	27.0%	

二、"鸟巢"案例对 PPP 项目财务评价的启示

当前，国内进行投资项目财务评价的权威性指导文件为国家发展改革委和原建设部于 2006 年发布的《建设项目经济评价方法与参数》（第三版）。本书上篇中讨论的项目财务评价基本理论（基础数据和评价方法），就是对该文件中相关规定的具体解读。

投资人（股东）的投资收益率是项目财务评价中需要计算的重要指标，投资收益率需要通过现金流量表来计算。在该文件中，涉及股东投资收益率计算的有两类现金流量表，它们的比较如表 16-12 所示。

表 16-12 涉及股东投资收益率计算的两类现金流量表比较

序号	现金流量表名称	研究对象	计算特点
1	项目资本金现金流量表	以企业股东整体为研究对象，反映因项目投资所引起的以现金计量的企业股东整体权益的增减变化	①以收入为计算起点 ②企业各期的经营净现金流均被认为是股东整体权益的增加
2	投资各方现金流量表	以企业各股东为研究对象，反映因项目投资所引起的各股东的投资收益情况	①以实分利润为计算起点 ②只有分到手的净利润才被认为是各股东个体权益的增加

本书第七章关于现金流量表的讨论及教学案例表明，按这两类现金流量表计算得出的资本金财务内部收益率（由资本金现金流量表得出）一般不等于投资各方财务内部收益率（由投资各方现金流量表得出），且投资各方财务内部收益率一般会低于资本金财务内部收益率。这种差异产生的原因已在相关章节进行了讨论。在常规的投资项目中，各投资方股东按照公司法的规定享有同等的责权利，因此，这种差异的存在是必然的且合理的。但在 PPP 项目中，如果仍严格按照《建设项目经济评价方法与参数》（第三版）中的规定来计算，则并不能真实反映社会投资人的投资收益率。

与常规的投资项目相比，PPP 项目具有以下特点。

（1）在特许经营期内，政府方股东一般不参与 PPP 项目公司的经营，社会资本方股东可通过 PPP 项目合同的相关规定，拥有对项目公司经营成果的实际支配权（包括对除实分利润之外的净现金流）。

（2）PPP 项目多数为投资额较大的基础设施建设类项目，随着经营时间增加，通过折旧等方式沉积在项目公司中的净现金流将会大大增加。

（3）PPP 项目绝大多数为自身收益性很差的项目，如果没有政府各种形式的补贴，一般难以达到社会资本方所期望的投资收益率。因此，对社会资本方投资收益率的正确计算，是 PPP 项目财务评价的重要内容。如果采用的计算模型与计算方法不能正确反映社会投资人实际可获得的投资收益率，则要么会高估政府方的财政支付责任，要么会导致社会资本方放弃对 PPP 项目的投资。

在"鸟巢"项目的投标财务分析中，在计算社会资本方的资本金收益率时，严格遵循了《建设项目经济评价方法与参数》（第三版）中关于"投资各方现金流量表"的编制方法与规定。但是，"鸟巢"项目的案例表明，如果社会资本方可动用企业内的闲置资金，则其投资收益率会极大提高（如表 16-11 所示）。

根据对"鸟巢"案例的讨论，我们认为，在 PPP 项目中，在计算社会资本方的投资收益率时，不宜简单搬用《建设项目经济评价方法与参数》（第三版）中规定的"投资各方现金流量表"的编制方法与计算规定。根据 PPP 项目的特点，在计算社会资本方股东的投资收益率时，需要考虑对除利润分配之外的闲置资金的可支配性。换句话说，用于计算 PPP 项目中社会资本方股东投资收益率的现金流量表，建议仿照该文件中的项目资本金现金流量表，以收入为计算起点。

需要注意的是,虽然动用项目公司闲置资金可以较大幅度地提高社会投资人的资本金财务内部收益率,但这种处理方式所涉及的税务问题也不容忽视。按照《中华人民共和国企业所得税法》,社会投资人股东从PPP项目公司获得的利润分配属权益性投资收益,为免税收入,不必再缴纳所得税。但社会投资人所动用的除利润分配之外的项目公司闲置资金,在项目公司和社会投资人各自的财务会计核算中,应按往来款项处理。在特许经营期结束时,社会投资人应将长期挂账的往来款项转为收入,并补缴所得税。相关内容的讨论已超出本书范围,此处不赘述。

第十七章
江苏利港电厂（一期）合资项目

中国国际信托投资公司（下称"中信公司"）成立于1979年。在国家改革开放过程中，中信公司充分发挥了经济改革试点和对外开放窗口的重要作用，在诸多领域进行了卓有成效的探索与创新。在引进国外资金的同时，也引入了很多先进的投资理念和管理经验。国内近几年炙手可热的PPP项目投资模式，在20世纪八九十年代就曾出现。深圳市广深公司沙角B电厂被认为是中国第一个使用BOT项目融资概念兴建的基础设施项目。但同期的更多类似项目则是按照《中外合资经营企业法》以合资（合作）的形式出现，究其实质，它们均属当今的PPP项目投资模式。这方面，中信公司有大量成功的项目投资案例。其中，江苏利港电厂（一期）项目[1]最具代表和示范性。这些项目成功实施的经验，对当前的PPP项目实践，以及"一带一路"项目投资，都有重要的参考与借鉴价值。

本书作者之一曾亲历利港电厂（一期）项目前期工作的全过程。为使读者能对项目有更多的了解，本书将新力能源开发公司提供的项目相关资料梳理成文，以飨读者。

第一节 项目背景与概况

一、项目背景

20世纪80年代，中国实行改革开放，国民经济从濒临崩溃的边沿被拉回到

---

[1] 此案例由新力能源开发有限公司提供，作者对此表示感谢。

迅速发展的快车道。原本经济基础较好的鱼米之乡——江苏省，由于外资的涌入以及乡镇企业的遍地开花，工农业发展突飞猛进，1985年全省工业产值位居全国首位。但是，由于电力建设历史欠账太多，电力供应十分短缺，严重地制约了当地经济的发展。那时，江苏省年缺电60亿度，缺发电装机容量140万千瓦。

在经济最发达的苏南地区（苏州、无锡和常州），工农业总产值占江苏全省的41.3%，但供电量仅为全省的31%。1985年，苏南地区缺发电装机容量达45万千瓦，缺电状况尤为严重。由于该地区一度电可创造人民币7元左右的产值，为了不错失发展良机，一些企业纷纷安装柴油机组发电，甚至启用早已淘汰的1.2万千瓦、6 000千瓦的小发电机组。更有企业用高价油或高价煤，委托电厂加工电量。这些因素致使电厂长期满负荷运行，设备不能正常检修，机组加速老化，危及供电和用电的安全。为保电力系统安全运行，政府不得不实行"拉闸限电"。正常开工的企业不得不"停二开五"，百姓用电更难以保证。

为缓解该地区电力供应的紧张状况，当时国家已经采取措施，计划扩建老电厂（戚墅堰），并新建电厂（徐六泾）。即便如此，当时预计到1990年，江苏省仍然缺发电装机容量100多万千瓦，其中苏南地区缺60多万千瓦。鉴于当时中央政府和地方政府均财力有限，对此是爱莫能助。

面对严重缺电的局面，作为中国改革开放的窗口，中信公司看准了江苏这个巨大的电力需求缺口，决定联合原国家水利电力部和江苏省人民政府，利用境外投资，在江苏省投资兴办电厂，以解决江苏省用电的燃眉之急。

二、项目概况

1. 利港电厂（一期）建设规模

1988年10月25日，原对外经济贸易部向中信公司发函（(88)外经贸资一字第269号），批准江苏利港电力合营公司的合资经营合同（下称《合资经营合同》）、章程及相关合作协议。批准合营公司建设并经营2×35万千瓦的燃煤发电厂一座，变电工程960兆伏安，22万伏输电线路283公里。

2. 投资估算与注册资本

根据可行性研究报告估算并经《合资经营合同》确认，项目总投资为151 645万元，其中人民币部分为66 245万元，外币部分为23 081万美元。在合营公司估算的投资总额中，注册资本占25%，即人民币37 911万元，其中以人民币出资部分为16 561万元，以美元出资部分为5 770.3万美元。在上述投资总额与注册资本的估算中，汇率按1美元折合人民币3.7元计算，如表17-1所示。

表17-1　利港电厂（一期）投资估算与注册资本

序号	项目	人民币（万元）	外币		合计（万元）
			美元（万美元）	折合人民币（万元）	
1	总投资	66 245.00	23 081.00	85 399.70	151 644.70
2	注册资本（25%）	16 561.25	5 770.25	21 349.93	37 911.18

显然，这是一个资金密集型的大项目。融资的成败直接关系到项目能否进行。

三、项目发起与选址

1. 项目发起

本项目的发起方是中信公司、原水电部和江苏省人民政府。

1986年10月31日，中信公司、原水利电力部和江苏省人民政府联名向原对外经济贸易部报送了《中外合资建设江苏利港电厂项目建议书》。此后，中信公司组建了北京新力能源开发有限公司具体负责项目的推进与实施，原水利电力部和江苏省人民政府则分别指派无锡市地方电力公司和江苏省投资公司作为项目内地投资方。境外投资人为香港新宏电力投资公司。

1988年10月，原对外经济贸易部批准了由新力能源开发公司、江苏省投资公司、无锡市地方电力公司、香港新宏电力投资公司四方签署的江苏利港电力合营公司的合资经营合同。

利港电厂合营公司，是由内地与港方联合出资组建，按照《中外合资经营企业法》运作的项目公司。这个项目由于受到当年的时代限制，在社会资本的选取上没有采用公开竞争方式，但是项目的发起和后期的运营，都充分体现了当前国家大力推行的PPP投资模式的基本原则和精神。

2. 项目选址

由于该项目是国家首个批准以中外合作方式办电的项目，不在国家计划项目之列，其销售的电价，不仅要随电厂投资实行"高来高去（因电厂投资大而导致电价高)",还要随燃料、材料、运行管理等费用和汇率的变化而浮动。这个项目的电价应该会高于当时的国家计划电价。

因此,在项目选址中,除了要满足常规建厂的条件(硬环境)外,还必须注重对商业因素(软环境)的考量,即市场承受"高来高去"电价的能力,以及电力需求旺盛的持久性。

于是,中信公司和水电部相关人士辗转华东,几番比较,决定把江阴利港镇作为合资办电的厂址。

该厂址独特的优势如下。

(1)位于长江南岸江阴市境内(属无锡市管辖),地处江苏省经济最发达、缺电最严重的苏南地区,电力需求持续旺盛,且具有承受高电价的能力。

(2)距离常州市区20公里,距无锡市40公里,接入电网系统方便,入网距离短,电厂发出的电力可就地消化,线损小,可节省输变电线路投资。

(3)濒临长江,万吨海轮可直达厂区卸煤,节省江面转驳燃煤的运输投资。

(4)厂区的贮渣灰场,既可利用江滩回淤区筑坎围堰,也可利用附近山谷筑坝建场。两个贮灰场的容量,均可保40年堆放使用。前者输送距离仅3公里,后者的输送距离为13公里。

(5)厂区地势平坦,周围无其他工矿企业,拆迁容易,征地费用低廉(2万元/亩),项目上马快。

综上所述,厂址的这一选择,不仅满足常规的选址要求,更符合一个能源项目投资者的商业眼光,即产品(电力)有需求、投资省、上马快、项目能盈利、预期能收回投资。而且,这个厂址还具备较大扩容能力(该厂址共征地1900亩),为后来发展成多机组的大型燃煤电厂奠定了基础,对于境外投资人较有吸引力。

第二节　项目主要实施要点

一、项目交易结构

(一)项目投融资关系

按照《合资经营合同》,江苏利港电力合营有限公司的股东为:新力能源开发公司(甲方)、江苏省投资公司(乙方)、无锡市地方电力公司(丙方)、香港新宏电力投资有限公司（丁方）。

在合营公司的注册资本中，甲方出资 2 685.6 万美元，占注册资本 26.21%；乙方出资 895.2 万美元，占注册资本 8.74%；丙方出资 895.2 万美元，占注册资本 8.74%；丁方出资 5 770.25 万美元，占注册资本 56.31%[①]。详细情况如表 17-2 所示。

表 17-2　合营公司各方股东出资

出资方	人民币（万元）	美元（万美元）	比例
甲方	9 936.72		26.21%
乙方	3 312.24		8.74%
丙方	3 312.24		8.74%
丁方		5 770.25	56.31%
合计	16 561.20	5 770.25	100.00%

按照《合资经营合同》的规定，投资总额中除注册资本之外的其他部分（项目总投资的 75%），由合营公司通过贷款方式筹措，其中人民币部分由甲、乙、丙三方为合营公司筹措；外汇部分全部由甲方为合营公司筹措；由合营公司同甲、乙、丙方分别签订贷款协议。

利港电厂（一期）工程的发电机组是由意大利进口的设备。中信公司通过自己的融资渠道获得了意大利政府的出口信贷。

按照这种筹资安排，丁方不承担债务资金筹资责任；甲、乙、丙三方各自筹得债务资金后，再转贷给合营公司。

需要注意的是，合营企业的内地股东，不仅要按照出资比例缴纳注册资本金（当时规定，注册资本为实缴资本），还要按照合同规定给项目提供贷款，而不是以项目的名义直接进行项目融资。因此，合营企业的内地股东既是项目投资者，又是项目债权人。项目仅接收并使用合营各方提供的注册资本金和贷款资金，既不对任何贷款银行提供贷款担保，也不对投资人承诺投资回报。

项目的投融资关系如图 17-1 所示。对于该图中关系的更详细说明见后文。

---

① 甲、乙、丙三方出资金额均为人民币，此处按当时人民币对美元汇率折算。

第十七章 江苏利港电厂（一期）合资项目

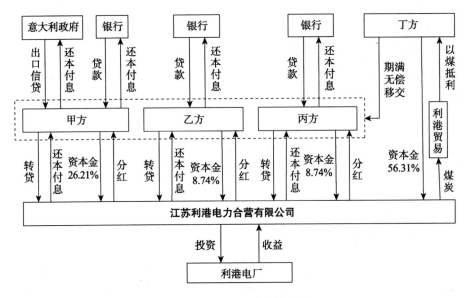

图 17-1 项目投融资关系图

（二）项目运营模式与回报机制

1. 项目运营模式

按照相关交易安排及合作协议，利港电厂（一期）项目具有如下特点。

（1）合营公司按《中外合资经营企业法》共同投资组建，港方投资人在合营公司中占大股。

（2）合营公司负责项目的建设、运营，合营各方按各自出资额在合营公司注册资本中的比例分享利润、分担风险及亏损。

（3）在政府规定的合资合作经营期结束时，港方投资人将其在合营公司中的所有权益无偿转移至内地合作者。

按照现今 PPP 项目的操作模式划分，利港电厂（一期）项目具有 BOT 模式的基本特征。

2. 项目公司经营范围与运营期限

按照《合资经营合同》，合营公司的经营范围如下。

（1）在境内外购置或以其他方式取得建设和经营利港电厂所需的先进技术、设备和材料。

（2）在境内外通过贷款或以其他方式筹措利港电厂所需资金。

（3）负责组织并监督利港电厂的工程设计、建设、人员培训、经营管理。

（4）按《利港电厂电量代销协议》向江苏省供电。

（5）以出口煤炭和关于中外合资经营企业外汇收支平衡问题相关规定所允许的其他方法，偿还所需的借贷资金及支付其他所须支付的费用，以及应以外汇付给丁方的利润。

按照原对外经济贸易部（88）外经贸资一字第269号文件批复，合营公司的合营期限，自原国家工商行政管理局核发合营公司营业执照之日起，至第二台发电机组商业运行之日后的第15个周年末止。

3. 项目回报机制

利港电厂（一期）项目的回报机制为使用者付费。合营公司委托江苏省电力工业局代销电量。江苏省电力工业局按委托代销协议核定的电价，将代销电量每月的电费扣除相关费用后，支付给合营公司。

合营公司每年向股东按持股比例分配利润。对内地股东的利润分配以人民币支付。对港方股东分配的利润应以美元支付，但利港电厂项目本身无外汇收入。为了解决受国家外汇管制所遇到的困难，合营公司设立了贸易公司，利用申请到的煤炭出口配额，以煤炭出口的名义向外方股东销售煤炭。实质上，合营公司是以外销的煤炭与港方股东进行利润分配的结算。

（三）政府支持与配套安排

1. 速批准入

电力乃国民经济命脉，属于政府垄断行业，以往都由国家投资并运营。鉴于当时苏南地区严重缺电，而国家财政又无力去填补电力需求缺口，利用外资成为必然的选项。开放的政策使得资质良好的私人资本与代表政府的国有公司能够合伙组建项目公司，进入电力行业。

作为私人资本的香港新宏电力投资公司，具有香港最大电力企业香港电灯公司（和记黄埔旗下）的背景，资金与资质均有保障。当时主管外资项目审批的原对外经济贸易部，在对利港电厂（一期）项目进行细致调查之后，迅速批准项目成立，并给予特殊支持。批准合营公司在经营期间，按原国家计委批准的数量出口煤炭，偿付外汇支出。

2. 特殊配套安排——"以煤换汇"

利港电厂（一期）为中外合资项目，除享受相关的税收优惠外，中国政府还帮助解决了令当时几乎所有中外合资项目均头疼的难题——外汇平衡问题。

由于该项目是利用港资项目，香港股东的分红需要用外汇支付。此外，由于电厂的两台机组皆为使用外币贷款进口而来。项目建设资金的另一来源——外币贷款（意大利政府出口信贷）也必须使用美元来还本付息。但是，项目的售电收入全部是人民币。因此，合营公司遇到的一个大问题是：如何把部分售电收入的人民币，转换成可供还贷和外商分红所需的美元？

由于20世纪80年代国家外汇十分短缺，国家外汇管理局不可能按照项目需要直接拨付外汇额度；而当时国内的外汇调剂市场容量有限，外资企业不得进入，即使有人民币也无处购买美元。为了让项目绕过这道难关，国家主管部门同意："合营公司合营期间，按国家计委（现为国家发改委）批准的数量出口煤炭，偿付外汇支出。"

根据项目财务测算的结果，为了在经营期前10年内偿还外汇贷款本金和利息，并满足对港方股东的分红，共需出口1500万吨晋西煤炭，即每年出口150万吨。在经营期的后5年，由于仅需满足对港方股东的分红，每年换汇所需出口的煤炭数量降为90万吨。原国家计委根据项目财务测算的结果，批准向合营公司分配煤炭出口配额。

为此，合营公司专门成立了煤炭出口公司，从事国内煤炭的采购和煤炭的出口业务，并与海外用户（包括合营公司的外方股东）订立煤炭购买合同。这是在当时那个特殊的时代，为了解决换汇这一特殊问题，中国政府展现的高超智慧。

1995年，合营公司被告知，可以进入外汇调剂市场，用售电获得的人民币购买所需外汇，于是，这一"以煤换汇"的办法到此结束。

二、合营公司的经营

（一）利港电厂的委托经营

1988年9月19日，江苏利港电厂合营有限公司（甲方）与江苏省电力工业局（乙方）签署了《关于利港电厂和相应的输变电设施委托经营管理协议》（下称《委托经营协议》）。协议规定如下：

1. 甲方的主要义务和权利

（1）负责利港电厂 2×35 万千瓦机组的建设、调试、试生产，经验收合格后，交付乙方进行日常经营管理。

（2）负责采购、配备进口机组的随机备品备件、专用工机具和其他材料。

（3）负责取得利港电厂燃煤供应的国家批准，并将其列入国家供应及运输计划。

（4）负责提供占利港电厂流动资金总额 30%的流动资金，并协助乙方向银行取得其余 70%的流动资金贷款。

（5）负责向乙方提供生产费用和福利奖励基金，交付乙方包干使用。

（6）有权了解监督利港电厂的生产管理情况并提出建议，有权了解并审查利港电厂财务执行情况。

2. 乙方的主要义务和权利

（1）负责从事和管理利港电厂和相应的输变电设施的日常生产、调度、维护工作，充分发挥设备效益，使年发电设备利用小时不低于《代销电量协议》（见下文）中规定的数值。

（2）负责按《代销电量协议》中核定的电价收缴电费，并将电费及时交付甲方。

（3）负责统一安排和组织完成设备的检修和改进工作，使设备经常处于良好的状态。

（4）负责推荐利港电厂厂长人选。利港电厂厂长代表乙方负责利港电厂的经营管理，同时接受甲方的监督。

（5）应甲方的聘请，委派一位负责人担任甲方董事会的董事。

（二）电量的代销与电价的确定

1988 年 9 月 19 日，江苏利港电厂合营有限公司（甲方）与江苏省电力工业局（乙方）签署了《关于代销利港电厂电量的协议》（下称《代销电量协议》）。协议规定如下。

（1）甲方出资建设并经营的利港电厂在投产后，其电量全部由乙方代销，乙方对代销电量的收支单独立账核算。

（2）利港电厂商业运行的前 10 年，年发电利用小时不得低于 6 000 小时，即年发电量不得低于 42 亿度；后 5 年，年发电利用小时不得低于 5 000 小时，即年发电量不得低于 35 亿度。

（3）利港电厂投产后，服从江苏省电网统一调度。没有正当理由，乙方不得压低和切断利港电厂的供电负荷。

（4）代销电的电价按式（17.1）计算。

$$代销电价 = \frac{出厂电价}{(1-部网网损率) \times (1-地区线损率)} + 供电成本 + 电网服务费 \quad (17.1)$$

式（17.1）中，部网网损率指江苏省当年的部网网损率；地区线损率按无锡市与江苏省平均线损率计算；供电成本以江苏省电力工业局部网上年实际数字为准；电网服务费按 0.006 元/度计算。

（5）利港电厂投入商业运行的前 10 年，出厂电价按如下原则确定。

按年发电利用小时为 5 500 小时计算，其售电收入应能支付下列各项费用。

①经营成本。

②混合贷款（出口信贷加软贷款）和商业贷款的还本付息，以及流动资金利息。

③工商统一税和所得税。

④折旧留存。

⑤三项基金。

⑥合营各方分得的利润，使合营各方能在 10 年内收回投资并有一定净利。

根据上述原则，计算出厂电价的判据如下。

$$NPV = \sum_{i=1}^{10} \frac{NCB_i}{(1+i_d)^i} \geq 0 \quad (17.2)$$

式（17.2）中

NCB_i——商业运行的前 10 年中第 i 年售电收入减去上述各项支出的结余

i_d——折现率，取为人民币存款利率

（6）利港电厂投入商业运行的前 10 年，出厂电价的调整因素如下。

①电厂燃煤价格。

②出口煤的人民币费用。

③税种及税率的变化。

④贷款利率浮动。

根据上述调整因素的变化，按式（17.2）的出厂电价计算判据调整出厂电价。

（7）利港电厂投入商业运行的后 5 年，出厂电价的调整因素与前 10 年相同，其调整公式如下。

$$出厂电价 = \left\{ \begin{array}{l} 经营成本+贷款还本付息+税金 \\ +税前不能列支的流动资金和短贷利息及奖励和福利基金 \\ +出口煤人民币费用的变化 \\ +应分配利润比率×决算的工程总投资 \end{array} \right\} \div 出厂电量 \quad (17.3)$$

式（17.3）中的出厂电量按年发电利用小时为 5 000 小时计算；应分配利润比率由最后确定的财务模型确定。

三、收益分配与奖惩

（一）利润的确定与分配

1. 合营期前 10 年

在财务测算中，中方（甲、乙、丙三方）应分利润由两部分计算结果构成。

（1）以其注册资本投入为基数，按 10.08%动态计算（即年金值）。

（2）以其注册资本投入为基数，按 8%静态计算。

外资方（丁方）应分利润也由两部分计算结果构成。

（1）以其注册资本投入为基数，按 8%动态计算（即年金值）。

（2）以其注册资本投入为基数，按 8%静态计算。

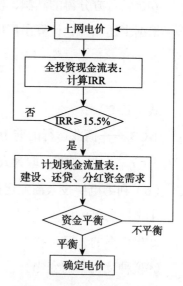

利润的设定标准，关系到电厂的电价水平；而电价的高低，关系到终端用户的承受能力，需要经反复测算并与电量代销方进行谈判。按照最后确定的出厂电价计算项目全投资财务内部收益率，以不超过 16%左右为限（比如 15.5%）。上网电价的制定流程如图 17-2 所示。

2. 合营期后 5 年

可分配利润由实际经营效益决定，有多少分多少。对实际可分配利润，按注册资本比例进行分配。

图 17-2　上网电价制定流程

（二）利润支付方式

应付甲、乙、丙三方的利润以人民币支付。

应付港资方（丁方）的利润如下。

（1）在利港电厂开始商业运行后的前 10 年，应向丁方分配的全部利润，由合营公司以向丁方供煤方式支付（签署购煤协议）。

（2）利港电厂商业运行期的后 5 年，应向丁方分配利润的 30%，由合营公司以向丁方供煤方式支付（签署购煤协议），其余 70%以人民币支付。

（三）奖惩

《代销电量协议》规定了对完成代销任务的奖惩：

（1）利港电厂在投入商业运行后，如果前 10 年年发电利用小时超过 6 000 小时，后 5 年年发电利用小时超过 5 000 小时，超发电量所得的利润按 3∶7 分成，即甲方（合营公司）得 30%，乙方（江苏省电力工业局）得 70%。

（2）代销电量未达到规定值时，按批准的可行性研究报告财务模式计算的出厂电价扣除燃料成本和售电税金后，乘以少发的电量得出的电费，乙方负责在年终结算时向甲方补偿。如果缺口太大，乙方用代管电厂劳务费和电网服务费的总额向甲方补偿；仍有差额，用再次年超发电量的收益补回，直至完全补足这个差额，但最迟不超过甲方的合营期限。

（3）凡属并仅限于自然灾害或外国入侵的不可抗力原因，导致乙方不能按协议规定完成代销利港电厂的等额电量时，因此减少收入的损失不由乙方承担。

四、港资方的退出

《合资经营合同》规定如下。

（1）在利港电厂第一台发电机组开始商业运行后的第 15 个周年末，合营公司及其各方对该机组享有的一切权益全部无偿转移给甲、乙和丙三方，丁方不因此向合营公司或甲、乙和丙方索求任何补偿。

（2）在利港电厂第二台发电机组开始商业运行后的第 15 个周年末，合营公司及其各方对合营公司全部资产和/或权益（包括债权和债务）的所有权和占有权全部无偿转移给甲、乙和丙三方，丁方不因此向合营公司或甲、乙和丙方索求任何补偿。

（3）合营公司及其各方确保上述两台发电机组和合营公司期满或提前解散时其他资产和/或权益的转移，均以合营公司特别是利港电厂发电机组保持正常状态为必要前提。

（4）甲、乙、丙三方同意，在合营公司经营期届满、丁方全部无偿向甲、乙、丙三方转移其在合营公司的一切资产和/或权益后，由甲、乙、丙三方继续经营合营公司，并据此另订合资协议。

五、主要合同条款

利港电厂（一期）的主要合同关系如图 17-3 所示。

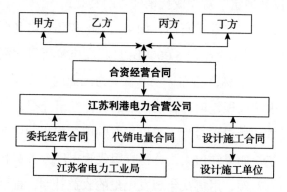

图 17-3　主要合同关系图

《委托经营合同》与《代销电量合同》的主要条款已在前文说明，以下仅对《合资经营合同》中规定的合营各方的义务进行说明。

1988 年 9 月 19 日，新力能源开发公司（甲方）、江苏省投资公司（乙方）、无锡市地方电力公司（丙方）和香港新宏电力投资有限公司（丁方）签订了江苏利港电力合营有限公司的合资经营合同。

合资经营合同规定：合营公司为有限责任公司。合营各方按各自出资额在合营公司注册资本中的比例分享利润、分担风险及亏损；合营各方对合营公司的债务以各自认缴的出资额为限；合营各方对合营公司超过其认缴的出资额部分的债务，无论是分别的还是连带的，均不承担责任。

1. 甲方（新力能源开发公司）承担的主要义务

（1）除向合营公司的出资外，负责筹措 60%人民币债务资金和外币贷款资金。

（2）协助合营公司将利港电厂燃煤列入国家分配计划和运输计划，以及解决利港电厂燃料供应中的重大问题。

（3）协助合营公司组织乙、丙、丁及有关各方，为合营公司在国内外采购电厂设备及有关材料。

（4）协助合营公司出口煤炭。

2. **乙方（江苏省投资公司）承担的主要义务**

（1）除向合营公司的出资外，负责为合营公司筹措20%人民币债务资金。

（2）协助合营公司，向江苏省土地部门办理有关土地使用权的批准手续。

（3）与丙方共同协助合营公司解决利港电厂燃料供应的有关问题。

（4）协助合营公司招聘经营管理人员、技术人员、工人和所需的其他人员。

（5）协助合营公司与江苏省有关单位联系，解决有关购置设备和原辅材料、通信设施、施工用电、用油和生活用煤，以及需要在江苏省解决的其他事项。

（6）协助合营公司办理灰场、码头等电厂建设和生产中需要江苏省有关单位解决的其他有关事宜。

3. **丙方（无锡市地方电力公司）承担的主要义务**

同乙方，略。

4. **丁方（香港新宏电力投资有限公司）承担的主要义务**

（1）按照《煤炭购销协定》履行购买出口煤的义务。

（2）协助合营公司办理在中国境外以合理的竞争性价格选购机械、设备、材料等有关事宜。

（3）协助合营公司培训合营公司的经营管理人员、技术人员、工人和其他人员。

（4）协助合营公司的工作人员、甲乙丙方及其他有关人员办理进入香港的通行证、工作许可证和履行手续等事宜。

六、项目经济效益与后续发展

由于1989年西方国家对中国实施经济制裁，导致意大利政府贷款迟迟未能到位，进而出口设备暂停发货。这严重地影响了电厂工程的进展。经过中信公司的积极努力，圆满地解决了贷款发放和设备供应问题。但基于上述原因，电厂实际投产时间比预计的推迟了2年。1988年12月，一期工程开工；1993年5月，

1号机组投产；1993年12月，2号机组投产。

利港电厂（一期）项目两台35万千瓦机组的投产，恰逢因邓小平同志南方讲话引发的新一轮经济发展高潮的到来，而苏南地区的来势则更加凶猛。利港电厂（一期）发出的电力，不仅部分填补了苏南地区电力需求缺口，还给合营各方提供了满意的投资回报。

鉴于合营各方在利港电厂（一期）建成投产后获得的满意回报，从而激发起追加投资就地扩建电厂的积极性。于是，合营各方修改合作协议与公司章程，决定长期合作下去。经中国主管部门批准后，合营公司开始了后续三期的工程建设，详见表17-3。

表17-3 利港电厂后续三期工程建设

序号	项目	规模	开工日期	投产日期
1	二期工程	2×37万千瓦	1995年8月	1998年3月，1998年8月
2	三期工程	2×65万千瓦	2003年12月	2006年12月
3	四期工程	2×62万千瓦	2004年3月	2007年7月，2008年1月

目前，作为内地第一家引进外资建设的现代化火力发电企业——江苏利港电厂，总装机容量已达398万千瓦，进入"全国电厂100强"，位居第12位，并获得全国电力系统"一流火力发电厂"、国家能源局"电力安全生产标准化一级企业"等殊荣。

截至2016年底，利港电厂累计向华东电网输送电量2 700多亿千瓦时；上缴税费超90亿元，实现净利润161亿元；提供就业岗位1 000个，为地方经济发展和人民生活的提高做出了积极贡献；先后获"无锡市十佳外商投资企业""江苏省工商销售超百亿企业""无锡市税金超十亿元企业"等称号。

经过20多年的努力，这个江苏省容量最大的火力发电厂（八台机组），已经矗立在滚滚长江的江阴岸边，不仅实现了发电业务的规模经营，还沿着发电上下游产业链，发展相关产业；形成与航运、供热、资源综合再利用、码头物流、检修及环保科技等板块业务协同发展的大格局——江苏利电能源集团。

第三节 利港电厂（一期）项目点评

第一，从利港电厂（一期）项目中，可以看到当今热议的 PPP 项目投资模式的影子。

（1）这是提供公共产品（电力）的项目，产品市场化程度高，需求长期稳定。

（2）项目投资规模较大（人民币 15 亿元）。项目能否进行，主要看能否筹集到足够的建设资金。通过利港电厂（一期）项目投融资模式——由国有平台公司与外企合作，优势互补，实现了利用境外投资办电的目的，缓解了地方经济发展的瓶颈。当时，如果坚持只能按计划经济办法由国家财政单方出资办电，就不会有今天的局面。

（3）合作方的选择，事关项目全程的成败。利港电厂（一期）的合作方（包括合营方和受托方），资质优良，各有所长，具有投资办电、经营管理所需的各项专业知识、技能，以及相关的社会资源。电厂项目公司——江苏利港电力合营公司，是按照《中外合资企业法》组建的，其组织构架、合营各方的权责利、皆有法可依。同时针对项目运行特点，当事各方还签署了关于电厂的委托运行管理、电量代销以及煤炭购买协议，对各方的权责利做出明确的界定。依法作出的各种交易安排，体现了参与方的合作关系是平等且长期稳定的伙伴关系，利益分享，风险共担。

（4）项目回报机制——使用者付费。根据主管部门同意的项目全投资收益率，确定电力销售价格。此价格能涵盖发电总成本和投资者期望的投资回报，其调整机制灵活。（电价制定流程图如图 17-2 所示）

（5）合营期较长。初始合同规定合营期限为 15 年，期满时，港方退出，其权益无偿转移给内地三家。但港方投资人后来继续参与了项目二、三、四期的扩建工程。

（6）经营期内设置了激励与奖惩措施。合同中规定了超额收益分成办法，以及对未达经营指标时的惩罚措施。

第二，现在，中国"一带一路"的构想走上了世界的舞台，中国 PPP 的好戏还在后头，不仅在国内，也在海外。

利港电厂（一期）项目兴建于我国改革开放初期。当时国内经济形势很差，政府财力极为有限，因此，引进境外投资建设重要基础设施是当时的一项重要国策。经过几十年的快速发展，我国的经济实力已今非昔比。如今，我国已从资金、技术的引进国，变身为资金、装备、技术的重要输出国。现在，我国政府又提出了"一带一路"的构想，并得到一大批国家的积极响应。随着"一带一路"规划蓝图的逐步落实，会有越来越多的中国企业"走出去"，参与国际竞争。

"一带一路"沿线国家，多数为发展中国家，电力等基础设施落后而且政府财力有限，与我国20世纪80年代的状况类似。中国有实力的大型企业，可以把PPP模式带到"一带一路"。具体说来就是，中国企业作为外来的社会资本，结合当地资质良好的企业，与"一带一路"国家的政府合作，参与当地基础设施项目的融资、建设、运营管理。同时，还可以带动我国成套设备的出口。在进行这种项目合作时，我们过去在引进外资中积累的经验与教训，可以使我们少走弯路，加快项目进展，减少风险。在这方面，利港电厂（一期）项目建设模式，以及项目交易结构设计中的一些思路，可以成为类似项目在具体操作时的借鉴。

第十八章
项目经济评价中的风险分析与蒙特卡洛模拟

第一节 项目经济评价中的风险分析方法

在投资项目经济评价中，采用的基础数据（如总投资额、成本费用、产品销售价格、建设工期等）均来自对未来情况的预测与估算。由于对未来的预测在很多情况下难以与未来实际可能发生的情况一致或相接近，因此，根据预测结果得出的投资决策往往存在很大的风险。为了向项目投资决策提供更可靠和全面的依据，在项目经济评价中除了要计算和分析基本方案的经济指标外，还需要进行不确定性和风险分析，并提出规避风险的对策。

对一个投资项目进行风险分析的程序可以分为三个阶段：风险辨识、风险估计和风险评价。

风险辨识是风险分析的基础。对于投资项目来说，每一个项目本身就是一个复杂的系统，其影响因素众多，而且各风险因素所引起的后果的严重程度也各不相同。风险辨识就是从系统的观点出发，横贯投资项目所涉及的各个方面，纵观项目建设与经营的发展过程，在众多的影响因素中抓住主要因素，全面分析和记录与项目相关的全部重要风险，同时建立风险清单，列出这些风险的详细的定义与描述。风险辨识中常用的方法包括：核查表法、头脑风暴法、情景分析法、敏感性分析法、决策树分析法、德尔菲法等。

风险估计又称为风险测定、测试、衡量和估算等，是在有效辨识项目风险的基础上，根据项目的特点，通过定性与定量分析的方法，测度风险发生的可能性及对项目的影响程度。风险估计对按潜在危害程度大小将风险进行排序、制定风险对策和选择风险控制方案具有重要的作用。

风险评价是对投资项目的经济风险进行综合分析,并依据风险对项目经济目标的影响程度,进行项目风险分级排序的过程。它是在项目风险识别和估计的基础上,通过建立项目风险的系统评价模型,对项目风险因素影响进行综合分析,列出各风险因素发生的概率及概率分布,确定可能导致的损失大小,从而找到该项目的关键风险因素,确定项目的整体风险水平。

在风险分析程序完成之后,针对风险分析中找出的对项目成败具有重大影响的关键风险因素,需要采取相应的应对措施,包括风险回避、风险转移、风险分担和风险自担等。风险应对措施的选择,应将规避防范风险措施所付出的代价与该风险可能造成的损失进行权衡,旨在寻求以最少的费用获取最大的风险效益。

本章将要介绍的蒙特卡洛模拟方法,是风险估计的一种定量分析方法。风险与概率密切相关,风险估计的一项重要内容是确定风险事件发生的概率及其后果的严重程度。通过风险概率分析获得的概率分布函数的分布形式、期望值、方差、标准差等信息,可用来直接或间接地判断项目的风险。

第二节　蒙特卡洛模拟概述

蒙特卡洛法（Monte Carlo Method）称为随机仿真（random simulation）方法,也称做随机抽样（random sampling）技术或统计试验（statistical testing）方法。蒙特卡洛方法源于美国在第二次世界大战中研制原子弹的"曼哈顿计划",该计划的主持人之一,数学家约翰·冯·诺依曼（John von Neumann）把他和乌拉姆（Ulam）所从事的与研制原子弹有关的秘密工作——对裂变物质中子的随机扩散进行直接模拟,以摩纳哥国的赌城蒙特卡洛作为秘密代号来称呼。此后,人们便把这种计算机随机仿真方法称为蒙特卡洛方法或蒙特卡洛模拟法。

蒙特卡洛模拟法是与计算机技术紧密结合的分析方法,以概率统计理论为其主要理论基础,以随机抽样（随机变量的抽样）为其主要手段。它将众多影响项目的不确定性因素视为随机变量来处理,在分析随机变量概率分布的基础上,通过计算机程序对特定分布的随机变量进行大规模的随机抽样实验,从而获取足够的分析所需的基础数据。通过对大量输出结果的统计分析，计算所求随机参数的统计特征，最后给出所求解的近似值，求解的精度可用估计值的标准误差来表示。随着现代计算机技术的飞速发展，蒙特卡洛方法正日益广泛地应用于物理、工程、经济、金融等领域的各个方面。

用蒙特卡洛模拟解决实际问题的基本步骤有如下。

（1）建立数学模型。

（2）确定模型中各输入型风险变量（假设变量）的概率分布函数。

（3）确定模拟计算次数 N。

（4）对各输入变量（假设变量），按所确定的概率分布函数随机抽样，代入数学计算模型求出各目标变量（输出变量）的一个样本值。

（5）重复第（4）步 N 次，对各输出变量产生 N 个样本值。

（6）对各输出变量（目标变量）的 N 个样本值进行统计分析，根据统计特征（期望值、累计概率、方差等）得到所求解的近似值。

蒙特卡洛方法能够随机模拟各种变量间的动态关系，能够比较逼真地描述具有随机性质的事物的特点及物理实验过程，解决某些具有不确定性的复杂问题，模拟计算的程序结构简单，易于实现，被公认为是一种经济而有效的方法。

本书中，蒙特卡洛模拟（也称为"MC 模拟"）的全部计算分析过程可划分为：分析计算流程、MC 模拟计算流程、对模拟计算结果的统计分析 3 部分，计算的相互关系如图 18-1 所示。

图 18-1 中右侧虚线框内的"分析计算流程"，是一般的常规决策问题的计算流程。在决策模型（图 18-1 中的"分析计算模型"）建立之后，输入一定的参数值，就会产生相应的输出结果。本篇内的"输入"及"输出"均是从分析计算模型的角度而言的。在 Excel 电子表格上，对应于被指定了概率分布的输入变量的单元格被称作"假设单元"，分析计算模型的输出变量所对应的单元格被称作"预测单元"或"目标单元"。"假设单元"被用来定义任何模型变量的不确定性，"预测单元"是模拟过程中跟踪的目标变量所在的单元格。常见的决策问题，包括投资项目的可行性研究、经营管理、项目管理、财务与营销决策等。不同的决策问题需要有不同的分析计算模型。关于投资项目的财务评价模型，本书前面已有详细介绍，此处不再赘述。

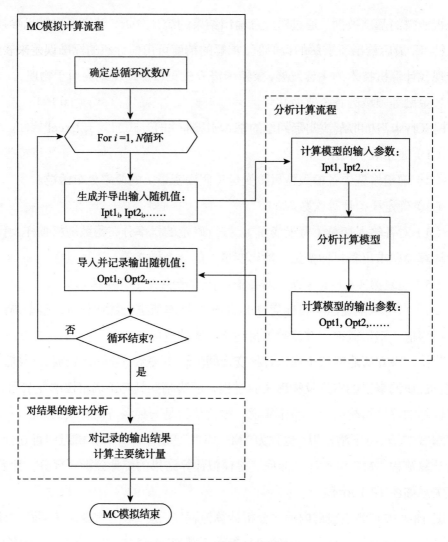

图 18-1 MC 模拟计算流程框

图 18-1 左侧上部的"MC 模拟计算流程"是实现蒙特卡洛模拟计算的重点和难点。该流程的主要功能是，按照给定的模拟计算次数和随机变量的指定概率分布，自动处理蒙特卡洛模拟的循环计算。一次循环计算就表示一次随机试验。在每一次循环中，程序按事先给定的概率分布类型生成一组随机数，将其导出作为分析计算模型的输入；同时将分析计算模型的输出结果导入并记录于 Excel 电子表格中，留作后面的统计分析用。

图 18-1 左侧下部"对结果的统计分析"，是对 MC 模拟流程循环计算结束后

所记录的若干组随机变量值（每一输出变量有 N 个数值）进行统计分析，得出随机输出变量相应的统计特征量。对输出结果的统计分析，可借助 Excel 软件中自带的"分析工具库"轻松完成，本书不做详述。

目前，能够进行蒙特卡洛模拟计算的程序有大名鼎鼎的 Crystal Ball（水晶球）软件。Crystal Ball 是一种商业化软件，它以插件的方式加载于 Excel 软件。它提供给用户的只是软件接口，用户完全不了解软件的内部结构，只能严格按照软件的要求提供输入数据、得到输出结果，对软件的进一步开发更无从谈起。本书以 Excel 软件的电子表格作为实施蒙特卡洛模拟的基本工具，通过对相关程序语句的详细说明，使读者对蒙特卡洛模拟计算过程一目了然，并有机会获得自己动手的经验。

蒙特卡洛模拟的循环计算流程无法通过 Excel 软件的常用功能实现，本书利用 VBA（Visual Basic for Applications）程序在 Excel 电子表格上实现了蒙特卡洛模拟计算。以本书介绍的方法和程序进行 MC 模拟，不需安装任何别的软件，完全可以在 Excel 软件的基础上完成。实现模拟循环计算的相关程序，均系作者自行开发，并于本书中首次发表。书中还给出了对程序语句的详细说明，便于有兴趣的读者在此基础上进一步发挥。

由于 VBA 程序设计是另一较为专业的研究领域，本书不可能详细介绍，因此，本书中对 VBA 程序语句的说明，主要是介绍其所实现的功能（获得的结果），而不是对程序语法的解释。本书想达到的效果是，即使对 VBA 程序设计不甚了解的读者，照搬书中给出的程序语句，也可以开发出针对其他问题的蒙特卡洛计算模型。此外，蒙特卡洛模拟最核心的部分是进行大量的重复计算，获得输入变量与输出变量在数百次乃至上千次循环计算后的结果。因此，为了使提供给读者的程序尽可能简单，本书遵循"结果导向"的原则，一切从"实用"出发，以实现循环计算并记录相关数据为程序设计的目标，并不追求数据输入格式及输出格式的完美。

读者在看懂并充分了解了本书介绍的模拟计算方法与思路之后，在风险分析中可摆脱对 Crystal Ball 商业软件的依赖。如果通过进一步学习相关的 VBA 程序设计知识与技巧，在本书介绍的方法的基础上进行改进提高，就能随心所欲地在风险分析蒙特卡洛模拟中实现自己的"私人订制"。

第三节　蒙特卡洛模拟在 Excel 电子表格上的实现

一、在 Excel 软件中构建进行蒙特卡洛模拟的运行环境

按照本书介绍的方法利用 Excel 软件进行蒙特卡洛模拟，无须安装任何插件，但需要对 Excel 软件的属性进行设置，以构建进行蒙特卡洛模拟的运行环境。

构建进行蒙特卡洛模拟运行环境的步骤及方法，根据各位读者计算机中所安装的 Excel 软件版本的不同而有所差异。以下以 Microsoft Office Excel 2007 为例进行说明。对于其他的 Excel 软件版本，计算机屏幕上显示的界面可能与以下说明的情况不同，但通常不难进行类似的操作，必要时建议查询软件使用指南或咨询专业人士。

进行 Excel 软件属性设置的步骤如下。

（1）打开 Excel 软件，单击软件显示界面左上角的 Office 按钮，出现"Excel 选项"对话框，单击下方"Excel 选项（I）"。

（2）在"Excel 选项"对话框的"常用"选项中，点选"在功能区显示'开发工具'选项卡（D）"。完成这一选项之后，再次打开 Excel 软件时，将在菜单栏上出现"开发工具"项。"开发工具"菜单项的出现，将便于在 Excel 软件中进行 VBA 程序操作。

（3）在"Excel 选项"对话框的"信任中心"选项中，单击"信任中心设置（T）..."按钮，在"信任中心"选项卡的"宏设置"选项中，选择"启用所有宏"和"信任对 VBA 工程对象模型的访问（V）"。

（4）在"Excel 选项"对话框的"公式"→"计算选项"→"工作簿计算"中，选择"自动重算"。

（5）将完成上述属性设置的文件另存为一个命名为"MC 模拟平台与计算结果"的文件，文件类型为"启用宏的工作簿"，文件后缀为".xlsm"。至此，进行 MC 模拟的运行环境已构建完成。

二、创建蒙特卡洛模拟计算平台

在本书中，前文所建立的"MC 模拟平台与计算结果.xlsm"文件，将成为进行蒙特卡洛模拟计算的操作平台与输出结果的记录器，利用该文件，将实现图

18-1"MC 模拟计算流程框"中左半部分上部"MC 模拟计算流程"的全部功能。为此，需对"MC 模拟平台与计算结果.xlsm"文件进行如下设置。

（1）将"MC 模拟平台与计算结果.xlsm"文件中的第一个工作表（sheet1）改名为"Simulator"，该工作表将成为进行 MC 模拟计算的操作平台。

（2）在"Simulator"工作表的"A3"单元格内输入文字"模拟计算次数"，在"B3"单元格内输入循环计算总数。

（3）按照下文提供的 VBA 程序（见表 18-1），"Simulator"工作表的"A6：B30"单元格区域可被用于设置输入变量与输出变量，其中，"A6：A30"单元格区域用于变量名称，"B6：B30"单元格区域用于变量数值。在本篇中，"输入变量"及"输出变量"均指图 18-1 中"分析计算模型"的输入与输出。

表 18-1　　三个子程序语句及相关说明

VBA 程序语句	备注
Sub CommandButton1_Click（ ）	当用鼠标在工作表中点击"开始模拟"按钮时，将执行该程序
Dim shtzs As Integer	Shtzs 为"MC 模拟平台与计算结果"工作簿中的工作表总数
Dim shtcnt As Integer	Shtcnt 为循环变量
Dim xhzs As Integer	xhzs 为进行 MC 模拟计算的总循环次数
Dim xhjs As Integer	xhjs 为循环变量
ActiveSheet.Name = "Simulator"	确保本工作表的名称为"Simulator"
shtzs = ActiveWorkbook.Sheets.Count	计算工作簿中的工作表总数，为 Shtzs 赋值
For shtcnt = 1 To shtzs	这几条语句的作用是：使现有工作表的名称中不出现"模拟计算结果"，若有，则将其更名。这样，当需重复进行多次模拟计算时，以前曾得到的计算结果将被保留
If Sheets（shtcnt）.Name = "模拟计算结果" Then	
Sheets（shtcnt）.Name = "sheet（" & shtzs & "）"	
GoTo lable1	
End If	
Next	
lable1：	
ThisWorkbook.Worksheets.Add	在工作簿中插入一个新工作表，新插入的工作表为活动工作表
ActiveSheet.Name = "模拟计算结果"	将新工作表改名为"模拟计算结果"
ActiveCell.Value = "循环次数"	在"模拟计算结果"工作表的"A1"单元格内输入"循环次数"

续表

VBA 程序语句	备注
title	调用 title 子程序，在"模拟计算结果"工作表中设置表头
xhzs ＝ Worksheets（"Simulator"）.Range（"b3"）.Value	从"Simulator"工作表的"B3"单元格中读取循环计算的总数
For xhjs ＝ 1 To xhzs	在"模拟计算结果"工作表内进行循环计算
ActiveCell.Offset（1，0）.Select	选择下一行第 1 列的单元格为活动单元格
ActiveCell.Value ＝ xhjs	在活动单元格内输入循环计数值
copypaste	调用 copypaste 子程序，执行数据的拷贝与粘贴
ActiveCell.Offset（0，-1）.Select	使本行的第 1 个单元格成为活动单元格
Next	
MsgBox "模拟计算已达到" & xhzs & "次"，，"恭喜！"	当循环计算结束时，在工作表上弹出对话框
End Sub	子程序尾
Sub title（）	在"模拟计算结果"工作表上设置表头的子程序
Sheets（"Simulator"）.Select	使"Simulator"工作表成为活动工作表
Range（"A6:A30"）.Select	选择"A6:A30"单元格
Selection.Copy	拷贝"A6:A30"单元格的内容
Sheets（"模拟计算结果"）.Select	转至"模拟计算结果"工作表
Range（"B1"）.Select	选择第 1 行的第 2 单元格（"B1"）为活动单元格
Selection.PasteSpecial Transpose：＝ True	执行"选择性粘贴"→"转置"
Rows（"1:1"）.Select	选中第一行（标题行）
Selection.HorizontalAlignment = xlCenter	使标题行中各单元格的内容水平居中
End Sub	子程序尾
Sub copypaste（）	执行数据复制粘贴的子程序
Application.ScreenUpdating = False	在程序执行期间关闭屏幕显示更新
Sheets（"Simulator"）.Select	使"Simulator"工作表成为活动工作表
Range（"B6:B30"）.Select	选择"B6:B30"单元格
Selection.Copy	拷贝"B6:B30"单元格的内容
Sheets（"模拟计算结果"）.Select	转至"模拟计算结果"工作表
Application.ScreenUpdating = True	打开屏幕显示更新
ActiveCell.Offset（0，1）.Range（"A1"）.Select	使本行第 2 单元格为活动单元格
Selection.PasteSpecial Paste：= xlValues，Transpose：= True	执行"选择性粘贴"→"数值"→"转置"
End Sub	子程序尾

（4）为清楚起见，可将输入变量置于"A6：B30"单元格区域上部，在输入变量之后设置输出变量。当输入/输出变量的合计数量少于 25 个时，富余的单元格区域可以为空；当输入/输出变量的合计数量多于 25 个时，可通过调整 VBA 程序（如表 18-1 所示）中的单元格区域设置以容纳更多的变量，例如，将程序中的"A6：B30"调整为"A6：B50"后，输入/输出变量的合计数量可达到 45 个。为清楚起见，可在输入与输出变量之间留出一空行。

（5）输入变量的值，应在 B 列的对应单元格内，通过包含随机变量的公式或函数指定，将该值通过 Excel 软件中"单元格引用"方式，传递至"分析计算模型"的输入变量。分析计算模型的输出随机量，同样通过"单元格引用"方式，传递至"Simulator"工作表上输出变量对应的 B 列单元格内。蒙特卡洛模拟的每一次循环计算，都将获得一组输入/输出变量值。

（6）为了以可视化的方式在电子表格中启动蒙特卡洛模拟计算流程，在"Simulator"工作表上单击"开发工具"菜单项，在"控件"选项中单击"插入"，在"ActiveX 控件"组内单击"按钮"图标，用鼠标左键在工作表内选择适当的位置并将按钮控件嵌入工作表。

（7）用鼠标右键单击新加入的按钮控件，在快捷菜单中"命令按钮对象（O）"后单击"编辑"，将按钮控件上显示的文字改为"开始模拟"。又以鼠标右键单击按钮控件，在出现的快捷菜单中单击"属性"，如果"(名称)"后出现的显示不是 CommandButton1，则将其改为 CommandButton1，以便与下面将要添加的子程序名保持一致。

注意，按以上设置步骤形成的"Simulator"工作表的具体表现形式，可参见本章第四节案例，如图 18-6 所示，该图显示了与案例对应的"Simulator"工作表上的单元格公式。建议读者将该图中显示的工作表布局结构和单元格公式引用等，与以上设置步骤对照，多看几遍，就能对以上设置步骤有较为形象和具体的了解。

（8）再以鼠标右键单击"开始模拟"按钮控件，在出现的快捷菜单中单击"查看代码（V）"，此时 Excel 软件将转入 VBA 的 VB 编辑器 VBE（Visual Basic Editor）。在 VBE 的显示界面上，菜单栏与工具栏之下标题为"工程-VBAProject"的部分称为工程资源管理器（如图 18-2 所示）。工程资源管理器列出包含在 Excel

中打开的各种工作表的树状图（包含插件和隐藏的工作表）。在 VBA 中，每个工作表都被认为是一个"工程"。工程中的每个项目都有与之相关联的代码窗口（工程资源管理器右侧的区域，如图 18-2 所示）。用鼠标双击工程资源管理器中的 Simulator 对象，参照图 18-2 在 Simulator 对象的代码窗口内输入 Sub CommandButton1_Click（）程序语句（关于程序的说明如表 18-1 所示）。

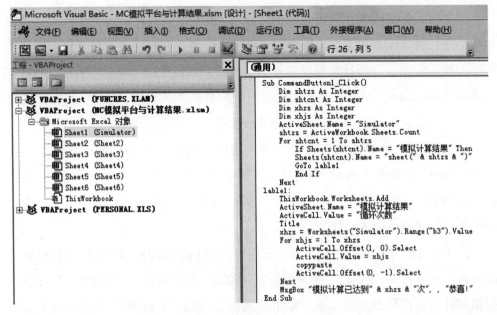

图 18-2 Simulator 对象的工程资源管理器界面及 CommandButton1_Click（）子程序

（9）在 Sub CommandButton1_Click（）程序中调用了两个子程序，分别为 title 和 copypaste。在工程资源管理器中，这两程序应位于"模块"对象的代码区中。为此，在 VBE 菜单栏上单击"插入"→"模块"，在工程资源管理器的树状结构图中将出现"模块 1"对象（如图 18-3 所示），用鼠标双击"模块 1"对象，按图 18-3 在模块 1 对象的代码窗口内输入 Sub title（）和 Sub copypaste（）程序语句（关于程序的说明如表 18-1 所示）。用鼠标单击"保存"，并关闭 VBE，返回 Excel 软件常规的显示界面。至此，MC 模拟计算平台创建完成。

以上操作步骤中部分环节的示例可见本章第四节"蒙特卡洛模拟算例"。建议读者将以上操作步骤与案例中显示的结果对照，多看几遍，以便更好地理解。

在创建 MC 模拟计算平台的上述过程中提到的 3 个 VBA 子程序的语句及相关说明,见表 18-1 所示"三个子程序语句及相关说明"。需注意的是,在 VBE 的工程资源管理器中,CommandButton1_Click( ) 子程序位于 Simulator 对象的代码窗口中(如图 18-2 所示),title( ) 及 copypaste( ) 子程序应位于模块对象的代码窗口中(如图 18-3 所示)。

图 18-3　模块 1 对象的工程资源管理器界面及 title( ) 与 copypaste( ) 子程序

三、蒙特卡洛模拟计算平台与财务分析模型的连接

由图 18-1 "MC 模拟计算流程框"可以看到,为执行蒙特卡洛模拟,须将分析计算模型中所需的随机输入量,在 MC 模拟计算流程中生成并传递至分析计算流程。同时,由分析计算模型所得到的随机输出结果,须传递至 MC 模拟计算流程并记录保存。

在上一段"创建蒙特卡洛模拟计算平台"部分已说明,在"MC 模拟平台与计算结果.xlsm"文件的 Simulator 工作表中,"A6:B30"单元格被用于设置输入变量与输出变量,其中,"A6:A30"单元格用于变量名称,"B6:B30"单元格用于变量数值。输入变量的值在 B 列的对应单元格内,通过包含随机变量的公式或函数被指定,该值通过 Excel 软件中"单元格引用"方式,传递至分析计算模型的输入变量。分析计算模型的输出随机量,同样通过"单元格引用"方式,传递至"Simulator"工作表上输出变量对应的 B 列单元格内。

蒙特卡洛模拟的每一次循环计算,都将获得一组输入/输出变量值。通过上文中说明的 VBA 程序(如表 18-1 所示),每次循环计算得到的输入/输出变量值,被记录并保存于"MC 模拟平台与计算结果.xlsm"文件中另一名为"模拟计算结果"的工作表内。在每次启动蒙特卡洛模拟计算时,"模拟计算结果"工作表被自动插入并更名(见表 18-1 中对 CommandButton1_Click( )子程序语句的说明),在全部循环计算结束之后,"模拟计算结果"工作表内将记录下若干组输入/输出变量值。对这些随机变化的输入/输出变量值进行统计分析,可得出随机输出变量相应的统计特征量。

在实际使用中,"MC 模拟平台与计算结果.xlsm"和分析计算模型,可以是两个独立的文件(工作簿),两者通过不同文件之间的单元格连接实现数据传递;也可将"MC 模拟平台与计算结果.xlsm"中的 Simulator 工作表,复制于分析计算模型所在的文件(工作簿)中,通过同一文件内不同工作表间的单元格连接实现数据传递。

四、对模拟计算输出数据的统计处理

对模拟计算输出结果的统计分析,可借助 Excel 软件中的"分析工具库"完成。

在计算机中执行 Microsoft Office Excel 2007 的"标准"安装模式时,"分析工具库"并不是默认的安装选项。如果在安装 Office Excel 软件时未安装"数据分析工具",那么在打开 Excel 软件后,在"数据"菜单项下不会出现"分析"选项卡。此时,须执行以下操作,以加载分析工具库加载宏。

(1)单击 Excel 软件左上角的 Office 按钮,在"Excel 选项"对话框"加载项"选项卡下方标为"管理"的选项框中,选择"Excel 加载项"。

(2)单击"转到(G)…"按钮。

(3)在出现的"加载宏"选项卡内"可用加载宏(A)"列表中,勾选"分析工具库",并单击"确定"。

(4)按提示信息指定 Excel 软件的安装路径。

在数据分析工具被安装后,在 Excel 软件菜单栏的"数据"菜单项中将出现"分析"选项卡,单击其上的"数据分析",利用"统计描述"和"直方图"两

项分析工具，基本就可实现对模拟计算结果数据的统计分析和图形显示。相关内容请参考 Excel 软件说明，本书不再赘述。

第四节　蒙特卡洛模拟算例及相关讨论

一、蒙特卡洛模拟算例[①]

城市垃圾再循环中心计划建设新的垃圾焚化系统，该系统有 3 种燃料方案可供选择：天然气、桶装油和木柴。不同的方案有不同的投资成本、营业费用率和材料成本率。营业费用和材料成本是被处理的垃圾数量的函数。第 1 年的预期垃圾处理量为 100 万吨，之后每年以某一预期的比率增长。在使用天然气与桶装油的方案中，材料成本与每桶油的价格 P 相关。不同方案的投资成本与经营成本率如表 18-2 所示。

表 18-2　不同方案的投资成本与经营成本率　　　　　　（单位：百万美元）

	天然气	桶装油	木柴
投资			
第 1 年	6	6	4
第 2 年			2
每吨营业费用	0.50	0.60	1.00
每吨材料成本	0.30+0.01P	0.02P	0.10

新系统预期要使用 20 年。为进行投资决策，须辨识具有最佳经济效益的方案。在本问题中，折现率取为资本成本。

由于 3 种方案处理的垃圾量一样，因此，我们只要比较 3 种方案在寿命期内的总成本现值就能确定孰优孰劣。此外，由于 3 种方案的建设期很短且建设总投资额相同，因此计算总成本现值的期限也可缩短。本算例中，计算期取为 5 年。

影响该问题决策的不确定性有 3 个主要来源。

（1）预期垃圾处理量。

---

① 本算例的背景资料源自"[美]詹姆斯·R.埃文斯，戴维·L.奥尔森. 模拟与风险分析[M]. 洪锡熙，译. 上海：上海人民出版社，2001."在该书中，蒙特卡洛模拟是采用 Crystal Ball 程序实现的。

（2）未来的油价 P。

（3）计算净现值的折现率（资本成本）。

这 3 个量构成分析计算模型的输入量，3 种方案的总成本现值及"最优方案得分"则构成分析计算模型的输出量。在本案例中，"最优方案"是指总成本现值最小的方案。

当垃圾处理量年增长率为 10%，油价为 18 美元/桶，折现率为 12%时，各方案总成本现值及最优方案得分的计算模型如图 18-4 所示。在这一分析计算模型中，"B1""B2""B3" 3 个单元格内为输入变量值，"B12""B13""B19""B20""B26""B27" 6 个单元格内分别为输出变量值。相应于上述输入条件，使用桶装油方案的总成本现值最低，因此，其"最优方案得分"为 1，其余两方案的得分为 0。

在图 18-4 中，"B1""B2""B3" 3 个单元格内为输入的确定数值，其余各单元格内的计算公式如图 18-5 所示。

	A	B	C	D	E	F	G
1	垃圾处理量年增长率	10%					
2	油价（美元/桶）	18.00					
3	折现率	12%					
4							
5	年	0	1	2	3	4	5
6	年垃圾处理量（百万吨）		1.000	1.100	1.210	1.331	1.464
7	天然气						
8	投资（百万美元）	6					
9	营业成本（百万美元）		0.500	0.550	0.605	0.666	0.732
10	材料成本（百万美元）		0.480	0.528	0.581	0.639	0.703
11	总成本（百万美元）	6.000	0.980	1.078	1.186	1.304	1.435
12	总成本现值（百万美元）	10.222					
13	最优方案得分	0					
14	桶装油						
15	投资（百万美元）	6					
16	营业成本（百万美元）		0.600	0.660	0.726	0.799	0.878
17	材料成本（百万美元）		0.360	0.396	0.436	0.479	0.527
18	总成本（百万美元）	6.000	0.960	1.056	1.162	1.278	1.406
19	总成本现值（百万美元）	10.135					
20	最优方案得分	1					
21	木柴						
22	投资（百万美元）	4	2				
23	营业成本（百万美元）		1.000	1.100	1.210	1.331	1.464
24	材料成本（百万美元）		0.100	0.110	0.121	0.133	0.146
25	总成本（百万美元）	4.000	3.100	1.210	1.331	1.464	1.611
26	总成本现值（百万美元）	10.524					
27	最优方案得分	0					

图 18-4　垃圾再循环项目计算模型的 Excel 工作表显示

第十八章　项目经济评价中的风险分析与蒙特卡洛模拟

	A	B	C	D	E	F	G
1	垃圾处理量年增长率	=Simulator!B6					
2	油价（美元/桶）	=Simulator!B7					
3	折现率	=Simulator!B8					
4							
5	年	0	1	2	3	4	5
6	年垃圾处理量（百万吨）		1	=C6*(1+$B$1)	=D6*(1+$B$1)	=E6*(1+$B$1)	=F6*(1+$B$1)
7	天然气						
8	投资（百万美元）	6					
9	营业成本（百万美元）		=0.5*C6	=0.5*D6	=0.5*E6	=0.5*F6	=0.5*G6
10	材料成本（百万美元）		=(0.3+0.01*$B$2)*C6	=(0.3+0.01*$B$2)*D6	=(0.3+0.01*$B$2)*E6	=(0.3+0.01*$B$2)*F6	=(0.3+0.01*$B$2)*G6
11	总成本（百万美元）	=SUM(B8:B10)	=SUM(C8:C10)	=SUM(D8:D10)	=SUM(E8:E10)	=SUM(F8:F10)	=SUM(G8:G10)
12	总成本现值（百万美元）	=B11+NPV(B3,C11:G11)					
13	最优方案得分	=IF(AND(B12<B19,B12<B26),1,0)					
14	桶装油						
15	投资（百万美元）	6					
16	营业成本（百万美元）		=0.6*C6	=0.6*D6	=0.6*E6	=0.6*F6	=0.6*G6
17	材料成本（百万美元）		=(0.02*$B$2)*C6	=(0.02*$B$2)*D6	=(0.02*$B$2)*E6	=(0.02*$B$2)*F6	=(0.02*$B$2)*G6
18	总成本（百万美元）	=SUM(B15:B17)	=SUM(C15:C17)	=SUM(D15:D17)	=SUM(E15:E17)	=SUM(F15:F17)	=SUM(G15:G17)
19	总成本现值（百万美元）	=B18+NPV(B3,C18:G18)					
20	最优方案得分	=IF(AND(B19<B26,B19<B12),1,0)					
21	木柴						
22	投资（百万美元）	4	2				
23	营业成本（百万美元）		=1*C6	=1*D6	=1*E6	=1*F6	=1*G6
24	材料成本（百万美元）		=0.1*C6	=0.1*D6	=0.1*E6	=0.1*F6	=0.1*G6
25	总成本（百万美元）	=SUM(B22:B24)	=SUM(C22:C24)	=SUM(D22:D24)	=SUM(E22:E24)	=SUM(F22:F24)	=SUM(G22:G24)
26	总成本现值（百万美元）	=B25+NPV(B3,C25:G25)					
27	最优方案得分	=IF(AND(B26<B12,B26<B19),1,0)					

图 18-5　"决策计算模型"工作表上的单元格公式

在进行风险分析时，管理层估计如下内容。

（1）垃圾处理量的年增长率具有均值为 10%和标准差为 2%的正态分布。

（2）每桶油的价格具有均值为 18 美元和标准差为 4 美元的正态分布。

（3）折现率（资本成本）具有均值为 12%和标准差为 1%的正态分布。

这些变量的概率分布在"MC 模拟平台与计算结果.xlsm"文件（工作簿）的"Simulator"工作表中被定义，见图 18-6 中"B6""B7""B8"三个单元格内的公式。

	A	B	C	D
1	蒙特卡洛模拟计算操作平台			
2				
3	模拟计算次数	1000		开始模拟
4				
5	输入/输出变量名称	随机值		
6	垃圾处理量年增长率	=NORMINV(RAND(),10%,2%)		
7	油价（美元/桶）	=NORMINV(RAND(),18,4)		
8	折现率	=NORMINV(RAND(),12%,1%)		
9				
10	天然气方案总成本现值	=决策计算模型!B12		
11	桶装油方案总成本现值	=决策计算模型!B19		
12	木柴方案总成本现值	=决策计算模型!B26		
13	天然气方案优势得分	=决策计算模型!B13		
14	桶装油方案优势得分	=决策计算模型!B20		
15	木柴方案优势得分	=决策计算模型!B27		
16				

图 18-6　"Simulator"工作表上的单元格公式

由于本算例的分析计算模型仅在一张 Excel 工作表上就可以完成，算例中将该工作表命名为"决策计算模型",并将其复制于"MC 模拟平台与计算结果.xlsm"文件(工作簿)中。

当执行蒙特卡洛模拟计算时,"决策计算模型"工作表的设计布局及内容与图 18-4 所示相同,仅须将图 18-4 中"B1""B2""B3"三个单元格的数值由确定性数据改为由"Simulator"工作表引入随机变量值。"决策计算模型"工作表上各单元格内的公式如图 18-5 所示。

"Simulator"工作表上的单元格公式如图 18-6 所示,其中,"B3"单元格内输入了进行蒙特卡洛模拟计算的循环次数 1 000。在蒙特卡洛模拟计算中,模拟的重复次数影响着分析结果的质量。一般说来,重复的次数越多,对输出分布的特性刻画及参数估计(如均值估计)就越精确。

"Simulator"工作表上"B6""B7""B8"三个单元格内的随机变量值,由 Excel 内置函数 NORMINV(probability, mean, standard_dev)产生,并通过单元格引用,被导入"决策计算模型"工作表上,作为计算模型的输入参数(见图 18-5 上的"B1""B2""B3"单元格公式);而"决策计算模型"的输出结果,则通过单元格引用导出,并列示于本工作表的"B10"至"B15"单元格内,见图 18-6 中的单元格公式。

在完成以上两工作表内的公式设定后,单击"Simulator"工作表上"开始模拟"按钮,Excel 软件就会在工作簿中自动添加一张名为"模拟计算结果"的工作表,并在其上记录各次模拟计算结果。当循环计算达 1 000 次时,模拟计算自动结束。

对计算结果的统计分析表明(如表 18-3 所示),在 1 000 次模拟计算中,桶装油方案占优的机会有 70.4%,天然气方案占优的比例为 24.8%,而木柴方案占优的比例仅为 4.8%。因此,单就这一指标来说,桶装油方案较好。

表 18-3　3 种方案占优次数比较

	合计	天然气	桶装油	木柴
方案占优次数	1 000	248	704	48
方案占优比例	100.0%	24.8%	70.4%	4.8%

根据模拟计算结果,对 3 种方案可分别做出总成本现值的频数与累积概率分

布图。天然气方案总成本现值与累积概率分布如图 18-7 所示。频数分布的直方图表明，总成本现值接近对称的正态分布。利用累积概率分布图，可以确定总成本现值低于某一数值的概率。

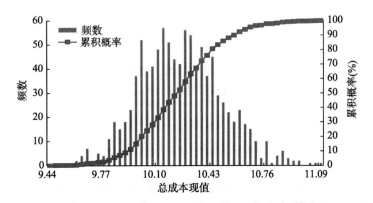

图 18-7　天然气方案总成本现值的频数与累积概率分布

对 3 种方案总成本现值模拟结果的统计分析指标比较如表 18-4 所示。桶装油的平均值最低，这与上面桶装油方案占优的比例最高的结论一致。但桶装油方案的标准差也大于另两个方案的标准差，这表明，在同样多次数的模拟计算中，桶装油方案结果的分散程度较另两个方案大。

表 18-4　垃圾再循环项目的输出结果统计值

统计量	单位	数值		
		天然气	桶装油	木柴
试验次数		1 000	1 000	1 000
平均值	美元	10.222	10.134	10.527
中位数	美元	10.216	10.124	10.528
标准差	美元	0.254	0.394	0.221
峰度		0.190	0.139	−0.004
偏度		0.232	0.235	0.078
最小值	美元	9.443	8.873	9.815
最大值	美元	11.087	11.455	11.324
范围宽度	美元	1.644	2.582	1.509

本算例的蒙特卡洛模拟计算结果与《模拟与风险分析》一书中采用 Crystal Ball 软件所得到的计算结果一致。

二、蒙特卡洛模拟计算中的概率函数

由前面的模拟计算过程与算例可以看到，为执行蒙特卡洛模拟，我们需要为输入变量指定特定分布的随机数，即建立概率模型。

深入了解概率分布是成功应用模拟方法的关键，但关于此问题的进一步讨论已超出本书的范围，请读者查阅概率论与数理统计方面的专门著作。本书仅从应用的角度，引述相关结果。

常见的概率分布函数及所适于描述的问题如表 18-5 所示。

表 18-5　常见的概率分布函数及所适于描述的问题

	分布函数类型	特征	用于描述的问题
连续分布	正态分布	对称，中位数等于均值	各类误差；某些服务系统的处理时间；成批具有任意分布的随机变量的平均数
	标准正态分布	均值为零，标准差为 1	
	三角分布	最小值、最大值、最可能值	常被用作其他分布（如正态分布）的粗略近似，或在缺少较完整数据时使用；建模灵活；缺点为有界性
	均匀分布		在对随机变量知之甚少时，常使用均匀分布
	指数分布	无记忆性，即当前时间对未来结果无影响	适于构建在时间上随机重现的事件，如顾客到达服务系统的间隔时间，或机器等失效前工作时间
	对数正态分布	随机变量的自然对数是正态的	应用于为那些大数值具有小概率且不能取负值的现象建立模型，如股票价格和房地产价格
	伽马分布	有下限	常被用于对诸如顾客服务或机器修理这类任务的完成时间建立模型
	威布尔分布	是能取若干不同形状的概率分布	常被用于建立寿命与疲劳试验的结果、设备故障时间和完成任务时间的模型
	贝塔分布	分布范围为〔0, s〕	用于建立 0 到某正值 s 的确定区间上之变动性的模型的最灵活的分布之一
	帕累托分布		描述小比例项目在某特征中占大比例的现象
	极值分布		描述时期内的最大反应值，如暴雨、地震和材料断裂强度
离散分布	贝努里分布	只有两种可能结果，常数概率	描述只有两个以常数概率（p 与 $1-p$）出现的可能结果（"成功"或"失败"）的随机变量的特征
	二项分布	n 次独立重复试验，每次成功概率为 p	给出每次试验成功概率为 p 的 n 次独立重复贝努里试验的模型，随机变量 x 为这 n 次试验中成功的次数
			二项分布用于建立生产作业中抽样检验结果的模型或药物研究对病人样本效果的模型

续表

分布函数类型		特征	用于描述的问题
离散分布	泊松分布	发生次数不限，各次独立，平均次数为常数	用于建立某种度量单位内发生次数的模型
	几何分布		描述直至第一次成功为止已进行的试验次数的一系列贝努里试验
	负二项分布	与几何分布类似	建立至第 r 次成功为止已进行的试验次数的分布模型
	超几何分布	类似于二项分布	常用于质量控制检验

在 Excel 软件提供的内置函数中，部分概率分布函数可被直接用于蒙特卡洛模拟计算，这些函数在 Excel 电子表格中的表达式如表 18-6 所示，其中的 rand（ ）为 Excel 的内置随机数函数。

表 18-6　可用于蒙特卡洛模拟计算的 Excel 内置函数

函数表达式	概率分布类型
norminv（rand（ ），均值，标准差）	正态分布
normsinv（rand（ ））	标准正态分布
loginv（rand（ ），均值，标准差）	对数正态分布
betainv（rand（ ），alpha，beta，low，high）	Beta 分布
gammainv（rand（ ），algha，beta）	伽马分布
critbinom（total，probability，rand（ ））	二项分布

其他的部分概率分布函数，如指数分布、三角分布、均匀分布、贝努里分布、泊松分布、威布尔分布等，均可利用 VBA 程序构造。以下仅对常用的均匀分布和三角分布函数予以举例说明。

1. 均匀分布

均匀分布概率函数描述在某最小值和最大值之间所有结果等可能出现的随机变量的特征。对于具有最小值 a 和最大值 b 的均匀分布，其概率密度函数是

$$f(x) = \frac{1}{b-a} \quad 若 a \leq x \leq b$$

均匀分布概率密度函数的图形表示如图 18-8 所示。

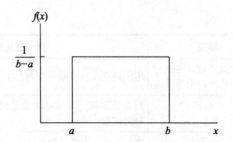

图 18-8　均匀分布的概率密度函数

其累积分布函数是

$$F(x)=\begin{cases} 0 & 若x<a \\ \dfrac{x-a}{b-a} & 若a\leqslant x\leqslant b \\ 1 & 若x>b \end{cases}$$

由以上关系可得出

$$x=a+F\times(b-a) \quad 当0\leqslant F\leqslant 1$$

在 Excel 软件中，内置函数 rand（ ）给出大于或等于 0 且小于 1 的平均分布的随机数。在利用 Excel 电子表格的蒙特卡洛模拟计算中，以 rand（ ）取代上式中的 F，就可得出在〔a，b〕区间上满足均匀分布特征的随机数。

以 VBA 程序语句编写的均匀分布随机数函数如下。

```
Function uniform(a As Double, b As Double, random As Double) As Double
uniform = a +(b-a) * random
End Function
```

2. 三角分布

三角分布概率函数是由 3 个参数来定义的：最小值 a、最大值 b 和最可能值 c。临近最可能值的结果比那些位于端点的结果有较大的出现机会。三角分布的概率密度函数由下式给出。

$$f(x)=\begin{cases} \dfrac{2(x-a)}{(b-a)(c-a)} & 若a\leqslant x\leqslant c \\ \dfrac{2(b-x)}{(b-a)(b-c)} & 若c\leqslant x\leqslant b \\ 0 & 其他 \end{cases}$$

概率密度函数的图形表示如图 18-9 所示。

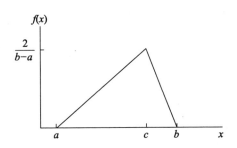

图 18-9　三角分布的概率密度函数

三角分布的累积分布函数是

$$F(x) = \begin{cases} 0 & \text{若} x < a \\ \dfrac{(x-a)^2}{(b-a)(c-a)} & \text{若} a \leqslant x \leqslant c \\ 1 - \dfrac{(b-x)^2}{(b-a)(b-c)} & \text{若} c < x \leqslant b \\ 1 & \text{其他} \end{cases}$$

三角分布常被用作其他分布的粗略近似，如正态分布，或在缺少较为完整的数据时使用。因为它取决于 3 个简单参数且能取各种形状，所以在为多种多样的假设建立模型时它是非常灵活的。假如分析者认为 a 与 b 之间的某个值 c 比其他值更可能出现，则可采用三角分布。

由三角分布的累积分布函数关系可得出

$$x = \begin{cases} a + \sqrt{F \times (b-a) \times (c-a)} & \text{当} F \leqslant (c-a)/(b-a) \\ b - \sqrt{(1-F) \times (b-a) \times (b-c)} & \text{当} F > (c-a)/(b-a) \end{cases} \quad (18.1)$$

同理，在利用 Excel 软件的蒙特卡洛模拟计算中，以 rand（ ）取代式（18.1）中的 F，就可得出以 a 为最小值、b 为最大值、c 为最可能值的三角分布随机数。

以 VBA 程序语句编写的三角分布随机数函数如下。

```
Function triangle(a As Double, c As Double, b As Double, random As Double) As Double
    Dim sleft As Double
    Dim ab As Double, ac As Double, cb As Double
```

```
ab = b - a
ac = c - a
cb = b - c
If ab <> 0 Then
   sleft = ac/ab
   If random <= sleft Then
      triangle = Sqr ( ab * ac * random ) + a
   Else
      triangle = b - Sqr ( ( 1 - random ) =* ab * cb )
   End If
Else
   triangle = a
End If
End Function
```

需要注意的是，当要在 Excel 软件中应用自定义的 VBA 函数时，这些函数语句须位于 VBE 工程资源管理器中"模块"对象的代码窗口内，如图 18-3 所示。

三、蒙特卡洛模拟计算中应注意的问题

由以上介绍的在 Excel 电子表格上执行蒙特卡洛模拟计算的原理与过程可见，一旦我们在"Simulator"工作表上点击"开始模拟"按钮启动了模拟计算，那么分析计算模型将自动重复指定次数的循环计算，根据输入参数的随机变化，自动得出相应的输出结果。即使分析计算模型中有不合理的情况发生，我们也没有机会对模拟计算过程进行人工干预。这种情况在采用 Crystal Ball 软件进行模拟计算时同样会发生。避免可能出现不合理结果的解决办法可以是：在 Excel 软件的属性设置中取消"自动重算"功能，对模拟中的每一次循环，都仔细审视计算过程与结果中是否有不合理的情况发生。但取消"自动重算"后模拟计算的效率大为降低，这对动辄需要进行上千次重复计算的模拟工作来说，不是一个好办法。另一种解决办法是，在构建分析计算模型时，就对可能出现的不合理情况进行预判，通过巧妙的程序设计，使模拟计算过程能自动适应各种可能发生的情况。

在投资项目的财务评价模型中，容易被忽视但又值得关注的主要细节问题包括利润表中的亏损弥补和财务计划现金流量表中可能出现的短期借款等。

在投资项目财务评价中，弥补经营亏损是经常遇到的问题。按照税法规定，

5 年之内的经营亏损，可在所得税前弥补，即亏损额可减少应纳税所得额；超过 5 年的亏损，则应在所得税后弥补。在蒙特卡洛模拟中，当投资项目的经营收入或成本被确定为随机变量时，经营亏损的发生时点与金额也会是随机变量，在某一次循环计算中可在税前弥补的亏损，在另一次循环计算中则有可能需在税后弥补。蒙特卡洛模拟计算程序不会识别这种差异并自动调整计算方法，这就要求财务评价计算模型的设计者在程序编制中对此予以考虑。

此外，在投资项目的财务评价中，编制财务计划现金流量表的一个基本要求是，为保证企业能持续经营，各年的累积盈余资金不得为负，即企业在经营中不得出现资金链断裂。当累积盈余资金可能为负时，必须通过短期借款等方式补足资金缺口。在蒙特卡洛模拟中，累积盈余资金也会是随收入等变量变化的随机变量，这将导致短期借款是否发生、发生时点、借款金额等是随机的。为了不影响蒙特卡洛模拟计算结果的准确性，财务评价计算模型的设计者在程序编制中也应对此予以考虑。

第五节 蒙特卡洛模拟在 PPP 项目中的应用

一、PPP 项目中的风险定量分析

PPP 项目由于收益性差、合作期限长，因此，对于参与项目的各方来说，充分认识与估计项目中的风险就显得格外重要。

1. 政府方对项目风险的关注点

作为 PPP 项目的合作方之一，政府在 PPP 项目中可能承受的风险很多，既包括宏观经济形势变化所导致的项目外风险，也包括与项目建设、经营、合作方选择、政府财政支付等有关的项目内各类风险。本书的讨论主要围绕与财务评价相关的问题。

从财务的角度看，政府方对 PPP 项目风险的关注，最终都要落实到政府的风险承担支出。风险承担支出应充分考虑各类风险出现的概率和带来的支出责任，可采用比例法、情景分析法及概率法（蒙特卡洛模拟法）进行测算。相关讨论详见本书第十章第七节。

2. 社会资本方对项目风险的关注点

与政府方不同，社会资本方对 PPP 项目的关注主要在自身的盈利方面。凡是直接影响投资人财务内部收益率的不确定因素，都可能成为社会投资人关注的重点。这些风险因素，大至宏观经济形势，小到公司经营中的具体环节。

对于自身不可控的风险因素，如通货膨胀、与政府方的合作条件（如政府财政补贴数额与方式）等，社会资本方都需要通过财务评价模型的模拟测算，知道其影响程度或确定与合作方的谈判底线等。在很多时候，简单的确定性财务测算（即财务评价模型的所有计算条件均是确定的）不能满足投资决策的要求，也不符合项目的实际情况。对未来的预测也常常会与实际情况有明显差异。因此，蒙特卡洛模拟这类关于不确定性因素的风险分析方法，就是一个比较有效的决策工具。

总之，风险问题是 PPP 项目中不可忽视的重要问题。对于风险支出的定量计算，以及关于风险因素影响结果的定量评价，是采用常规项目评价方法时难以解决的问题，也迫切需要创立一套有理论支撑、可操作且行之有效的分析工具和分析方法。在这方面，蒙特卡洛模拟这类分析工具可能是一种较好的选择。

二、应用举例

本节通过一个社会资本方对 PPP 项目做投资决策的实际案例，介绍蒙特卡洛模拟方法在 PPP 项目风险分析中的应用。

1. 案例背景与相关基础资料介绍

某市现有污水处理厂一座，设计规模为日处理污水 7.5 万吨，其中 2.5 万吨采用 MBR 工艺，其余 5 万吨采用 CAST（Cydic Activated Sludge Technology，循环式活性污泥法）工艺。目前的日均污水处理量为 4.68 万吨，其中，生活污水与工业污水的比例约为 85∶15。

政府拟将该污水处理厂以 PPP 中的 TOT（转让—运营—移交）模式与社会资本开展合作，政府提出的主要合作条件有如下。

（1）社会资本方按资产评估结果以 3.5 亿元收购该污水处理厂的资产。

（2）政府授予社会资本方对污水处理厂的 35 年特许经营权。在特许经营期内，社会资本方负责污水处理厂的运营、维护和设备更新等，在特许经营期结束时，将功能完好的污水处理资产移交政府。

（3）项目公司按政府规定的污水处理价格与调价机制向用户收费。现行污水处理收费标准为：居民污水 1.3 元/吨，工业污水 3.5 元/吨。政府规定，未来污水处理收费单价的调价周期为 5 年，每次调价的价格上涨幅度为 10%。

（4）在特许经营期内，政府每年向项目公司定额补助 2 100 万元，除此之外，政府不再承诺任何保底污水处理量。

（5）项目公司自行承担每年因通货膨胀等因素导致的成本上涨风险。

其他的相关基础资料包括以下。

（1）近几年平均污水处理量的年增长率接近 3%。

（2）目前污水处理直接成本：MBR 工艺为 0.86 元/吨，CAST 工艺为 0.64 元/吨。

（3）所得税税率为 25%，增值税税率为 17%，增值税即征即返比例为 70%，城建及教育费附加率为 12%。

（4）设备类固定资产的更新周期为 8 年，土建类构筑物的年折旧率为 4.75%。

（5）项目公司不提取法定盈余公积金，但经营期内各年应按税后利润的 10% 提取一般风险基金。

2. 风险因素识别

社会资本方根据政府提出的合作条件，结合所掌握的相关基础资料，需要做出是否参与该项目的投资决策。决策中最大的不确定性因素与经营收入和经营成本有关，这些因素分别是污水处理量的年增长率和污水处理成本的年上涨率。现说明如下。

（1）由于政府的补助是一个确定的数额（每年 2 100 万元），而污水处理厂目前污水处理量尚未达到设计规模，增加污水处理量（以达设计规模为限）就能增加使用者付费数额，进而增加项目公司收入。此外，污水处理价格被政府限定，因此，近期污水处理量的年增长率是影响项目公司收入的重要因素之一。

（2）虽然污水处理价格被政府限定以 5 年为一周期调整，但污水处理成本却会因通货膨胀而逐年增加。

3. 风险因素的概率分布假定

为做出投资决策，社会资本方进行了项目全投资现金流分析，计算项目全投资财务内部收益率。为反映不确定性因素对项目投资效益的影响，进行了蒙特卡洛模拟。在蒙特卡洛模拟中，将污水处理量达设计规模之前的年增长率和污水处理成本上涨率均取为输入变量，将全投资财务内部收益率取为目标变量，通过蒙特卡洛模拟得到财务内部收益率的若干样本值，进而计算其统计特征量。

在蒙特卡洛模拟中，假定污水处理量的年增长率和污水处理成本上涨率均按三角分布变化，三角分布中的参数根据如下分析确定。

（1）参考近年来该污水处理厂污水处理量的增长情况，在污水处理量年增长率的三角分布中，最低年增长率取为 2%，最高年增长率取为 5%，最可能的年增长率取为 4%。

（2）参考近年来居民消费物价指数 CPI 的水平，在污水处理成本年上涨率的三角分布中，最低上涨率取为 2%，最高上涨率取为 3%，最可能的上涨率取为 2.29%。

4. 蒙特卡洛模拟计算与结果分析

蒙特卡洛模拟进行了 1 000 次循环采样，得到了项目投资财务内部收益率（税后）的 1 000 个样本值。

在对 1 000 个采样计算结果进行统计分析后得出如下结果。

（1）在 1 000 次随机抽样计算中，财务内部收益率（税后）最小值为 5.69%，且财务内部收益率（税后）小于 6.23%的机会不超过 10%。

（2）在 1 000 次随机抽样计算中，财务内部收益率（税后）最大值为 7.16%；大约有 10%的机会，财务内部收益率（税后）会超过 6.88%；财务内部收益率（税后）超过 7%的机会仅为 1.9%。

（3）大约有 1/3 的结果，其财务内部收益率（税后）在 6.48% ~ 6.75%。

（4）项目全投资财务内部收益率（税后）的期望值（均值）为 6.57%，且在 1 000 次循环计算中，内部收益率（税后）超过期望值的比例为 54%。

因此，当污水处理量年增长率和成本年上涨率采用以上三角分布假设时，根据蒙特卡洛模拟计算结果推测，对于社会资本方来说，按照政府提出的合作条件，该项目最有可能达到的全投资财务内部收益率（税后）为 6.57%，如图 18-10 所示。

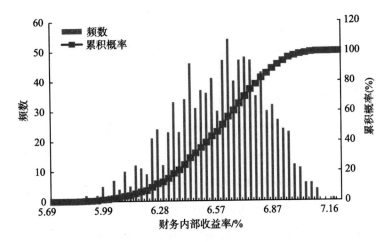

图 18-10　污水处理项目全投资财务内部收益率的频数与累积概率分布

根据图 18-10 中的模拟计算结果，投资人可根据自己的融资能力、期望的投资收益水平、对风险的承受能力等决定是否参与该项目投资，或与政府方进一步协商合作条件。

5. 几点说明

本章第一节曾介绍了在一般问题中进行蒙特卡洛模拟的操作步骤，在 PPP 项目的财务评价中，除应遵从这些操作步骤外，还应注意以下事项。

（1）要充分了解所分析问题的背景，将风险问题具体化，通过对项目条件的梳理，明确财务评价所要关注的目标，该"目标"应是可量化的指标。

（2）针对具体的问题构建财务评价模型时，我们所关注的"目标"应是利用模型进行财务评价的结果。

（3）应结合财务评价模型，分析影响"目标"的各种条件，分析这些"条件"的可变动性，将其中可变且对"目标"影响较大的"条件"列为风险因素。

（4）根据项目的实际情况，预测所确认的风险因素的可能变动程度、变动性质（连续型或离散型）和变动范围，构建描述风险因素变动情况的随机函数，确定其中的参数。对于投资项目的财务评价来说，通常选择三角分布的概率分布函数就能很好地处理所遇到的问题，且其中的参数定义明确、容易理解，也较容易预测和确定。

（5）在 PPP 项目中进行财务评价的蒙特卡洛模拟时，用得最多的财务报表是现金流量表。在 PPP 项目的财务评价中，当利用现金流量表进行分析时，常用两种计算办法。一是，根据投资、收入、成本等数据，算出净现金流，进而计算财务内部收益率；二是，根据投资、收入、成本中的部分数据，以及期望达到的内部收益率（设定的期望值），计算构成净现金流的另一部分收入或成本（在确定政府的财政补贴数额时，常会遇到这种情况）。前一种办法我们称为"正算"，即正向推算；后一种办法我们称为"倒算"，即反向推算。一般来说，在现金流量表的"倒算"中，不可能实现 Excel 程序的自动重算。也就是说，对于采用"倒算"法的算例，蒙特卡洛模拟不可能顺利实施。但在 PPP 项目中，由于合作双方常常需要对合作条件进行讨价还价的谈判，社会资本方往往在设定自己想要达到的收益率水平后，反推政府方应该给予的补贴水平或条件，因此，"倒算"问题不可避免。

当"倒算"问题不可避免，且需要采用蒙特卡洛模拟这一决策工具时，建议采用所谓"迭代"的方法，将"倒算"问题转化为"正算"问题处理。

如果将原"倒算"问题的"结果"称为"待决条件"，将预期的财务内部收益率称为"设定条件"，那么在"迭代"算法中，可以先对"待决条件"给出一个或一组试算值，按正算办法通过财务模型算出一个对应的内部收益率。如果该内部收益率与"设定条件"（预期的财务内部收益率）不一致，则调整"待决条件"的试算值，再按正算办法得出新的内部收益率值。如此反复，直至计算得到的内部收益率与"设定条件"（预期的财务内部收益率）一致或十分接近，此时的"待决条件"试算值，就是原倒算问题的期望结果。

第十九章
通货膨胀对投资项目财务评价的影响

第一节 引　　言

通货膨胀，是经济领域里客观存在的现象，各国无一例外，只不过通货膨胀的程度各有不同。通货膨胀会提高项目产品的销售价格，增加经营成本支出；同时会使项目的现金收入贬值，这些都是对投资项目经营显而易见的后果。但是通货膨胀究竟会给投资效果、投资决策带来什么影响，这是投资者在投资前对拟投资项目做财务评价时所关心的问题。

本章采用数学手段，通过对简化模型的分析，研究通货膨胀对投资项目财务评价的影响。

一、分析中采用的主要假设

分析中采用的主要假设如下。

（1）项目建设期为1年，总投资额为 P。以经营期开始年为财务模型分析的第1年，因此，投资支出 P 发生于第0年，即第1年年初（$t=0$）。

（2）项目投资所需资金全部来源于自有资金。

（3）财务模型计算期为 n 年，固定资产折旧期为 m 年，$m<n$。

（4）假定投资支出 P 全部形成固定资产，固定资产按直线法折旧，且不计残值。因此，每年的固定资产折旧值为 $D=P/m$。

（5）经营期内年均通货膨胀率为 r，通货膨胀对销售收入和经营成本的影响相同，且两者的年上涨率在数量上等于通货膨胀率。

（6）生产经营期内每年缴纳所得税，所得税率为 t。

（7）各年的税后净现金流量大于 0。

（8）在利用简化模型讨论项目投资内部收益率时，由于现金流出中的"税金及附加"项数值较小，对讨论所形成的结论几乎无影响，故将其略去。

下文中用到的其他符号如下。

S_i——不考虑通货膨胀时生产期各年的销售收入（$i=1,2,\cdots,n$）

C_i——不考虑通货膨胀时生产期各年的经营成本（$i=1,2,\cdots,n$）

S_i^*——考虑通货膨胀时生产期各年的销售收入（$i=1,2,\cdots,n$）

C_i^*——考虑通货膨胀时生产期各年的经营成本（$i=1,2,\cdots,n$）

L_i——不考虑通货膨胀时生产期各年的利润总额（$i=1,2,\cdots,n$）

L_i^*——考虑通货膨胀时生产期各年的利润总额（$i=1,2,\cdots,n$）

T_i——不考虑通货膨胀时生产期各年的所得税纳税额（$i=1,2,\cdots,n$）

T_i^*——考虑通货膨胀时生产期各年的所得税纳税额（$i=1,2,\cdots,n$）

T——不计通货膨胀时，项目在生产期缴纳所得税金的总和

T^*——考虑通货膨胀时，项目在生产期缴纳所得税金的总和

F_i——不考虑通货膨胀时生产期各年的税后净现金流（$i=1,2,\cdots,n$）

F_i^*——考虑通货膨胀时生产期各年的税后净现金流（$i=1,2,\cdots,n$）

在生产经营期内，取第 1 年的收入与经营成本为计算的参考基准，各年的收入与经营成本各量间存在如下关系（$i=1,2,\cdots,n$）。

$$\begin{aligned} S_i &= S_1 \\ C_i &= C_1 \\ S_i^* &= S_1(1+r)^{i-1} \\ C_i^* &= C_1(1+r)^{i-1} \end{aligned} \quad (19.1)$$

其中，r 为年均通货膨胀率。

在式（19.1）中，当 $i=1$ 时，$S_1^*=S_1$，$C_1^*=C_1$，即在考虑通胀与不考虑通胀两种情况中，第 1 年的收入与经营成本各自均相同。

下文采取对比的方式，分析通货膨胀对项目财务评价产生的影响。由于 $S_1^* = S_1$，$C_1^* = C_1$，因此，对有、无通货膨胀这两种情况的比较就具有了相同的基础。

二、主要分析结论

由下文分析得出的主要结论如下。

（1）由于通货膨胀，项目在生产期缴纳所得税的总额比不计通货膨胀要多，且多交税金总额与通货膨胀率近似成正比。

（2）由于通货膨胀影响，项目在折旧期内年所得税纳税额的增长率大于通货膨胀率；而在非折旧期，却等于通货膨胀率。

（3）如果生产经营期的前几年发生亏损而未缴纳所得税，在考虑通货膨胀后，企业将会较早弥补完亏损而转为盈利，即企业会过早地承受所得税负担。通货膨胀率 r 越大，交纳所得税的初始年份就越会提前。

（4）无论是在折旧期还是非折旧期，在有通货膨胀时，生产经营期每年的税后净现金流比不计通货膨胀时多。通货膨胀率越高，两者的差异越大；年期增加，两者的差异也增加。

（5）折旧期内税后净现金流的年增长率低于通货膨胀率；而在非折旧期内，税后净现金流的年增长率与通货膨胀率相等。

（6）通货膨胀提高了项目投资财务内部收益率。在考虑通货膨胀时，项目投资财务内部收益率仅为名义收益率。通货膨胀率越高，项目投资名义收益率越高。

（7）在考虑通货膨胀的情况中，扣除通货膨胀因素之后的收益率为项目的实际收益率。项目的实际内部收益率比不考虑通货膨胀时小，通货膨胀率越高，项目投资实际收益率越低。

以上结论的详细分析过程见下面几节的讨论。

第二节 通货膨胀对生产经营期缴纳所得税的影响

一、所得税纳税总额

不考虑通货膨胀时，项目各年利润为

$$L_i = \begin{cases} S_1 - C_1 - D & (i=1,2,\cdots,m) \\ S_1 - C_1 & (i=m+1,\cdots,n) \end{cases}$$

其中，$(i=1,2,\cdots,m)$ 为折旧期，$(i=m+1,\cdots,n)$ 为非折旧期。下同。

不考虑通货膨胀时，项目各年应交纳所得税为

$$T_i = \begin{cases} (S_1 - C_1 - D)t & (i=1,2,\cdots,m) \\ (S_1 - C_1)t & (i=m+1,\cdots,n) \end{cases} \quad (19.2)$$

其中，t 为所得税税率。

于是在不考虑通货膨胀时，项目在生产经营期内缴纳所得税总额为

$$\begin{aligned} T &= \sum_{i=1}^{m}(S_1 - C_1 - D)t + \sum_{i=m+1}^{n}(S_1 - C_1)t \\ &= m(S_1 - C_1 - D)t + (n-m)(S_1 - C_1)t \\ &= (S_1 - C_1)nt - mDt \end{aligned} \quad (19.3)$$

考虑通货膨胀时，项目各年利润为

$$L_i^* = \begin{cases} S_i^* - C_i^* - D = (S_1 - C_1)(1+r)^{i-1} - D & (i=1,2,\cdots,m) \\ S_i^* - C_i^* = (S_1 - C_1)(1+r)^{i-1} & (i=m+1,\cdots,n) \end{cases}$$

各年缴纳所得税为

$$T_i^* = \begin{cases} \left[(S_1 - C_1)(1+r)^{i-1} - D\right]t & (i=1,2,\cdots,m) \\ (S_1 - C_1)(1+r)^{i-1}t & (i=m+1,\cdots,n) \end{cases} \quad (19.4)$$

于是在考虑通货膨胀时，项目在生产经营期内缴纳所得税总额为

$$\begin{aligned} T^* &= \sum_{i=1}^{m}\left[(S_1 - C_1)(1+r)^{i-1} - D\right]t + \sum_{i=m+1}^{n}(S_1 - C_1)(1+r)^{i-1}t \\ &= (S_1 - C_1)t\sum_{i=1}^{n}(1+r)^{i-1} - mDt \end{aligned} \quad (19.5)$$

设 ΔT 为考虑与不考虑通货膨胀时，项目缴纳所得税的总和之差，比较式（19.3）和式（19.5）有

$$\Delta T = T^* - T = (S_1 - C_1)t\left(\sum_{i=1}^{n}(1+r)^{i-1} - n\right)$$

利用等比数列求和公式及二项式展开公式，略去高阶小量（r^2 以上的量），上式可简化为

$$\Delta T \cong \frac{n(n-1)}{2}(S_1 - C_1)tr > 0 \qquad (19.6)$$

式（19.6）表明，由于通货膨胀，项目在生产期缴纳所得税的总额比不计通货膨胀要多，且多交税金总额与通货膨胀率近似成正比。

二、所得税年纳税额增长率

（一）折旧期

考虑通货膨胀时，项目在折旧期内第 i 年应交纳所得税为

$$T_i^* = \left[(S_1 - C_1)(1+r)^{i-1} - D\right]t$$

第（$i+1$）年应交纳所得税为

$$T_{i+1}^* = \left[(S_1 - C_1)(1+r)^i - D\right]t$$

令 H 为折旧期所得税纳税额年增长率，则

$$H = \frac{T_{i+1}^* - T_i^*}{T_i^*} = \frac{(S_1 - C_1)(1+r)^{i-1} \cdot r}{(S_1 - C_1)(1+r)^{i-1} - D} = \frac{r}{1 - \frac{D}{(S_1 - C_1)(1+r)^{i-1}}} \qquad (19.7)$$

根据前面生产期每年应缴纳所得税的假设，下列不等式成立。

$$(S_1 - C_1)(1+r)^{i-1} > D$$

于是有

$$\frac{D}{(S_1 - C_1)(1+r)^{i-1}} < 1$$

由式（19.7），故

$$H > r$$

（二）非折旧期

在非折旧期内，将以上各式中的 D 取为 0，得到

$$H = r$$

以上结果表明，由于通货膨胀影响，项目在折旧期内年所得税纳税额的增长率大于通货膨胀率；而在非折旧期，却等于通货膨胀率。

以上讨论是基于本章第一节中提出的第 6 条假设，即生产经营期内每年缴纳所得税。利用以上结果可以推论，如果生产经营期的前几年发生亏损而未缴纳所

得税，在考虑通货膨胀后，企业将会较早弥补完亏损而转为盈利，即企业会过早地承受所得税负担。通货膨胀率 r 越大，交纳所得税的初始年份就越会提前。

第三节　通货膨胀对生产经营期税后净现金流的影响

一、各年税后净现金流

为了讨论通货膨胀对项目投资内部收益率的影响，首先必须研究通货膨胀对项目税后净现金流的影响。

由于假定项目投资所需资金全部来源于自有资金，因此我们只需考虑项目全投资的现金流分析。此外，由于"税金及附加"项的数值较小，为了突出主要因素，在简化的分析讨论中，我们略去了现金流出中的"税金及附加"项。于是，各年的税后净现金流计算公式为

税后净现金流 = 销售收入 − 经营成本 − 调整所得税
　　　　　　 = (销售收入 − 经营成本)×(1 − 所得税税率) + 折旧×所得税税率

利用前面定义的符号，在不考虑通货膨胀时，生产期各年的税后净现金流 F_i（$i=1,2,\cdots,n$）为

$$F_i = \begin{cases} (S_1-C_1)(1-t)+Dt & (i=1,2,\cdots,m) \\ (S_1-C_1)(1-t) & (i=m+1,\cdots,n) \end{cases} \quad (19.8)$$

在考虑通货膨胀时，生产期各年的税后净现金流 F_i^*（$i=1,2,\cdots,n$）为

$$F_i^* = \begin{cases} (S_1-C_1)(1+r)^{i-1}(1-t)+Dt & (i=1,2,\cdots,m) \\ (S_1-C_1)(1+r)^{i-1}(1-t) & (i=m+1,\cdots,n) \end{cases} \quad (19.9)$$

由于

$$(1+r)^{i-1} \geqslant 1$$

显然有

$$F_i^* \geqslant F_i \quad (i=1,2,\cdots,n) \quad (19.10)$$

由此可见，无论是在折旧期还是非折旧期，在有通货膨胀时，除第 1 年外，生产经营期每年的税后净现金流量都比不计通货膨胀时多，各年多出的数量为 $(S_1-C_1)(1-t)\left[(1+r)^{i-1}-1\right]$。随着年期增加，两者的差异也增加。

二、各年税后净现金流增长率

以 G 表示考虑通货膨胀的税后净现金流量年增长率。

先考虑折旧期内的情况。

$$G = \frac{F_{i+1}^* - F_i^*}{F_i^*} = \frac{(S_1 - C_1)(1+r)^i(1-t) - (S_1 - C_1)(1+r)^{i-1}(1-t)}{(S_1 - C_1)(1+r)^{i-1}(1-t) + Dt}$$

经化简后可得

$$G = \frac{r}{1 + \dfrac{Dt}{(S_1 - C_1)(1+r)^{i-1}(1-t)}}$$

由于

$$\frac{Dt}{(S_1 - C_1)(1+r)^{i-1}(1-t)} > 0$$

故在折旧期内有

$$G < r$$

在非折旧期内，在以上公式中取 $D = 0$，则

$$G = r$$

因此，折旧期内税后净现金流量的年增长率低于通货膨胀率；而在非折旧期内，税后净现金流量的年增长率与通货膨胀率相等。

第四节　通货膨胀对项目投资内部收益率的影响

一、不考虑通货膨胀的内部收益率

本节利用第七章介绍的项目投资现金流分析模型，讨论通货膨胀对项目投资内部收益率的影响。

与上一节的讨论相同，在本节的简化现金流量表中，我们略去了现金流出中的"税金及附加"项。

对于本章讨论的简化模型，在不考虑通货膨胀时，项目投资现金流量表中相关计算项目的数据表达式如表 19-1 所示。

表 19-1 不考虑通货膨胀时，简化的项目投资现金流量表

序号	项目	建设期 $t=0$	生产运营期 折旧期 $i=1,2,\cdots,m$	生产运营期 非折旧期 $i=m+1,\cdots,n$	备注
1	现金流入				
	销售收入		S_1	S_1	式（19.1）
2	现金流出				
	建设投资	P			
	经营成本		C_1	C_1	式（19.1）
	所得税		$(S_1-C_1-D)t$	$(S_1-C_1)t$	式（19.2）
3	税后净现金流	$-P$	$(S_1-C_1)(1-t)+Dt$	$(S_1-C_1)(1-t)$	式（19.8）

由第一章式（1.33），内部收益率为可使式（1.33）成立的折现率 I。

$$\text{NPV}=\sum_{i=0}^{N}\frac{\text{NCF}_i}{(1+I)^i}=0 \tag{1.33}$$

在不考虑通货膨胀时，将表 19-1 中最后一行的净现金流代入式（1.33），可得求内部收益率 I 的方程。

$$P=\sum_{i=1}^{m}\frac{(S_1-C_1)(1-t)+Dt}{(1+I)^i}+\sum_{i=m+1}^{n}\frac{(S_1-C_1)(1-t)}{(1+I)^i}$$

$$=\sum_{i=1}^{n}\frac{(S_1-C_1)(1-t)}{(1+I)^i}+\sum_{i=1}^{m}\frac{Dt}{(1+I)^i}$$

$$=(S_1-C_1)(1-t)\sum_{i=1}^{n}\frac{1}{(1+I)^i}+\frac{P}{m}t\sum_{i=1}^{m}\frac{1}{(1+I)^i}$$

即

$$P\left[1-\frac{t}{m}\sum_{i=1}^{m}\frac{1}{(1+I)^i}\right]=(S_1-C_1)(1-t)\sum_{i=1}^{n}\frac{1}{(1+I)^i} \tag{19.11}$$

利用等比数列求和公式，可得

$$\sum_{i=1}^{m}\frac{1}{(1+I)^i}=\frac{1}{I}\left[1-\left(\frac{1}{1+I}\right)^m\right]$$

$$\sum_{i=1}^{n}\frac{1}{(1+I)^i}=\frac{1}{I}\left[1-\left(\frac{1}{1+I}\right)^n\right]$$

利用二项式公式将上面两式的右端展开，当折现率 I 为小量时，略去高阶小量后可得

$$\sum_{i=1}^{m}\frac{1}{(1+I)^i} \cong m\left(1-\frac{m+1}{2}I\right)$$

$$\sum_{i=1}^{n}\frac{1}{(1+I)^i} \cong n\left(1-\frac{n+1}{2}I\right)$$

将以上结果代入式（19.11），化简后可求得不考虑通货膨胀时的项目投资财务内部收益率。

$$\text{IRR} \cong \frac{2(S_1-C_1)(1-t)n - 2P(1-t)}{Pt(m+1) + (S_1-C_1)(1-t)n(n+1)} \tag{19.12}$$

二、考虑通货膨胀的名义收益率与实际收益率

在考虑通货膨胀时，项目投资现金流量表中相关计算项目的数据表达式如表 19-2 所示。

表 19-2　考虑通货膨胀时，简化的项目投资现金流量表

序号	项目	建设期 $t=0$	生产运营期		备注
			折旧期 $i=1,2,\cdots\cdots,m$	非折旧期 $i=m+1,\cdots\cdots,n$	
1	现金流入				
	销售收入		$S_1(1+r)^{i-1}$	$S_1(1+r)^{i-1}$	式（19.1）
2	现金流出				
	建设投资	P			
	经营成本		$C_1(1+r)^{i-1}$	$C_1(1+r)^{i-1}$	式（19.1）
	所得税		$\left[(S_1-C_1)(1+r)^{i-1}-D\right]t$	$(S_1-C_1)(1+r)^{i-1}t$	式（19.4）
3	税后净现金流	$-P$	$(S_1-C_1)(1+r)^{i-1}(1-t)+Dt$	$(S_1-C_1)(1+r)^{i-1}(1-t)$	式（19.9）

考虑通货膨胀后的项目投资财务内部收益率 IRR^* 同样也应根据表 19-2 财务模型中的各年净现金流，求解式（1.33）中的折现率 I。即，IRR^* 是可使式（19.13）成立的折现率 I。

$$P = \sum_{i=1}^{m}\frac{(S_1-C_1)(1+r)^{i-1}(1-t)+Dt}{(1+I)^i} + \sum_{i=m+1}^{n}\frac{(S_1-C_1)(1+r)^{i-1}(1-t)}{(1+I)^i} \tag{19.13}$$

将表 19-1 与表 19-2 中最后一行的净现金流比较可见，无论是在折旧期还是非折旧期，在有通货膨胀时，生产经营期每年的税后净现金流都比不计通货膨胀时多，各年多出的数量均为 $(S_1-C_1)(1-t)\left[(1+r)^{i-1}-1\right]$。由于除第 1 年之外，其余各年均有 $(1+r)^{i-1}>1$，显然，

$$\text{IRR}^* > \text{IRR} \tag{19.14}$$

因此，在考虑通货膨胀时，项目投资财务内部收益率将大于不考虑通货膨胀的项目投资财务内部收益率。

但是，是否据此就能认为通货膨胀对提高项目投资财务内部收益率有益？答案是否定的。下面对此进行讨论。

本书第一章第三节讨论了项目投资合理收益率的构成。在预期未来存在通货膨胀的情况下，如果项目的支出和收入是按预期的各年时价（当时价格）计算的，则项目资金的合理收益率中应包含通货膨胀率。如果项目支出和收入在整个项目寿命期内是按不变价格计算的，就不必考虑通货膨胀对收益率的影响。

因此，在按时价计算项目支出和收入的情况下，项目投资合理收益率的计算公式为

$$i_c = (1+i_1)(1+i_2)(1+i_3) - 1 \tag{19.15}$$

式（19.15）中，i_c 为项目投资合理收益率；i_1 为无风险收益率（基础收益率）；i_2 为风险报酬率；i_3 为预期通货膨胀率。

在 i_1、i_2、i_3 都为小数的情况下，上述公式可简化为

$$i_c = i_1 + i_2 + i_3$$

即

项目投资合理收益率 = 基础收益率 + 风险报酬率 + 预期通货膨胀率

在按不变价格（不考虑通胀因素）计算项目支出和收入的情况下，不用考虑预期通货膨胀率，则

$$i_c = i_1 + i_2$$

即

项目投资合理收益率 = 基础收益率 + 风险报酬率

在第一章第二节讨论资金时间价值时也讲到，折现率也就是收益率。因此，

对于由项目现金流模型算出的折现率,也须考虑其中是否包含了通货膨胀率。

显然,在表 19-1 的现金流分析模型中,收入与成本内没有考虑通货膨胀,因此,根据此现金流模型算出的内部收益率 IRR [见式(19.12)]仅包含了基础收益率与风险报酬率;而根据表 19-2 的现金流模型算出的内部收益率,除包含基础收益率与风险报酬率外,还包含通货膨胀率。由于两者的构成内容不一样,缺乏共同的比较基础,因此,不能草率地认为考虑通货膨胀后的项目投资内部收益率大于不考虑通货膨胀的项目投资内部收益率,从而得出通货膨胀有利于提高项目投资收益率的结论。

在考虑通货膨胀的情况下,如果将扣除通货膨胀因素的收益率称为实际收益率,将其记为 IRR_0^*;未扣除通货膨胀因素的收益率称为名义收益率,将其记为 IRR^*。同样,记 r 为通货膨胀率,则由式(19.15)略去高阶小量后可得

$$1 + IRR^* = \left(1 + IRR_0^*\right)(1+r) \qquad (19.16)$$

将式(19.16)的表达式形式代入式(19.13),则实际内部收益率 IRR_0^* 为可使式(19.17)成立的折现率 I_0。

$$P = \sum_{i=1}^{m} \frac{(S_1 - C_1)(1-t) + Dt}{(1+I_0)^i (1+r)} + \sum_{i=m+1}^{n} \frac{(S_1 - C_1)(1-t)}{(1+I_0)^i (1+r)} \qquad (19.17)$$

仿照上一段类似的求解方法,可得考虑通货膨胀时扣除通货膨胀因素后的实际项目投资财务内部收益率 IRR_0^*。

$$IRR_0^* \cong \frac{2(S_1 - C_1)(1-t)n - 2P(1+r-t)}{Pt(m+1) + (S_1 - C_1)(1-t)n(n+1)} \qquad (19.18)$$

比较式(19.18)与式(19.12)可见,通货膨胀使项目的实际财务内部收益率降低,通货膨胀率 r 越高,则项目的实际财务内部收益率越低。

由式(19.16),项目的名义内部收益率 IRR^* 为

$$IRR^* = \left(1 + IRR_0^*\right)(1+r) - 1 \qquad (19.19)$$

三、算例与讨论

下面通过一个假设算例说明通货膨胀对项目投资内部收益率的影响。算例的假定条件如表 19-3 所示。

表 19-3　算例的假定条件

参数	数值
总投资 P	100.0
第 1 年销售收入 S_1	40.0
第 1 年经营成本 C_1	30.0
生产经营期 n（年）	15
折旧期 m（年）	13
所得税税率	25%
年均通货膨胀率 r	3%

先考虑无通货膨胀（$r=0$）的情况，此时简化的现金流量表如表 19-4 所示。

表 19-4　不考虑通货膨胀时的项目投资现金流量表

序号	项目	0	1	2	3	4	5	6	7	8	9	10	11	12	13	14	15
1	现金流入	—	40.0	40.0	40.0	40.0	40.0	40.0	40.0	40.0	40.0	40.0	40.0	40.0	40.0	40.0	40.0
	销售收入		40.0	40.0	40.0	40.0	40.0	40.0	40.0	40.0	40.0	40.0	40.0	40.0	40.0	40.0	40.0
2	现金流出	100.0	30.6	30.6	30.6	30.6	30.6	30.6	30.6	30.6	30.6	30.6	30.6	30.6	30.6	32.5	32.5
	建设投资	100.0															
	经营成本		30.0	30.0	30.0	30.0	30.0	30.0	30.0	30.0	30.0	30.0	30.0	30.0	30.0	30.0	30.0
	所得税		0.6	0.6	0.6	0.6	0.6	0.6	0.6	0.6	0.6	0.6	0.6	0.6	0.6	2.5	2.5
3	税后净现金流	−100.0	9.4	9.4	9.4	9.4	9.4	9.4	9.4	9.4	9.4	9.4	9.4	9.4	9.4	7.5	7.5

由表 19-4 最后一行的净现金流量，可求得根据财务模型算出的项目投资内部收益率为 4.38%。而由式（19.12）得出的 IRR 近似解析结果为 3.49%。产生这种差异的主要原因在于，式（19.12）的解析表达式是略去高阶小量的结果，具有较大的近似性。

在本节的讨论中，我们关注的重点是通货膨胀对项目投资收益率的影响，即名义内部收益率、实际内部收益率以及无通货膨胀时内部收益率这三者之间的关系，而不是企图通过优化解析表达式求得 IRR 的较精确结果。因此，IRR 解析表达式结果与现金流模型计算结果之间的差异并不影响我们的讨论。

当年均通货膨胀率 $r=3\%$ 时，简化的现金流量表如表 19-5 所示。

表 19-5　年均通货膨胀率为 3%时的项目投资现金流量表

序号	项目	0	1	2	3	4	5	6	7	8	9	10	11	12	13	14	15
1	现金流入	–	40.0	41.2	42.4	43.7	45.0	46.4	47.8	49.2	50.7	52.2	53.8	55.4	57.0	58.7	60.5
	销售收入		40.0	41.2	42.4	43.7	45.0	46.4	47.8	49.2	50.7	52.2	53.8	55.4	57.0	58.7	60.5
2	现金流出	100.0	30.6	31.6	32.6	33.6	34.7	35.8	36.9	38.0	39.2	40.5	41.8	43.1	44.4	47.7	49.2
	建设投资	100.0															
	经营成本		30.0	30.9	31.8	32.8	33.8	34.7	35.8	36.9	38.0	39.1	40.3	41.5	42.8	44.1	45.4
	所得税		0.6	0.7	0.7	0.8	0.9	1.0	1.1	1.2	1.2	1.3	1.4	1.5	1.6	3.7	3.8
3	税后净现金流	–100.0	9.4	9.6	9.9	10.1	10.4	10.6	10.9	11.1	11.4	11.7	12.0	12.3	12.6	11.0	11.3

由表 19-5 最后一行的净现金流量，可求得在考虑通货膨胀时项目投资内部收益率为 6.65%，比不考虑通货膨胀时的 4.38%大大提高。

如果以解析方法估算，由式（19.18），考虑通货膨胀时扣除通货膨胀因素后的实际项目投资财务内部收益率 IRR_0^* 为 3.21%。再由式（19.19），根据实际内部收益率 IRR_0^* 与通货膨胀率 r 算出的考虑通货膨胀后的名义项目投资财务内部收益率为 6.31%，与根据现金流量模型算出的 6.65%非常接近。

以上计算的汇总结果如表 19-6 所示，表中还补充了通货膨胀率为 5%时的结果。

表 19-6　以现金流量模型及解析法计算的收益率比较

情况	通货膨胀率	指标	现金流量模型	解析法	备注
不考虑通货膨胀	0	项目投资财务内部收益率	4.38%	3.49%	
考虑通货膨胀	3%	项目投资财务内部收益率	6.65%	6.31%	在解析法中，称为名义收益率
	5%		8.20%	8.17%	
	3%	实际内部收益率		3.21%	按现金流量模型算不出实际收益率
	5%			3.02%	

由以上比较结果可得到如下结论：

（1）通货膨胀提高了项目投资财务内部收益率。在考虑通货膨胀时，项目投资财务内部收益率仅为名义收益率。通货膨胀率越高，项目投资名义收益率越高。

（2）在考虑通货膨胀的情况中，扣除通货膨胀因素之后的收益率为项目的实际收益率。项目的实际内部收益率比不考虑通货膨胀时小，通货膨胀率越高，项目投资实际收益率越低。

在考虑通货膨胀的情况下，尽管项目财务内部收益率对投资决策很重要，但投资人更应关注的是进行某项投资活动实际可以达到的收益率水平。对于投资人的这一关注目标，常规的现金流量分析模型无能为力，但本节根据数学分析结果得到的解析表达式（19.18）可以提供关于实际收益率的良好近似。

第五节　对通货膨胀研究的进一步说明

一、通货膨胀会减少项目投资实际财务效益的根本原因

在本文讨论的基本前提下，通货膨胀会减少项目投资的实际财务效益。其根本原因有如下。

（1）依税法规定，固定资产折旧是按原始成本而非重置成本决定的。在北美，与此类似可在应税所得中扣除的各种备抵的初始值，如投资成本备抵（capital cost allowance）、资源备抵（resource allowance）和折耗备抵（depletion allowance）等的初始值（opening balance），以及直接可从联邦所得税（federal income tax）中减免的投资税扣减（investment tax credit）初始值，都是依项目投产前的原始投资成本计算的。它们对项目所得税负担的减免能力，并没有随通货膨胀的加剧而得到相应的提高；相反，还遭到削弱。

（2）由于折旧期处于计算期前期。根据资金时间价值原理，与非折旧期相比，折旧期的现金流状况对投资收益率有更大的影响。

在考虑通货膨胀的情况下，由于折旧对实际投资收益率的影响极大，因此，由式（19.18）可见，如果能缩短折旧年限[使式（19.18）左端分母中的 m 值减小]，将有助于提高项目的实际投资收益水平 IRR_0^*。

二、研究通货膨胀对项目评价影响的实际意义

就方法而论，不计通货膨胀是考虑通货膨胀的特例，两者本质上无区别；但是在投资决策实践中，选用哪一种方法做项目评价，结果会大不相同。

（1）考虑通货膨胀，会把项目未来经营承受的税务负担更加全面地揭示出来，较之不计通货膨胀，项目每年纳税金额随通货膨胀的加剧而加大，且往往会导致初始纳税年度的提前，降低投资效益。这样，对于欲在有通货膨胀且比较严重的国家或地区投资的企业家，可使其对项目未来经营的"阴暗面"事先有所估计，有助于采取稳妥和周密的投资决策。

（2）在通货膨胀存在且预计较为严重的国家或地区投资，外来投资者采用考虑通货膨胀的评价结果，是与项目所在地合作方谈判的有力筹码。对方若有诚意，将会为确保外来投资者实际的投资收益率，做出一定的让步。

然而实践中，项目所在地的合作方往往首先向外部投资者出示用不计通货膨胀的投资效益数据，以掩盖通货膨胀将会给共同经营的项目带来的"苦果"，用理论上无可非议的评价方法，向外部投资者提出含有"水分"的投资前景，一是可以引起外部投资者兴趣，二是提高与外部投资者合作前的谈判地位。

（3）对于从事海外投资工作的人员，了解通货膨胀对项目评价的影响，更有直接的利害关系。在做决策时，事先对海外项目的投资效果要做到心中有数，以争取有利的成交条件；并可从缩短折旧年限及降低所得税率方面进行努力，以减小通货膨胀对项目的不利影响，使项目的税务负担在时间上推后，而现金流入提前，从而确保投资的实际收益。

（4）从维护投资者利益的角度出发，计通货膨胀与不计通货膨胀评价项目的选择并非是唯一的。这要看通货膨胀率与产品销价上涨率及经营成本上涨率之间的数量比较而定。

附录

附录1 基本财务报表

附表1.1 现金流量表

附表1.1.1 项目投资现金流量表

（单位：万元）

序号	项目	合计	计算期					
			1	2	3	4	……	n
1	现金流入							
1.1	营业收入							
1.2	补贴收入							
1.3	回收固定资产余值							
1.4	回收流动资金							
2	现金流出							
2.1	建设投资							
2.2	流动资金							
2.3	经营成本							
2.4	营业税金及附加							
2.5	维持运营投资							
3	所得税前净现金流量（1－2）							
4	累计所得税前净现金流量							
5	调整所得税							
6	所得税后净现金流量（3－5）							
7	累计所得税后净现金流量							

计算指标：
项目投资财务内部收益率（%）（所得税前）
项目投资财务内部收益率（%）（所得税后）
项目投资财务净现值（所得税前）（i_c=%）
项目投资财务净现值（所得税后）（i_c=%）
项目投资回收期（年）（所得税前）
项目投资回收期（年）（所得税后）

注：1. "调整所得税"为以息税前利润为基数计算的所得税，区别于"利润与利润分配表""项目资本金现金流量表"和"财务计划现金流量表"中的所得税。

2. 原则上，息税前利润的计算应完全不受融资方案变动的影响，包括建设期利息对折旧的影响。为简化起见，当建设期利息占总投资比例不是很大时，也可按利润表中的息税前利润（此处的"税"指所得税）计算调整所得税。

附表1.1.2 项目资本金现金流量表

（单位：万元）

序号	项目	合计	计算期					
			1	2	3	4	……	n
1	现金流入							
1.1	营业收入							
1.2	补贴收入							
1.3	回收固定资产余值							
1.4	回收流动资金							
2	现金流出							
2.1	项目资本金							
2.2	借款本金偿还							
2.3	借款利息支付							
2.4	经营成本							
2.5	营业税金及附加							
2.6	所得税							
2.7	维持运营投资							
3	净现金流量（1－2）							

计算指标：
资本金财务内部收益率（%）

注：1. 项目资本金包括用于建设投资、建设期利息和流动资金的资金。
　　2. 对外商投资企业，现金流出中应增加职工奖励及福利基金科目。

附表 1.1.3　投资各方现金流量表

（单位：万元）

序号	项目	合计	计算期					
			1	2	3	4	……	n
1	现金流入							
1.1	实分利润							
1.2	资产处置收益分配							
1.3	租赁费收入							
1.4	技术转让或使用收入							
1.5	其他现金流入							
2	现金流出							
2.1	实缴资本							
2.2	租赁资产支出							
2.3	其他现金流出							
3	净现金流量（1－2）							

计算指标
投资各方财务内部收益率（％）

注：本表可按不同投资方分别编制。

1. 投资各方现金流量表既适用于内资企业也适用于外商投资企业；既适用于合资企业也适用于合作企业。

2. 投资各方现金流量表中现金流入是指出资方因该项目的实施将实际获得的各种收入；现金流出是指出资方因该项目的实施将实际投入的各种支出。表中科目应根据项目具体情况调整。

1）实分利润是指投资者由项目获取的利润。

2）资产处置收益分配是指对有明确的合营期限或合资期限的项目，在期满时对资产余值按股比或约定比例的分配。

3）租赁费收入是指出资方将自己的资产租赁给项目使用所获得的收入，此时应将资产价值作为现金流出，列为租赁资产支出科目。

4）技术转让或使用收入是指出资方将专利或专有技术转让或允许项目使用所获得的收入。

附表1.1.4 财务计划现金流量表

（单位：万元）

序号	项目	合计	计算期					
			1	2	3	4	……	n
1	经营活动净现金流量（1.1－1.2）							
1.1	现金流入							
1.1.1	营业收入							
1.1.2	增值税销项税额							
1.1.3	补贴收入							
1.1.4	其他流入							
1.2	现金流出							
1.2.1	经营成本							
1.2.2	增值税进项税额							
1.2.3	营业税金及附加							
1.2.4	增值税							
1.2.5	所得税							
1.2.6	其他流出							
2	投资活动净现金流量（2.1－2.2）							
2.1	现金流入							
2.2	现金流出							
2.2.1	建设投资							
2.2.2	维持运营投资							
2.2.3	流动资金							
2.2.4	其他流出							
3	筹资活动净现金流量（3.1－3.2）							
3.1	现金流入							
3.1.1	项目资本金投入							
3.1.2	建设投资借款							
3.1.3	流动资金借款							
3.1.4	债券							
3.1.5	短期借款							
3.1.6	其他流入							

续表

序号	项目	合计	计算期					
			1	2	3	4	……	n
3.2	现金流出							
3.2.1	各种利息支出							
3.2.2	偿还债务本金							
3.2.3	应付利润（股利分配）							
3.2.4	其他流出							
4	净现金流量（1+2+3）							
5	累计盈余资金							

注：1. 对于新设法人项目，本表投资活动的现金流入为零。

2. 对于既有法人项目，可适当增加科目。

3. 必要时，现金流出中可增加应付优先股股利科目。

4. 对外商投资项目应将职工奖励与福利基金作为经营活动现金流出。

附表 1.2 利润与利润分配表

（单位：万元）

序号	项目	合计	计算期					
			1	2	3	4	……	n
1	营业收入							
2	营业税金及附加							
3	总成本费用							
4	补贴收入							
5	利润总额（1－2－3+4）							
6	弥补以前年度亏损							
7	应纳税所得额（5－6）							
8	所得税							
9	净利润（5－8）							
10	期初未分配利润							
11	可供分配的利润（9+10）							
12	提取法定盈余公积金							
13	可供投资者分配的利润（11－12）							
14	应付优先股股利							
15	提取任意盈余公积金							
16	应付普通股股利（13－14－15）							
17	各投资方利润分配							
	其中：××方							
	××方							
18	未分配利润（13－14－15－17）							
19	息税前利润（利润总额+利息支出）							
20	息税折旧摊销前利润（息税前利润+折旧+摊销）							

注：1. 对于外商投资项目由第 11 项减去储备基金、职工奖励与福利基金和企业发展基金（外商独资项目可不列入企业发展基金）后，得出可供投资者分配的利润。

2. 法定盈余公积金按净利润计提。

附表1.3　资产负债表

（单位：万元）

序号	项目	计算期					
		1	2	3	4	……	n
1	资产						
1.1	流动资产总额						
1.1.1	货币资金						
1.1.2	应收账款						
1.1.3	预付账款						
1.1.4	存货						
1.1.5	其他						
1.2	在建工程						
1.3	固定资产净值						
1.4	无形及其他资产净值						
2	负债及所有者权益（2.4+2.5）						
2.1	流动负债总额						
2.1.1	短期借款						
2.1.2	应付账款						
2.1.3	预收账款						
2.1.4	其他						
2.2	建设投资借款						
2.3	流动资金借款						
2.4	负债小计（2.1+2.2+2.3）						
2.5	所有者权益						
2.5.1	资本金						
2.5.2	资本公积						
2.5.3	累计盈余公积金						
2.5.4	累计未分配利润						

计算指标：
资产负债率（%）

注：1. 对外商投资项目，第2.5.3项改为累计储备基金和企业发展基金。

2. 对既有法人项目，一般只针对法人编制，可按需要增加科目，此时表中资本金是指企业全部实收资本，包括原有和新增实收资本。

3. 货币资金包括现金和累计盈余资金。

附表 1.4　借款还本付息计划表

（单位：万元）

序号	项目	合计	计算期					
			1	2	3	4	……	n
1	借款 1							
1.1	期初借款余额							
1.2	当期还本付息							
	其中：还本							
	付息							
1.3	期末借款余额							
2	借款 2							
2.1	期初借款余额							
2.2	当期还本付息							
	其中：还本							
	付息							
2.3	期末借款余额							
3	债券							
3.1	期初债务余额							
3.2	当期还本付息							
	其中：还本							
	付息							
3.3	期末债务余额							
4	借款与债券合计							
4.1	期初余额							
4.2	当期还本付息							
	其中：还本							
	付息							
4.3	期末余额							
计算指标	利息备付率							
	偿债备付率							

注：1. 本表与财务分析辅助表"建设期利息估算表"可合二为一。

2. 本表直接适用于新设法人项目，如有多种借款或债券，必要时应分别列出。

3. 对于既有法人项目，在按项目范围进行计算时，可根据需要增加范围内原有借款的还本付息计算。

4. 本表可另加流动资金借款的还本付息计算。

附录2 辅助财务报表

附表2.1 建设投资估算表（概算法）

（人民币单位：万元，　　外币单位：　　　）

序号	工程或费用名称	建筑工程费	设备购置费	安装工程费	其他费用	合计	其中：外币	比例（%）
1	工程费用							
1.1	主体工程							
1.1.1	×××							
	……							
1.2	辅助工程							
1.2.1	×××							
	……							
1.3	公用工程							
1.3.1	×××							
	……							
1.4	服务性工程							
1.4.1	×××							
	……							
1.5	厂外工程							
1.5.1	×××							
	……							
1.6	×××							
2	工程建设其他费用							
2.1	×××							
	……							
3	预备费							
3.1	基本预备费							
3.2	涨价预备费							
4	建设投资合计							
	比例（%）							100%

注：1. "比例"分别指各主要科目的费用（包括横向和纵向）占建设投资的比例。

2. 本表适用于新设法人与既有法人项目的新增建设投资的估算。

3. "工程或费用名称"可依不同行业的要求调整。

附表 2.2　建设投资估算表（形成资产法）

（人民币单位：万元，　　外币单位：　　）

序号	工程或费用名称	建筑工程费	设备购置费	安装工程费	其他费用	合计	其中：外币	比例（%）
1	固定资产费用							
1.1	工程费用							
1.1.1	×××							
1.1.2	×××							
1.1.3	×××							
	……							
1.2	固定资产其他费用							
	×××							
	……							
2	无形资产费用							
2.1	×××							
	……							
3	其他资产费用							
3.1	×××							
	……							
4	预备费							
4.1	基本预备费							
4.2	涨价预备费							
5	建设投资合计							
	比例（%）							100%

注：1. "比例"分别指各主要科目的费用（包括横向和纵向）占建设投资的比例。
2. 本表适用于新设法人与既有法人项目的新增建设投资的估算。
3. "工程或费用名称"可依不同行业的要求调整。

附表2.3 建设期利息估算表

（单位：万元）

序号	项目	合计	建设期					
			1	2	3	4	……	n
1	借款							
1.1	建设期利息							
1.1.1	期初借款余额							
1.1.2	当期借款							
1.1.3	当期应计利息							
1.1.4	期末借款余额							
1.2	其他融资费用							
1.3	小计（1.1+1.2）							
2	债券							
2.1	建设期利息							
2.1.1	期初债务余额							
2.1.2	当期债务金额							
2.1.3	当期应计利息							
2.1.4	期末债务余额							
2.2	其他融资费用							
2.3	小计（2.1+2.2）							
3	合计（1.3+2.3）							
3.1	建设期利息合计（1.1+2.1）							
3.2	其他融资费用合计（1.2+2.2）							

注：1. 本表适用于新设法人与既有法人项目的新增建设期利息的估算。
  2. 原则上应分别估算外汇和人民币债务。
  3. 如有多种借款或债券，必要时应分别列出。
  4. 本表与"借款还本付息计划表"可二表合一。

附表 2.4　流动资金估算表

（单位：万元）

序号	项目	最低周转天数	周转次数	计算期					
				1	2	3	4	……	n
1	流动资产								
1.1	应收账款								
1.2	存货								
1.2.1	原材料								
1.2.2	×××								
	……								
1.2.3	燃料								
	×××								
	……								
1.2.4	在产品								
1.2.5	产成品								
1.3	现金								
1.4	预付账款								
2	流动负债								
2.1	应付账款								
2.2	预收账款								
3	流动资金（1−2）								
4	流动资金当期增加额								

注：1. 本表适用于新建法人项目与既有法人项目的流动资金的估算。

2. 表中科目可视行业变动。

3. 若发生外币流动资金，应另行估算后予以说明，其数额应包含在本表数额内。

4. 不发生预付账款和预收账款的项目可不列此两项。

附表 2.5　项目总投资使用计划与资金筹措表

（人民币单位：万元，　　外币单位：　　　）

序号	项目	合计			1			……		
		人民币	外币	小计	人民币	外币	小计	人民币	外币	小计
1	总投资									
1.1	建设投资									
1.2	建设期利息									
1.3	流动资金									
2	资金筹措									
2.1	项目资本金									
2.1.1	用于建设投资									
	×××方									
	……									
2.1.2	用于流动资金									
	×××方									
	……									
2.1.3	用于建设期利息									
	×××方									
	……									
2.2	债务资金									
2.2.1	用于建设投资									
	×××借款									
	×××债券									
	……									
2.2.2	用于建设期利息									
	×××借款									
	×××债券									
	……									
2.2.3	用于流动资金									
	×××借款									
	×××债券									
	……									

续表

序号	项目	合计			1			……		
		人民币	外币	小计	人民币	外币	小计	人民币	外币	小计
2.3	其他资金									
	×××									
	……									

注：1. 本表按新增投资范畴编制。

2. 本表建设期利息一般可包括其他融资费用。

3. 对既有法人项目，项目资本金可包括新增资金和既有法人货币资金与资产变现或资产经营权变现的资金，可分别列出或加以文字说明。

附表 2.6 营业收入、营业税金及附加和增值税估算表

（单位：万元）

序号	项目	合计	计算期					
			1	2	3	4	……	n
1	营业收入							
1.1	产品 A 营业收入							
	单价							
	数量							
	销项税额							
1.2	产品 B 营业收入							
	单价							
	数量							
	销项税额							
	……							
2	营业税金及附加							
2.1	营业税							
2.2	消费税							
2.3	城市维护建设税							
2.4	教育费附加							
3	增值税							
	销项税额							
	进项税额							

注：根据行业或产品的不同可增减相应税收科目。

附表 2.7　总成本费用估算表（生产要素法）

（单位：万元）

序号	项目	合计	计算期					
			1	2	3	4	……	n
1	外购原材料费							
2	外购燃料及动力费							
3	工资及福利费							
4	修理费							
5	其他费用							
6	经营成本（1+2+3+4+5）							
7	折旧费							
8	摊销费							
9	利息支出							
10	总成本费用合计（6+7+8+9）							
	其中：可变成本							
	固定成本							

附表 2.7.1　外购原材料费估算表

（单位：万元）

序号	项目	合计	计算期					
			1	2	3	4	……	n
1	外购原材料费							
1.1	原材料 A							
	单价							
	数量							
	进项税额							
1.2	原材料 B							
	单价							
	数量							
	进项税额							
	……							
2	辅助材料费用							
	进项税额							
3	其他							
	进项税额							
4	外购原材料费合计							
5	外购原材料进项税额合计							

附表 2.7.2　外购燃料和动力费估算表

（单位：万元）

序号	项目	合计	计算期					
			1	2	3	4	……	n
1	燃料费							
1.1	燃料 A							
	单价							
	数量							
	进项税额							
	……							
2	动力费							
2.1	动力 A							
	单价							
	数量							
	进项税额							
	……							
3	外购燃料及动力费合计							
4	外购燃料及动力进项税额合计							

附表 2.7.3　固定资产折旧费估算表

（单位：万元）

序号	项目	合计	计算期					
			1	2	3	4	……	n
1	房屋、建筑物							
	原值							
	当期折旧费							
	净值							
2	机器设备							
	原值							
	当期折旧费							
	净值							
	……							
3	合计							
	原值							
	当期折旧费							
	净值							

附表 2.7.4　无形资产及其他资产摊销估算表

（单位：万元）

序号	项目	合计	计算期					
			1	2	3	4	……	n
1	无形资产							
	原值							
	当期摊销费							
	净值							
2	其他资产							
	原值							
	当期摊销费							
	净值							
	……							
3	合计							
	原值							
	当期摊销费							
	净值							

附表 2.7.5　工资及福利费估算表

（单位：万元）

序号	项目	合计	计算期					
			1	2	3	4	……	n
1	工人							
	人数							
	人均年工资							
	工资额							
2	技术人员							
	人数							
	人均年工资							
	工资额							
3	管理人员							
	人数							
	人均年工资							
	工资额							
4	工资总额（1+2+3）							
5	福利费							
6	合计（4+5）							

注：外商投资项目取消福利费科目。

附表 2.8 总成本费用估算表（生产成本加期间费用法）

（单位：万元）

序号	项目	合计	计算期					
			1	2	3	4	……	n
1	生产成本							
1.1	直接材料费							
1.2	直接燃料及动力费							
1.3	直接工资及福利费							
1.4	制造费用							
1.4.1	折旧费							
1.4.2	修理费							
1.4.3	其他制造费							
2	管理费用							
2.1	无形资产摊销							
2.2	其他资产摊销							
2.3	其他管理费用							
3	财务费用							
3.1	利息支出							
3.1.1	长期借款利息							
3.1.2	流动资金借款利息							
3.1.3	短期借款利息							
4	营业费用							
5	总成本费用合计（1+2+3+4）							
5.1	其中：可变成本							
5.2	固定成本							
6	经营成本（5－1.4.1－2.1－2.2－3.1）							

注：1. 生产成本中的折旧费、修理费指生产性设施的固定资产折旧费和修理费。

2. 生产成本中的工资和福利费指生产性人员工资和福利费。车间或分厂管理人员工资和福利费可在制造费用中单独列项或含在其他制造费用中。

3. 本表其他管理费用中含管理设施的折旧费、修理费以及管理人员的工资和福利费。

附录 3 常用系数表

附表 3.1 复利终值系数表

n	i									
	1%	3%	4%	5%	6%	8%	10%	12%	15%	20%
1	1.010	1.030	1.040	1.050	1.060	1.080	1.100	1.120	1.150	1.200
2	1.020	1.061	1.082	1.103	1.124	1.166	1.210	1.254	1.323	1.440
3	1.030	1.093	1.125	1.158	1.191	1.260	1.331	1.405	1.521	1.728
4	1.041	1.126	1.170	1.216	1.262	1.360	1.464	1.574	1.749	2.074
5	1.051	1.159	1.217	1.276	1.338	1.469	1.611	1.762	2.011	2.488
6	1.062	1.194	1.265	1.340	1.419	1.587	1.772	1.974	2.313	2.986
7	1.072	1.230	1.316	1.407	1.504	1.714	1.949	2.211	2.660	3.583
8	1.083	1.267	1.369	1.477	1.594	1.851	2.144	2.476	3.059	4.300
9	1.094	1.305	1.423	1.551	1.689	1.999	2.358	2.773	3.518	5.160
10	1.105	1.344	1.480	1.629	1.791	2.159	2.594	3.106	4.046	6.192
11	1.116	1.384	1.539	1.710	1.898	2.332	2.853	3.479	4.652	7.430
12	1.127	1.426	1.601	1.796	2.012	2.518	3.138	3.896	5.350	8.916
13	1.138	1.469	1.665	1.886	2.133	2.720	3.452	4.363	6.153	10.699
14	1.149	1.513	1.732	1.980	2.261	2.937	3.797	4.887	7.076	12.839
15	1.161	1.558	1.801	2.079	2.397	3.172	4.177	5.474	8.137	15.407
16	1.173	1.605	1.873	2.183	2.540	3.426	4.595	6.130	9.358	18.488
17	1.184	1.653	1.948	2.292	2.693	3.700	5.054	6.866	10.761	22.186
18	1.196	1.702	2.026	2.407	2.854	3.996	5.560	7.690	12.375	26.623
19	1.208	1.754	2.107	2.527	3.026	4.316	6.116	8.613	14.232	31.948
20	1.220	1.806	2.191	2.653	3.207	4.661	6.727	9.646	16.367	38.338
25	1.282	2.094	2.666	3.386	4.292	6.848	10.835	17.000	32.919	95.396
30	1.348	2.427	3.243	4.322	5.743	10.063	17.449	29.960	66.212	237.376
40	1.489	3.262	4.801	7.040	10.286	21.725	45.259	93.051	267.864	1 469.772
50	1.645	4.384	7.107	11.467	18.420	46.902	117.391	289.002	1 083.657	9 100.438

附表 3.2 复利现值系数表

n	1%	3%	4%	5%	6%	8%	10%	12%	15%	20%
1	0.990 1	0.970 9	0.961 5	0.952 4	0.943 4	0.925 9	0.909 1	0.892 9	0.869 6	0.833 3
2	0.980 3	0.942 6	0.924 6	0.907 0	0.890 0	0.857 3	0.826 4	0.797 2	0.756 1	0.694 4
3	0.970 6	0.915 1	0.889 0	0.863 8	0.839 6	0.793 8	0.751 3	0.711 8	0.657 5	0.578 7
4	0.961 0	0.888 5	0.854 8	0.822 7	0.792 1	0.735 0	0.683 0	0.635 5	0.571 8	0.482 3
5	0.951 5	0.862 6	0.821 9	0.783 5	0.747 3	0.680 6	0.620 9	0.567 4	0.497 2	0.401 9
6	0.942 0	0.837 5	0.790 3	0.746 2	0.705 0	0.630 2	0.564 5	0.506 6	0.432 3	0.334 9
7	0.932 7	0.813 1	0.759 9	0.710 7	0.665 1	0.583 5	0.513 2	0.452 3	0.375 9	0.279 1
8	0.923 5	0.789 4	0.730 7	0.676 8	0.627 4	0.540 3	0.466 5	0.403 9	0.326 9	0.232 6
9	0.914 3	0.766 4	0.702 6	0.644 6	0.591 9	0.500 2	0.424 1	0.360 6	0.284 3	0.193 8
10	0.905 3	0.744 1	0.675 6	0.613 9	0.558 4	0.463 2	0.385 5	0.322 0	0.247 2	0.161 5
11	0.896 3	0.722 4	0.649 6	0.584 7	0.526 8	0.428 9	0.350 5	0.287 5	0.214 9	0.134 6
12	0.887 4	0.701 4	0.624 6	0.556 8	0.497 0	0.397 1	0.318 6	0.256 7	0.186 9	0.112 2
13	0.878 7	0.681 0	0.600 6	0.530 3	0.468 8	0.367 7	0.289 7	0.229 2	0.162 5	0.093 5
14	0.870 0	0.661 1	0.577 5	0.505 1	0.442 3	0.340 5	0.263 3	0.204 6	0.141 3	0.077 9
15	0.861 3	0.641 9	0.555 3	0.481 0	0.417 3	0.315 2	0.239 4	0.182 7	0.122 9	0.064 9
16	0.852 8	0.623 2	0.533 9	0.458 1	0.393 6	0.291 9	0.217 6	0.163 1	0.106 9	0.054 1
17	0.844 4	0.605 0	0.513 4	0.436 3	0.371 4	0.270 3	0.197 8	0.145 6	0.092 9	0.045 1
18	0.836 0	0.587 4	0.493 6	0.415 5	0.350 3	0.250 2	0.179 9	0.130 0	0.080 8	0.037 6
19	0.827 7	0.570 3	0.474 6	0.395 7	0.330 5	0.231 7	0.163 5	0.116 1	0.070 3	0.031 3
20	0.819 5	0.553 7	0.456 4	0.376 9	0.311 8	0.214 5	0.148 6	0.103 7	0.061 1	0.026 1
25	0.779 8	0.477 6	0.375 1	0.295 3	0.233 0	0.146 0	0.092 3	0.058 8	0.030 4	0.010 5
30	0.741 9	0.412 0	0.308 3	0.231 4	0.174 1	0.099 4	0.057 3	0.033 4	0.015 1	0.004 2
40	0.671 7	0.306 6	0.208 3	0.142 0	0.097 2	0.046 0	0.022 1	0.010 7	0.003 7	0.000 7
50	0.608 0	0.228 1	0.140 7	0.087 2	0.054 3	0.021 3	0.008 5	0.003 5	0.000 9	0.000 1

附表 3.3　投资回收系数表

n	1%	3%	4%	5%	6%	8%	10%	12%	15%	20%
1	1.010 00	1.030 00	1.040 00	1.050 00	1.060 00	1.080 00	1.100 00	1.120 00	1.150 00	1.200 00
2	0.507 51	0.522 61	0.530 20	0.537 80	0.545 44	0.560 77	0.576 19	0.591 70	0.615 12	0.654 55
3	0.340 02	0.353 53	0.360 35	0.367 21	0.374 11	0.388 03	0.402 11	0.416 35	0.437 98	0.474 73
4	0.256 28	0.269 03	0.275 49	0.282 01	0.288 59	0.301 92	0.315 47	0.329 23	0.350 27	0.386 29
5	0.206 04	0.218 35	0.224 63	0.230 97	0.237 40	0.250 46	0.263 80	0.277 41	0.298 32	0.334 38
6	0.172 55	0.184 60	0.190 76	0.197 02	0.203 36	0.216 32	0.229 61	0.243 23	0.264 24	0.300 71
7	0.148 63	0.160 51	0.166 61	0.172 82	0.179 14	0.192 07	0.205 41	0.219 12	0.240 36	0.277 42
8	0.130 69	0.142 46	0.148 53	0.154 72	0.161 04	0.174 01	0.187 44	0.201 30	0.222 85	0.260 61
9	0.116 74	0.128 43	0.134 49	0.140 69	0.147 02	0.160 08	0.173 64	0.187 68	0.209 57	0.248 08
10	0.105 58	0.117 23	0.123 29	0.129 50	0.135 87	0.149 03	0.162 75	0.176 98	0.199 25	0.238 52
11	0.096 45	0.108 08	0.114 15	0.120 39	0.126 79	0.140 08	0.153 96	0.168 42	0.191 07	0.231 10
12	0.088 85	0.100 46	0.106 55	0.112 83	0.119 28	0.132 70	0.146 76	0.161 44	0.184 48	0.225 26
13	0.082 41	0.094 03	0.100 14	0.106 46	0.112 96	0.126 52	0.140 78	0.155 68	0.179 11	0.220 62
14	0.076 90	0.088 53	0.094 67	0.101 02	0.107 58	0.121 30	0.135 75	0.150 87	0.174 69	0.216 89
15	0.072 12	0.083 77	0.089 94	0.096 34	0.102 96	0.116 83	0.131 47	0.146 82	0.171 02	0.213 88
16	0.067 94	0.079 61	0.085 82	0.092 27	0.098 95	0.112 98	0.127 82	0.143 39	0.167 95	0.211 44
17	0.064 26	0.075 95	0.082 20	0.088 70	0.095 44	0.109 63	0.124 66	0.140 46	0.165 37	0.209 44
18	0.060 98	0.072 71	0.078 99	0.085 55	0.092 36	0.106 70	0.121 93	0.137 94	0.163 19	0.207 81
19	0.058 05	0.069 81	0.076 14	0.082 75	0.089 62	0.104 13	0.119 55	0.135 76	0.161 34	0.206 46
20	0.055 42	0.067 22	0.073 58	0.080 24	0.087 18	0.101 85	0.117 46	0.133 88	0.159 76	0.205 36
25	0.045 41	0.057 43	0.064 01	0.070 95	0.078 23	0.093 68	0.110 17	0.127 50	0.154 70	0.202 12
30	0.038 75	0.051 02	0.057 83	0.065 05	0.072 65	0.088 83	0.106 08	0.124 14	0.152 30	0.200 85
40	0.030 46	0.043 26	0.050 52	0.058 28	0.066 46	0.083 86	0.102 26	0.121 30	0.150 56	0.200 14
50	0.025 51	0.038 87	0.046 55	0.054 78	0.063 44	0.081 74	0.100 86	0.120 42	0.150 14	0.200 02

参 考 文 献

[1] 国家发改委，建设部. 建设项目经济评价方法与参数（第三版）[M]. 北京：中国计划出版社，2006.

[2] 〔美〕詹姆斯·R. 埃文斯，戴文·L. 奥尔森（著），洪锡熙（译）. 模拟与风险分析[M]. 上海：上海人民出版社，2001.

[3] 〔美〕詹姆斯·R. 埃文斯，戴文·L. 奥尔森（著），杜本峰（译）. 数据、模拟与决策（第2版）[M]. 北京：中国人民大学出版社，2006.

[4] 〔美〕John Walkenbach（著），盖江南，王勇等（译）. Excel 2003 高级 VBA 编程宝典[M]. 北京：电子工业出版社，2006.

[5] 于九如. 投资项目风险分析[M]. 北京：机械工业出版社，1999.

[6] 王卓甫. 工程项目风险管理——理论、方法与应用[M]. 北京：中国水利水电出版社，2003.

[7] 财政部政府和社会资本合作中心. 政府和社会资本合作项目会计核算案例[M]. 北京：中国商务出版社，2014.

[8] 辛连珠. PPP 项目会计与税收实务[M]. 北京：中国财政经济出版社，2017.